Kein Tod wie der andere

Carsten Neß, Jahrgang 1964, studierte in Trier Angewandte Physische Geografie/Geowissenschaften. Heute arbeitet er in Bernkastel-Kues als Landespfleger.

Dieses Buch ist ein Roman. Handlungen und Personen sind frei erfunden. Ähnlichkeiten mit lebenden oder toten Personen sind nicht gewollt und rein zufällig.

CARSTEN NEß

Kein Tod wie der andere

Der zweite Fall für Kommissar Buhle

EIFEL KRIMI

emons:

Bibliografische Information der Deutschen Bibliothek
Die Deutsche Bibliothek verzeichnet diese Publikation
in der Deutschen Nationalbibliografie; detaillierte bibliografische
Daten sind im Internet über http://dnb.d-nb.de abrufbar.

© Hermann-Josef Emons Verlag
Alle Rechte vorbehalten
Umschlagmotiv: photocase.de/john krempl
Umschlaggestaltung: Tobias Doetsch
Gestaltung Innenteil: César Satz & Grafik GmbH, Köln
Druck und Bindung: CPI – Clausen & Bosse, Leck
Printed in Germany 2013
ISBN 978-3-95451-093-1
Eifel Krimi
Originalausgabe

Unser Newsletter informiert Sie
regelmäßig über Neues von emons:
Kostenlos bestellen unter
www.emons-verlag.de

Für meine Eltern Alice und Dieter zum 75. Geburtstag

Prolog

Kunkelborn; Sonntag, 29. Mai

Alexander Altmüller fragte sich, was er sich von diesem Wochenende auf dem Konversionsgelände der früheren amerikanischen Airbase eigentlich versprochen hatte. Hatte er wirklich gehofft, dass sich Thill mit irgendwem zeigen würde, den er nicht ohnehin auf dem Bildschirm hatte? Natürlich hatte sich der luxemburgische Investor und Flughafenplaner mit all denen umgeben, die schon seit Jahren dieser Luftnummer nachhingen, Wolkenschlösser über Bitburg bauten und den Menschen hier Milliardeninvestitionen und Arbeitsplätze vorgaukelten. Der Landtagsabgeordnete des örtlichen Wahlkreises, Markus Schilzenbach, die Stadtfürsten und Dorfhäuptlinge, alle priesen sie gebetsmühlenartig den Glücksfall dieses selbst ernannten Himmelsstürmers. Thill schien sich offensichtlich im Mittelpunkt der kommunalpolitischen Prominenz zu gefallen.

Altmüller hatte dies heute nur am Rande verfolgt. Stattdessen hatte er unauffällig die Nähe dreier Bulgaren gesucht, bis sich herausstellte, dass auch die sich lediglich für den Kauf von ausgestellten Flugzeugen interessierten. Offenbar hatte diese erste Luftfahrtmesse in Bitburg tatsächlich nur Flugzeugverrückte angelockt. Indizien für andere Ambitionen fand er nicht. Letztendlich kam er zu dem Ergebnis, dass dieser Arbeitstag für ihn überhaupt nichts gebracht hatte.

Die B 51 war an diesem Sonntagabend überraschend leer. In der Dämmerung des vergehenden Tages schien fast so etwas wie Idylle über dem südlichen Gutland zu liegen, als Altmüller, ohne vom Gas zu gehen, zwischen den wenigen Häusern von Meilbrück hindurchrauschte. Doch ihn erreichte diese Stimmung nicht. Die Schatten seiner Trauer und seiner Schuld hüllten ihn bereits wieder ein, wie in jedem Moment in den vergangenen Wochen, in dem er nicht arbeitete. Er konnte einfach nicht begreifen, was geschehen war. Konnte nicht fassen, was er getan hatte.

Ohne es wirklich wahrzunehmen, umfuhr er Helenenberg auf der neuen Umgehung und nahm die Abfahrt nach Kunkelborn. Er hatte doch sorgfältig über das Versteck nachgedacht und es als sicher erachtet. Wie hatte sie es dennoch finden können? Warum war sie überhaupt dorthin gegangen? Warum war es keinem aufgefallen, dass sie allein dort war? Fragen, die seitdem ständig in seinem Kopf kreisten, unaufhörlich, jede freie Stunde, Minute, Sekunde.

Kunkelborn lag wie immer ausgestorben da. Tot, wie der Vorbote eines anstehenden Dörfersterbens hier in der Eifel. Seit sie vor drei Jahren in das alte Bauernhaus gezogen waren, war er fast täglich durch den Weiler gefahren. Nie hatte er einen Menschen vor dem halben Dutzend Häuser gesehen. Dafür war das Leben in ihrem neuen Zuhause in der Merteskaul intensiv und lebhaft gewesen. Gewesen.

Mit unvermindertem Tempo ließ Altmüller das letzte Haus hinter sich. Suzanne würde vielleicht noch wach sein, obwohl sie sich zuletzt fast jeden Abend früh ins Bett gelegt hatte; ohne zu schlafen. Immer stärker war seine Vermutung geworden, dass sie etwas wusste, sich seiner zu entziehen versuchte. Er ließ sie gewähren, es war auch für ihn leichter so. Altmüller passierte eine Windschutzhecke. Als er aus deren Schatten fuhr, trafen ihn die gleißenden Strahlen der tief über dem Horizont stehenden Abendsonne unvermittelt und frontal. Im gleichen Moment sah er durch seine zusammengekniffenen Augen hinter der Hecke etwas Schwarzes auf sich zukommen. Instinktiv riss er das Steuer nach links. Die K 9 war zu schmal, um seinem Ausweichmanöver ausreichend Raum zu gewähren. Sein Kombi verfehlte den einzeln stehenden Straßenbaum um wenige Zentimeter und schoss ungebremst über die meterhohe Böschung. In wilden Drehungen rollte der Audi den Hang zum Mühlenbach hinunter und grub sich schließlich nach dreißig Metern in den Waldrand hinein.

Das Letzte, was Alexander Altmüller bewusst gehört hatte, war ein dumpfer Schlag rechts gegen sein Auto. Das Letzte, was er noch bewusst versucht hatte, war ein verzweifeltes Gegenlenken, in dem Moment, als sein linkes Vorderrad den Asphalt verließ. Das Letzte, was er dachte, als plötzliche Stille eintrat, war, dass ihm nun die gerechte Strafe widerführe. Das Letzte, was er spürte, war – nichts.

1

Ralingen; Donnerstag, 9. Juni

Suzanne John-Altmüller hockte am Ufer der Sauer und blickte zur luxemburgischen Seite hinüber. Die idyllische Ruhe, die der schmale Grenzfluss mit dem leisen Rauschen über flache Stromschnellen wirkungsvoll untermalte, kam ihr jetzt unwirklich, sogar abstoßend vor. Das vielgestaltige Blattwerk der Bäume und Sträucher am bewaldeten Talhang verschwamm in ihrem feuchten Blick zu einer grünmelierten Wand ohne scharfe Konturen.

An dieser Stelle hatten sie und Alexander sich ewige Treue geschworen. Zusammen schmiedeten sie hier große Pläne für ihre gemeinsame Zukunft im »neuen Land«, wie Alex die Westeifel gern genannt hatte. Sie war unglaublich froh gewesen, dass er nach langem Zweifeln zugestimmt hatte, seine Heimat bei Jülich zu verlassen, um in Richtung Luxemburg, ihres Geburtslandes, zu ziehen, sich hier nahe der Grenze ihr gemeinsames Zuhause zu bauen. Für Suzanne war es wie eine Erlösung gewesen, endlich unabhängig von der Schwiegermutter zu sein. Sich nicht mehr ihrer Bevormundung, ihrer Willkür, ihren Vorwürfen unterordnen zu müssen; nur damit Zoé gut untergebracht war, während sie ihr Studium abschloss. Als sich ihr zweites Kind schneller ankündigte, als Alex und sie zu hoffen gewagt hatten, hatten sie beschlossen, es in dieser Region zu versuchen.

Das alte Anwesen in der Merteskaul hatten beide als Glücksfall begriffen. Preislich war es für Aachener Verhältnisse geradezu ein Schnäppchen. Der Preis, den Alex ihr danach abverlangte, war dagegen deutlich höher gewesen. Sie hatte ihm versprechen müssen, ihre Kontakte mit ihren Eltern wieder zu intensivieren. Ihre Kinder sollten nicht ohne Großeltern aufwachsen müssen.

Sein wirkliches Motiv hatte sie allerdings erkannt: Sie sollte ihr Verhältnis zu ihren Eltern aufarbeiten, um überhaupt das bevorstehende Glück ihrer eigenen Familie erkennen, akzeptieren und ausleben zu können. Das hatte sie damals zunächst sehr glücklich gemacht. Glücklich, weil sie einen so guten Ehemann gefunden hatte. Glücklich, weil sie fest daran glaubte, es mit ihm schaffen zu können.

Die ersten zwei Jahre in der Merteskaul waren für Suzanne fast paradiesisch gewesen. Alexander hatte alles mit unheimlich viel Enthusiasmus und Energie angepackt. Sie war tief beeindruckt, wie er die Renovierung des alten Gehöfts konsequent vorantrieb, nebenbei einen Großteil des Einkommens verdiente und es schaffte, sich auch noch um seine junge Familie zu kümmern. Sie selbst war froh, dass Zoé die Merteskaul schnell als neues Zuhause akzeptierte, auch wenn Kontakte zu anderen Kindern in der Abgeschiedenheit, in der sie lebten, sich nur langsam entwickelten. Sie versuchte es mit viel Hinwendung auszugleichen. Nach Annes Geburt schien alles perfekt. Sie war stolz und glücklich gewesen.

Dann war eine Zäsur in ihrem fast vollkommenen Familienleben gefolgt: vor gut einem Jahr, als sie die Stelle im Bitburger Krankenhaus angenommen hatte. Eigentlich war es genauso besprochen gewesen. Sie sollte ihre Ausbildung zur Fachärztin machen und zukünftig für die finanzielle Basis sorgen. Alexander wollte sich, dann wirtschaftlich unabhängig, nur noch anspruchsvoller journalistischer Arbeit widmen. Immer hatte er auch betont, die Mädchen aufwachsen sehen zu wollen. Alles war klar gewesen. Eigentlich. Doch schon nach wenigen Monaten hatte sie gespürt, wie Alexander zunehmend unausgeglichener wurde. Er bemühte sich, ja, aber die Überzeugung der Anfangszeit ging ihm verloren.

Vielleicht hatte er gemerkt, dass die Dreifachbelastung von Haus, Kindern und Arbeit doch nicht so leicht zu bewältigen war, wie er sich vorgestellt hatte. Wenn sie ihn darauf ansprach, wich er aus oder wiegelte ab. Er machte ihr etwas vor. Das war der erste Vertrauensverlust. Dazu kamen seine Vorwürfe, weil sie das Versprechen, sich ihren Eltern anzunähern, nicht einzuhalten vermochte. Sie hatte sich bemüht, hatte Teilerfolge erzielt, doch die Mauern, die vor allem ihren Vater umgaben, konnte sie letzendlich nicht überwinden.

Vor einem knappen halben Jahr hatte Alexanders Verhalten sich erneut massiv geändert. Ursprünglich hatte sie vermutet, dass es mit den Recherchen zu einem brisanten Thema in Luxemburg zu tun hatte. Doch er gab vor, sie aufgegeben zu haben, weil sie in die Leere gelaufen seien. Trotzdem wurde er immer unruhiger, unzufriedener. Wirkte zeitweise fahrig und nervös. Nutzte zusehends die Abende und Nächte für seine Recherchen, ohne mit ihr darüber reden zu wollen. Viel hatte er nie über seine Arbeit gesprochen, doch nun ließ er selbst einfaches Nachfragen nicht mehr zu.

An diesen einsamen Winterabenden hatte sie so manches Mal darüber nachgedacht, ob sie ihn mit ihren eigenen Ansprüchen von sich wegtreiben würde. So, wie das in ihrer Familie üblich war. Ob sie eine Schuld an der Entwicklung trug? Nein, es war von beiden so gewollt gewesen. Genau so. Dennoch ließen sich ihre Emotionen nicht unterdrücken, die Unsicherheit war gewachsen, und alte Wunden waren aufgebrochen. Beim Gedanken an diese letzten Monate wollten ihr wieder Tränen in die Augen schießen, doch es war, als ob ihr Vorrat an Tränen an diesem Tag bereits aufgebraucht war. Verbraucht, seit diese Person nun endlich weg war.

Suzanne schaute die Sauer hinunter, bis dorthin, wo sie langsam hinter einem Bogen verschwand. Die Sonne spiegelte sich in feiner Maserung auf der Wasseroberfläche. Nur an einer Stelle schienen funkelnde Schlieren eine Brücke über den Fluss zu bauen. Sollte sie dieser Brücke folgen, zurück nach Hause? Nein, drüben war nur Vergangenheit, trotz ihrer Bemühungen. Hier, auf dieser Seite der Grenze, war ihr Zuhause. Oder war auch das schon verloren? Hatte sie sich deshalb mit dieser Person hier getroffen, um einen weiteren Strich unter einen Lebensabschnitt zu ziehen, gerade an dieser Stelle ihrer Glückseligkeit? War sie schon wieder auf der Flucht und merkte es nur noch nicht?

Sie erinnerte sich, wie Alexander und sie bei einem Spaziergang diesen Platz entdeckt hatten. Damals hatten sie das Haus gerade besichtigt. Es war purer Zufall gewesen, weil Alexander noch Zeit und Ruhe zum Überlegen brauchte und sie deshalb den Sauerradweg verließen und querfeldein zum Flussufer gingen. Es war ein später warmer Tag gewesen, und ein Schwanenpaar begleitete sie ein Stück weit des Weges. Alexander hatte sich noch lustig gemacht, ob er wirklich in einer so kitschigen Gegend leben wollte. Dann entdeckten sie diese kleine Einbuchtung im Ufer mit einem winzigen Sandstrand. Alexander hatte sich plötzlich übermütig die Kleider vom Körper gerissen und war in wildem Gebaren in das flache Gewässer gestürzt. Sie war ihm zögernd gefolgt. Zum Glück. Es war das erste und einzige Mal, dass sie sich im Freien geliebt hatten. Nun war es eine Unendlichkeit lang her.

Was wollte sie nun hier? Warum hatten sie sich ausgerechnet hier getroffen? Wollte sie zeigen, dass nur sie selbst die wahre Liebe von Alex empfangen hatte? Wollte sie es sich selbst beweisen? Während des Streits mit dieser Person war alles in ihr zusammengefallen, wie ein Haus während eines heftigen Erdbebens. Ja, wie ein Beben hatten die Worte sie erschüttert. Sie hatte nicht mehr gespürt, wie der Sturz sie durch Brennnessel und Brombeergestrüpp bis zu der kleinen Sandstelle im Ufer, bis zu ihrem Strand rollen ließ. Wie betäubt war sie einfach liegen geblieben.

Wie lange mochte es gedauert haben, bis sie wieder zu sich gekommen war? Sie wusste es nicht, wohl nicht allzu lange. Sie war jetzt allein, hatte eine Zeit lang nur still und leer dagesessen, bis die Gedanken in ihrem Kopf wieder anfingen, sich langsam zu bewegen.

Es war nur ein kleines Geräusch hinter ihr, das sie aufhorchen ließ. Sie spürte, da war jemand. Trotz dieser Vorahnung erschrak sie, als sie eine Stimme hörte.

»Kann ich Ihnen irgendwie helfen?«

Sie schloss kurz die Augen und atmete erleichtert auf. Mit einer Hand wischte sie sich über das Gesicht, doch die Tränen waren schon lange getrocknet. Während sie sich umdrehte, bemühte sie sich um eine feste Stimme. »Nein, vielen Dank, es ist alles –«

Als sie die Person oberhalb der Uferböschung nur wenige Meter von sich entfernt erkannte, erstarrte sie. Dann spürte sie wieder diese unheimliche Wut in sich aufsteigen. Eine Wut, die sie nach allem, was geschehen war, nicht zu zügeln vermochte.

2

Trier; Donnerstag, 9. Juni

»Schön, dass es heute Abend geklappt hat. Ich habe mich wirklich gefreut über deine Einladung.« Marie Steyn hatte ihre bunte Umhängetasche auf den freien Stuhl gelegt und sich an die Seite von Kommissar Christian Buhle gesetzt. »Aber sag mal: Übertreibst du es jetzt nicht mit klassischer Musik?«

Buhle konnte sich ein Lächeln nicht verkneifen. Er hatte die Wette mit sich selbst gewonnen: Marie trug wieder eine weiße Bluse, enge Bluejeans und diese Leinenturnschuhe, die seit einiger Zeit unter dem Namen »Chucks« wieder modern geworden waren. Zusammen mit ihren ungebändigten schwarzen Locken und ihrer zierlichen Gestalt fiel sie zwischen den jungen Leuten in der Studentenkneipe hinter dem Trierer Theater nicht auf.

»Tja, wer Mozart und Haydn sät, wird Fauré und Bruckner ernten, heißt es doch, oder? Schließlich hast du mich vor zwei Monaten in mein erstes Symphoniekonzert gelockt. Das hast du jetzt davon.« Buhle versuchte, einen scherzhaft vorwurfsvollen Unterton in seine Stimme zu legen. Doch auch wenn für ihn vieles in den vergangenen Monaten einfacher geworden war, locker war er im privaten Umgang mit Frauen noch lange nicht.

Er hatte Marie Steyn im November des letzten Jahres kennengelernt; als Frau des Hauptverdächtigen in einem Mordfall oben in der Domäne Avelsbach. Während der für ihn äußerst wechselhaften Ermittlungen waren sie sich nähergekommen, und der promovierten Psychologin war etwas gelungen, woran er und andere über zwei Jahrzehnte gescheitert waren: Sie hatte seine verschlossene Schale einen Spalt weit geöffnet. Aber nicht weiter. Nach Abschluss des Falls hatten sie sich regelmäßig getroffen, und Christian Buhle versuchte seitdem, seine sich verändernde Gefühlswelt zu verstehen. Doch seine Unsicherheiten prägten weiterhin ihre Treffen. Er war Marie für ihre Geduld dankbar. Beide wussten, dass er noch viel Zeit brauchen würde, das traumatische Ereignis in seiner Jugend zu verarbeiten und sich anderen Menschen gegenüber wirklich öffnen zu können.

»Meinst du, uns erwartet schwere Kost?«, fragte Buhle. »Jetzt hab ich jedenfalls Hunger. Pizza oder Auflauf?«

Auf vorbereiteten Zetteln konnte man sich die Pizza hier in der Kneipe seit ewigen Zeiten selbst zusammenstellen. Es schien ein Reiz damit verbunden zu sein, der Generationen überdauert hatte. Irgendwann waren dann Aufläufe dazugekommen. Ansonsten war die Speisekarte eher übersichtlich gestaltet.

Marie schüttelte betont lange den Kopf und schob ihre Unterlippe leicht vor. »Also ich versuche mal die indische Ingwersuppe und dazu den Salat mit gerösteten Kürbiskernen.«

Buhle schaute von seinem Pizza-Bestellzettel auf. »Wo hast du das denn gefunden?«

Marie hielt die Saisonkarte hoch und ließ sie mit einem Lachen gleich wieder unter dem Tisch verschwinden. »Bleib du ruhig bei deinen ausgewählten Speisen. Das hier ist sicher viel zu experimentell für dich«, spottete sie, wobei sie das »ausgewählt« leicht hämisch betonte. Dann reichte sie ihm doch das laminierte Blatt über den runden Holztisch und hatte dabei sichtlich Spaß. Buhles Blick streifte sie möglichst unauffällig. Danach war er sich sicher, dass Marie sich wirklich über ihr Treffen freute.

Kaum hatte er sich in die exotisch anmutenden Gerichte der Sommerkarte vertieft, klingelte ein Handy. Automatisch fuhr seine Hand zur Seitentasche seines Jacketts.

»Es ist mein Handy. Hoffentlich sind es nicht die Kinder«, hörte er Marie sagen. Sie verdrehte dabei ihre fast schwarzen Augen, aber Buhle konnte erkennen, dass sich auch eine Spur Angst in ihnen widerspiegelte. Er wusste nur zu gut, dass die ganze Familie Steyn eine sehr schwierige Zeit hinter sich hatte und noch nicht alle Ängste überwunden waren. Sie schaute auf das Display und schüttelte als Reaktion auf seinen abwartenden Blick kurz den Kopf.

»Marie Steyn, hallo! … Ach, Frau Lenz, Sie sind es. … Waaas?« Maries Gesichtsausdruck war innerhalb eines Augenblicks absolut ernst geworden. Buhle legte die Speisekarte beiseite und hörte dem Telefonat zu.

»Sie sind sicher, dass ihre Mutter nicht in der Nähe ist? … Und Zoé hat nichts zu Ihnen gesagt?« Marie atmete schwer aus, als ob sie die ganze Zeit die Luft angehalten hatte. »Nein, ich komme sofort zu Ihnen raus. Allerdings bin ich gerade mitten in Trier, das wird also fast eine halbe Stunde dauern, bis ich bei Ihnen bin. … Ja, bleiben Sie auf jeden Fall bei dem Mädchen. … Sie brauchen nicht viel zu reden, wahrscheinlich sagt sie jetzt sowie nichts. Aber zeigen Sie, dass Sie für sie da sind. … Okay, ich fahre sofort los. Und halten sie am besten alle Türen verschlossen, bis ich da bin; nur zur Sicherheit. Bis gleich.«

Marie schaute mit zusammengepressten Lippen auf Buhle. »Es tut mir leid, aber ich muss sofort los. Ein Kind, das ich gerade betreue, ist von ihrer Nachbarin allein und völlig verängstigt in seinem Elternhaus vorgefunden worden. Von seiner Mutter gibt es keine Spur.« Sie machte eine kleine Pause. »Tja, normalerweise ist das ja euer Privileg, wegen eines Falls ein Rendezvous platzen zu lassen, aber glaub mir, auf diesen Rollentausch hätte ich jetzt furchtbar gerne verzichtet.«

»Hört sich nicht gut an. Meinst du, da ist etwas passiert?«

Maries Blick wurde noch eine Spur ernster. »Ich weiß nicht. Die Familie fällt momentan von einer Katastrophe in die andere. Vor zwei Monaten ist Zoés kleine Schwester Anne an einem ungeklärten Virus erkrankt und kurz darauf gestorben; ausgerechnet an Zoés Geburtstag. Und dann ist vor gut einer Woche ihr Vater mit dem Auto tödlich verunglückt. Nur ein paar hundert Meter von ihrem Haus entfernt. Hast du davon nichts mitgekriegt?«

Buhle schüttelte den Kopf. »Nein, habe ich nicht.«

»Du kannst dir vorstellen: Das Kind ist völlig traumatisiert. Und jetzt ist auch noch die Mutter verschwunden.« Marie hatte schon ihre Jacke übergeworfen und sich die Tasche unter den Arm geklemmt.

»Wo wohnt sie?«

»In Merteskaul. Das ist ein kleines Gehöft auf halben Weg nach Bitburg. Ich muss jetzt los. Sorry.«

»Soll ich besser mitkommen?«

»Und das Konzert?«

Buhle zog sich bereits sein Jackett über, holte die beiden Tickets aus der Innentasche und drehte sich zu dem Nachbartisch, an dem zwei junge Frauen saßen. »Bruckner und Fauré! Sollten Sie sich nicht entgehen lassen.« Mit diesen Worten ließ er die Eintrittskarten auf den Tisch gleiten und wendete sich von den verdutzten Frauen ab. »Wir sollten nicht länger warten.«

Ohne ein weiteres Wort drückten sich beide an der verblüfften Bedienung vorbei zur Ausgangstür.

Maries Auto stand in geringer Entfernung auf dem Augustinerhof. Sie verließ den Parkplatz zwischen dem Rathaus und dem alten Bunker in Richtung der Römerbrücke. Es dauerte knapp zehn Minuten und drei Rotphasen, bis sie sich endlich durch den Feierabendverkehr bis zur Bitburger Straße durchgeschlagen hatten.

Aber auch hier ging es nur langsam die Serpentinen hinauf, entlang der roten Buntsandsteinfelsen, die die Autofahrer auf ihrem Weg aus dem Moseltal auf die Höhen des Bitburger Gutlandes begleiteten. Buhle merkte, dass Marie jetzt ganz die Psychologin und gedanklich bereits bei ihrer Klientin war. Genauso spürte er, dass er selbst ganz automatisch in seine Rolle als Polizist geschlüpft war.

Als sie die Anschlussstelle zur A 64 überquert hatten und zwischen dem Gewerbegebiet Sirzenich und einem Naturschutzgebiet auf einem geraden Streckenabschnitt der Bundesstraße fuhren, ergriff er das Wort: »Marie, gab es bei den beiden Todesfällen irgendwelche Anhaltspunkte für Fremdverschulden?«

»Das fragst du?« Marie schien noch in Gedanken, und ihr Tonfall war etwas unwirsch. »Hättest du doch sicher was von gehört, oder?«

»Wahrscheinlich schon. Nur, wenn die Wittlicher Kollegen damit zu tun hatten und nichts Außergewöhnliches entdeckt wurde, kommt es nicht zwangsläufig bei uns an.«

»Ich weiß nichts von derlei Vermutungen. Soweit ich weiß, haben es alle als ein furchtbares Zusammentreffen zweier tragischer Ereignisse angesehen. Obwohl Suzanne, die Mutter von Zoé, auf den Tod ihres Mannes deutlich anders reagiert hat als zuvor bei der Tochter.« Marie überlegte. »Ja, es kam mir schon so vor, als ob da bei aller Trauer auch so etwas wie Skepsis oder Unruhe mitschwang. Aber wir haben hauptsächlich über Zoé gesprochen.«

»Wie heißt die Familie genau?«

»Altmüller. Alexander Altmüller ist mit dem Auto verunglückt und vorgestern beigesetzt worden. Anne Altmüller ist gerade mal drei Jahre alt gewesen, als sie starb. Wie schon gesagt, vor zwei Monaten. Zoé ist die achtjährige Schwester. Die Mutter, Suzanne John-Altmüller, ist übrigens eine gebürtige Luxemburgerin.«

Buhle überlegte, ob er den Namen Altmüller irgendwann gehört hatte, konnte sich aber nicht erinnern. Nur den tödlichen Unfall hatte er nebenbei registriert, weil er nicht auf der als Todesstrecke verschrienen B 51 geschehen war, sondern auf einer kleinen Nebenstraße.

»Hast du bei der Mutter irgendetwas bemerkt, das mit ihrem Verschwinden im Zusammenhang stehen könnte?«

Marie schüttelte jetzt energisch den Kopf, und ihre Locken wirbelten unter dem Autodach umher. »Nein. Ich kann auch nicht glauben, dass sie ihre Tochter jetzt alleinlassen würde. Ich mag gar nicht daran denken, aber ... ich habe einfach ein Scheißgefühl.«

Sie passierten den kleinen Ort Hohensonne, der durch die Bundesstraße in zwei Teile zerschlagen war – ein Los, das er mit anderen Weilern an der mit täglich rund zwanzigtausend Autos und Lkws befahrenen B 51 teilte. Lediglich Helenenberg hatte bislang die lang ersehnte Ortsumgehung erhalten. Doch vorrangig schienen den Verkehrsplanern der dreispurige Ausbau der Straße und eine möglichst kreuzungsfreie Straßenführung. Aber auch diese kontinuierlichen Bemühungen der letzten Jahrzehnte hatten der »Bitburger« ihr Gefahrenpotenzial nicht nehmen können. Buhle sah ein verlassenes Haus am Straßenrand stehen. Die leer stehenden Häuser der geopferten Ortschaften zeugten davon, dass die Anwohner jegliche Hoffnung auf eine Besserung ihrer Lebensqualität an dieser Hauptverkehrsader der Region aufgegeben hatten.

Marie Steyn konzentrierte sich auf den Verkehr und fluchte, als der Hintermann ihr in der Tempo-Fünfzig-Zone von Windmühle selbst bei fast achtzig Stundenkilometern bis auf die Stoßstange fuhr. Es nutzte ihm nichts: Den letzten Kilometer bis zur Abzweigung kurz vor Schwarzkreuz musste er sich der nicht gerade geringen Geschwindigkeit von Maries Wagen anpassen. Schon nach wenigen Metern auf der Ausfahrtspur sah Buhle den getunten Golf vorbeischießen. Er wollte sich gerade darüber echauffieren, als ein Seitenblick auf Marie ihm verriet, dass sie den Idioten schon wieder vergessen hatte.

»Was machen wir, wenn Suzanne Altmüller auch etwas zugestoßen ist?«

Buhle antwortete nicht sofort. Er hatte gerade im Vorbeifahren den Namen auf dem Ortsschild identifiziert. Er hatte noch nie etwas von »Kunkelborn« gehört, geschweige denn, dass er schon jemals hier gewesen war.

»Warte erst einmal ab, Marie. Es ist gegen jede Wahrscheinlichkeit, dass sich derartige Katastrophen drei Mal innerhalb einer Familie wiederholen. Bestimmt ist der Mutter nur etwas Unvorhergesehenes dazwischengekommen und sie taucht bald wieder auf.«

»Ich weiß nicht. Vielleicht ist doch alles kein Zufall?«

Sie hatten schon wieder die wenigen Häuser von Kunkelborn hinter sich gelassen. Marie zeigte ohne weitere Worte auf eine Weide. Dunkle Spuren im sattgrünen Gras führten vom Straßenrand diagonal bis zum nahen Waldrand.

»Ist Altmüller hier verunglückt?«

Marie nickte stumm.

Kurz darauf bog sie unvermittelt von der schmalen Landstraße in einen asphaltierten Feldweg ab. Irgendwann musste jemand der Meinung gewesen sein, an diesem einsamen Hang einen geeigneten Siedlungsplatz gefunden zu haben. Doch bevor Buhle sich darüber wundern konnte, hatten sie schon das letzte der drei Häuser erreicht. Marie parkte ihr Auto vor einer baufälligen alten Scheune. Sie schaute Buhle einen Moment sorgenvoll in die Augen, bevor sie ausstieg und direkt auf die Eingangstür des alten Bauernhauses zuging. Buhle beeilte sich, ihr zu folgen, wobei er routinemäßig versuchte, schnell die örtliche Situation zu erfassen.

Er fand nichts Auffälliges. Das Wohnhaus war mit Weinreben und wildem Wein vollständig zugewachsen. Nur die blauen Fenster waren freigeschnitten worden. Eine Rebe reichte quer zu einem angrenzenden renovierten Bauernhaus rüber. Auch der ortstypisch gefertigte Türrahmen aus rotem Sandstein war zum Teil von den Rankpflanzen überwuchert. So konnte Buhle nur mit Mühe die Jahreszahl über der Tür lesen: 1949. Also noch gar nicht so alt, stellte er für sich fest.

Marie hatte direkt versucht, die in der unteren Hälfte mit drei großen Rauten verzierte Eichentür zu öffnen. Erst als sie feststellte, dass sie verschlossen war, schaute sie durch eines der länglichen Türfenster und klopfte fest an das andere. Als sich nichts rührte, ging sie zwei Schritte zurück und schaute auf die Fenster in der oberen Etage.

»Gibt es keine Klingel?«
»Nein. Ich überlege gerade, welches Fenster zu Zoés Zimmer gehören muss. Ich glaube, das linke. Genau, Zoé hatte erzählt, dass sie vor dem Winter noch schnell ein neues Fenster einbauen mussten, weil es durch das alte total zog. Schau, es ist das einzige weiße Fenster in dem Wohnhaus.« Marie formte ihre Hände zu einem Trichter vor ihrem Mund und rief: »Zoé! Frau Lenz!« Sie wartete einen Moment »Zoé! Frau Lenz! Hier ist Marie Steyn!«

Nach wenigen Sekunden erschien hinter der Fensterscheibe das schemenhafte Gesicht einer älteren, grauhaarigen Frau. Mit Handbewegungen deutete sie ihre Erleichterung über das Erscheinen von Marie an und dass sie nach unten kommen würde. Kurz darauf öffnete sich die Haustür.

»Frau Steyn. Gut, dass Sie da sind. Das war die längste halbe Stunde meines Lebens. Kommen Sie, Zoé ist oben. Sie hat sich in der Zeit keinen Millimeter bewegt. Ich hab mich nicht getraut, mich ihr weiter als bis auf einen halben Meter zu nähern. Kommen Sie.«

Silvia Lenz schien Buhle gar nicht zu registrieren. Sie drehte sich um und verschwand wieder im dunklen Flur. Marie folgte ihr, ohne ein Wort gesprochen zu haben. Buhle sah den beiden Frauen nach. Ihm war klar, dass er ihnen jetzt nicht zu dem Kind folgen konnte. Also machte er bei dem weiter, was er automatisch schon seit ihrer Ankunft gemacht hatte: Er ging zum ersten Angriff über.

Buhle musste an eine Situation vor zwei Jahren denken: Bei einem Interview mit Schülern hatte er davon gesprochen, dass Polizisten sofort zum Angriff übergehen, wenn sie an einem Tatort erscheinen. Er hatte daraufhin in sehr erstaunte Gesichter geblickt und erklärt, dass mit diesem Fachausdruck lediglich Maßnahmen gemeint sind, die Polizisten zur Gefahrenabwehr, zur Tatortsicherung und zu ersten Feststellungen zum Tathergang machen. »Das Ganze nennt man Sicherungsangriff. Der Begriff stammt noch aus der Weimarer Zeit, als die Leute sich wohl auch in der Polizeiarbeit noch an den militärischen Wortschatz angelehnt haben«, hatte er den Jugendlichen erklärt. Hier im Haus der Familie Altmüller und seiner Umgebung deutete bislang noch nichts auf einen Tatort hin.

Das jetzige Wohnhaus war offenbar nachträglich angebaut worden und überragte den sich links anschließenden Gebäudeteil –

ein altes Trierer Einhaus, bei dem Wohn- und Stallbereich direkt aneinandergebaut wurden – um eine Geschosshöhe. Das ältere Bauernhaus schien vor Kurzem renoviert worden zu sein. Das Dach war neu mit Schiefer gedeckt, neue Fenster waren eingebaut und der Rundbogen des ehemaligen Scheunentors mit einer komplett verglasten Fenstertür versehen worden. Bereits aus der Ferne konnte Buhle sehen, dass die Vorhänge dort zugezogen waren. Er ging zu der niedrigen Eingangstür. Es war eine alte tiefblaue Kassettentür, die offenbar komplett restauriert war und dennoch den Charme des Altehrwürdigen behalten hatte. Buhle drückte auf die Klinke, ohne dass die Tür dem folgenden Druck nachgab.

Er sah nach oben. Das mit bunten Glasscheiben versehene Oberlicht wies eine lange Reihe römischer Ziffern auf. Doch er brauchte sich nicht die Mühe zu machen, sie zu entziffern, weil darüber, genauso sorgfältig gearbeitet, »1889« in den Sandsteinsims gemeißelt worden war. Das Fenster neben der Tür war mit einer Scheibengardine nur zur Hälfte zugehängt. Buhle schaute über den fein gemusterten weißen Stoff in das dahinterliegende Zimmer. Es war lediglich mit einem etwas breiteren Bett, einem zweitürigen Kleiderschrank und einem Schwingsessel möbliert. Ein Kunstdruck von Edvard Munchs »Das kranke Kind« lag auf der mit gedeckten Farben schön gemusterten Tagesdecke des Betts. War das Bild angesichts des Todes von Anne Altmüller gerade abgehängt worden, oder sollte es jetzt erst aufgehängt werden? Es würde auf jeden Fall sehr gut zu den dunklen Deckenbalken und den beige getünchten Wänden passen, die wie in den alten Häusern früher üblich nur grobwellig verputzt waren.

Buhle ging einige Schritte zurück und drehte sich zum Schuppen um, vor dem sie geparkt hatten. Eigentlich waren es zwei große landwirtschaftliche Gebäude, die versetzt aneinandergebaut waren. Die Größe des gesamten Gebäudekomplexes ließ darauf schließen, dass die Vorbesitzer früher zu den größeren Landwirten gezählt hatten. Doch anders als an dem alten Bauernhaus war hier noch keine Spur der dringend notwendigen Restaurierung zu erkennen: Das Dach war an einigen Stellen bereits löchrig, die Fensterscheiben fehlten, die farblosen Brettertüren standen offen. Dafür hatten im linken Gebäudeteil Geißblatt und Schlingknöterich von der Fassade Besitz ergriffen und überwucherten bereits den Dachfirst.

Buhle erschien der ganze Besitz als eine im Werden befindliche romantische Oase abseits des stressigen Alltags. Nur hatte ohne Zweifel der Tod das Glück zerstört, bevor es vollendet gewesen war. Er wollte gerade die nähere Umgebung inspizieren, als er ein Auto starten hörte. Er schaute in die Richtung des Geräuschs, konnte aber nichts erkennen, außer einer grünen Wand von großen Bäumen und einem Asphaltweg, der in einer weiten Kurve hinter dem Trierer Einhaus verschwand. Er verharrte so lange, bis das Geräusch des sich schnell entfernenden Autos verhallt war.

»Herr Buhle?« Der Kommissar fuhr herum und sah Silvia Lenz in der offenen Tür des neueren Wohnhauses stehen. »Habe ich Sie erschreckt?«

Buhle schüttelte den Kopf und ging langsam auf die Frau zu. »Nein, das heißt: doch ein wenig. Ich war gerade in Gedanken. Wohin führt dieser Weg?« Er zeigte in die Richtung, aus der er das Motorengeräusch vernommen hatte.

»Der führt hoch zur Kreisstraße, Richtung Ralingen. Wieso?«

»Ich habe mich das nur gefragt, weil wir aus der anderen Richtung gekommen sind. Irgendwie hatte ich eher angenommen, dass der Weg hier endet.«

»Nein, tut er nicht. Auch wenn Sie nicht der Erste wären, der meint, die Welt würde in der Merteskaul enden.« Silvia Lenz hatte die Worte sehr bestimmt, fast schon etwas angriffslustig gesagt und Buhle aus leicht zusammengekniffenen Augen dabei sehr direkt angeschaut.

»Nein, das wollte ich damit nicht sagen.« Buhle ahnte, dass diese Frau noch viel energischer sein konnte. »Gibt es da oben an der Straße einen Parkplatz?«

»Nein, nur eine Bushaltestelle.«

War dort soeben jemand weggefahren, der mit dem Geschehen im Haus Altmüller zu tun hatte, vielleicht sogar Zoés Mutter? Ausschließen konnte Buhle es nicht, aber es war zu spät, eine Verfolgung aufzunehmen. »Frau Lenz, hat Marie Ihnen erzählt, dass ich Kriminalbeamter bin?«

Die anfängliche Skepsis der Frau schien sich noch zu verstärken. Doch dann wurde ihr offenbar die gegenwärtige Situation bewusst, in der ein Polizist möglicherweise doch von Vorteil sein könnte. Etwas milder gestimmt sagte sie: »Nein. Wäre ja auch nicht gut, wenn Zoé das mitbekommen würde, oder?«

»Nein, sicher nicht. Darf ich Ihnen ein paar Fragen stellen?«
»Sie haben doch schon damit angefangen. Kommen Sie rein. Suzanne hat bestimmt nichts dagegen, wenn wir uns in die Küche setzen.«

Buhle folgte Silvia Lenz über zwei Treppenstufen vor der Haustür und drei weiteren in dem dunklen Flur. Ihre grau melierten Haare waren zu einem langen Pferdeschwanz zusammengebunden und hingen über einer Tunika aus gewalkter Wolle in den verschiedensten Rot- und Gelbtönen. Über der engen schwarzen Leggings sah die Tunika wie ein Minikleid aus. Stiefeletten aus orangerotem Wildleder, die mit von Perlen durchsetzen Gummizügen um die Fußgelenke zusammengezogen waren, rundeten das eigenwillige Äußere der Frau ab.

Vom Flur aus führte Silvia Lenz Buhle durch eine alte, verzierte Wohnungstür in eine geräumige Wohnküche. Auch hier im Haupthaus war die Einrichtung passend zum Stil des Gebäudes ausgewählt worden. Die Küchenzeile bestand aus einer modernen Vollholzküche, die aber harmonisch auf eine sehr alte Küchenbank mitsamt Esstisch und Stühlen, einen Holzofen mit gusseisernen, reich verzierten Abdeckplatten und einen wohl ebenfalls noch aus der Bauzeit des Hauses stammenden Wandschrank abgestimmt war.

»Möchten Sie etwas trinken?«
»Gerne, ein Glas Mineralwasser täte gut.«

Lenz sah Buhle etwas misstrauisch aus den Augenwinkeln an, ging dann aber zu einer Tür in der gegenüberliegenden Ecke des Zimmers, hinter der sich offensichtlich eine geräumige Speisekammer befand. Mit einer Glasflasche in der Hand kam sie zurück.

»Wissen Sie, als ich hierhergezogen bin, hatten wir in der Merteskaul kein fließendes Wasser im Haus. Alle Bewohner hier hatten eine Quelle im Hang. Das Wasser wurde in einem Steintrog gefasst und bei Bedarf in Krügen und Eimern ins Haus geholt. Das war immer frisch.« Sie betonte den letzten Satz, machte dann aber die Mineralwasserflasche auf und schüttete ein Glas für den Kommissar ein.

»Wann sind Sie hier hergezogen?«
»Oktober 1979.«

Buhle hob die Augenbrauen. »So spät noch?«, entfuhr es ihm.
»Ja, so spät. Und da waren wir in der Merteskaul nicht die Letz-

ten, die so lebten. Wir sind hier in der Eifel, junger Mann. Das war schon immer eine arme Gegend, da konnten sich die Leute nicht den Luxus der Städter leisten.«

Buhle versuchte möglichst verständnisvoll zu nicken, um ein wenig beruhigend auf die Frau zu wirken. »Natürlich.« Er machte eine kurze Pause. »Darf ich fragen, wie es Zoé geht?«

Das ärgerliche Flackern in ihren Augen wich mit einem Schlag einer tiefen Traurigkeit. »Das arme Kind. Ich mache mir schreckliche Vorwürfe. Suzanne hatte mich gebeten, am Nachmittag ein, zwei Stunden auf Zoé aufzupassen. Wir haben uns zusammen um die Pferde gekümmert. Das macht sie sehr gerne, wissen Sie. Aber dann bin ich ins Haus, weil ich das Telefon gehört habe, und als ich wiederkam, war Zoé weg. Da schon mehr als zwei Stunden vergangen waren, habe ich angenommen, Suzanne wäre zurück und hätte Zoé abgeholt.« Silvia Lenz schaute todunglücklich.

»Und wann haben Sie bemerkt, dass Frau Altmüller nicht da ist?«

»Ich habe vorhin zufällig gesehen, dass ihr Auto nicht da war. Ich war beunruhigt und habe nachgeschaut. Zum Glück hatte mir Frau Steyn ihre Nummer gegeben, für alle Fälle.«

»Sie können nicht sagen, was geschehen sein könnte?«

»Nein, es ist wirklich furchtbar, was gegenwärtig mit den Altmüllers passiert. Es ist, als ob der Fluch der Merteskaul wieder zurückgekommen ist.«

»Welcher Fluch?«, fragte Buhle, und seine offensichtliche Skepsis führte wohl dazu, dass Silvia Lenz erst nach einer Weile widerwillig zu erzählen begann.

»Es gab immer wieder Jahre, in denen es hier drei Tote auf einmal gab. Das erste Mal war es noch im vorletzten Jahrhundert. Bauer Schiltz war gerade mit seiner Familie in die Merteskaul gezogen, nachdem er das Haus hier nebenan gebaut hatte. Innerhalb von nur vier Monaten starben seine Frau im Wochenbett, sein ältester Sohn bei der Feldarbeit, als er unter die Hufe eines durchgedrehten Zugtieres geraten war, und ein Knecht vom Nachbarhof an Fieber. Seitdem gab es mindestens vier weitere Jahre, in denen drei Menschen starben, die mit der Merteskaul in Verbindung standen. 1934 waren es sogar vier.«

Silvia Lenz' kurze Zusammenfassung war nicht mit einem Hauch von Zweifel behaftet. Sie schien der festen Meinung zu sein, dass es hier in der Merteskaul nicht mit rechten Dingen zuging. Sie machte eine kurze Pause, in der ihr Blick kurz erstarrte. »Das letzte Mal passierte es 1993.«

»Sie meinen, die Altmüllers unterliegen auch diesem ... Fluch?« Buhle ahnte, dass sein Zögern nicht gut bei seiner Gesprächspartnerin ankommen würde. Und sofort bemerkte er das Aufblitzen in ihren Augen.

»Sie können glauben, was Sie wollen. Aber ich kann mit meinen sechsundsechzig Jahren noch bis drei zählen.« Sie stutzte, senkte ihren Blick und fügte dann deutlich leiser hinzu. »Ich habe Angst, dass auch Suzanne etwas zugestoßen ist.«

»Gibt es einen Anhaltspunkt für Ihre Vermutung?«, fragte Buhle. »Ist Ihnen etwas Besonderes aufgefallen in der letzten Zeit? Haben Sie irgendwelche Anhaltspunkte, dass etwas anders war? Irgendwelche fremden Leute, ein merkwürdiges Verhalten der Altmüllers, irgendetwas?«

»Nein, nichts, außer natürlich ...« Silvia Lenz beendete ihren Satz nicht, doch Buhle wusste auch so, was sie meinte.

»Sie wissen auch nicht, wo sich Suzanne John-Altmüller aufhalten könnte? Bei Freunden, Verwandten?«

»Nein, bestimmt nicht. Sie hätte Zoé in dieser Situation niemals so lange allein gelassen, auch nicht bei mir.« Silvia Lenz war es deutlich anzusehen, dass sie sich sorgte.

»Können Sie denn sagen, wie lange Frau Altmüller schon von zu Hause weg ist?«

»Ja, Suzanne hat Zoé gegen halb vier bei mir vorbeigebracht.«

»Wie gut kennen Sie die Altmüllers?«

»Weil Suzanne mir ihr Kind anvertraut oder ich einfach so in das Haus gegangen bin, oder warum fragen Sie?« Wieder hatte sich ihre Stimme von einem Moment zum anderen verschärft.

»Nein, es ist nur wichtig für mich, die Situation hier einschätzen zu können. Ich nehme an, wenn Menschen so eng zusammenwohnen, haben sie ohnehin ein enges Verhältnis miteinander.«

Silvia Lenz blickte Buhle spöttisch an. »Ein Kommissar verdächtigt immer, oder? Vor den Todesfällen hatte ich vor allem mit den beiden Mädchen zu tun. Ich weiß nicht, ob Sie es bemerkt haben, aber Sie sind vorhin an meinem Pferdestall vorbeigefahren. Na ja, Mädchen und Pferde, da ergibt sich immer schnell ein Kontakt.

Zoé hatte bei mir Reitstunden, so als Nachbarschaftshilfe«, fügte sie schnell an. »Aber auch Anne war in letzter Zeit immer häufiger an der Koppel. Ich musste sie sogar schon zweimal von der Weide runterholen. Das Kind hatte überhaupt keine Angst vor den Tieren.« Sie war nun wieder sehr in sich gekehrt. »Nach Annes Tod habe ich mich etwas mehr um Zoé gekümmert. Die Eltern waren sehr verzweifelt und auch mit sich selbst beschäftigt. Durch diese Tragödie ist unser Kontakt also etwas enger geworden.« Sie blickte Buhle nun wieder ins Gesicht. »Und was die Nachbarschaft in der Merteskaul betrifft: Sie ist okay, aber wir sind hier keine Kommune mehr. Die Zeiten sind lange vorbei.«

»Sie haben eben angemerkt, dass die Eltern mit sich selbst beschäftigt waren. Hatte das einen Grund?«

Silvia Lenz zögerte mit der Antwort und strich sich eine Strähne aus ihrem Gesicht. »Ich weiß nicht. Ich hatte das Gefühl, dass Alexander und Suzanne irgendwie ... nicht gemeinsam trauerten. Irgendetwas stand zwischen ihnen. Ich habe nach Annes Tod auch ab und zu heftigere Diskussionen zwischen den beiden gehört, durchs offene Fenster, wenn ich abends noch etwas spazieren war.«

»Was es gewesen sein könnte, wissen Sie aber nicht?«

»Nein.«

»Mmh.« Buhle überlegte, welche Gründe es geben könnte, dass Suzanne ihr Kind so lange allein ließ. »Ich muss Sie noch einmal fragen: Kennen Sie Leute, bei denen Suzanne jetzt sein könnte?«

Silvia Lenz verzog den Mund. »Die Altmüllers hatten noch nicht viele Bekannte in der Gegend. Sie wohnen erst seit drei Jahren hier, sind kurz nach Annes Geburt eingezogen. Wenn man viel arbeitet und in der Merteskaul wohnt, lernt man nicht so schnell Leute kennen; in der Eifel schon gar nicht. Also: Ich habe zuerst im Krankenhaus angerufen, falls Suzanne vielleicht wegen einem Notfall dorthin musste oder so.«

»Ist Frau Altmüller Ärztin?«

»Ja, in Bitburg. War aber nichts. Sie ist seit dem Tod ihres Mannes krankgeschrieben. Ich habe auch nach Kolleginnen gefragt, bei denen sie vielleicht sein könnte. Die zwei Frauen, die mir genannt wurden, wissen aber auch nichts von ihr. Dann habe ich die Eltern von zwei Schulfreundinnen von Zoé angerufen, mit denen Suzanne

Kontakt hatte. Es war nicht leicht, die Nummern herauszufinden. Habe dann nur eine Mutter erreicht, die auch nichts wusste. Ansonsten würden mir nur noch ihre Eltern in Luxemburg einfallen. Aber die, Herr Kommissar, wollte ich nach dem, was geschehen ist, nicht auch noch fragen, wo sich ihre verschwundene Tochter befindet.«

»Das haben Sie gut gemacht.« Buhle erntete wieder den spöttischen Gesichtsausdruck, der sich bei dem unangebrachten Lob sofort im Gesicht der Frau einstellte. »Ich werde bei meinen Kollegen nachfragen, ob sie etwas über den Verbleib des Autos von Frau John-Altmüller wissen. Können Sie mir das Fabrikat und das Kennzeichen nennen?«

»Es ist ein roter Golf, ein Kombi. Das Kennzeichen ...«, sie überlegte, »ich weiß noch, dass beide einmal gesagt hatten, dass ihre Initialen wohl nicht für ein Autokennzeichen geeignet seien, aber ... nein, ich weiß die Nummer von Suzannes Wagen nicht.«

»Kein Problem.« Buhle nahm sein Handy aus der Tasche des Jacketts und suchte eine Nummer aus seinem Adressspeicher.

»Doch ein Problem. Oder meinen Sie etwa, wir hätten hier Handyempfang? Alexander hatte von Anfang an nach einer Möglichkeit gesucht, wie er das in diesem Loch irgendwie hinbekommen könnte. Irgendwann hat er aufgegeben. Ich nehme an, wenn er das vorher bedacht hätte, wären sie gar nicht erst hierhergezogen. Vielleicht wäre das im Nachhinein ...« Silvia Lenz beendete den Satz nicht, sondern schob sich am Kommissar vorbei zur Küchentür. »Ich zeig Ihnen, wo das Festnetztelefon steht.«

Das schnurlose Telefon stand in einem kleinen Zimmer, das sich gegenüber der Küche auf der anderen Seite des Flurs anschloss. Zwei Bücherregale waren vorwiegend mit medizinischer Fachliteratur gefüllt, aber auch mit Bildbänden und Taschenbüchern. Auf den unteren Regalbrettern standen zwei Reihen von Ordnern, die ein Stück herausragten. Ein kleiner Schreibtisch mit einem schon etwas betagten PC stand vor dem Fenster an der Stirnseite des Hauses. Von dort hatte man einen Blick auf den kleinen Garten neben dem Haus, in dem gerade mal Sandkasten und Schaukel Platz fanden.

Buhle rief den Kriminaldauerdienst in Trier an. Irgendwo in der Gegend um Merteskaul musste die Grenze der Zuständigkeit für die Kripo in Trier und Wittlich liegen. Er hoffte, dass er mit Trier richtig lag, und war erleichtert, als der diensthabende Beamte Bernd Frohwein ihm das bestätigte. Die Empfindlichkeiten bei den Kollegen waren gerade in Bezug auf solche Kleinigkeiten häufig nicht zu unterschätzen. Frohwein versprach, sofort die an Unfällen beteiligten Pkw zu prüfen und anschließend nach dem Auto von Suzanne John-Altmüller fahnden zu lassen.

Buhle schaute sich noch einmal im dem Zimmer um, ob irgendetwas seine Aufmerksamkeit erregte. Nach zwei Minuten verließ er ohne Erkenntnis den Raum. Im Flur traf er wieder auf Silvia Lenz. Sie stand unschlüssig am Fuß der Treppe, die ins Obergeschoss führte, und wandte sich erst dem Kommissar zu, als dieser einige Schritte auf sie zugegangen war.

»Ich weiß nicht. Soll ich mal nachschauen?«

»Ja, wenn es geht, wäre es sogar gut, wenn Sie Frau Steyn kurz ablösen könnten. Vielleicht kann sie schon etwas berichten.«

Silvia Lenz nickte immer noch ein wenig unschlüssig und stieg dann langsam die Treppe hinauf. Buhle konnte hören, wie sie kurz darauf zaghaft an eine Zimmertür klopfte. Nachdem er für sich beschlossen hatte, dass in dieser Situation wohl jeder Verständnis dafür hatte, wenn er sich weiter umsah, ging er in das letzte Zimmer im Erdgeschoss, das offenbar als Wohnzimmer genutzt wurde.

Auch hier war die Ursprünglichkeit durch die Renovierung hervorgehoben und gleichzeitig mit angenehm unauffälligen, aber hochwertigen Möbeln ergänzt worden. Neben einem weiteren Bücherregal mit vorwiegend gebundenen Büchern, zwei Ledersofas, die getrennt durch einen gläsernen Beistelltisch im rechten Winkel zueinander standen, und einem Hifi-Regal mit Anlage und zahlreichen CDs bemerkte Buhle einen runden Spieltisch in der hinteren Zimmerecke. Auf der Anrichte daneben lag ein Kinderspiel. Etwas vermisste er. Er schaute noch einmal durch das Zimmer, bis er bemerkte, dass hier kein Fernseher stand. Als er ein leises Knarren auf der Treppe hörte, drehte er sich zur Tür.

»Christian?«, kam es vorsichtig rufend aus dem Flur.

»Marie, ich bin hier, im Wohnzimmer.«

Er sah Marie zögerlich und sehr ernst durch die Tür in das Zimmer eintreten.

»Geht es Zoé nicht gut?«

Marie schüttelte den Kopf. Diesmal schien selbst von den wilden Locken auf ihrem kleinen Kopf keine Energie auszugehen. »Nein. Ich habe es in den letzten Minuten gerade mal geschafft, für einige Momente ihre Hand zu berühren. Aber sogar die hat sie gleich wieder weggezogen. Das arme Kind. Ich kann regelrecht spüren, welche Qualen sie gerade durchmacht. Da muss noch irgendetwas geschehen sein. Vielleicht spürt sie, dass mit ihrer Mutter auch etwas passiert ist. Aber ich komme einfach nicht an sie heran.« Sie atmete tief durch und presste ihre Lippen fest aufeinander.

»Ich habe bei den Kollegen angerufen. Die versuchen das Auto von Suzanne John-Altmüller zu finden.«

Marie schaute zu Buhle hinauf, und er konnte sehen, wie diese Mitteilung nur sehr langsam durch ihre Gedanken sickerte.

»Ich glaube, ich muss heute Nacht hierbleiben. Zoé macht nicht den Eindruck, als ob sie hier weggehen würde, und ich kann sie unmöglich allein lassen. Ich werde Juliette bitten, sich um Nora und Mattis zu kümmern. Hoffentlich hat sie Zeit.«

Buhle kannte Maries Schwiegermutter. Juliette von Steyn hatte sich auch während des letzten Falls viel um Maries Kinder kümmern müssen. Die Ereignisse hatten der Familie viel Schaden zugefügt. Sie hatten aber letztlich auch dazu geführt, dass die Verbindung zwischen den einzelnen Familienmitgliedern deutlich enger geworden war. Das traf sogar auf Marie und Thomas Steyn zu, auch wenn sie als Paar keine Zukunft mehr zu haben schienen.

»Willst du allein hierbleiben?«, fragte Buhle etwas unsicher.

Sie schaute ihn immer noch mit vielen schmalen Sorgenfalten auf der Stirn an und dachte offenbar über die richtige Antwort nach. Dann nickte sie. »Ich möchte nicht, dass Zoé mitbekommt, dass noch jemand Fremdes im Haus ist. Ich weiß nicht, wie sie darauf reagiert.« Sie zögerte ein wenig. »Aber ... danke für das Angebot. Kommst du denn irgendwie zurück nach Trier?«

Buhle hatte sich noch gar keine Gedanken gemacht, wer ihn zu dieser Zeit in der tiefsten Eifel abholen könnte. Vor einem halben Jahr wäre das auch tatsächlich ein Problem gewesen. Zu der Zeit hatte er noch jeden persönlichen Kontakt zu seinen Kollegen vermieden, hatte darüber hinaus ohnehin mit keinem Menschen Kontakt. Doch in den letzten Monaten hatte er sich aus seiner selbst gewählten Isolation etwas herausgearbeitet. Zumindest in seinem Team konnte er jetzt sicher jeden anrufen und um Hilfe bitten.

»Ich find schon jemanden. Schau du erst mal, dass du deine Schwiegermutter erreichst und alles mit deinen Kindern klärst. Und sei vorsichtig, bitte.«

Einen kurzen Moment regte sich in Christian Buhle der Gedanke, die nun so zerbrechlich wirkende Marie in den Arm zu nehmen. Doch er wartete ein wenig zu lange. Marie nickte noch einmal kurz und drehte sich dann um, um im Nachbarzimmer zu telefonieren.

Da Marie ihre Dinge schnell regeln konnte, rief Buhle seinen Freund und Kollegen Paul Gerhardts an. Der war schon im Bett, und Buhle meinte, im Hintergrund Gerhardts Frau Sabine leicht aufmurren zu hören. Doch für den fast fünfzehn Jahre älteren Kollegen war es selbstverständlich, ihn abzuholen. Nach einem Abschiedsgruß ging Marie mit dem schnurlosen Telefon in der Hand wieder zu Zoé hinauf.

3

Trier/Merteskaul; Freitag, 10. Juni

Das Klingeln seines Handys riss Buhle unvermittelt aus dem Schlaf. In den Jahren, seit er Polizist war, hatte er gelernt, sofort darauf zu reagieren. Vor dem dritten Klingeln hatte er bereits registriert, dass die Nummer des Anrufers unterdrückt und es Viertel vor drei war.
»Buhle!«
»Christian, es ist jemand im Haus.« Marie flüsterte in das Telefon.
Buhle war mit einem Sprung aus dem Bett. »Wo bist du?«
»Im Zimmer von Zoé. Ich ... ich habe jemanden im Flur gehört.«
»Kannst du dein Zimmer abschließen?«
»Nein, ich habe keinen Schlüssel gefunden.«
»Bleib in dem Zimmer. Was macht das Mädchen?«
»Es schläft.«
»Gut, ich bin schon unterwegs. Ruf mich in fünf Minuten wieder auf dem Handy an und versuche es immer wieder, bis ich drangehe. Okay«
»Okay.«
Buhle war bereits zu dem Stuhl gelaufen, wo er beim letzten Mal seine Joggingsachen abgelegt hatte. Er schlüpfte barfuß in seine Laufschuhe. Als er seine Wohnung mit dem Autoschlüssel in der Hand verließ, fluchte er laut, weil Frohwein nicht ans Telefon ging. Auf dem Weg zum Auto bekam er die Zentrale an den Apparat. Er ließ die Polizistin nicht einmal ausreden.
»Hier Buhle. Wo ist Frohwein?«
»Im Einsatz. Es ist mal wieder einer von der Brücke gesprungen. Ist aber schon eine Weile unterwegs.«
»Sauertalbrücke?«
»Ja.«
»Verbinde mich mit seinem Handy, es ist dringend.«
»Was ist denn los?«
»Weiß ich noch nicht. Komm, mach.«
Es dauerte sicher eine halbe Minute, und Buhle hatte trotz Laufschritts sein Auto immer noch nicht erreicht. Wieder fluchte er

lautstark, diesmal über die chronisch zugeparkten Straßen in der Trierer Südstadt.

»Ein bisschen netter kannst du dich ja schon melden. Was gibt's denn so Dringendes um diese Uhrzeit?«

»Ich habe gerade einen Notruf aus Merteskaul bei Kunkelborn bekommen. Da scheint ein Einbrecher im Haus zu sein.« Buhle war endlich an seinem Auto angelangt. Irgendein Idiot hatte ihn doch tatsächlich zugeparkt.

»Wo liegt das denn?«

»Bei dir in der Nähe. Bei Ralingen muss eine Straße Richtung B 51 abgehen. Die musst du nehmen. Oben auf der Höhe geht dann ein Feldweg zur Merteskaul runter. Da muss auch eine Bushaltestelle sein. Scheiße!« Buhle hatte beim Ausparken das Auto des Idioten touchiert. Beim nächsten Versuch schaffte er es endlich aus der Parklücke.

»Ich hab hier aber noch eine halbe Stunde zu tun. Ruf doch –«

»Mensch, es ist dringend. Du bist doch schon fast da.«

»Wer hat dich angerufen?«

»Marie Steyn. Sie ist dort bei dem Mädchen von der verschwundenen Mutter, wegen der ich dich gestern Abend angerufen hatte.«

Bernd Frohwein schien einen Moment zu überlegen. Natürlich wusste Buhle, dass jeder Polizist in Trier den Fall Steyn kannte. Genauso wusste er, dass manch einer hinter vorgehaltener Hand über sein Verhältnis zu der hübschen Frau des damaligen Hauptverdächtigen spekulierte. Aber das war ihm egal. Er hatte mittlerweile die Nordallee erreicht und überholte gerade einen ordnungsgemäß dahinschleichenden Pkw auf der Busspur.

»Okay, wir sind zu dritt. Simon kann das hier mit der Spurensicherung zu Ende abwickeln. Ich fahre mit Tobias hoch.«

»Aber seid leise. Es ist ein mit Wein zugewachsenes Haus. Und geht nicht ohne Grund in das Kinderzimmer. Das Mädchen ist total traumatisiert. Bislang schläft es noch.«

Buhle beendete das Gespräch. Es hatte schon zweimal einen Anrufer anklopfen gehört, sicher war es Marie gewesen. Doch jetzt tat sich nichts. Er ignorierte die roten Ampeln vor der Kaiser-Wilhelm-Brücke und beschleunigte nochmals, als er die Mosel querte. In dem Moment, in dem er mit quietschenden Reifen die rechtwinklige Kurve zur Bitburger hinaufnahm, klingelte wieder das Handy. Zum Glück hatte er zwischenzeitlich die Freisprechanlage aktiviert.

»Hier Marie.«

»Wie geht's euch?«

»Was für eine Frage. Zoé schläft immerhin noch. Ich habe jetzt eine Weile nichts mehr gehört.«

»Gut. Ich bin schon auf der Bitburger. Kollegen sind auch auf dem Weg zu dir. In zehn Minuten dürften die da sein. Verhalte dich weiter ruhig.«

»Keine Sorge.«

»Leg am besten nicht auf, dann höre ich sofort, wenn etwas bei dir geschieht.«

»Gut.«

Buhle hatte die Kurven hinter sich gelassen und wollte auf der freien Strecke endlich Gas geben. Doch auch zu dieser Uhrzeit war immer noch Verkehr in Richtung Eifel unterwegs. Er musste mehrmals scharf bremsen, wenn vor ihm ein Fahrzeug auftauchte, und überholte an Stellen, wo er jedem anderen dafür sofort den Führerschein abgenommen hätte. Er flog durch Neuhaus und Hohensonne, raste an Newel vorbei, bis er kurz vor Windmühle wieder Marie reden hörten.

»Jetzt höre ich wieder etwas. Schritte vor dem Haus.«

Buhle merkte, wie er die Luft anhielt. »Kann sein, dass das schon die Kollegen sind. Bleib aber ruhig in deinem Zimmer. Sag, wenn du wieder etwas hörst.«

Buhle war fast zu schnell für die Abfahrt gewesen. Sein Wagen schlingerte bedenklich, als er die S-Kurve durchfuhr. Dennoch gab er sofort wieder Gas, bis er vor der Unterführung unter die Bundesstraße wieder voll in die Bremsen stieg. Endlich war er auf der schmalen K 9, die in der Ortsdurchfahrt Kunkelborn noch einmal enger wurde. Ausgerechnet hier kam ihm ein Motorradfahrer entgegen, der es ähnlich eilig zu haben schien. Buhle beobachtete den Fahrer und hätte in der Dunkelheit darüber fast die Einfahrt zur Merteskaul verpasst. Er bremste ein letztes Mal scharf, bog von der Straße ab und schaltete Motor und Licht aus. Langsam rollte er den Weg hinunter in die Merteskaul. Beim ersten Haus hielt er an, stieg aus dem Auto und lief vorsichtig weiter. Er wusste, dass er erst nach dem Nachbarhaus der Altmüllers Sicht auf deren Anwesen haben würde. Die letzten Meter bis zur Hausecke schlich er.

Es war stockdunkel. Eine Straßenbeleuchtung gab es in Merteskaul nicht. Buhle schob sich ein Stück weiter und konnte schemenhaft die Fassade des Wohnhauses erkennen. Natürlich hatte die Verbindung zu Marie abrupt geendet, als er in die Merteskaul abgebogen war. Ohne Empfang konnte er ihr nicht Bescheid geben. Von seinen Kollegen war auch keine Spur zu sehen. Gebückt lief er die knapp zwanzig Meter bis zum Haus der Altmüllers. Da hörte er vom gegenüberliegenden Schuppen jemanden seinen Namen zischen.

»Christian?«

In dem Moment löste sich der Schatten von Bernd Frohwein von dem Gebäude. Der Polizist kam mit gezogener Waffe in seine Richtung.

»Ja, ich bin's. Habt ihr was entdeckt?«

»Nein, Tobias ist gerade hinters Haus. Geh du am besten vor, du warst ja schon mal drin.« Er nahm sein Funkgerät und flüsterte: »Tobi, Buhle ist da. Wir gehen rein.«

Buhle schlich zur Haustür. Er überlegte, wie sie unbemerkt von einem möglichen Eindringling hineinkommen sollten, falls alle Türen verschlossen waren. Doch die Haustür war offen. Er nickte seinem Kollegen zu und drückte sie langsam auf. Kein noch so schwacher Lichtstrahl drang durch den Flur. Buhle spürte plötzlich kaltes Metall an seinen Händen und erstarrte für einen kurzen Moment.

Frohwein hatte ihm eine Taschenlampe gereicht. Bevor Buhle sie anmachte, horchte er noch einmal in das lautlose Dunkel des Hauses. Nichts. Der Lichtkegel der Lampe verschaffte den beiden Polizisten eine schnelle Übersicht, auch wenn der Flur nicht ganz ausgeleuchtet war. Nacheinander sicherten sie die drei Räume im Erdgeschoss. Buhle hoffte, dass Marie, die sie mit Sicherheit hören musste, nun nicht den Einbrecher hinter den Geräuschen vermutete.

Sie stiegen langsam die Treppe hoch. Die Tür zum Kinderzimmer stand bereits einen Spalt offen, und als Buhle die letzte Stufe genommen hatte, zwängte sich Marie durch den Spalt.

»Ich bin froh, dass ihr da seid. Ist er weg?«

»Wahrscheinlich.« Er wendete sich seinem Kollegen zu. »Komm, lass uns noch die anderen Zimmer sichern.«

Sie durchsuchten schnell das Bad, das Schlafzimmer der Eltern und schließlich das zweite Kinderzimmer. In dem aufgeräumten, noch vollständig eingerichteten Zimmer von Zoés Schwester Anne verharrten die beiden Polizisten für einen kurzen Moment und verließen den Raum dann wortlos. Nirgends waren Spuren eines Einbrechers zu finden. Schließlich machten sie die Deckenleuchte im Flur an. Frohwein nahm noch einmal sein Funkgerät: »Tobi, kannst reinkommen, alles sauber hier.«

»Pst!« Marie zeigte mit der Hand zu Zoés Zimmer. Dann schaute sie zuerst Frohwein, dann Buhle an. »Ich bin mir ziemlich sicher, dass jemand im Haus war. Ich hab mehrmals Schritte und einmal die Haustür gehört.«

»Marie, hattest du die Haustür abgeschlossen?«

»Natürlich.«

»Ich kann mit Tobias nachschauen, ob es Spuren am Türschloss oder sonstige Einbruchsspuren gibt. Wann haben Sie die Geräusche gehört?«, fragte Frohwein.

»Ich habe gleich danach Christian angerufen.«

Der Kriminalkommissar des KDD nickte Buhle zu. »Das heißt, er hatte genügend Zeit, um wieder abzuhauen. Mir ist übrigens auf der Fahrt hier hoch ein Auto entgegengekommen. Der Penner hatte voll aufgeblendet. Ich hab im Rückspiegel nur gesehen, dass er ein gelbes Kennzeichen hatte, also vermutlich ein Luxemburger.«

»Mir kam in Kunkelborn ein ziemlich schneller Motorradfahrer entgegen. Aber der Einbrecher hätte auch Zeit gehabt, schon lange vor uns abzuhauen. Schaut mal, ob ihr irgendwelche Spuren findet.« Buhle gab Frohwein die Taschenlampe zurück. Nachdem der Kollege hinuntergegangen war, sah Buhle Marie lange an. »Es war ein Fehler, dich hier allein zu lassen.«

»Uns. Uns allein zu lassen. Ich habe mir die ganze Zeit mehr Sorgen um Zoé gemacht.« Sie fuhr sich mehrmals mit beiden Händen übers Gesicht. »Ich bin wirklich froh, dass du jetzt da bist, Christian. Danke.«

Buhle ging die letzten beiden Schritte auf Marie zu und nahm sie in die Arme. Sie erwiderte es dankbar.

Als sich eine Viertelstunde später alle in der Küche eingefunden hatten, konnte Frohwein nicht von irgendwelchen Einbruchsspuren berichten.

»Was ist denn in dem frisch renovierten Gebäudeteil hier nebenan? Gibt es da einen Durchgang hin? Wir haben nichts gefunden.«

»Keine Ahnung.« Marie war sichtlich unruhig und horchte immer wieder nach oben. »Ich glaube, dass Alexander Altmüller da sein Arbeitszimmer hatte. Aber ich weiß es nicht genau.«

»Wieso hatte?«

»Alexander Altmüller ist vorige Woche bei einem Autounfall verunglückt. Seine Tochter Anne ist vor zwei Monaten an einem Virus gestorben«, erklärte Buhle in aller Kürze die Situation.

Kriminalhauptkommissar Frohwein hob langsam den Kopf und legte seine hohe Stirn in Falten. »Und jetzt ist auch noch Frau Altmüller verschwunden. Ich fange an zu verstehen.« Sein Gesicht nahm jetzt einen wesentlich entschlosseneren Ausdruck an. »Okay, wir versuchen, nebenan reinzukommen. Ich glaub, es ist noch etwas früh, gleich das ganz große Menü zu bestellen. Oder was meinst du, Christian?«

Kommissar Buhle wiegte kaum merklich den Kopf hin und her, als ob er noch nachdenken wollte. »Wenn wir keinen Schlüssel finden, vernichten wir mögliche Einbruchsspuren an den Türen.«

Frohwein schaute auf die Uhr. »Gut. Die Bereitschaft der Spurensicherung dürfte unter der Sauertalbrücke fertig sein. Ich sag ihnen Bescheid, dass sie herkommen sollen, bevor sie noch einen Gedanken an ein Frühstück verschwenden.«

Die Polizisten von der Spurensicherung kamen kurz vor halb fünf. Buhle war wieder einmal beeindruckt, wie die Kollegen auch am Ende der Bereitschaftsschicht wie selbstverständlich ihrer Arbeit nachgingen. Selbst in einer Nacht wie dieser, in der die beiden vor dem Suizid unter der Sauertalbrücke noch zwei weitere Einsätze gefahren waren. Nachdem er sich kurz mit Frohwein abgestimmt hatte, informierte Buhle die beiden Kriminaltechniker über die Ereignisse und Vermutungen. Der ältere Kollege, Thomas Meyer, untersuchte das Schloss in der Tür zum ehemaligen Bauernhaus. Das Ergebnis kam schnell und selbstsicher: »Nichts. Keine Spur von unsachgemäßer Benutzung des Schlosses. Was ist dahinter?«

»Das Büro des verunglückten Hauseigentümers, wahrscheinlich noch ein Gästezimmer. Mehr wissen wir auch nicht.«
»Ich nehme an, ihr wollt rein.« Es war mehr eine Feststellung als eine Frage. »Brauchen wir eine Genehmigung?«
»Komm, mach schon auf. Ich will langsam ins Bett.« Frohwein wandte sich an Buhle. »Warst du gestern Abend schon da drin?«
»Nein, es deutete nichts darauf hin, dass Suzanne Altmüller sich dort aufhielt. Ihr Auto war ja auch weg und ist immer noch nicht da.« Der Blick, den Frohwein ihm zuwarf, ließ in Buhle urplötzlich ein beklemmendes Gefühl aufsteigen. Natürlich, es gab auch noch eine andere Möglichkeit, warum das Auto verschwunden war: Ein möglicher Täter hätte es als Fluchtfahrzeug nehmen können.

Er dauerte keine Minute, bis die Tür sich vor ihnen öffnete. Die Kriminaltechniker gaben Handschuhe und Schuhüberzieher an ihre Kollegen aus, bevor sie den Flur betraten. Hier war der ursprüngliche Fliesenboden des alten Bauernhauses erhalten und nur an einigen Stellen durch passende Fliesen ausgebessert worden. Ansonsten erschien der gesamte Flur mitsamt der Treppe zum Obergeschoss neu. Nach rechts führte eine Tür in das Gästezimmer, das Buhle bereits am Tag zuvor durch das Fenster gesehen hatte. Dahinter lag ein kleinerer Raum, der offensichtlich als Abstellkammer genutzt wurde. Auf der anderen Seite führte ein schmaler Flur zu den ehemaligen Stallungen des alten Einhauses.

Der erste Raum, den man hier betrat, war eine komfortabel eingerichtete Werkstatt, die zeigte, dass Altmüller durchaus seinen Teil zur Renovierung des Anwesens beigetragen hatte. Dass er letztendlich aber nicht zum Profi geworden war, ließ sich an der Unordnung erkennen, die auf den Werkbänken und in den Kisten herrschte. Die Tür, die von der Werkstatt nach draußen führte, war von innen verschlossen.

Im zweiten Raum befand sich das Büro des Journalisten. Schon auf den ersten Blick schien hier die gleiche unordentliche Person tätig gewesen zu sein wie im Nachbarzimmer. Auf den zwei Schreibtischen, einem runden Besprechungstisch mitsamt drei Stühlen und vor allem über fast den kompletten Dielenboden waren aufgeschlagene und geschlossene Ordner, Papierstapel, Bücher, der Inhalt entleerter Schubladen, Sammelmappen und Fotos verstreut.

In den beiden bis zur Decke reichenden Regalen befanden sich dagegen kaum noch Ordner.

»Wie sieht es denn hier aus!« Kriminaltechniker Thomas Meyer verharrte wie die anderen im Eingangsbereich und ließ seinen Blick durch das Zimmer schweifen. »Ich würde sagen, dass wir erst mal nicht sagen können, wer für das Chaos hier verantwortlich ist. Oder ist von den Kollegen einer anderer Meinung?« Keiner äußerte sich zu seiner Feststellung. »Keine Antwort ist auch eine Antwort. Also bleibt, wo ihr seid. Ich versuche mal, durch dieses Labyrinth zu gehen. Vielleicht gibt es ja Anhaltspunkte, wer das hier veranstaltet hat.«

Frohwein sah fragend zu Buhle, der zustimmend nickte. »Okay, verschaff dir einen Überblick, wir kommen in fünf Minuten wieder rein«, stimmte Frohwein dem Vorschlag seines Kollegen zu.

»Ihr kommt hier rein, wenn ich euch ein entsprechendes Zeichen gebe«, sagte Meyer in einem Ton unumstößlicher Selbstverständlichkeit.

»Lass uns in der Zeit oben nachschauen«, schlug Buhle Frohwein im Weggehen vor.

Die halb gewendelte Holztreppe war neu, wie fast alles in diesem Teil des ehemaligen Bauernhauses. Hier musste Altmüller von Grund auf saniert haben. Nur die Fassade hatte er in der ursprünglichen Gestalt des Trierer Einhauses belassen und die meisten alten Balken erhalten. Buhle betrat den winzigen Flur im Obergeschoss, der gerade genügend Wandfläche für drei Zimmertüren ermöglichte. Er öffnete nach und nach jede Tür und blickte in frisch renovierte, leere Räume. Während die beiden Zimmer im früheren Wohnhaus eher klein erschienen, füllte das dritte die gesamte ehemalige Stallfläche aus. Alle Räume waren bis zum Dachgiebel offen ausgebaut. Die sichtbaren Balken bewirkten zusammen mit den hellen Holzböden bereits jetzt eine gewisse Gemütlichkeit. Es roch nach frischem Holz.

»Das haben die schon richtig gut gemacht«, bemerkte Frohwein anerkennend.

Für Buhle hingegen sprach aus jedem der neuen Zimmer nur die Tragik der jungen Familie. Die Altmüllers hatten Ziele gehabt, die sich mit den schicksalhaften Ereignissen in nichts auflösten.

»Komische Sache hier, oder?«, bemerkte Frohwein, als sie wieder nach unten gingen.«Meinst du, die Altmüller ist tatsächlich verschwunden?«

»Würdest du dein Kind allein in dieser Einöde lassen? Vielleicht hätte ich schon gestern Abend nach ihr suchen lassen sollen.« Buhle blieb stehen und starrte einen Moment auf den alten Fliesenboden. »Du weißt, was das bedeutet, wenn ihr tatsächlich etwas zugestoßen wäre?«

»Dann hätten wir es hier vielleicht mit drei Opfern zu tun.«

»Und was wäre dann mit Zoé?«

Frohwein atmete tief ein. »Sie wäre ebenfalls in Gefahr. Meinst du, der nächtliche Besuch hat ihr gegolten? Aber warum ist er dann nicht zu ihr rein? Vor deiner … vor Frau Steyn wird er wohl keine Angst gehabt haben, wenn er überhaupt wusste, dass sie da ist.«

Buhle hatte die Korrektur seines Kollegen natürlich registriert. Was hatte er sagen wollen? Bekannte, Freundin …? Doch diesen Gedanken wischte Buhle sofort beiseite. »Maries Auto steht hier. Also wusste er, dass außer dem Kind noch eine weitere Person hier sein musste. Vielleicht hat er uns bereits gestern beobachtet? Wir müssen herausfinden, was er hier wollte.«

Der zweite Kriminaltechniker Marcus Schwindt kam durch den Seitenflur auf sie zu. »Kommt ihr mal? Thomas hat ein paar Dinge, die er euch sagen möchte.« Schwindt schien vom Typ her bei der Polizei irgendwie fehl am Platze. Er hätte eher in ein Geschäft für rosa Plüschtiere gepasst. Seine weiche, leise Stimme unterstrich diese Einschätzung vieler Kollegen. Doch als Kriminaltechniker schien er seinen Job zu machen. Die beiden Kommissare folgten ihm wortlos.

Vor der Bürotür erwartete Meyer sie bereits und fing direkt an zu reden: »Also, nach meiner Einschätzung hat sich jemand einen Überblick über die Arbeit von diesem Altmüller verschaffen wollen. Auch wenn es zunächst nicht so aussieht: Sein Recherchematerial ist systematisch geordnet und, so scheint es, mal mehr, mal weniger genau durchgeschaut worden. Ich glaube nicht, dass das Altmüller selbst gemacht hat. Der hatte ja wohl den Überblick. Ich glaube auch nicht, dass es ein Einbrecher war, es sei denn, er hat sich viel Zeit dafür genommen. Am naheliegendsten ist da Frau Altmüller: Sie hatte Zeit und die Gelegenheit. Möglicherweise wollte sie wissen, an welchen Storys ihr Mann in letzter Zeit gearbeitet hatte. Warum auch immer.«

Er machte eine kleine Pause. Als aber von den anderen keine Zwischenfragen kamen, sprach er weiter.

»Auffällig ist aber noch etwas anderes. Auf dem Schreibtisch muss ein Computer gestanden haben, wahrscheinlich ein Notebook. Jedenfalls steht ein vereinsamter Drucker noch da, und auf dem sonst überfüllten Tisch ist eine entsprechende Stelle frei. Außerdem sind auch zwei Stellen auf dem Fußboden freigeräumt. Vielleicht war hier etwas, das der Einbrecher gesucht, gefunden und mitgenommen hat. Für jede weitere Aussage müsste ich genauer einsteigen.«

Buhle wusste, dass es eigentlich die Aufgabe des Kriminaldauerdienstes war, nun die Ermittlungen einzuleiten. Er konnte nicht ohne Weiteres über den Kopf des stellvertretenden Leiters Frohwein irgendetwas bestimmen. Aber wie bewertete Frohwein am Ende einer langen Nachtschicht die Geschehnisse?

»Eine Frau ist verschwunden. Sie hat vorher ihren Mann und ihre jüngere Tochter durch Unfall und Krankheit verloren. Ihre ältere Tochter lässt sie allein hier in diesem einsamen Gehöft. In der Nacht bricht mutmaßlich jemand in das Haus ein, ohne dass Einbruchsspuren vorzufinden sind. Außerdem kann angenommen werden, dass Computer und Unterlagen aus dem Arbeitszimmer des verstorbenen Mannes entfernt wurden. So weit richtig?«

Frohwein hatte sich mit seiner Frage an die anderen Polizisten gewandt, die bestätigend nickten. Er fuhr fort: »Also, meines Erachtens gibt es drei Möglichkeiten. Erstens: Frau Altmüller hat irgendetwas in den Unterlagen ihres Mannes gefunden, dem sie nachgeht. Möglicherweise war sie heute Nacht noch einmal zu Hause, um nach ihrer Tochter zu sehen. Nachdem sie das Auto von Marie Steyn gesehen hatte, hat sie vielleicht angenommen, dass jemand sich um ihre Tochter kümmert, und ist wieder weggefahren. Sie könnte in der Nacht oder auch schon vorher die Dinge aus dem Büro mitgenommen haben. Das würde erklären, warum keine Einbruchsspuren gefunden wurden. Gesetzt den Fall, wäre es natürlich spannend zu wissen, was Frau Altmüller entdeckt hat, das sie so handeln lässt. Aber eine Straftat wäre nicht gegeben.«

Beim letzten Satz hatte er Buhle angeschaut, der sich dazu aber nicht äußerte.

»Zweitens: Frau Altmüller ist gestern davon abgehalten worden, nach Hause zu kommen. Ein Unfall, ein mentaler Aussetzer, vielleicht hat sie sich irgendwo betrunken. Sie ist Luxemburgerin, kann also auch irgendwo dort sein. Das erklärt aber nicht, wer heute Nacht hier war. Dass sie einfach nur bei Freunden oder ihren Eltern untergekommen ist und ihr Kind hier allein gelassen hat, ist ja wohl unwahrscheinlich, oder?«

»Sehr unwahrscheinlich. Sowohl Marie Steyn als auch die Nachbarin haben das ausgeschlossen«, antwortete Buhle. Er hätte auch noch anfügen können, dass es genauso unwahrscheinlich war, dass sich die Mutter irgendwo betrunken hat, aber er wollte zunächst Frohweins dritte These abwarten.

»Bleibt noch die Möglichkeit des Suizids. Du weißt, wenn jemand nach solchen Schicksalsschlägen völlig verzweifelt ist, könnte er alles andere ausblenden.« Frohwein machte eine kleine Pause.

»Drittens: Frau Altmüller kann nicht nach Hause kommen, weil sie entführt, verletzt oder sogar getötet wurde. Dann wäre der Einbrecher heute Nacht vielleicht auch hinter der kleinen Tochter her gewesen oder wollte Beweise fortschaffen.«

Er blickte die Kollegen der Reihe nach an. »Kann einer von euch eine der drei Möglichkeiten ausschließen oder hat noch andere Ideen?« Während Buhle mit einem Nein antwortete, schwiegen Tobias Leyendecker und die beiden Kriminaltechniker.

»Okay. Dann müssen wir das ganze Programm abspulen. Tobias und ich werden den Tatort hier sichern. Ich werde vorher den Dienstgruppenleiter informieren, damit er gleich die Fahndung nach der Altmüller intensivieren lässt. Außerdem soll er das K 7 mobilisieren, damit ihr nach Hause könnt.«

»Wir fangen aber schon mal an. Die Kollegen können dann überholen«, fügte Thomas Meyer an.

Frohwein verdrehte kurz die Augen, als sein Kollege wie eigentlich alle Einheimischen der Region Trier »nehmen« durch »holen« ersetzte. »Gut. Wir müssen die Fahndung unbedingt auch in Luxemburg verstärken. Christian hat den besten Kontakt zur Gemeinsamen Stelle. Kannst du das über*nehmen*?«, sagte er mit Betonung auf den letzten beiden Silben.

»Natürlich. Sobald wir hier was finden, was auf eine Straftat hindeutet, sollte auch die luxemburgische Kripo informiert werden.«

»Dann müssen wir noch überlegen, was mit Zoé Altmüller passiert. Egal ob sie in Gefahr ist oder nicht. Sie sollte nicht hier sein, wenn wir das Haus auf den Kopf stellen.«

»Ich kann Marie Steyn fragen, was sie denkt. Sie betreut Zoé bereits therapeutisch und ist momentan wohl die einzige Person, die überhaupt an sie rankommt. Eine weitere Option wären die Eltern von Suzanne, die ohnehin kontaktiert werden müssen«, schlug Buhle vor.

»Okay, dann frag zuerst Frau Steyn. An die Eltern wenden wir uns später.« Frohwein warf einen kurzen Blick auf die Uhr. Sie zeigte fünf Uhr achtzehn. »Los geht's.«

4

Trier; Freitag, 10. Juni

Nachdem Christian Buhle und Marie Steyn sich darüber verständigt hatten, dass Zoé in der gegenwärtigen Situation und für die nächsten Tage am besten bei ihr in Avelsbach aufgehoben wäre, hatte Marie Zoé geweckt. Sie wollte das Kind überzeugen, mit ihr zu gehen. Buhle ging währenddessen durch die Wohnung der Altmüllers. In der Küche entdeckte er einen kleinen Ständer für Fotos. Zwei Aufnahmen zog er heraus: eine von der ganzen Familie und eine, die Suzanne mit Zoé auf dem Arm zeigte. Er ging hinüber zu den Kriminaltechnikern und teilte ihnen mit, dass er die beiden Fotos mitnehmen würde. Es dauerte noch weitere zwanzig Minuten, bis Marie mit Zoé und einer kleinen Reisetasche aus dem Haus kam.

Auf der Fahrt redeten sie nicht miteinander. Marie hatte sich mit Zoé auf den Rücksitz ihres Autos gesetzt und hielt während der ganzen Fahrt ihre Hand. Dies schien sie zumindest wieder zuzulassen. Den Kommissar betrachtete das Mädchen hingegen mit ängstlichem Blick.

Als sie in Maries Haus im Trierer Stadtteil Avelsbach ankamen, waren ihre Kinder gerade aufgestanden. Marie hatte ihre Schwiegermutter von unterwegs angerufen, damit Juliette von Steyn Nora und Mattis bereits darauf vorbereiten konnte, dass ihre Mutter frühmorgens mit einem fremden Kind und dem Kommissar nach Hause kommen würde.

Buhle wartete, bis Juliette von Steyn ihre beiden Enkelkinder für die Schule fertig gemacht hatte. Anschließend verabschiedete er sich nur kurz von Marie, die jetzt ohnehin keine Zeit für ihn hatte. Sie musste sich weiter um Zoé kümmern und gleichzeitig ihre beruflichen Verpflichtungen darauf abstimmen. Juliette von Steyn würde Nora und Mattis auf dem Weg nach Hause in ihre Schulen bringen. Sie nahm Buhle in ihrem Auto mit, denn ihr Weg führte direkt an der Dienststelle des Kommissars in der Kürenzer Straße vorbei.

Die Zentrale Kriminalinspektion des Polizeipräsidiums Trier war seit Anfang des Jahres nach langer Odyssee durch verseuchte und vergammelte Gebäude endlich in das ehemalige Postgebäude nahe dem Bahnhof eingezogen. Für alle Kriminalbeamten war es wie eine Erlösung gewesen.

Buhle nahm heute ausnahmsweise den Fahrstuhl. Er spürte nun die kurze Nacht und die Anstrengungen, die damit verbunden gewesen waren. Vor gerade einmal zwölf Stunden hatte er sich mit Marie getroffen. Aber anstatt gemeinsam einen gemütlichen Konzertabend zu verbringen, steuerten sie nun auf einen Fall zu, der suspekter kaum sein konnte. Ob tatsächlich eine Straftat vorlag, konnte nicht geklärt werden, bevor sie Suzanne John-Altmüller gefunden hatten.

Buhle hatte sich gerade auf seinen Schreibtischstuhl gesetzt, um Frohwein anzurufen, als seine Bürotür unsanft aufgestoßen wurde. Herbert Großmann, der Leiter der ZKI, stürmte in sein Zimmer und ließ sich vehement in den Besucherstuhl gegenüber von Buhle fallen. »Was war denn da heute Nacht schon wieder los?«, schnaufte der Kriminaldirektor und kniff skeptisch die Augen zusammen. Für Buhle war das ein deutliches Zeichen, besser vorsichtig zu sein.

»Guten Morgen, Herbert. Wer hat dich unterrichtet?«

»Ambrosius hat angerufen und mich gefragt, warum einer meiner Mitarbeiter seine Leute beim KDD wild macht.«

Werner Ambrosius war Leiter der Kriminalinspektion Trier, bei der der KDD derzeit noch angesiedelt war, und wie so häufig bei leitenden Beamten waren Großmann und er einander nicht wirklich in Freundschaft zugetan. Zumal Ambrosius seinerzeit offen um Großmanns Posten gebuhlt hatte.

»Ich mache bestimmt keinen wild.« Mit den notwendigsten Worten berichtete Buhle seinem Vorgesetzten von den Geschehnissen seit dem vorangegangenen Abend. Spätestens als der Name Steyn fiel, begann sich Großmanns Gesicht rot zu verfärben, und der weiße Haarkranz leuchtete in der für den Sechzigjährigen so typischen Weise. »Letztendlich hat Frohwein entschieden, wie die Ermittlungen aufgenommen werden. Ich habe mich da ganz bewusst rausgehalten.«

Seit Buhle im vorigen Jahr nicht immer gemäß den Vorschriften agiert hatte, war Großmann vorsichtig geworden. Auch jetzt war er noch nicht ganz überzeugt. »Das hört sich alles eher nach einem abgedrehten Krimi an«, murrte er vor sich hin. »Und was gedenkst du jetzt zu tun?« Seine Augen wurden noch etwas schmaler.

»Ich wollte gerade bei Frohwein nachfragen, ob es schon etwas Neues gibt und welcher Kollege die Ermittlungen übernehmen wird. Außerdem muss ich noch einmal zum ... vermeintlichen Tatort. Mein Auto steht noch da.«

»Du hältst dich da raus, bis es für uns einen tatsächlichen Anlass gibt, uns einzuschalten. Ist das klar? Ich habe keine Lust auf Ärger mit Ambrosius.«

»Natürlich«, sagte Buhle und versuchte dabei eine völlig neutrale Miene aufzusetzen. »Aber ich bin vom ermittlungsführenden Kollegen noch gebeten worden, über die Gemeinsame Stelle in Luxemburg die Fahndung nach Suzanne John-Altmüller zu beschleunigen. Das darf ich doch noch?«

Als Antwort ertönte ein Schnaufen, das Buhle als Zustimmung auffasste. Ohne ein weiteres Wort verließ Großmann das Zimmer.

Buhle informierte die Kontaktstelle für die grenzüberschreitende polizeiliche Zusammenarbeit. Leider hatte er nicht Henri Ducard am Apparat, den er dort beim gemeinsamen Dienst vor ein paar Jahren kennengelernt hatte. Er überlegte, ob er ihn noch direkt anrufen sollte, unterließ es aber, weil das sicherlich einen berechtigten Affront gegen die Kollegen in der Gemeinsamen Stelle dargestellt hätte. Stattdessen rief er Frohwein an, der aber noch nichts Neues zu berichten hatte. Zumindest sei die Fahndung nach Suzanne John-Altmüller jetzt im Gange.

Christian Buhle ging ans Fenster und schaute in Richtung Hauptbahnhof. Schüler fluteten gerade den Bahnhofsvorplatz und strömten in Richtung Alleencenter. Wer nicht in eines der beiden Gymnasien ging, die nur fünf Gehminuten entfernt lagen, reihte sich entlang der Haltestellen des Busbahnhofs auf. Aus dieser trägen Masse lösten sich die Erwachsenen, die über die Bahnhofstraße und den Alleenring ihren Arbeitsplätzen in der City entgegeneilten. Die morgendliche Flut.

Wo war Suzanne John-Altmüller? Hatte sie die Flucht ergriffen, war nach Trier zum Bahnhof gefahren, um sich unauffällig in die nachmittägliche Ebbe einzureihen, die die Menschen wieder aus der Moselmetropole hinausführte? Konnte es sein, dass ihr Auto in der Reihe entlang der Kürenzer Straße stand, nur wenige Meter von ihm entfernt? Eigentlich unvorstellbar und doch schon so häufig geschehen, dass Menschen nach derartigen Schicksalsschlägen keinen anderen Ausweg mehr sahen, als einen Schlussstrich unter ihr bisheriges Leben zu ziehen. Selbst wenn sie dafür ihre Kinder verlassen mussten. Aber alles, was er bislang über die junge Mutter wusste, sprach dagegen. Die Variante eines zu lang geratenen Besuchs bei Freunden oder Verwandten hielt er deshalb für noch unwahrscheinlicher. Dennoch müssten bald alle möglichen Kontaktpersonen befragt werden.

Ein Autounfall wäre da schon eher zu vermuten gewesen, doch wären sie in diesem Fall schon längst informiert worden, auch wenn er in Luxemburg passiert wäre. Er starrte weiter aus dem Fenster, nahm aber gar nicht wahr, dass der Bahnhofsplatz wie auch der Busbahnhof nun fast leer waren. Warum suchte er nach Gründen für ein absichtliches Verschwinden von Suzanne John-Altmüller? Er glaubte doch gar nicht mehr daran. Auch Frohwein war der Meinung, dass vieles auf eine Straftat hindeutete, sonst hätte er anders gehandelt. Aber welche Rolle spielten dann die beiden früheren Todesfälle in der Familie Altmüller?

Unzufrieden drehte er sich vom Fenster weg. Es war nicht sein Fall. Und die Kollegen würden schon ihren Job machen. Er setzte sich an den Schreibtisch und versuchte, sich auf seine Arbeit zu konzentrieren: Ein als Pirat verkleideter Bankräuber hatte am Weiberdonnerstag eine Filiale der Sparkasse in der Paulinstraße überfallen. Da der Bankangestellte sich bereits in ausschweifender Karnevalsstimmung befand, hatte er den Überfall zunächst als Witz verstanden. Das Lachen war ihm schnell vergangen, als das Geschoss aus der vermeintlichen Spielzeugpistole ein ordentliches Loch in dem Stuhlpolster neben ihm verursachte. Der Täter war dann unerkannt mit gut zwanzigtausend Euro im närrischen Treiben der Stadt untergetaucht. Außer der Kugel, die immerhin Rückschlüsse auf eine in Ludwigshafen gestohlene Sportpistole zuließ, und einer mehr als vagen Personenbeschreibung vom völlig verstörten Filialleiter hatte Buhle nichts in der Hand. Ihre Chance bestand allein darin, dass der Täter noch einmal seine Waffe einsetzen würde – was keiner wirklich hoffte. Dennoch hatte er sich in regelmäßigen Abständen die Akten vorgenommen und auf eine Eingebung gewartet. Bislang vergebens, und heute würde die sicher auch nicht kommen.

Er suchte im Informationssystem der Polizei nach Daten zum Verkehrsunfall von Alexander Altmüller. Doch POLIS gab nur das preis, was er ohnehin schon wusste. Als Unfallursache wurde zu hohe Geschwindigkeit auf der schmalen Landstraße angenommen, von der Altmüller aus nicht näher bekannten Gründen abgekommen war. Anzeichen für Fremdverschulden gab es genauso wenige wie Unfallzeugen. Die Ermittlungen waren bereits abgeschlossen ... Dann entdeckte Buhle doch etwas Interessantes: Das Unfallauto stand noch in der Werkstatt. Er nahm sich vor, es sich später anzuschauen.

Über den Tod von Anne Altmüller fand er nichts. Er musste annehmen, dass bei ihr die Todesursache eindeutig festgestanden hatte. Womöglich reichte es aus, eine Virusinfektion zu diagnostizieren und den Totenschein auszustellen. Eine Meldung bei der Polizei war nicht mehr notwendig, auch wenn der Virus unbekannt war. Buhle kämpfte eine Zeit lang mit der Versuchung, im Bitburger Krankenhaus anzurufen. Doch er besann sich auf die mahnenden Worte seines Vorgesetzten.

Er wollte gerade aufstehen und sich einen schwarzen Tee kochen, als sein Telefon klingelte.

»Christian? Bernd hier. Ich glaube, wir haben ihr Auto.« Frohwein sprach offensichtlich im Laufen.

»Wo?«

»Ein Ferienhausbesitzer bei Ralingen hat angerufen. Direkt neben seiner Einfahrt steht ein Auto, das vom Typ her zu dem von Suzanne Altmüller passen würde. Es stand schon da, als er gestern Abend von Grevenbroich aus angekommen war. Das Kennzeichen hatte er nicht notiert, er ruft aber gleich noch einmal an. Wenn es der Wagen ist, melde ich mich wieder.«

»Okay, danke«, doch Buhle hatte den Eindruck, dass die Verbindung bereits unterbrochen war. Was konnte das bedeuten? Eigentlich nur, dass Suzanne Altmüller tatsächlich etwas zugestoßen war, und zwar schon gestern. Sie wussten noch nicht einmal, warum sie ihr Haus verlassen hatte. Zoé konnte das wissen, doch bei ihr durfte er unmöglich anrufen, bevor sie nicht weitere Informationen hatten.

Er rief im Computer eine Landkarte auf und suchte Ralingen.

Den Ort fand er direkt in einem engen Innenbogen der Sauer. Er benötigte keine weitere Minute, bis er die Wochenendhäuser entdeckte. Sie lagen ein Stück weiter flussabwärts. Merteskaul befand sich am Ende eines kleinen Seitentals. Alles lag eng beieinander. Der Weg vom Wohnort der Altmüllers führte zunächst zweieinhalb Kilometer das Mühlenbachtal hinunter zur Ralinger Mühle. Buhle konnte das schnell am PC ermitteln. Von dort aus konnte man auf der B 418 rechts nach Ralingen abbiegen oder links dem hier ausladenden Flussmäander Richtung Süden folgen. Nach eineinhalb Kilometern kam man an einem Parkplatz vorbei, fünfhundert Meter weiter führte ein Feldweg den Hang hinauf. Die Ansammlung kleiner schwarzer Vierecke hätte er wohl kaum deuten können, wenn sie nicht mit »Wochenendhäuser« beschriftet gewesen wäre. Er rechnete kurz zusammen: Keine fünf Kilometer vom Wohnhaus entfernt stand vermutlich Altmüllers Auto. Dass sie es nicht auf dem näheren Parkplatz abgestellt hatte, konnte nur bedeuten, dass sie es verstecken wollte. Warum?

Wieder klingelte das Telefon. »Okay, ich bin jetzt da. Es ist ihr Auto. Steht ordentlich abgeschlossen und ziemlich versteckt am Waldrand, von der Straße überhaupt nicht zu sehen; von ihr keine Spur. Ist übrigens gar nicht weit von ihrem Haus entfernt.«

»Viereinhalb Kilometer.«

»Bitte?«

»Ich habe es gerade am PC ermittelt. Es sind gut viereinhalb Kilometer von der Merteskaul bis zu den Wochenendhäusern.«

»Aha, gut, oder besser: nicht gut. Du weißt, was das bedeuten kann?«

»Es ist zu befürchten, dass Suzanne Altmüller irgendetwas zugestoßen ist. Etwas, was sie davon abgehalten hat, zu ihrem Auto zurückzukehren und zu ihrer Tochter nach Hause zu fahren. Und ...«, Buhle machte eine kleine Pause, »sie hat ihr Auto versteckt. Das macht man kaum, wenn man nur spazieren gehen will.«

»Nein, sicher nicht.« Frohwein schien einen Moment zu überlegen. Vielleicht wartete er auch nur, bis Buhle die Initiative ergreifen würde. Doch der wusste genau, dass die Mordkommission jetzt noch nicht an der Reihe war. »Okay, ich werde noch die Spurensuche zum Auto beordern. Hoffentlich ist Max nicht schon wieder unterwegs, damit er mit ein paar Leuten die Randermittlung machen kann.« Frohwein wollte sich darum kümmern, dass Max Kienzig als Leiter des KDD gleich mit am Fall dran war. »Kannst du im Haus die Fahndung unterrichten und noch mal die Luxemburger verständigen?«

»Ambrosius hat wohl schon bei Großmann gestänkert, dass wir in eurem Revier wildern würden.«

»So ein Quatsch. Die beiden Alten haben wieder nichts Besseres zu tun, als sich um ihre Eitelkeiten zu kümmern.« Wieder schien Frohwein zu überlegen, dann fuhr er mit deutlich deprimiertem Unterton fort: »Ich befürchte, das wird sowieso bald euer Fall.«

Buhle hatte schon oft mit dem Kompetenzgerangel und Profilierungsdrang unter den Kollegen gehadert. Frohwein hatte er immer in das Lager der Redlichen gesteckt. Er wusste die Kollegen zu schätzen, denen es nur um ihre Arbeit ging.

»Solange wir nichts wissen, können wir hoffen. Ist in Ordnung, ich mach das«, erklärte Buhle. »Leitest du die Suchaktion ein?«

»Ich werde das gleich mit Max abstimmen. Ich denke, wir versuchen es erst mal mit den Hundestaffeln. Vielleicht können die uns zeigen, wohin Suzanne Altmüller gegangen ist.«

»Bist du denn noch fit?«

»Was glaubst du denn?« Frohwein war zwar betont mürrisch, aber Buhle hörte sehr wohl heraus, dass der Kollege weit davon entfernt war, Feierabend zu machen.

Zehn Minuten später, Buhle hatte soeben das Telefonat mit der Gemeinsamen Stelle polizeilicher Zusammenarbeit in Luxemburg beendet, stand überraschend ein sichtlich gut gelaunter Herbert Großmann in der Tür. »Wir sind gefordert. Wer ist von deinem Team abkömmlich?«

Buhle schaute ihn überrascht an. »Paul ist an der versuchten Erpressung von dem Steuerberater dran. Mich Reuter ist über seinen Geburtstag im Urlaub. Niko hätte wohl noch am ehesten Zeit. Der versucht, alte Fälle zu lösen.«

»Okay, nimm ihn mit. Wir sollen nach unten. Der KDD will was von uns.« Beim letzten Satz musste Großmann grinsen.

Im Sitzungsraum wurden sie und Nikolas Steffen von Max Kienzig und Werner Ambrosius empfangen. Ohne Umschweife, aber mit einem skeptischen Blick auf Großmann, hatte Kienzig das Wort ergriffen.

»Ihr wisst ja, was an der Sauer los ist. Wir müssen davon ausgehen, dass der vermissten Suzanne Altmüller etwas zugestoßen ist. Unsere Leute sind bereits seit der Nacht im Einsatz. Aber wenn wir unsere Chancen steigern wollen, sie schnell zu finden, brauchen wir eure Hilfe. Außerdem ist es ohnehin mehr als wahrscheinlich, dass die ZKI den Fall später übernehmen wird.«

»Ach, gibt es bereits weitreichende Erkenntnisse, die auf ein Tötungsdelikt hinweisen? Dann müssten wir vielleicht direkt …?« Großmann hatte einen deutlich süffisanten Unterton in seine Worte gelegt, der augenscheinlich gegen Ambrosius gerichtet war.

Buhle war absolut nicht der Meinung, dass jetzt der Zeitpunkt für das Gerangel der Platzhirsche war. Außerdem schätzte er Max Kienzig als hervorragenden Polizisten, der selbst lange Zeit in der Mordkommission gearbeitet hatte. Zum ersten Mal in seiner Dienstzeit in Trier fiel er seinem Chef vor Kollegen ins Wort.

»Wir können immer noch hoffen, dass es nicht unser Fall wird. Aber ich muss Max recht geben: Wenn innerhalb weniger Monate drei Mitglieder einer Familie auf unterschiedliche und nicht eindeutig zu klärende Art und Weise sterben beziehungsweise verschwinden, dann ist die Wahrscheinlichkeit von Straftaten einfach gegeben. Und womöglich können wir Suzanne Altmüller noch helfen, wenn wir sie bald finden.« Er hatte in Richtung der zwei Dienststellenleiter gesprochen und dabei einen äußerst missbilligenden Blick von Großmann geerntet. Doch das ignorierte er und wandte sich Kienzig zu. »Was sollen wir übernehmen?«

»Die Fahndung läuft, die Suchaktion ist eingeleitet. Die ersten Hundestaffeln müssten bereits vor Ort sein. Wir werden erst mal abwarten, ob die Hunde bei der Flächensuche etwas herausfinden, und dann entscheiden, ob wir die Suchaktion in der Umgebung mit einer Hundertschaft fortsetzen. Die Kriminaltechnik ist sowohl am Auto dran als auch im Haus der Altmüllers. Ich hätte für euch zwei Aufgaben: Übernehmt die Randermittlung, insbesondere bei den Kontaktpersonen von Suzanne Altmüller. Und auch von ihrem Mann. Wir wissen nicht, was vielleicht hinter seinem Unfall steckt. Es wäre wichtig, irgendwelche Anhaltspunkte für eine Straftat zu finden: nicht nur in Bezug auf das Verschwinden von Suzanne Altmüller, sondern auch auf die beiden Todesfälle. Ich habe schon mit der Staatsanwältin gesprochen. Sie sieht bei der Sachlage Gefahr im Verzug und keinen Grund, warum wir nicht die Wohnung der Altmüllers auf den Kopf stellen sollten.«

»Das macht Sinn.« Buhle nickte. »Niko, kannst du dich mit der Fahndung kurzschließen und dich dann an Silvia Lenz wenden? Sie hatte schon bei Bekannten nachgefragt und kann dir sicher am ehesten die relevanten Kontaktdaten nennen. Wir können zusammen in die Merteskaul fahren. Dort steht noch mein Auto, und wir können unabhängig voneinander weitermachen. Wer hält den Kontakt mit den Luxemburgern?«

»Ich werde …« Großmann und Ambrosius hatten gleichzeitig angefangen und offensichtlich auch die Absicht, Gleiches zu antworten. Doch stattdessen verstummten sie im selben Moment, und Kienzig nutzte die Lücke, sachlich und bestimmt: »Ich werde dazu auch keine Zeit haben. Christian, du hast da sowieso die besten Kontakte. Es ist wirklich wichtig, sich gegenseitig auf dem aktuellen Stand zu halten, damit wir möglichst unkompliziert und gemeinsam agieren können, wenn es nötig werden sollte.«

»Gut, dann lass uns keine Zeit verlieren.«

Die drei Kommissare standen wie auf ein Kommando auf, nickten Ambrosius und Großmann kurz zu und ließen ihr Führungspersonal ohne weitere Worte sitzen.

Während Kienzig zu den Ferienhäusern bei Ralingen fuhr, nahmen Buhle und Nikolas Steffen den direkten Weg zur Merteskaul. Buhle teilte seinem Kollegen in kurzen Zügen mit, was er wusste und annahm. In der Merteskaul angekommen, klingelte Steffen bei Silvia Lenz. Buhle ging weiter zum Haus der Altmüllers. Die Spurensicherung hatte sich zwischenzeitlich dem Haupthaus gewidmet.

Lutz Grehler, der Leiter des K 7, der Kriminaltechnik, empfing Buhle nicht wirklich begeistert. »Morgen. Kannst du mir sagen, was wir hier eigentlich suchen?«

»Eine wunderschönen guten Morgen, Lutz. Ja, das ist schwierig. Wir suchen nach irgendwelchen Anzeichen, dass sich ein Fremder in dem Gebäude aufgehalten hat. Oder dass etwas fehlt. Oder einen Hinweis darauf, warum Suzanne Altmüller weggefahren ist oder wo sie sich jetzt aufhält.«

»Aha. Zu Punkt eins: Es gibt keinen Hinweis darauf, dass in einen der Haustrakte eingebrochen wurde. Thomas hatte mir mit-

geteilt, dass deine Marie Steyn jemanden gehört habe. Ich frag mal lieber nicht, warum die wieder im Spiel ist. Hat sie gesagt, woher die Geräusche kamen?«
»Sie hat im Wohnhaus Schritte gehört. Ich nehme an, in der unteren Etage, und dann noch die Haustür.« Buhle ignorierte Grehlers Seitenhieb.
»Annehmen macht unsere Suche nach *irgendwelchen* Spuren nicht leichter.«
»Kann ich mir vorstellen, jetzt aber auch nicht ändern. Wir können sie später noch genauer fragen. Sonst noch etwas?«
»Es befindet sich nur ein Computer im Haus, und zwar im Arbeitszimmer von der Frau Altmüller. Soweit wir bislang sehen konnten, sind da nur Haushaltsangelegenheiten, medizinische Dinge und privater E-Mail-Verkehr abgespeichert. Ihr Mann ist Journalist?«
Buhle nickte zur Bestätigung.
»Okay, er scheint andere Computer benutzt zu haben, es sind aber keine da. Außerdem hat er oder jemand anderes versucht, Ordnung in sein Büro zu bringen. Dass offenbar mehrere ganze Stapel an Unterlagen fehlen, deutet darauf hin, dass diese gezielt aus dem Büro von Alexander Altmüller entfernt worden sind. Hatte aber mein Kollege euch schon erzählt.« Grehler überlegte kurz. »Fingerabdrücke gibt es jede Menge, vor allem im Wohnhaus. Die meisten wahrscheinlich von den Familienmitgliedern, aber sicher auch andere. Mit der Sauberkeit hatte es die Familie nicht so genau genommen. In dem renovierten Gebäudeteil sind es deutlich weniger.«
»Beide haben gearbeitet, zwei Kinder. Wahrscheinlich fehlte die Zeit. Ob die eine Putzhilfe hatten?«
»Woher soll ich das wissen? Also, es ist hier nicht wirklich was zu holen. Was in Altmüllers Büro fehlt, müsst ihr herausfinden.«
»Wir sollten ermitteln, woran er als Journalist aktuell gearbeitet hat«, überlegte Buhle laut. Da er freiberuflich tätig gewesen war, würde er vor allem brisante Recherchen wohl kaum jedem auf die Nase gebunden haben. »Alexander Altmüller ist vor zehn Tagen bei einem Verkehrsunfall umgekommen. Ihr müsst euch auch an der Unfallstelle unbedingt anschauen, ob ein Fremdverschulden wirklich auszuschließen ist.«

»Was erwartest du nach so langer Zeit? Es hat dauernd geregnet.«
»Ich weiß, dass es schwierig für euch sein wird, aber komm, Lutz, wenn einer was findet, dann du.«
»Ooooooh, seit dem letzten Fall bist du echt zum Schleimscheißer mutiert.« Grehler war selten zimperlich in seiner Wortwahl, aber jeder wusste, wie sehr er sich und seine Arbeit gewürdigt wissen wollte. »Woher weiß ich, wo der Unfall war?«
»Wenn du den Wirtschaftsweg Richtung Bitburger fährst, wirst du vor dem nächsten Ort Kunkelborn noch die Spuren auf der Weide sehen.«
»Okay, ich schau mir das mal an. Willst du ins Haus rein?«
»Geht das denn schon? Ihr seid doch noch voll im Gange.«
»Ich denke, ausnahmsweise schon. Mit seinem Büro sind wir eigentlich fertig. Vielleicht fängst du da an. Und im Haupthaus wart ihr ja ohnehin schon. Wäre nur gut, wenn du uns die Baracke gegenüber noch überlassen würdest. Da werden wir frühestens morgen anfangen und uns wohl etwas länger durch die vergangenen Jahrzehnte kämpfen dürfen. Auch draußen waren wir noch nicht wirklich. Ich fahre jetzt wieder zu Suzanne Altmüllers Auto, wenn sich da etwas Neues ergibt, gebe ich Bescheid. Treffen wir uns heute Abend noch?«
»Frag bei Kienzig nach, der leitet die Ermittlungen.«
Grehler zog seine buschigen hellblonden Augenbrauen hoch, verabschiedete sich aber ohne einen weiteren Kommentar.
Buhle ging in das Arbeitszimmer von Alexander Altmüller. Gegenüber dem Morgen hatte sich nichts verändert. Jetzt, wo er allein war, konnte er aber den Raum erstmals auf sich wirken lassen. Für eine Person war die Größe sicher angenehmer Luxus, und mit zwei Schreibtischen und mehreren Regalen war mehr als das notwendige Mobiliar vorhanden. Darüber hinaus gab es aber nichts, was Altmüllers außerjournalistischem Leben zuzuordnen war: keine Fotos von den Kindern, keine Bilder an den Wänden, keine prosaischen Bücher. Altmüller schien sich hier wirklich nur auf seinen Beruf konzentriert zu haben.
Der Kommissar nahm sich sein Notizbuch und einen Stift und begann, die Themen aufzuschreiben, mit denen sich Altmüller den verstreut liegenden Unterlagen nach beschäftigt hatte. Nach zwanzig Minuten betrachtete er die Liste und stellte fest, dass zwar

auch einige allgemeine Geschehnisse der Region zu verzeichnen waren, ein Schwerpunkt aber eindeutig auf brisanten Ereignissen lag und Altmüller seine Arbeit durchaus grenzüberschreitend betrieb. Die auffälligsten Punkte auf der Liste markierte Buhle mit einem Ausrufezeichen:

Biogas Bitburg
Windkraft RLP
! Air Base Spangdahlem
! Schwarzgeld in Lux. (50 Mrd. aus D)
! Lux. Geldwäsche
! Lux. Aktienfonds/Madoff
Eifel Dörfersterben
! Mega-Steinbruch Südeifel
B 51 Todesstrecke
Jagdschäden, Gemeinden und Jagdpächter
Immobilienblasen Trier/Bitburg
Bauskandal Lux. (Differdinger)
! Lux. Sextourismus
Ausbau A 1
Hochmoselübergang
Lux. Stahl

Buhle zählte durch: Fast zwanzig Stichwörter fanden sich auf seiner Liste. Altmüller schien ganz schön aktiv gewesen zu sein für einen, der sich um zwei Kinder kümmern musste und noch ein altes Anwesen zu restaurieren hatte. Er fing an, sich die Stapel in den sechs Schwerpunktbereichen näher durchzuschauen. Nach ein paar Minuten hatte er festgestellt, dass das Recherchematerial in ganz unterschiedlichen Mengen vorlag. Er strich die Ausrufezeichen vor »Air Base«, »Mega-Steinbruch« und »Sextourismus« wieder durch. Altmüller hatte sich hingegen äußerst intensiv mit dem luxemburgischen Finanzwesen beschäftigt.

Die Unterlagen in den Papierstapeln, Mappen und Ordnern gaben zumeist nur Informationen Dritter wieder. Eigene Texte oder Aufzeichnungen fanden sich nicht. In weiteren Ordnern fand der Kommissar Dossiers über Lokalpolitiker und Unternehmer. Während die meisten in zwei Ordnern zusammengefasst worden waren, gab es für den örtlichen Landtagsabgeordneten Markus Schilzenbach und den indischen Stahlunternehmer Lakshmi Mittal jeweils einen eigenen schmalen Ordner. Buhle fügte vor »Lux. Stahl« ein neues Ausrufezeichen hinzu.

Die Stille, die Buhle umgeben hatte, wurde jäh unterbrochen, als ein Polizeiauto schnell in die Merteskaul fuhr und vor dem Wohnhaus scharf bremste. Kurze Zeit später hörte er Schritte im Flur vor der angelehnten Bürotür.

»Herr Buhle?«

Buhle kannte die Stimme nicht und auch nicht den Streifenpolizisten, der kurz danach eintrat.

»Hauptkommissar Buhle?« Der junge Beamte fuhr aufgeregt fort, als sein Gegenüber kurz genickt hatte. »Kriminalhauptkommissar Kienzig schickt mich. Sie sollen an die Sauer kommen. Man hat etwas entdeckt.«

»Was?«

»Eine Spur. Die Suchhunde haben eine Spur der Vermissten entdeckt, die bis an die Sauer führt.« Der Polizist hatte sich bei der kurzen Mitteilung zweimal versprochen. »Ich soll Sie direkt mitholen.«

Auf der Fahrt konnte Buhle seinen Fahrer zumindest davon überzeugen, die Sirene auszustellen. Das Blaulicht ließ er sich aber nicht nehmen. Kaum waren sie auf der Bundesstraße entlang der Sauer angekommen, wechselten sie auf einen asphaltierten Wirtschaftsweg, der parallel dazu verlief. Die ersten Radler, die dem Polizeiauto in der Mittagssonne auf dem Sauer-Radweg entgegenkamen, wurden ohne Zögern zur Seite gehupt. Hinter einer kleinen Rasthütte auf dem breiten Wegrain hielten sie schließlich an. Am Wegrand waren bereits Kriminaltechniker dabei, Spuren im Bereich eines Trampelpfades zwischen den Hecken zu sichern. Über ein anderes Loch im Gestrüpp gelangten sie zu einer Ackerfläche, die von einem Feldgehölz mit einer beeindruckenden Eiche begrenzt wurde. Daran entlang gingen sie einen Feldweg in Richtung Sauer. Auf halbem Weg kamen ihnen Kienzig und zwei weitere Kollegen entgegen.

»Christian, sieht aus, als ob wir richtig liegen. Die Hunde hatten die Spur recht schnell aufgenommen. Dauerte nur ein bisschen, bis wir die Stelle hatten, an der Suzanne Altmüller vom Radweg wieder abgebogen ist. Sie kam dann diesen Weg hier runter, ist unten nach rechts abgebogen, dem Weg ein weiteres Stück flussaufwärts gefolgt. Und dann findet sich ein Bereich im breiten Ufersaum, wo sie sich allein, oder wie Grehler behauptet, mindestens mit einer weiteren Person aufgehalten hat.«

»Sie hat sich mit jemandem getroffen?« Buhle fühlte, wie die Anspannung noch zunahm.

»Behauptet Grehler zumindest. Wir sollen jetzt erst mal da wegbleiben, damit die Schnüffelnasen in Ruhe suchen können.«

»Und wo geht die Spur weiter?«

Kienzigs Augen verdunkelten sich ein wenig. Dann sagte er etwas leiser: »Gar nicht. Sie endet da.«

Die beiden erfahrenen Kriminalbeamten sahen sich an. Jeder wusste, was das bedeuten konnte.

5

Luxemburg-Stadt; Freitag, 10. Juni

Mario Reno stand wie so häufig nach der Arbeit an der Bande des *Stade Achille Hammerel*. Seit Jahren nun schon fragte er sich, warum er immer wieder hierher zurückkehrte. Zuerst hatte er den Niedergang des ehemaligen Europapokalteilnehmers und mehrmaligen Meisters Union Sportive Luxembourg in diesem Stadion miterlebt. Er endete mit dem Abstieg 2005. Im gleichen Jahr kam dieser unsägliche Zusammenschluss mit Spora Luxembourg und dem FC Aris Bonnevoie. Dass der Verein den Club aus dem Vorort Bonneweg schluckte, um in der ersten Liga zu bleiben, hätte er noch verstanden. Aber Spora, denen Union Anfang der Neunziger den Titel abgenommen hatte, um ihn zweimal zu verteidigen, musste doch nun wirklich nicht mit ins Boot geholt werden. Doch das war alles Geschichte, und er stand immer noch hier. Zujubeln konnte man auch dem jetzigen RFC Union Lëtzebuerg schon lange nicht mehr.

Der Verein veranstaltete zu Pfingsten ein großes Jugendfußballturnier, an dem Mannschaften aus ganz Luxemburg teilnahmen. Den Anfang machten an diesem frühen Freitagnachmittag die Jüngsten. Reno sah auf jeweils einer Sportplatzhälfte bunte, vielbeinige Knäuel sich über den gepflegten Rasen schieben. Dazwischen sprang ab und zu ein Fußball heraus, dem alle Spieler auf dem Platz nachrannten, bis sie ihn wieder, zu einer amorphen Masse vereinigt, umhüllten. Einen großen taktischen Unterschied zur ersten Herrenmannschaft vermochte er nicht festzustellen, nur die Laufbereitschaft schien ihm bei den Kleinen deutlich höher zu sein. Er fragte Eltern, die neben ihm standen, welcher Altersklasse die Jungs und Mädchen angehörten. Es waren Bambinis, die maximal Sechsjährigen, die da hinter dem Ball herjagten. Kindergartenkinder also.

Kindergartenkinder wie Anne Altmüller. Er bekam wieder dieses furchtbare flaue Gefühl im Magen, als er an die Kleine dachte. Er hatte sie nie gesehen, nur gehört, dass sie gestorben war. Gestorben an einer ungeklärten Viruserkrankung. Er musste sich an dem verzinkten Rohrgeländer festhalten, an dem die Werbebanden angebracht waren. Ungeklärte Viruserkrankung. Hätten sie ihn gefragt, hätte er ihnen sagen können, welche Viren für den Tod des Mädchens verantwortlich waren.

Zum Glück hatte ihn keiner gefragt, obwohl er die ersten Tage fest damit gerechnet hatte. Er hatte überlegt, zu verreisen, einfach abzuhauen. Aber von seiner Arbeit aus ging das überhaupt nicht. Es wäre auch zu auffällig gewesen. So hatte er tagsüber nach jedem Fremden Ausschau gehalten, der die Institutsräume betrat, und in der Nacht jeden Moment mit einem alles durchdringenden Klingeln an der Wohnungstür gerechnet. Wie er es schon so häufig im Fernsehen gehört hatte, bevor sie einen holen kamen.

Doch es kam niemand. Das Angstgefühl verflog und wurde durch ein wachsendes Schuldempfinden ersetzt. Er versuchte, sich das auszureden, versuchte, dem zu entfliehen, es zu ignorieren. Es hatte zunächst nichts geholfen. Langsam stellte er fest, dass man sich auch an Schuld gewöhnen konnte, ähnlich wie an einen chronischen Schmerz oder den Verlust einer wichtigen Bezugsperson. Es ging. Und es ging noch besser, als Dardenne ihm erzählte, dass Altmüller bei einem Unfall ums Leben gekommen war. Die Erleichterung war zunächst groß. Er schlief wieder durch. Bis eine Äußerung Dardennes ihn aufhorchen ließ.

Konnte er ihm noch trauen? War es womöglich doch ein Fehler gewesen, ihm alles anzuvertrauen, ihn zum Mitwisser zu machen? Damals hatte er mit der Situation nicht umgehen können, sich unsicher gefühlt, jemanden benötigt, der ihn führte. Doch nun sah er es als Fehler an, geredet zu haben. Als einen Fehler, den er womöglich noch korrigieren musste.

6

Avelsbach; Freitag, 10. Juni

Marie Steyn hatte sich etwas abseits auf der Terrasse in den Schaukelstuhl gesetzt, ihre Schuhe, Strümpfe und Hose ausgezogen und zwei weitere Knöpfe ihrer Bluse geöffnet. Trotz des Sonnensegels war es richtig heiß. Unter normalen Umständen hätte sie es genossen, einfach nur dazusitzen. Doch es waren keine normalen Umstände. Zoé und Nora saßen am Tisch und malten. Es waren die ersten Momente, in denen Marie in Ruhe über das nachdenken konnte, was seit gestern Abend geschehen war. Den nächtlichen Besuch hatte sie abgehakt. Es war nichts passiert, das war das Wichtigste. Um alles andere konnte sich Christian mit seinen Leuten kümmern. Für sie war es vorrangig, Zugang zu Zoé zu bekommen. Das Mädchen hatte sich am Morgen zwar überraschend schnell auf die Fahrt nach Avelsbach eingelassen. Aber wahrscheinlich war die Angst, wieder allein zu sein, ihre Hauptantriebsfeder gewesen. Ansonsten ließ Zoé weiter keine Nähe zu. Das hatte sich erst etwas gegeben, als Nora sich um sie gekümmert hatte.

Marie betrachtete ihre Tochter. Es war erstaunlich, wie sie mit ihren sieben Jahren alles meisterte. Der Mord in ihrem Haus letztes Jahr und alles, was danach folgte, war eine wahnsinnige Belastung für Nora gewesen. Aber sie hatte es besser weggesteckt als ihr drei Jahre älterer Bruder. Seit einigen Wochen, etwa mit dem Frühlingsbeginn, war die Last, die auf ihrer Familie lag, langsam gewichen; in kleinen Schritten nur, doch spürbar. Für Marie war es eine große Erleichterung gewesen, diese Entwicklung zu erkennen. Und nun? Nun brachte sie ein stark traumatisiertes Kind in ihre Familie. Aber was hätte sie tun sollen? Sie konnte Zoé unmöglich einfach dem Jugendamt übergeben.

Suzanne Altmüller war vor gut einundhalb Monaten auf sie zugekommen. Eine Kollegin aus Bitburg hatte sie empfohlen, weil Merteskaul gerade soeben noch im Zuständigkeitsbereich des Jugendamtes im Kreis Trier-Saarburg lag. Marie war halbtags als wissenschaftliche Mitarbeiterin an der Uni tätig, übernahm aber für das Jugendamt die Betreuung einzelner akuter oder besonders schwieriger Fälle. Zoé hatte den Tod ihrer Schwester relativ gut verkraftet. Sie besuchte weiter die Schule, traf sich mit Freundinnen und ging reiten. Sicherlich war ihre frühere Fröhlichkeit nicht mehr da, aber alle waren erstaunt, wie schnell Zoé mit dem Tod von Anne zurechtgekommen war. Aber genau das war es, was ihrer Mutter Schwierigkeiten machte und weswegen sie sich an eine Psychologin gewandt hatte.

Für Marie waren die Symptome hingegen klar zu deuten. Zoé hatte den Tod ihrer Schwester einfach verdrängt; hatte sich dadurch selbst vor einem Absturz in die Tiefen von Trauer, Panik und Verzweiflung geschützt. Ihr anscheinend normales Verhalten spiegelte keinen gefestigten psychischen Zustand wider, sondern verschleierte nur die inneren Ängste und Verletzungen, die der Verlust eines nahen Familienmitglieds mit sich bringt.

Erst nach dem Unfalltod von Zoés Vater hatte Marie den Eindruck gewonnen, etwas näher an Zoé herangekommen zu sein. Aber auch nur, weil das Kind in seiner neuen Rolle überfordert war. Zoé hatte begonnen, die Trösterin für ihre Mutter zu mimen. Zeigte nach außen hin eine Stärke, die so nicht existieren konnte. Marie hatte beobachtet, wie das Mädchen es sogar geschafft hatte, am Rande der Beerdigung von Alexander Altmüller ihre Mutter vor den Vorwürfen der Schwiegermutter zu schützen, um die total aufgelöste Suzanne anschließend auch noch zu trösten. Neben ihr hatte jemand fast anerkennend gesagt: »Das Mädchen ist stark«, doch das war ein Trugschluss gewesen. Es war vielmehr der Moment, in dem Marie am meisten Angst um ihre Patientin gehabt hatte. Bis zur letzten Nacht, als sie den Einbrecher im Haus in der Merteskaul gehört hatte.

Die beiden Mädchen malten immer noch, ohne miteinander zu reden, jedes für sich mit den Buntstiften und dem Malblock beschäftigt. Marie hatte lange überlegt, wie sie es ihren Kindern nahebringen konnte, dass Zoé zumindest eine Zeit lang bei ihnen wohnen sollte. Gerade bei Nora bestand die Gefahr, dass sie mit Eifersucht reagieren könnte. Doch offenbar hatte sie es geschafft, Nora von der Hilfsbedürftigkeit Zoés zu überzeugen. Und sie war verblüfft gewesen, als die beiden Mädchen sich nach nur einer Stunde, nachdem sie mit Nora ihre Hausaufgaben gemacht hatte, die Buntstifte holten und anfingen zu malen.

Marie wurde durch ein kurzes, dreimaliges Klingeln aus ihren Gedanken gerissen. Nora hob sofort den Kopf und wollte schon aufstehen.

»Nora, bleib ruhig sitzen. Ich kümmere mich um Mattis. Wollt ihr noch Limonade?«, fragte Marie.

Nora zögerte ein wenig. Normalerweise lief sie ihrem Bruder gern entgegen; schon allein deshalb, weil es ihn nervte. Nun schaute sie aber auf Zoé. Die saß seit dem Türklingeln kerzengerade und regungslos da. Ihre Pupillen zuckten unruhig von einem Punkt zum anderen. »Das ist nur mein Bruder, Zoé. Möchtest du auch Bionade? Ich mag am liebsten Holunder. Möchtest du auch davon?«

Marie hätte ihre Tochter am liebsten fest an sich gedrückt. Stattdessen versuchte sie, all ihre Liebe und ihren Stolz in den Blick zu legen, als Nora sie wieder anschaute und sagte: »Ich glaub, Zoé will auch etwas, Mama.«

Marie ging ins Haus und begrüßte ihren Sohn.

»Ist das Mädchen noch bei uns?«, war seine erste Frage.

»Ja, sie hat viel mitgemacht in den letzten Wochen und hat momentan niemanden, der sich um sie kümmert.«

»Und das machst du jetzt? Bleibt sie länger?«

»Ich weiß es noch nicht, Mattis. Macht es dir etwas aus, wenn sie noch ein wenig bleibt? Nora scheint gut mit ihr zurechtzukommen. Ich glaube schon, dass wir Zoé sehr helfen würden, wenn sie bei uns bleiben könnte, bis ihre Mutter wieder auftaucht.«

Sie überlegte, wie viel sie Mattis noch mitteilen konnte, was sich dann aber erübrigte.

»Ist sie an meinem Geburtstag auch noch da? Was ist mit meiner Feier?«, fragte er schroff.

Marie schloss kurz die Augen. Mattis' Geburtstag am kommenden Sonntag hatte sie komplett ausgeblendet. Er hatte seine Freunde eingeladen und freute sich schon lange darauf. Nein, sie durfte ihren Sohn nicht enttäuschen. Doch als sie Mattis wieder anblickte, spürte sie, dass sie das soeben schon getan hatte.

»Natürlich feiern wir deinen Geburtstag. Mattis, ich muss jetzt nur schauen, wie ich das alles hinkriege. Wie war denn die ...« Ihr sensibler, fast elfjähriger Junge hatte sich aber schon umgedreht und war in Richtung Tür gegangen. »Mattis?« Er blieb stehen. »Ich verspreche dir, wir werden einen schönen Geburtstag feiern.«

Ihr Sohn verließ, ohne sich noch einmal umzudrehen, den Raum, und Marie wusste nicht, wie sie ihr Versprechen einhalten sollte.

Mattis war den ganzen Nachmittag in seinem Zimmer geblieben. Marie hatte ihm genau wie den beiden Mädchen Limo, Obst und einen Schokoriegel gebracht. Später war er mit einem Nachbarjungen zum Fußballtraining gefahren, und sie hoffte, dass der Sport ihn ablenken würde. Bis er wiederkam, musste sie eine Lösung für die Geburtstagsfeier gefunden haben. Gleichzeitig befürchtete sie, der damit verbundene Trubel in ihrem Haus könnte Zoé nicht bekommen, zumal sie mit ihrem letzten Geburtstag den Tod der eigenen Schwester verband. Konnte sie Zoé für den Sonntagnachmittag jemand anderem mitgeben?

Wieder wurde sie durch das Klingeln an der Tür aus ihren Überlegungen gerissen. Diesmal war es recht kurz, fast zaghaft, und somit schloss Marie Nachbarskinder und Postboten aus. Sonst hatte sich allerdings in letzter Zeit kaum jemand in ihr Haus verirrt. Sie ging zur Türsprechanlage und schaute in den kleinen Monitor. Vor dem Haus stand ein ganz in Schwarz gekleideter Mann, der suchend von rechts nach links und dann etwas unsicher in die Kamera seitlich über der Tür schaute.

Mit Christian Buhle hatte sie jetzt gar nicht gerechnet. Sie wusste nicht, ob sie heute wirklich noch die Kraft hatte, ihn zu sehen. Sosehr sie sich auf den gestrigen Abend gefreut und sosehr sein Erscheinen heute Nacht sie beruhigt hatte, jetzt wollte sie eigentlich allein mit den Kindern sein, die sie ganz beanspruchten. Sie betrachtete sein Bild auf dem Display und fragte sich wie so oft, seit sie ihn kannte, in welcher Rolle er nun zu ihr kam. Aber diesmal konnte sie sich die Antwort selbst geben, und sie brauchte jetzt wirklich keinen Kommissar in ihrem Haus, und schon gar keinen, der schlechte Botschaften brachte. Dennoch drückte sie auf den Summer und ließ ihn herein. Vielleicht, hoffte sie, würde er nur eine Frage stellen und gleich wieder gehen.

»Hallo Marie, kann ich dich sprechen?«

Sie spürte die Enttäuschung darüber, dass sie mit ihrer Vermutung richtig lag. Ein Freund hätte eine andere Begrüßung gewählt. Sie versuchte gegen diesen inneren Vorwurf anzukämpfen. Rief sich ins Gedächtnis, wie er sie in der letzten Nacht in die Arme genommen hatte und was das für ihn für eine Leistung gewesen sein musste. Doch sie spürte, wie in dieser Situation die Distanz zu ihm wuchs.

»Marie, geht es dir nicht gut?«

»Nicht wirklich.« Mit einem Seufzer fuhr sie fort: »Ich habe mich gerade gefragt, ob es mir momentan nicht zu viel ist, noch Besuch zu empfangen. Aber wahrscheinlich bist du dienstlich hier und ich habe gar keine Wahl, oder?«

Christian Buhle war auf der vorletzten Stufe stehen geblieben. Sie blickte in ungewohnter Perspektive von oben herab auf diesen deutlich älteren Mann mit der stets in Schwarz gehaltenen Kleidung und dem wieder einmal erstaunten und unsicheren Blick – wie so häufig, wenn sie sich trafen.

»Wenn ich dich störe, kann ich gleich wieder gehen. Ich wollte mich nur erkundigen, wie es dir und Zoé geht, nach dieser Nacht.«

»Ich bin müde, und für Zoé dürfte die Nacht noch das geringste Problem gewesen sein.«

Marie sah Christian an, dass ihre kurze, abweisende Antwort ihn traf. Eigentlich wollte sie das gar nicht. Er konnte nichts dafür, dass sie sich gerade überfordert fühlte. Er konnte auch nichts dafür, dass ihn wieder ein Kriminalfall in ihr Haus führte.

»Entschuldige, komm erst mal rein. Ich bin wirklich ein wenig fertig.« Sie drehte sich um, ging in die Küche und fragte, ohne sich umzudrehen: »Möchtest du etwas trinken?« Als keine Antwort kam, schaute sie doch über ihre Schulter zurück. Er war ihr nicht gefolgt. Sie seufzte und wollte gerade wieder zurückgehen, als sie seine Schritte hörte. Er trat ein und blieb direkt hinter der Tür stehen.

»Ich wollte wirklich wissen, wie es euch geht.«

»Okay. Also, ich musste heute Morgen eine wichtige Besprechung an der Uni absagen. Jetzt hätte ich eigentlich noch einen Termin mit einer Patientin, den ich verschoben habe, obwohl das für sie gar nicht gut ist. Mattis schmollt, weil er befürchtet, dass sein Geburtstag wegen Zoé ins Wasser fällt. Seine Befürchtungen sind durchaus nicht unberechtigt. Und Zoé hat mit mir nicht mehr als drei Worte gewechselt. Offenbar hat Nora aber schon ein wenig mehr Zugang zu ihr bekommen.«

»Wo ist Zoé?«

»Im Garten. Du kannst sie vom Fenster aus sehen. Komm.« Marie führte Buhle an das zum Garten gelegene Fenster. Draußen hüpfte Nora jetzt auf ihrem Trampolin, während Zoé danebensaß und ihr zuschaute. Auch wenn sie sich nicht am Spiel beteiligte, schien sie zumindest ihre Aufmerksamkeit auf Nora zu richten. Das war schon eine Menge für die kurze Zeit, die sie sich kannten. Buhle betrachtete die beiden Kinder, ohne dass Marie aus seinem Gesicht etwas ablesen konnte. Jetzt hat auch er dichtgemacht, dachte sie und spürte eine fade Resignation in sich aufsteigen. Sie legte ihre Hand vorsichtig auf seinen Unterarm und zog ihn ein klein wenig zur Seite.

»Komm, Christian. Lass uns einen Blick auf Zoés Bilder werfen. Gut möglich, dass dort bereits einige Antworten auf die Fragen verborgen sind, die du nicht ausspricht.« Sie bemühte sich, ihre Stimme wieder freundlicher klingen zu lassen, ohne dass sie sich sicher war, ob es ihr wirklich gelang.

Er schaute sie erstaunt an.

»Du bist doch sicher auch hier, um zu erfahren, ob Zoé schon irgendetwas mitgeteilt hat, was euch bei der Suche nach ihrer Mutter hilft«, fügte Marie an.

»Wir haben ihr Auto gefunden. Es steht seit gestern Abend bei einem Ferienhaus in der Nähe von Ralingen, keine fünf Kilometer von Merteskaul entfernt. Die Suchhunde haben eine Fährte aufgenommen, die bis an das Ufer der Sauer führt, nicht weiter.«

Marie spürte, wie etwas plötzlich das Blut aus ihrem Körper presste. Fragend sah sie Buhle in die Augen und erkannte kaum Hoffnung auf der graublauen Oberfläche. Sie musste schlucken, bevor sie wieder sprechen konnte: »Ihr meint, sie könnte ...«

»Es gibt sicher immer noch die Möglichkeit, dass ihr nichts zugestoßen ist, aber ... wir vermuten das Schlimmste.«

Als sie nach einigen Sekunden die Augen schloss, spürte sie, wie ihr Tränen in einer langen Bahn über die Wangen zur unteren Kante des Kiefers liefen. Sie hinterließen dunkle Flecken auf ihrer zerknitterten Bluse. In diesem Moment wünschte sie sich, dass Buhle sie wieder in den Arm nehmen würde. Doch der Kommissar legte nur seine Hand auf ihre, die immer noch auf seinem Unterarm ruhte.

»Wir müssen Suzanne Altmüller so schnell wie möglich finden.«

Marie zog mit einem Ruck ihre Hand unter seiner hervor und drehte sich von Fenster weg. »Ich weiß aber nicht, wie ich euch helfen kann. Zoé redet noch nicht mit mir. Schon gar nicht kann ich sie in ihrem Zustand zu den Ereignissen der letzten Wochen befragen.«

Buhles emotionslos wirkende Professionalität stand im krassen Gegensatz zu ihrer eigenen Hilflosigkeit gegenüber Zoés immer dramatischer werdenen Tragödie. Er kam ihr in diesem Augenblick so fremd vor, und gleichzeitig wusste sie, dass er genau richtig handelte. Sie zwang sich zur Ruhe, und doch merkte sie, wie ihre Stimme leicht zitterte. »Komm mit auf die Terrasse und lass uns ihre Bilder anschauen. Aber möglichst so, dass sie uns nicht sieht. Ich habe keine Lust, ihr erklären zu müssen, wer du bist.«

Die Terrasse lag an der Giebelseite des Wohnhauses über einem eingeschossigen Anbau. Von der Küche aus hatte man über eine Glastür direkten Zugang dorthin. Zu dem deutlich tiefer gelegenen Garten führte eine Wendeltreppe hinunter. Marie und Christian schauten sich die Bilder an, die Zoé auf dem Tisch liegen gelassen hatte. Für ein achtjähriges Kind hatten sie erstaunliche handwerkliche Qualitäten. So war mit wenigen Blicken eindeutig erkennbar, dass Zoé verschiedene Szenen dargestellt hatte, die sie mit ihrer Familie zeigten: am Meer, im Garten, beim Reiten. Ein Bild zeigte sie an einem Geburtstagstisch. Es war das einzige Bild, wo die gemalten Figuren nicht lachten.

Marie sah aus den Augenwinkeln, wie Nora aufhörte zu hüpfen. »Komm, lass uns wieder reingehen, bevor uns die beiden sehen.«

Sie gingen zurück in die Küche und blieben mitten im Raum stehen. Buhle sah Marie abwartend an.

»Es sieht so aus, als ob sie innerlich noch immer das Geschehene verdrängt«, kommentierte Marie Zoés Bilder. »Das hat sie bereits nach dem Tod ihrer Schwester in ganz ausgeprägter Form so gemacht. Dazu kommt, dass sie sich nach dem Verschwinden ihrer Mutter und dem Einbrecher auch noch völlig zurückzieht. Das Kind ist völlig traumatisiert. Da tobt es furchtbar in ihr. Sie wird euch nicht helfen können.«

Buhle nickte. »Welche Auswirkungen würde es haben, wenn ihre Mutter ... auch noch tot ist?«

»Ich weiß es nicht. Ich möchte es auch nicht wissen. Findet sie einfach lebend.«
Marie fühlte sich nur noch leer.

★★★

Der Besuch bei Marie hatte bei Christian Buhle ein zwiespältiges Gefühl hinterlassen. Das lag nicht nur an dem Widerstreit zwischen persönlicher Betroffenheit und kriminalistischer Sachlichkeit, mit der er sich über den seelischen Zustand von Zoé Altmüller erkundigt hatte. Den hatte er schließlich schon immer durchlebt, auch wenn er nach außen den distanzierten Polizisten mimte. Was ihn vielmehr verwirrte, war die Tatsache, dass er sich nicht ausschließlich auf den Fall konzentrieren konnte, sondern seine Gedanken immer wieder zu Marie abdrifteten. Das kannte er nicht. Das widerstrebte ihm, weil es seine Professionalität in Frage stellte. Das verfolgte ihn bis in seine Dienststelle, zusammen mit der scheinheiligen Frage, warum das wohl so war.

Vor einem halben Jahr hatte er die verletzte Marie Steyn in den Armen gehalten, bis die Rettungssanitäter sie in ihre medizinische Obhut nahmen. Sie waren sich seitdem körperlich nicht mehr so nahegekommen, bis er sie heute Morgen im Haus der Altmüllers umarmt hatte. In der Zeit dazwischen hatte er viel nachgedacht. Ja, vor allem gedacht, wie er es immer tat. So hatte sich langsam die Erkenntnis in seinem Kopf eingenistet, dass es für ihn endlich wieder an der Zeit war, zu empfinden. So etwas wie eigene positive Gefühle wieder zuzulassen nach den vielen Jahren der Abstinenz. Es hatte nur nicht so einfach funktioniert. Er hatte sich mit Marie einige Male getroffen, nachdem sie ausreichend Zeit gehabt hatte, die Ereignisse in ihrem Haus zu verarbeiten. Es waren nette Abende gewesen, auch einmal ein Ausflug, eine Wanderung auf einer der Traumschleifen im Hunsrück. Er spürte, dass etwas Besonderes zwischen ihnen lag, etwas Verbindendes. Nur war es ihm bislang nicht gelungen, es richtig einzuordnen. Hilfestellungen von Marie erfuhr er dabei nicht, und das wahrscheinlich ganz bewusst, wie er sie einschätzte. Sie war in dieser Beziehung die Wissende, er definitiv nicht.

Heute Abend war jedoch regelrecht eine Wand zwischen Marie

und ihm gewesen. Er hatte gespürt, wie sie seine ihm alle Überwindung kostenden Gesten abgelehnt hatte. Wie sie sich noch nicht einmal als Fachfrau in seine Untersuchungen einbeziehen ließ. Heute Abend hatte er den Eindruck, sie wolle einfach nichts von ihm wissen. Und er verstand nicht, warum.

Buhle verharrte am Fenster seines Büros und schaute auf das Treiben der am Abend erwachenden Stadt hinab. Nach einem vielversprechenden Frühling, der bereits Sommergefühle in der Moselmetropole geweckt hatte, hatte die lange Regenperiode für spürbare Ernüchterung bei den Trierern und ihren zahlreichen Gästen gesorgt. Das angekündigte sonnige Wochenende war für viele wie eine Befreiung. Obwohl die abendlichen Temperaturen es eigentlich noch nicht wirklich zuließen, hatte die Schar der feierfreudigen Jugendlichen ihre Kleidung bereits ausnahmslos auf Sommerzeit umgestellt. Die Jungs schienen enge T-Shirts, die Abstand zu den tief hängenden Hosen und somit Platz für die dazwischen hervorquellenden Boxershorts ließen, für angemessen zu halten. Die Mädchen bevorzugten luftige Blusen mit offen getragenen Westen über engen Jeans, was Buhle noch annähernd vernünftig fand. Über die ersten Kinder, anders konnte er sie nicht bezeichnen, die bereits in Tops, Shorts und Miniröcken in ihren Schühchen über die Bordsteine der Bussteige tippelten, konnte er nur den Kopf schütteln.

Die Dämmerung legte sich über die Stadt, in der das lange vernachlässigte Nachtleben nun wieder an Fahrt aufnehmen würde. Buhle dachte an seine Jugend in Köln zurück. Es kam eine entfernte Ahnung auf, dass er dieses Gefühl jugendlicher Leichtigkeit eigentlich kennen sollte. Zu der Überlegung, ob es nach dieser langen Zeit für ihn noch eine Rückkehr zu nächtlichen Vergnügungen geben könnte, kam er nicht mehr. Das Klingeln des Telefons riss ihn aus seinen Gedanken zurück in die Wirklichkeit.

Er schloss die Augen für den kurzen Moment bis zum nächsten Klingelzeichen. Noch bevor er den Hörer in der Hand hielt, wusste er bereits, welche Nachricht ihn erwartete.

7

Bertrange; Freitag, 10. Juni

Eric Dardenne hatte sich den Liegestuhl bis in die hintere Ecke der Rasenfläche gezogen. Hier in der Abendsonne hatte er es sich mit einem großen Glas Rotwein gemütlich gemacht. Es sollte der erste Sommer werden, den er in Ruhe in seinem Garten genießen konnte. Die Ruhe nach der anstrengenden Bauphase. Die Ruhe nach den ersten heißen Jahren in der Firma, in der er sich richtig positionieren musste. Er hatte lange damit gehadert, dass er zu lange gebraucht hatte, sich auf den Bauplatz festzulegen. Er dachte an die furchtbaren, endlosen Diskussionen mit Kristin über die Größe von Haus und Grundstück. Natürlich wusste er, was sie im Kopf hatte: Kinder, jede Menge Kinder. Sie sprach es nicht offen aus, aber ihm waren ihre Blicke nicht verborgen geblieben, die sie den Nachbarskindern an ihrem alten Wohnort zugeworfen hatte. Letztendlich hatte er nachgegeben und dieses Grundstück gekauft. Kristin war glücklich.

Sie ahnte nicht, dass er lediglich eingewilligt hatte, weil sein favorisiertes, deutlich kleineres Baugrundstück zwischenzeitlich verkauft worden war. Verkauft an dieses ekelhaft freundliche Lehrerehepaar, das sich schräg gegenüber nun von Monat zu Monat in der stetigen Umgestaltung seines Vorgartens übertraf. Es war seine Retourkutsche an Kristin, dass er ihr genau dies beim Anblick des eigenen Gartens immer wieder vorhielt. Dabei war es ihm egal, wie es vor dem Haus aussah. Ob die Stauden vertrockneten oder die Blumen verblühten, interessierte ihn nicht. Er wollte nur seine Ruhe im eigenen, abgeschirmten Areal hinterm Haus. Und wenn die Abendsonne nun nicht auf ihre Terrasse schien, weil diese nach Osten ausgerichtet war, würde er sich eben einen Freisitz an genau dieser Ecke hier bauen lassen.

Er nahm einen Schluck aus seinem Glas und ließ den samtigen Wein langsam den Gaumen entlanglaufen. Er war froh, dass Kristin die Hälfte der Zeit in der Gegend herumflog. Doch das würde sich zwangsläufig ändern, wenn sie tatsächlich Kinder bekämen. Bislang hatte er immer Argumente gefunden, die dagegen sprachen. Aber wenn bei den Frauen der Kinderwunsch überhandnahm, wusste man nie.

Er musste da unbedingt noch auf Zeit spielen. Noch war er nicht am Ziel, noch nicht ganz. Aber er war nahe daran. Wenn ihm jetzt die letzten Schritte gelängen, würden sie in der Firma an ihm nicht vorbeikommen. Dann hätte er sich bewiesen, ihnen gezeigt, was in ihm steckte, was er zu leisten imstande war. Er hatte hart dafür gearbeitet, härter als all die anderen. Vor allem härter als diese elendigen Emporkömmlinge, die versuchten, ihn mit ihren Beziehungen zu überholen, ihn zu verdrängen. Er hatte keine Beziehungen, aber er hatte andere Mittel, um das Gleichgewicht im firmeninternen Wettbewerb wiederherzustellen. Es war ein umkämpfter Markt, und er war ein Kämpfer, ein guter Kämpfer sogar.

Hinter den geschlossenen Sichtschutzelementen, die den Garten umgaben, hörte er zwei Nachbarinnen lautstark diskutieren. Er dachte an die beiden Frauen, die ihm mit ihrer Eifersucht fast alles kaputt gemacht hatten. Zuerst verstehen sie nichts, und dann fangen sie an zu schnüffeln, wenn es eh zu spät ist. Dabei war bereits alles vorbei gewesen, er hatte eigentlich schon gewonnen gehabt. Doch nun war es wieder schwierig geworden, viel zu schwierig. Er musste weiter aufpassen, immer auf der Hut sein, immer alles unter Kontrolle haben. Noch war er auf der Gewinnerstraße, war nicht abgekommen, war noch in der Spur, und sein Ziel rückte immer näher. Doch er musste diese Bonitzer im Auge behalten. Vielleicht konnte sie ihm noch in die Quere kommen.

8

Rosport; Freitag 10. Juni

»Moien, Christian, hier ist Henry. Ich habe keine guten Nachrichten. Wir haben Suzanne John-Altmüller aller Voraussicht nach gefunden. Nach den uns vorliegenden Fotos handelt es sich um die von euch gesuchte Person.«
Buhle war überrascht, als er die Stimme seines luxemburgischen Kollegen Henri Ducard am Telefon hörte. Er kannte Ducard seit einigen Jahren, seit der Zeit in der Gemeinsamen Stelle für polizeiliche Zusammenarbeit der Staaten aus der Saar-Lor-Lux-Region. Danach hatten sie immer wieder bei gemeinsamen Ermittlungen zusammengearbeitet.
Da Buhle nicht sofort antwortete, fragte Ducard nach: »Christian?«
»Entschuldige, Henri, ich hatte es bereits befürchtet. Am Ufer der Sauer?«
»Ja, wir haben sie bei Rosport an einem Wehr der Elektrizitätswerke gefunden. Sie scheint bereits seit gestern tot zu sein.«
Buhle dachte an den idyllischen Platz am Grenzfluss, bis zu dem die Hunde die Spur von Suzanne John-Altmüller verfolgen konnten. Er hatte bereits dort gespürt, wie trügerisch die Ruhe war. »Gibt es schon Hinweise auf die Todesursache?«
»Sie ist wohl ertrunken. Hat auch einige Verletzungen. Unser Gerichtsmediziner ist aber erst seit ein paar Minuten bei der Leiche.« Ducard schien sich vom Telefon abgewendet zu haben und gab Anweisungen auf Luxemburgisch. Dann sprach er wieder zu Buhle: »Kannst du gleich kommen? Ich denke, du solltest auch mit dabei sein. Deine Kollegen Frohwein und Grehler sind auch schon da.«
»Dürfen wir denn?«
»Ich glaube, unsere Staatsanwältinnen telefonieren gerade miteinander«, erklärte Ducard. »Ihr sollt ja nur gucken, nicht anfassen.«
Buhle hatte diesen Spruch schon öfter von Kollegen gehört und wusste, dass er aus einer Fernsehwerbung stammte. Als ob Ducard gespürt hätte, dass Buhle seine Worte pietätlos fand, fügte er an:

»Pardon, ich wollte nicht unverschämt sein. Aber momentan laufen bei uns so viele miese Sachen, da stumpft man ein wenig ab.«

»Mmh«, sagte Buhle nur. Er wollte sich nicht an Nebensächlichkeiten aufhalten. »Ich werde dennoch vorher mit unserer Staatsanwältin sprechen. Finde ich die Stelle leicht?«

»Ja, fahr am besten direkt bei Rosport über die Sauer und dann die N 10 in Richtung Echternach. Wenn du entlang des Kanals fährst, kannst du die Brücke zum Elektrizitätswerk nehmen und weiter bis zur Sauer fahren. Du wirst uns da schon sehen. *Äddi*.«

Buhle hatte Staatsanwältin Klara Haupt trotz mehrmaliger Versuche telefonisch nicht erreicht. Die Verhandlungen mit den Luxemburgern schienen doch etwas langwieriger zu sein. So hatte er beschlossen, ohne vorheriges Einverständnis loszufahren. Er war gerade von der Nordallee in die Lindenstraße abgebogen, als sein Handy klingelte.

»Klara Haupt hier. Kriminalhauptkommissar Buhle, sind Sie schon in Luxemburg?«

Buhle musste vor der nächsten Ampel halten. Als Antwort begnügte er sich mit einem einfachen Nein.

»Das will ich auch hoffen. Ich habe gerade mit meiner Kollegin dort gesprochen.« Die Staatsanwältin machte eine lange Pause, und Buhle fragte sich, inwieweit seine nicht autorisierten Ermittlungen im vergangenen Jahr die beiden Juristinnen noch beschäftigt hatten.

»Am liebsten würde ich Sie ja noch ein wenig auf die Folter spannen, wegen der Aktion im November, aber lassen wir das mal.« Der leicht sarkastische Ton von Klara Haupt war nicht zu überhören. »Sie können nach Rosport rüber, um den luxemburgischen Ermittlern über die Schulter zu schauen. Aber halten Sie sich gefälligst zurück, damit es nicht wieder Ärger gibt. Und falls die Tote doch nicht die Gesuchte sein sollte, ziehen Sie sich wieder zurück. Klar? Ich erwarte morgen früh Bericht von Ihnen. Schönes Wochenende.«

Buhle murmelte eine Abschiedsformel und beendete das Gespräch. Sollte er die Aufforderung der Haupt so verstehen, dass die Mordkommission bereits mit den Ermittlungen betraut war? Wohl kaum, da noch nicht einmal geklärt schien, ob der Fall in den

Händen der luxemburgischen Service de Police Judiciaire oder der Trierer Polizei landen würde.

Eine knappe halbe Stunde später hatte Buhle den Fundort der Toten am Grenzfluss erreicht. Er begrüßte Frohwein und Grehler mit einem kurzen Nicken und gab Ducard die Hand.
»Komm mit. Die Spurensicherung ist schon fertig mit der Leiche. Wir haben nur noch auf dich gewartet.«
Sie gingen die Uferböschung hinab zum Fluss. Die Ufer waren bis zum Stauwehr gerodet worden und lagen jetzt blank da. Die Regenfälle der letzten Wochen hatten tiefe Erosionsrinnen in den roten Boden der Böschungen hineingewaschen. Buhle musste aufpassen, dass er auf dem lehmigen Untergrund nicht ausrutschte. Direkt oberhalb des Wehres waren Weiden als Ufergehölze stehen geblieben. Die Männer kamen an zwei Tauchern vorbei, die auf ihren weiteren Einsatz warteten.

In einem Haufen von Ästen, die ans Ufer getrieben waren, sah Buhle die Leiche der Frau. Sie hatte sich wie bei Wasserleichen üblich auf dem Bauch treibend in dem Geflecht des abgestorbenen Holzes verfangen. Da das Wasser im Staubereich des Wehres fast stand, bewegte sich auch der Torso der Frau nur wenig. Das fliederfarbene Sommerkleid war an mehreren Stellen zerrissen. Obwohl es eng geschnitten war, war es so weit hochgerutscht, dass eine Seite des Pos zur Hälfte entblößt war. Die langen, nackten Beine steckten in zwei flachen schwarzen Schnürschuhen. Die halblangen mittelblonden Haare hatten sich zum Teil in den kleinen Ästen verfangen. Dort waren sie getrocknet und deutlich heller als der fächerartige Haarteppich, der sich um den Kopf der Toten gebildet hatte. In ihrer fast schon harmonischen Eintracht schienen Fluss und Leiche dem Betrachter ihre Unschuld an der gegenwärtigen Situation aufzeigen zu wollen.

Der Kommissar schaute flussaufwärts in den zunehmend rötlichen Himmel. Er ging die wenigen Schritte zurück zu seinen Kollegen, die es vorgezogen hatten, weiter oben auf dem Uferweg zu warten. Ducard und Frohwein schauten ihn abwartend an, während sich Grehler mit vor der Brust verschränkten Armen und mürrischem Gesicht offensichtlich zu langweilen schien.

»Was könnt ihr schon sagen?«, fragte Buhle in die Runde.
Ducard übernahm die Schilderung der Ergebnisse. Während-

dessen machten sich die Taucher mit Unterstützung der Polizeibeamten an Land an die Bergung der Leiche.

»Kollege Bernd Frohwein hatte uns ja bereits mitgeteilt, dass ihr die Stelle gefunden hattet, wo das Opfer in die Sauer geworfen wurde.«

Buhle unterbrach Ducard sofort. »Seid ihr also sicher, dass es sich um einen Mord handelt?«

Der luxemburgische Polizist erwiderte mit einem leichten Schmunzeln: »Nein, sind wir natürlich noch nicht. Aber die deutsche Polizei hat an der Stelle Spuren einer Auseinandersetzung festgestellt.«

»Allerdings.« Grehler schien die ganze Zeit auf sein Stichwort gewartet zu haben. »Natürlich ist es unglaublich schwer, in dem Gestrüpp überhaupt Spuren zu finden. Aber außer dem Opfer sind noch eine, wahrscheinlich sogar zwei weitere Personen dort gewesen. Meine Leute versuchen, die Schuhabdruckspuren, soweit es irgendwie geht, zu sichern. Um die zuordnen zu können, wäre es ungemein hilfreich, endlich an die beiden Schuhe zu kommen, die die Leiche immer noch trägt.«

Ducard hob die Augenbrauen. »Herr Grehler. Ich fürchte, bei den Schuhen müssen Sie sich noch etwas gedulden, bis unsere Spurensicherung sie untersucht hat. Und dann befürchte ich, dass die Staatsanwaltschaft noch mitreden will, wenn Beweismaterial nach Deutschland weitergegeben wird.«

Grehler starrte den luxemburgischen Kommissar entgeistert an. Dann wanderten seine Augen weiter zu Buhle.

»Nun, Lutz, ich befürchte, dass wir in diesem Grenzfall wohl etwas anders agieren müssen, als wir es gewohnt sind«, formulierte Buhle vorsichtig. »Aber ich bin mir sicher, ihr findet Wege, wie ihr auch ohne den Austausch von Beweismaterial schnell feststellen könnt, welche Spuren zu den Schuhen des Opfers passen.«

Grehlers Blick haftete weiter an Buhle. Der wusste, dass der Chef der Trierer Kriminaltechnik innerlich bebte. Doch Grehler schien sich nun in sein Schicksal zu fügen und wandte sich an Ducard. »Fotos von den Schuhen, wenn ich die vielleicht bitte selber machen dürfte, darf ich die dann mitnehmen?«

»Natürlich. Wir können auch Ihre Gipsabdrücke der Spuren bei uns im Labor mit der Schuhsohle des Opfers vergleichen. Gar kein

Problem. Sie werden selbstverständlich sofort von den Ergebnissen unterrichtet.« Ducard sprach ohne einen Unterton mit völlig neutralem Gesichtsausdruck, sodass Grehler sich schließlich umdrehte und zu seinen luxemburgischen Kollegen von der Spurensicherung abdampfte.

Buhle schaute Grehler hinterher. »Das passt ihm gar nicht, dass er hier nicht die Fäden in der Hand hat.«

»Kann ich mir gut vorstellen. Ginge mir wohl genauso. Aber noch liegt die Leiche bei uns«, stellte Ducard fast entschuldigend fest. »Du wolltest ja wissen, was wir haben. Also, wir nehmen an, dass das Opfer auf der deutschen Seite in die Sauer gelangt ist. Die Stelle, die du ja auch schon gesehen hast, liegt etwa anderthalb Kilometer flussaufwärts. Die Sauer führt momentan mehr Wasser als normal. Kann also sein, dass die Leiche zunächst untergegangen ist und in der langsamen Strömung über die Gewässersohle bis hierher an dieses Ufer getrieben ist. Dadurch wird sie sicherlich einige postmortale Verletzungen aufweisen. Wir müssen die Obduktion abwarten, wenn wir wissen wollen, ob und welche Verletzungen sie durch die Tat davongetragen haben könnte.«

»Du gehst also von Mord aus?«

»Christian, dein Kollege hat mir berichtet, dass es in der Familie jetzt schon den dritten Todesfall innerhalb kürzester Zeit gibt. Glaubst du an einen Zufall?«

»Und Selbstmord?«

»Würdest du dich in einem Fluss umbringen, in dem du fast überall stehen kannst? Nein, ich würde Selbstmord ausschließen. Oder hast du klare Anhaltspunkte?«

Buhle dachte an die Aussagen von Marie und Silvia Lenz zur Person Suzanne John-Altmüller. »Nein, es spricht eigentlich nichts dafür.«

In der Abenddämmerung legte sich die Dunkelheit zunehmend über das Sauertal. Nachdem der Leichnam aus dem Wasser geholt und ans Ufer gelegt worden war, bestand für die Polizisten kein Zweifel mehr an ihrer Identität. Ducard veranlasste, dass der Fundort abgesperrt und eine Polizeistreife zur Sicherung abgestellt wurde. Die Leiche von Suzanne John-Altmüller wurde in die provisorische Gerichtsmedizin nach Luxemburg-Stadt überführt. Der Mediziner mutmaßte, dass sie Wasser in der Lunge haben könnte, verschob aber jede weitere Aussage auf den Zeitpunkt nach der Obduktion.

»Gut, ich glaub, für heute können wir unsere Arbeit hier beenden. Ich werde dich morgen früh direkt informieren, wenn wir neue Informationen haben.« Ducard hatte sich an Buhle gewandt, der fragend zu Frohwein blickte.

»Ist schon okay, Christian.« Es waren die ersten Worte, die Frohwein seit Langem sagte. »Ich hatte ja gesagt, dass dies dein Fall werden würde. Spätestens morgen Mittag werden wir vom KDD auch offiziell draußen sein. Aber glaub mir, ich beneide dich nicht.«

Nach und nach fuhren die Kriminalbeamten in ihre Gedanken vertieft in den nächtlichen Feierabend. Viel schlafen würde heute Nacht keiner von ihnen.

9

Merzig; Samstag, 11. Juni

Nanette Bonitzer war frühmorgens um sechs Uhr laufen gegangen. Sie hatte ohnehin schon wach gelegen und so die Frische des beginnenden Tages genutzt. Ihre Hausstrecke führte sie vom Zedernweg direkt in den Wald Richtung Merchingen. Sie liebte die wechselnden Gerüche von Laub- und Nadelwald und das leuchtend grüne Licht, das durch die transparenten Blätter der Buchen bis zum Waldboden drang. Nachdem sie oberhalb des Naturschutzgebietes Geißenfels den Wald verlassen hatte, lief sie lange den Waldrand entlang, querte erneut einen Forst, anschließend die Feldflur und wieder ein kleines Waldstück. Den Blick, der sich jetzt auf die Hänge Richtung Brotdorf auftat, genoss sie jedes Mal. Alle paar Meter wechselten Äcker mit Wiesen, Obstbäume mit Hecken. Wenn sie Zeit hatte, lief sie bisweilen gern querfeldein. Heute hatte sie Zeit, doch wollte sie sich lieber auspowern. Sie rannte den Schotterweg runter ins Tal, ein Stück entlang der Landstraße, dann wieder den Wirtschaftsweg hoch, zurück zum Wald auf der Hochfläche. Als sie oben angekommen war, hatte sie Seitenstiche. Sie hob die Arme über ihren Kopf und ging tief atmend den Waldweg entlang.

Für ein paar Kilometer hatte sie ihren Kopf frei bekommen. Nicht mehr an ihn gedacht, nicht mehr an die Arbeit, nicht mehr an ihre Zukunft. Doch jetzt, als der Schmerz nachließ, waren alle Gedanken der letzten Tage wieder da. Sie hatte versucht, es zu ignorieren, sich abzulenken, aber es hatte nicht geholfen. Sie ärgerte sich über sich selbst. Dabei hatte er sich letztendlich als Arsch erwiesen, hatte sie fallen gelassen, war entgegen allen Versprechungen zu seiner Frau zurückgegangen. Und doch hatte sie nicht gewusst, was sie ohne ihn machen sollte. Ohne ihn und ohne die Hoffnung, ihn wiederzusehen.

Sie hatte sich in ihre Arbeit gestürzt, hatte Stunden um Stunden, Tage um Tage im Institut verbracht und doch nichts wirklich auf die Reihe bekommen. Sie wusste nicht, wie viel die anderen ahnten. Sie wusste nicht, was ihr Anteil an dem gewesen war, was passierte. Sie wusste nicht, was das noch für Konsequenzen für sie haben würde. Noch ahnte der Professor wenigstens nichts davon, hoffte sie jedenfalls. Sie hatte sogar die leise Ahnung, er habe sie wahrgenommen mit ihrem Anwesenheitsfleiß, das erste Mal seit Beginn ihrer Promotion. Dabei hatte er sie doch ermuntert, ihm nach Luxemburg zu folgen – und dann nicht mehr beachtet.

Sie wollte auf andere Gedanken kommen und wechselte im MP3-Player von ihren Musikalben zum Radio. Es lief eine Reportage über den Naturpark und über die steigende Anzahl der Traumschleifen entlang des Saar-Hunsrück-Steigs. Sie kannte schon einige davon und war sehr angetan gewesen. Auch ohne Karte hatte sie sich nie verlaufen. Egal welchen Weg sie gegangen war, immer waren es schöne, erlebnisreiche Wanderungen und Landschaften gewesen. Dieser Meinung war offenbar auch die Reporterin, Anna Sobothy oder so ähnlich. Sie führte aus, wie wichtig es sei, den gestressten Alltag einmal hinter sich, die Seele einfach baumeln zu lassen. Als ob man sich das immer aussuchen konnte. Als ob die Gedanken einen nicht immer einholen würden, so weit man auch vor ihnen weglaufen mochte.

Nanette Bonitzer wechselte wieder zurück zur Musik, trabte den letzten Kilometer bis zu ihrem Elternhaus und dachte an ihn, an sich und an ihre Zukunft.

10

Trier; Samstag 11. Juni

In den Dienststellen gehörte dieser Samstagmorgen den Führungsebenen von Polizei und Justiz in Rheinland-Pfalz und im Großherzogtum Luxemburg. Die Leiche einer gebürtigen Luxemburgerin mit Wohnsitz in Deutschland, vielleicht auf deutscher Seite des Grenzflusses ermordet und am luxemburgischen Ufer aufgefunden: Das bedurfte intensiver Prüfungen und Abstimmungen auf höchster administrativer und politischer Ebene in den beiden Nachbarstaaten.

Nachdem alle Institutionen mehrmals ihren Willen zur guten Zusammenarbeit und schnellen Aufklärung des Falles kundgetan hatten, führte ein abschließendes Gespräch zwischen den obersten Repräsentanten der Polizeiorgane und den leitenden Staatsanwältinnen zu einer einvernehmlichen Regelung. Da der mutmaßliche Tatort auf deutscher Seite lag und in Anbetracht der weiteren Todesfälle in der Familie, sollte die Trierer Kripo die Ermittlungen federführend leiten. Um die Mittagszeit wurde der erste Kriminalhauptkommissar Christian Buhle zum Leiter der Soko Sauer bestimmt. Sein luxemburgischer Kollege Henri Ducard würde die Funktion des Verbindungsbeamten für das Großherzogtum ausfüllen und ständiges gleichberechtigtes Mitglied der Sonderkommission sein. Buhle und Ducard hatten diesen Entschluss für sich bereits morgens um Viertel nach acht getroffen. Zehn Minuten, nachdem sie bei Kaffee und Tee die Ermittlungen in dem Todesfall wieder aufgenommen hatten.

Die erste Sitzung der Soko Sauer fand in der Zentralen Kriminalinspektion in Trier statt. Der Sitzungsraum war fast zu klein für die vielen Polizisten in unterschiedlichsten Funktionen, die sich dort am frühen Nachmittag eingefunden hatten. Nachdem Großmann die Sitzung eröffnet hatte, übernahm Buhle die Gesprächsleitung. Zunächst stellte er den luxemburgischen Kollegen sein Team vor. Paul Gerhardts und Nikolas Steffen hatten ihre Wochenendaktivitäten zurückgestellt, Michael Reuter hatte seinen Kurzurlaub sofort unterbrochen. »Dann können die anderen eben die Reste meiner Geburtstagsfeier entsorgen und aufräumen«, hatte er Buhle grinsend erklärt. Max Kienzig, der Leiter des KDD, hatte die Ermittlungen auf deutscher Seite bislang geführt und war genauso zugegen wie Lutz Grehler, der nur darauf zu warten schien, die kriminaltechnischen Untersuchungen von den Luxemburgern übernehmen zu können. Neu im Fall war Nicole Huth-Balzer, die noch als Kriminalanwärterin erfolgreich im vorigen Mordfall mitgearbeitet hatte. Nach bestandener Abschlussprüfung war sie jetzt bei der Bereitschaftspolizei in Wittlich-Wengerohr im Einsatz. Buhle hatte sie dort angefordert, und sie war sichtlich froh, wieder in Trier tätig sein zu können.

Die Luxemburger waren mit Henri Ducard, seinem Mitarbeiter Frank Cloos, dem grauhaarigen Kriminaltechniker Jacques Jeunesse und dem Gerichtsmediziner der *Laboratoire National de Santé* vertreten.

Obwohl die Polizei in beiden Ländern schon zwei Tage an dem Fall gearbeitet hatte, waren die bisherigen Ermittlungsergebnisse schnell zusammengefasst. Das meiste hatte Gerichtsmediziner Emil Cornet zu berichten. Er bestätigte, dass der Tod durch unmittelbares Ertrinken eingetreten sei. Es habe Abwehrreaktionen gegeben, und eine beträchtliche Menge an Wasser sei in die Lunge eingetreten. Auch andere klassische Hinweise auf Ertrinken wie das Svechnikov-Zeichen waren bei dem Opfer deutlich erkennbar.

»Die Frage aber, warum sie ertrunken ist, ist nicht so einfach zu erklären. Er gibt kaum Hinweise.« Der Mediziner schien nicht zu den Menschen zu gehören, die sich schnell auf eine These festlegen. Hinweise auf Gewalteinwirkung mit stumpfen oder scharfkantigen Gegenständen gebe es nicht, schon gar nicht Anzeichen, die auf Waffeneinwirkung schließen ließen. Die meisten Hautverletzungen seien nach dem Eintritt des Todes durch das Treiben der Leiche über der flachen Gewässersohle entstanden. Auch seien keine Wirkstoffe im Organismus gefunden worden, die auf Medikamenten-, Alkohol- oder Drogenkonsum hindeuteten.

Als die meisten Anwesenden schon nicht mehr mit weiteren Ergebnissen rechneten, führten Cornets Ausführungen doch noch zu einer abschließenden Vermutung: »Zwei Indizien gibt es, die ein Tötungsdelikt wahrscheinlicher machen als einen Unfall. Zunächst eine Schürfwunde auf der Rückseite des Kopfes. Als ob der Kopf über einen harten Gegenstand geschoben oder gezogen wurde. Es sind auch leichte Hämatome vorhanden. Diese Verletzungen könnten allerdings auch von einem Sturz stammen. Auf der Stirn und im Gesicht sind auffallende runde Druckstellen und weitere Abschürfungen. Diese unterscheiden sich auch von den postmortalen Verletzungen im Gesichtsbereich und deuten nicht auf einen Sturz hin. Vielmehr weisen sie darauf hin, dass jemand das Gesicht eine Zeit lang auf abgerundete harte Gegenstände gedrückt haben könnte.«

»Flusskiesel. Sie meinen also, jemand hat den Kopf des Opfers unter Wasser gedrückt.« Michael Reuter war stets etwas ungeduldiger als seine Kollegen und ein großer Freund klarer Worte.

»So könnte es vielleicht gewesen sein.« Cornet schien sich Reuters Stil nicht unterordnen zu wollen. »Ich halte es für angemessen, dass weitergehende gerichtsmedizinische Untersuchungen an der Leiche durchgeführt werden. Wie sie wissen, ist das LNS, unser staatliches Gesundheitslabor, im Bemühen, eine gerichtsmedizinische Abteilung aufzubauen. Aber ich befürchte, das dauert noch einige Jahre, und so lange sollten wir kaum warten, nicht wahr. Da der Fall ohnehin in die Hände der rheinland-pfälzischen Polizei gelegt wurde, wäre es richtig, den Leichnam so bald möglich in die Gerichtsmedizin nach Mainz zu überführen.«

»Gut, *merci*, Emil«, kam Ducard weiteren Diskussionen zuvor. »Ich denke auch, die haben da im Moment noch die besseren Möglichkeiten. Jacques, würdest du uns jetzt die Ergebnisse der kriminaltechnischen Untersuchungen mitteilen?«

Henri Ducard schien mit den Ausführungen des Gerichtsmediziners entweder zufrieden zu sein, oder er erwartete keine weitergehenden Aussagen von ihm. Buhle hätte Cornet gern ein verbindlicheres Urteil abverlangt und zumindest den Todeszeitpunkt abgefragt, wollte sich aber noch nicht in die Gesprächsführung seines luxemburgischen Kollegen einmischen.

Jacques Jeunesses Ausführungen waren noch übersichtlicher: In der Umgebung der Fundstelle gebe es keine Spuren irgendwelcher Auseinandersetzungen. Somit könne es als wahrscheinlich angesehen werden, dass die Tote lediglich an das Ufer angetrieben sei. Die Kleidung der Toten sei gesichert und ins Labor gebracht worden. Sie werde direkt ab Montagmorgen untersucht werden.

Buhle merkte, wie Grehler neben ihm gerade dazwischenreden wollte und bedeutete ihm, sich zurückhalten. Der deutsche Kriminaltechniker rang noch ein paar Sekunden mit sich. Dann ließ er sich aber mit mürrischem Blick und vor der Brust gekreuzten Armen gegen die Rückenlehne des Stuhls fallen.

Jeunesse schien dies bemerkt zu haben. »Nennenswerte Spuren an der Leiche selbst haben wir nur unter den Fingernägeln der rechten Hand gefunden. Es sind kleinste Textilfasern, die nach unserer ersten Begutachtung nicht von den Kleidern der Toten stammen, die sie trug. Wir würden gerne der deutschen Polizei die Spuren übergeben. Vielleicht findet sie die dazugehörige Kleidung im Haus des Opfers, und wir können dann ausschließen, dass sie vom Täter stammen.«

Grehler starrte seinen luxemburgischen Kollegen einen Moment mit offenem Mund an. »Sie meinen, wir sollen die Kleiderschränke einer vierköpfigen Familie daraufhin untersuchen, obwohl auf der Hand liegt, dass die Fasern vom Täter stammen?«

»Ich bin überzeugt davon, dass ihr die entsprechende Qualität habt und wahrscheinlich auch das nötige Personal. Und es ist sicherlich nicht auszuschließen, dass eine Frau auch zu Hause an Kleidung kratzen kann. Vielleicht hilft es ja, wenn wir euch sagen, dass es Textilfasern in den Farben Rot und Blau sind und, soweit wir es mit unseren bescheidenen Möglichkeiten feststellen konnten, wahrscheinlich von einem Flanellhemd stammen.«

»Ein blau-rot kariertes Holzfällerhemd ist sicher in vielen Haushalten in der Eifel zu finden. Wir werden danach suchen und prüfen, ob es Übereinstimmungen mit den Spuren am Opfer gibt. Haben Sie sonst noch etwas?«, fragte Buhle betont freundlich.

»Nein, ich bin aber sicher, die deutschen Kollegen haben am eigentlichen Tatort mehr gefunden, nicht wahr?«

Offenbar hatten bereits die ungeduldigen Gesten Grehlers den Stolz des luxemburgischen Polizisten getroffen. Buhle ahnte, dass die Zusammenarbeit mit den Kollegen aus dem Nachbarstaat etwas sensibler angegangen werden sollte, als es Lutz Grehler mit seiner Art vermochte. Er wollte nicht schon zu Beginn und ohne Not das Verhältnis belasten.

»Vielen Dank, Monsieur Jeunesse. Wenn wir damit möglicherweise schon einen konkreten Hinweis auf die Kleidung des Täters hätten, würde uns das sehr weiterhelfen. Wir werden aber natürlich Ihrem Rat folgen und Ihnen zuerst unser Ergebnis umgehend mitteilen.«

»Darf ich kurz etwas anmerken«, warf Ducard ein. »Für gewöhnlich duzen wir uns in Luxemburg, und ihr, so glaube ich, tut das unter Kollegen auch. Ich schlage also vor, dass wir das hier genauso handhaben. Ist dann vielleicht etwas einfacher.«

Buhle schaute zu Ducard rüber. Offenbar hatte auch er die deutliche Distanz zwischen den deutschen und luxemburgischen Polizisten wahrgenommen. »Guter Vorschlag. Wir arbeiten schließlich als ein Team zusammen. Lutz, du bist jetzt gefragt. Was wissen wir vom mutmaßlichen Tatort?«

Buhle war gespannt, ob Grehler verstanden und seinen Hang zur Selbstdarstellung im Griff hatte. Er schien einen Moment zu überlegen, bevor er das Wort ergriff.

»Auch wir hatten natürlich noch nicht viel Zeit. Das Ufergelände ist sehr strukturiert und unübersichtlich.« Grehler bemühte sich tatsächlich um einen sachlichen Ton, und Buhle nahm sich vor, ihn später dafür zu loben.

»Wir können nach derzeitigem Kenntnisstand davon ausgehen, dass Suzanne John-Altmüller nicht allein am Tatort war. Wahrscheinlich ist sie dort auf zwei weitere Personen getroffen: einen Mann und eine Frau. Die Fußabdrücke sind da recht eindeutig. Bemerkenswert ist auch, dass auf einer kleinen Sandfläche direkt am Wasser die Spuren mit einem Ast verwischt wurden. Wir hoffen, dass wir heute weiter untersuchen können, welchen Weg die fraglichen Personen genommen haben. Zum Glück hat der Regen der letzten Wochen aufgehört und wir haben ein paar Tage trockenes Wetter. Dann ist auffällig, dass die Vegetation auf einer größeren Fläche stark zertreten wurde. Deutet möglicherweise auf eine längere Verweildauer der Personen hin, oder, was ich eher vermute, auf eine Auseinandersetzung. Und zwar ist das nur an dieser einen Stelle so. Im weiteren Umkreis finden wir keine weiteren derartigen Spuren.« Grehler überlegte wieder einen Moment zu lange.

»Mehr können wir zum Tatort nicht sagen. Wir haben dort weiter nichts gefunden. Übrigens auch keine Handtasche oder etwas, worin das Opfer Schlüssel, Geld, Papiere aufbewahrte. Entweder finden wir da noch etwas in der Sauer, oder aber der Täter hat diese Dinge mitgenommen.« Wieder machte er eine Pause und schaute wissend in die Runde. »Letzteres vermute ich, denn das würde erklären, warum im Anwesen der Altmüllers in der Merteskaul keine Einbruchsspuren zu finden sind. Von dort gibt es übrigens deutlich mehr zu berichten.«

Grehler holte jetzt weit aus, ohne dass Buhle mehr erfuhr, als er schon wusste. Da die anderen aber auf den aktuellen Stand gebracht werden mussten, schwieg er und dachte über die nächsten Schritte nach. Er rechnete nicht damit, dass die Ergebnisse der Spurensicherung noch weitere wesentliche Erkenntnisse bringen würden. Außer vielleicht, wie die mutmaßlich drei Personen zum Tatort gelangt waren. Das wäre sicher wichtig, um über die Randermittlungen möglicherweise Zeugen ausfindig zu machen. Doch glaubte er da nicht wirklich an einen Erfolg. Nein, sie mussten herausfinden, warum Suzanne Altmüller sich mit ihrem Mörder an der Sauer getroffen hatte. Sie hatte offenbar in den Unterlagen ihres Mannes nach etwas gesucht. Bedeutete das, dass sein Unfall eventuell doch kein Zufall gewesen war? Eine Äußerung von Grehler riss ihn aus seinen Überlegungen.

»… zu diesem Platz führt ein schmaler Pfad, geradezu als ob jemand öfter von der Straße aus bis zu diesem Beobachtungsplatz gegangen ist.«

»Entschuldige, Lutz. Was für ein Beobachtungsplatz?«

»Hörst du mir nicht zu? Oberhalb des Wohnhauses der Altmüllers ist eine kleine Fläche mit deutlich niedergedrücktem Gras. Von dort hatte man den besten Überblick über die Rückseite des Hauses.«

Buhle überhörte Grehlers Vorwurf und überlegte laut: »Welche Zimmer kann man von hinten einsehen? Das Kinderzimmer von Anne Altmüller, das Bad, im alten Haus eigentlich nur das leere Obergeschoss, den Flur, vielleicht noch Teile des Büros, oder?«

»Der Beobachtungsplatz ist sehr nah am Haus und somit ziemlich weit unten. Das bedeutet, dass man von der Stelle aus kaum in die Zimmer der ersten Etage gucken kann, dafür aber sehr gut in das Büro von Alexander Altmüller. Da ist auf der Rückseite zwar nur ein kleines Fenster, aber es geht. Das Gras dort ist auf etwa drei Metern Breite platt. Wahrscheinlich hat der Beobachter öfter die

Stellung wechseln müssen, um mit dem richtigen Blickwinkel in das Büro zu schauen.«

»Habt ihr dort noch mehr Spuren gefunden?«

»Zumindest mal kein blau-rot kariertes Flanellhemd.« Diesen Seitenhieb konnte sich Grehler nun doch nicht verkneifen.

Die wichtigsten Ergebnisse der Sitzung waren damit besprochen. Die Befragung von Bekannten und Nachbarn der Familie Altmüller hatte noch keine greifbaren Hinweise erbracht. Allerdings hatten sich Huth-Balzer und Steffen bislang auf Fragen nach einem möglichen Aufenthaltsort und allgemeine Auffälligkeiten beschränkt. Nun mussten sie ihre Liste noch einmal durchgehen, um die Leute herauszufiltern, bei denen auch Hintergrundwissen zu den Altmüllers abgefragt werden konnte. Reuter und Gerhardts sollten die Todesfälle von Anne und Alexander Altmüller neu analysieren und dort nach Ungereimtheiten oder Hinweisen suchen. Die Spurensicherung würde ihre Arbeit an Tat- und Fundort sowie dem Anwesen der Altmüllers fortführen und die Gerichtsmedizin ihre Untersuchungen abschließen. Nach dieser Aufgabenverteilung verstreute sich die internationale Ermittlergruppe an ihre verschiedenen Einsatzorte in Deutschland und Luxemburg.

Buhle und Ducard hatten die undankbare Aufgabe zu erfüllen, den Eltern von Suzanne John-Altmüller die Nachricht vom Tod der Tochter zu überbringen, und so machten sie sich auf den Weg nach Bettendorf im Nordosten von Luxemburg. Die Route führte sie nahe an die Orte des Geschehens: an Ralingen vorbei, in Echternacherbrück über die Sauer und anschließend auf der N 10 dem Fluss folgend in Richtung Bettendorf.

Ducard und Buhle nutzten die einstündige Fahrt, um sich weiter auszutauschen. Der deutsche Kommissar berichtete, was er über die zwei weiteren Todesfälle in der Familie wusste. Sie kamen überein, dass sie dem Unfall von Alexander Altmüller eigentlich die gleiche Aufmerksamkeit widmen mussten wie dem mutmaßlichen Mord an seiner Frau. Ob sogar die tödliche Erkrankung von Anne in die Fälle reinspielte, musste genauso geklärt werden.

Sie spielten auch die Möglichkeit durch, dass alle Familienmitglieder ohne Fremdverschulden gestorben waren. Doch daran mochte keiner der erfahrenen Polizisten wirklich glauben. Dagegen sprachen nicht nur Statistik, Wahrscheinlichkeit und Bauchgefühl. Dagegen sprachen vor allem die Hinweise am Tatort und in Merteskaul, die die Beteiligung mindestens einer weiteren Person sehr eindeutig belegten. Wer war diese Person? Um das herauszufinden, benötigten sie ein Motiv. Sonst wären alle Bemühungen nur ein spekulatives Stochern im Trüben.

»Wo ist Zoé Altmüller jetzt?« Ducard sprach damit einen wirklich problematischen Punkt in ihrer Arbeit an. Natürlich musste man davon ausgehen, dass das Kind ebenfalls in Gefahr sein könnte, wenn seine Eltern tatsächlich ermordet worden waren. Möglicherweise hatte Zoé etwas gesehen oder wusste sogar, wen ihre Mutter am Donnerstagabend treffen wollte. In dem Fall bestand eine große Gefahr für das Mädchen.

»Sie ist, wie du weißt, bei ihrer Therapeutin Marie Steyn untergekommen. Beide wissen noch nicht Bescheid.«

»Mmh. Wie stehst du zu Frau Steyn?«

Diese Frage ließ Buhle zunächst verstummen. Ducard war am Fall Steyn direkt beteiligt gewesen. Sicherlich kannte er auch die Gerüchte. Es hatte schließlich noch Wochen gedauert, bis sie zusammen die Ermittlungsakten vervollständigt hatten und den für die Polizei abgeschlossenen Fall der Staatsanwaltschaft übergeben konnten. Doch was sollte Buhle auf eine Frage antworten, die er sich selbst fortwährend stellte?

Sie fuhren gerade an der Abzweigung nach Berdorf vorbei. Hier hatte er vor einem halben Jahr als deutscher Kommissar unerlaubterweise Marie Steyn bei der Großmutter ihres Mannes aufgesucht. Es war der Anfang einer Bekanntschaft gewesen, die er auch heute noch nicht einordnen konnte. Aus der er aber als völlig veränderter Mensch hervorgegangen war. War das nur die Leistung einer guten Psychologin gewesen? Er hatte sich das oft gefragt. Bisweilen nächtelang darüber gegrübelt. Hatte vergeblich auf deutliche Zeichen von ihr gewartet. Selbst war er auch nicht in der Lage, eigene Impulse zu setzen, zu fremd war für ihn die Situation, zu unsicher bewegte er sich auf dem Terrain zwischenmenschlicher Beziehungen, das er fast zwei Jahrzehnte in jeglicher Ausprägung gemieden hatte.

»Du musst nicht unbedingt antworten, wenn es zu privat ist.« Ducard spürte offensichtlich, wie schwer Buhle die Antwort fiel.

Sie fuhren immer noch entlang der Sauer durch ausgeprägte Mäander in dem engen Talabschnitt nördlich von Bollendorf. Die bis weit nach unten bewaldeten Hänge leuchteten im Licht der hoch stehenden Sonne in dem noch frischen Grün des angehenden Sommers. An einzelnen Stellen ragten die stattlichen Sandsteinfelsen hervor und verliehen dem Tal einen wild-romantischen Charakter.

»Wenn ich ehrlich sein soll ... Henri, ich weiß es nicht.« Buhle hatte bislang nur mit Paul Gerhardts, seinem einzigen Freund, über seine vagen Gefühle für Marie Steyn geredet. Es hatte ihm gut getan, einige Dinge waren danach etwas klarer erschienen, aber die Lösung hatte ihm auch der lebenserfahrene Gerhardts nicht bieten können. Was sollte er nun dem luxemburgischen Kollegen sagen?

»Ich habe ihr persönlich eine Menge zu verdanken, sie hat mir quasi die Tür zu einem persönlichen Umfeld geöffnet. Das ist etwas, das ich selbst erst einmal verarbeiten musste. Sie hat ebenfalls eine ganze Reihe von Problemen zu bewältigen gehabt, wie du weißt.«

»Entschuldige, wenn ich dich ganz direkt frage. Aber wenn Marie Steyn bei diesem Fall wieder eine Rolle spielen wird, möchte ich wissen, woran ich bin. Seid ihr ein Paar?«

Buhle starrte durch die Windschutzscheibe und vergaß, die Geschwindigkeit zu reduzieren, als sie durch Dillingen fuhren. So musste er scharf abbremsen, als ein älterer Autofahrer die einzige Kreuzung an der Durchgangsstraße des Ortes querte und offensichtlich keinen Bedarf sah, sich dabei zu beeilen. Nach dem Ortsausgang beschleunigte Buhle wieder und folgte der Nationalstraße dicht entlang der Sauer.

»Nein, sind wir nicht. Wir treffen uns ab und zu. So auch am Donnerstagabend. Da wollten wir eigentlich ein Konzert besuchen, bis Marie von der Nachbarin der Altmüllers angerufen wurde. Nein, wir sind kein Paar, vielleicht ... Freunde, vielleicht ...«

»Das reicht mir. Danke, dass du geantwortet hast.« Ducard machte eine kleine Pause, wie um das Thema vom weiteren dienstlichen Gespräch deutlich abzusetzen. »Wie lange wird Zoé bei Frau Steyn bleiben? Es ist nicht ganz ohne Brisanz.«

»Wir wissen nicht, wo das Kind gegenwärtig besser untergebracht werden kann. Marie hatte sie jetzt seit eineinhalb Monaten in Therapie, auch wenn das wohl noch ein zu kurzer Zeitraum ist, um eine wirkliche Beziehung aufzubauen. Wir sollten gleich bei

dem Gespräch mit Zoés Großeltern auch diese Frage im Hinterkopf haben. Sie sind, neben ihrer Großmutter väterlicherseits, die einzigen Verwandten, von denen wir bislang wissen.«
Buhle fuhr nun langsamer, weil er den zahlreichen Kurven der Talstraße folgen musste. »Was ihre Sicherheit betrifft: Seit gestern Abend steht das Haus in Avelsbach unter Beobachtung. Ich weiß aber nicht, was Marie für morgen geplant hat. Da hat ihr Sohn eine Geburtstagsfeier. Wir sollten das vielleicht vorher doch mit ihr absprechen.«
»Vielleicht? Weiß sie nicht, dass die Kollegen vor Ort sind?«
»Nein, ich wollte sie nicht wieder beunruhigen.«
Ducard hob leicht die Augenbrauen, und auch Buhle spürte mit einem Mal, dass die Entscheidung, mit Marie nicht über die mögliche Gefahr zu reden, in der sich Zoé und damit vielleicht auch Marie mit ihren Kindern befand, nicht die richtige gewesen war. *Ich darf meine Gefühle und die Arbeit nicht vermischen. Und ich muss Klarheit gewinnen, sonst passieren weitere Fehler. Diese Unsicherheit muss verschwinden,* dachte Buhle, und die Erkenntnis schien sich auch auf seinem Gesicht widerzuspiegeln. Denn Ducard neben ihm nickte fast unmerklich, wie zur Bestätigung.
Wieder durchfuhren sie einen kleinen Weiler, der sich am Brückenkopf gegenüber einer größeren Ortschaft auf der anderen Seite von Fluss und Grenze entwickelt hatte. In Wallendorf-Pont verließen sie die Grenzstraße, bogen Richtung Westen nach Bettendorf ab und folgten weiterhin der Sauer ins Landesinnere des Großherzogtums.
»Es dauert nicht mehr lange, bis wir da sind. Kennst du dich ein wenig in der Geschichte der Region hier aus?«, fragte Ducard.
Buhle zuckte mit den Schultern.
»Wenn wir jetzt zur Familie John fahren, ist es vielleicht wichtig zu wissen, dass wir dabei auch einem äußerst traurigen Kapitel deutsch-luxemburgischer Nachbarschaft begegnen werden«, fuhr er fort. »Vor etwa siebzig Jahren, um genau zu sein, am 10. Mai 1940, begann der Einmarsch der deutschen Truppen in Luxemburg. Ein Vorfahre der Familie, Jean John, war damals mit seinem Lastwagen unterwegs, als er auf deutsche Truppen stieß. Es war noch vor vier Uhr morgens, und offiziell herrschte noch kein Krieg zwischen Luxemburg und dem Deutschen Reich. Trotzdem beschossen die

Deutschen den Transportunternehmer und trafen ihn tödlich. Jean John war damit das erste luxemburgische Todesopfer im Zweiten Weltkrieg, noch eine halbe Stunde vor dem offiziellen Kriegsbeginn.«

»Und was bedeutet das jetzt für uns?«

»Ich habe vorhin noch mit dem örtlichen Polizisten gesprochen. Er kennt die Johns persönlich und berichtete, dass dieses Ereignis wohl die ganze Familie geprägt hat. Es muss bei den Eltern von Suzanne John-Altmüller auch auf wenig Gegenliebe gestoßen sein, dass die Tochter zum Studieren nach Deutschland gegangen ist und dann auch noch einen Deutschen geheiratet hat.«

»Okay. In Luxemburg wirst du ohnehin die Gespräche führen. Ich werde aber besonders zurückhaltend sein.«

»Ja, ich denke, es ist besser so.«

Frédéric und Josette John wohnten im alten Dorfkern von Bettendorf in der Rue du Pont. Frédéric John öffnete die Haustür. Die Tiefe seiner Falten zeugte davon, dass sein mürrischer Gesichtsausdruck ihn wohl häufig begleitete.

»*Moien*, Monsieur John. Ich bin Commissaire Ducard von der Police Judiciaire. Das ist Kriminalhauptkommissar Buhle von der deutschen Polizei. Hätten Sie bitte etwas Zeit für uns?«

»Warum? Was ist passiert?« Obwohl Ducard deutsch geredet hatte, kam die Antwort auf Luxemburgisch. Deshalb sprach auch Ducard in seiner Heimatsprache weiter.

»Wir sollten das nicht hier vor Ihrem Haus besprechen. Dürften wir bitte hineinkommen?«

John schaute auf Buhle, als er antwortete: »Erst will ich wissen, um was es geht, bevor ich einen deutschen Polizisten in mein Haus lasse.«

»Es geht um Ihre Tochter. Bitte, lassen Sie uns reingehen.«

Die ablehnende Haltung von Frédéric John veränderte sich nicht, meißelte sich vielleicht noch eine Spur deutlicher in sein Gesicht. Das Flackern in seinen Augen aber zeigte, dass er zu ahnen schien, weswegen die beiden Kriminalbeamten ihn sprechen wollten. Er drehte sich wortlos um und ging durch den schmalen Flur zurück ins Haus. Ducard und dann Buhle folgten ihm.

In dem kleinen Wohnzimmer war Josette John gerade damit

beschäftigt, verschiedene Zeitschriften zu sortieren. Als die drei Männer in den Raum eintraten, richtete sie sich mit einem Stapel Illustrierte im Arm auf und schaute einen nach dem anderen fragend an.

»Police Judiciaire.« Die Vorstellung erfolgte seitens Johns in der kürzestmöglichen Form. Und auch den Grund für das Kommen der Polizisten fasste er in einem Wort zusammen: »Suzanne.«

Die Eheleute John waren beide Ende fünfzig. Ihre Gesichter zeigten jedoch eine von Falten gezeichnete Landkarte des Lebens, die sie deutlich älter aussehen ließ.

Ducard sprach weiter luxemburgisch, als er die Nachricht vom Tod der Tochter überbrachte. Buhle saß dabei, verstand aber nur etwas, weil er wusste, um was es ging. Er hatte in den sechs Jahren, die er nun zuerst in Wittlich, dann in Trier gearbeitet hatte, nie einen Zugang zum moselfränkischen Dialekt gefunden. Jedenfalls hörte sich das »Lëtzebuergesch« für ihn wesentlich angenehmer und freundlicher an als das Trierer Platt – außer es wurde von den beiden Johns gesprochen. In seiner Zeit in Wittlich hatte es Buhle hingegen sprachlich einfacher gehabt, zumindest wenn er in der nördlichen Vulkaneifel unterwegs gewesen war, denn dort hatte sich eine Klangfarbe entwickelt, die dem Kölsch seiner Jugend schon recht nahekam.

Buhle beobachtete Frédéric und Josette John, als Ducard die traurige Nachricht ausgesprochen hatte. Die beiden saßen fast regungslos da und ließen nur erahnen, was sich in ihrem Inneren regte. Josette fragte mit brüchiger Stimme: »Ist es auch ein Unfall gewesen?«

»Wir wissen es noch nicht, Madame. Sie ist ertrunken, das können wir mit Sicherheit sagen. Wie es dazu kam, ist jedoch noch unklar. Offensichtlich ist sie zuletzt am deutschen Ufer der Sauer gewesen. Deshalb begleitet mich auch Kommissar Buhle, der die Ermittlungen leitet. Ich glaube nicht, dass er uns versteht. Es wäre also gut, wenn wir jetzt auf Deutsch weiterreden würden.« Zwischen zwei Sätzen und ohne eine Unterbrechung hatte Ducard von der luxemburgischen in die deutsche Sprache gewechselt. Eine Eigenschaft, die Buhle bei den Luxemburgern schon immer bewundert hatte.

Da die Eltern von Suzanne wieder schwiegen, setzte Ducard das Gespräch fort. »Wir benötigen einige Informationen über

Ihre Tochter und deren Familie. Wenn es für Sie zu schwer wird, darüber zu reden, sagen Sie es bitte.« Er wartete einen kleinen Moment. »Wie hat Ihre Tochter den Tod von Anne und ihrem Mann Alexander verkraftet?«

Die Frage hatte Ducard offensichtlich als unverfängliche Einstiegsfrage gewählt. Die Tatsache, dass selbst hierauf keine Antwort kam, ließ entweder auf einen tiefen Schock oder auf ein sehr distanziertes Verhältnis von Tochter und Eltern schließen. Buhle war nicht überrascht, als Josette John nach einem Seitenblick auf ihren Mann doch antwortete: »Wir hatten nicht so viel Kontakt mit Suzanne. Das letzte Mal haben wir sie bei der Beerdigung von Anne gesehen. Viel geredet haben wir aber nicht miteinander. Es war ... nicht die richtige Gelegenheit dazu gewesen.«

»Und Sie haben danach nicht mehr mit ihr gesprochen?«

»Nein. Mein Mann hat momentan im Geschäft so viel zu tun, und ich muss ... Seit Suzanne zum Studieren nach Deutschland weggegangen ist, haben wir uns nur selten gesehen.«

»Madame und Monsieur John. Die Ansammlung von Todesfällen in der Familie Ihrer Tochter macht uns Kriminalbeamte natürlich aufmerksam. Sie können uns wirklich nichts dazu sagen?«

Josette John schüttelte langsam den Kopf. Ihr Mann verharrte weiterhin in seiner Bewegungslosigkeit. Ducard und Buhle tauschten Blicke. Es war offensichtlich, dass das Ehepaar John ihnen nicht mehr sagen wollte oder konnte.

»Ihre Tochter ist derzeit noch im *Laboratoire National de Santé* zur Obduktion. Es müsste mindestens einer von Ihnen den Leichnam offiziell identifizieren. Würden Sie dazu morgen in die Stadt kommen können?«

»Ich ... ich kann das wohl machen. Mein Mann hat ... viel zu tun.« Sie schaute noch einmal zu ihm hinüber. Als er sich immer noch nicht regte, sagte sie: »Ja, ich kann kommen. Um welche Uhrzeit?«

»Wenn es Ihnen recht ist, vormittags. Passt es Ihnen um zehn Uhr? Wir können uns direkt vor dem LNS treffen.«

»Ja, das wird gehen.«

Auf der Rückfahrt dauerte es eine Zeit lang, bis die beiden Kommissare wieder ihre Sprache fanden.

»Eine solche Reaktion habe ich noch nie bei Eltern erlebt, die gerade ihr Kind verloren haben. Was war denn das?« Ducard schüttelte wie zu Bekräftigung seines Unverständnisses über die Reaktion der Johns den Kopf.

»Da stimmte es offensichtlich überhaupt nicht zwischen Tochter und Eltern. Allein die Ablehnung des deutschen Ehemanns durch den Vater dürfte es nicht sein. Auf jeden Fall hat es die Familie offenbar entzweit, dass Suzanne nach Aachen gegangen ist. Meinst du, es ist wichtig, das herauszufinden?«

»Keine Ahnung. Letztendlich ist alles wichtig, was uns das Umfeld der Familie John-Altmüller zu verstehen hilft. Ob wir aber dadurch konkrete Hinweise auf eine Straftat erhalten, wage ich zu bezweifeln.«

»Es gibt da noch ein weiteres Problem.« Buhle hatte seine Stirn krausgezogen und die Augen zusammengekniffen. »Ich kann mir absolut nicht vorstellen, dass Zoé bei ihren Großeltern gut aufgehoben wäre.«

»Auf keinen Fall. Die haben noch nicht einmal nach ihr gefragt.« Ducards Kopf kam gar nicht mehr zur Ruhe. »Unglaublich ist das. Ich werde nachforschen, was in der Familie vorgefallen ist. Das ist doch nicht normal.«

»Nein, genauso wenig wie drei Todesfälle in einer Familie.«

Die weitere Fahrt über schwiegen sie, bis sie sich Ralingen näherten. Schon vorher hatten sie sich darauf verständigt, die Trupps der Spurensicherung aufzusuchen, um nach neuen Erkenntnissen zu fragen. Als Erstes fuhren sie zum mutmaßlichen Tatort an der Sauer.

Lutz Grehler empfing sie mit seiner üblichen genervten Miene, aber mit einem Unterton in der Stimme, der zumindest Buhle neue Erkenntnisse erwarten ließ.

»Kennt ihr nicht noch ein paar Leute, die am Wochenende Lust auf ein Puzzle mit hunderttausend Teilen haben? Wir sind dabei, die Fußspuren am Tatort zurückzuverfolgen. Es ist das erste Mal seit Wochen, dass ich über das Scheißwetter froh bin, das wir hatten. Der Boden ist so weich, dass wir eine Reihe von brauchbaren Abdrücken haben.« Er schaute von Ducard zu Buhle, als ob er schon jetzt die ersten Lobeshymnen erwartete. Die beiden blieben erwartungsvoll, aber zurückhaltend.

»Also: Wir können jetzt sicher sagen, dass sich drei Personen am Tatort aufgehalten haben. Natürlich das Opfer, also Suzanne Altmüller. Und zwar zunächst einmal hier.« Er zeigte auf eine Stelle am Boden, die übersät war mit kleinen Markierungspunkten und Gipsresten. »Sie muss sich mit einer zweiten Person längere Zeit auf dem Weg und der angrenzenden Wiese aufgehalten haben. Bei der zweiten Person handelt es sich ebenfalls um eine Frau, Schuhgröße siebenunddreißig, mit hackigen Schuhen.«

»Hackigen Schuhen?« Ducard wusste mit dem Begriff nichts anzufangen.

»Na ja, Schuhen mit Hacken eben. Frauenschuhe. Keine Ahnung. Es gibt doch den Begriff »hochhackige Schuhe«. Ich weiß aber nicht, ob es hoch- oder flachhackige Schuhe waren, aber eben Schuhe mit Hacken. Sagt mal, wollt ihr mich verarschen?«

Buhle und Ducard hatten unweigerlich angefangen zu grinsen, als sich der kleine Kriminaltechniker so vehement wegen seiner Wortwahl verteidigte.

»Nein, natürlich nicht, Lutz. Die Person, mit der sich das Opfer getroffen hatte, war also vermutlich eine Frau.«

»Oder ein Hemd von Transvestit. Auf jeden Fall führen die Spuren dann weiter die flache Böschung hinunter bis fast zum Ufer; und zwar beide Spuren. Aber aufgrund der Anordnung und der Tiefe der Fußabdrücke müssen wir davon ausgehen, dass die Bewegungen schneller und irgendwie heftiger waren. Als ob sich die beiden Personen verfolgt hätten oder sogar handgreiflich geworden wären, denn ...«, da war wieder eine der grehlerschen Pausen, ohne die der Kriminaltechniker nicht auszukommen schien, »denn wir haben ihn gefunden: den berühmten Knopf. Einen kleinen weißen Knopf, der wahrscheinlich an einer Frauenbluse seinen Platz hatte. Ihr braucht also nur noch eine Bluse zu finden, an der ein Knopf fehlt.«

Buhle seufzte hörbar. »Lutz, komm, das ist doch nun nicht die frohe Botschaft, die du uns verkünden wolltest. Komm mal auf den Punkt.«

»So, ein Knopf vom vermeintlichen Täter ist dem ersten Kriminalhauptkommissar also nicht mehr wichtig genug. Na gut. Wir haben tatsächlich noch mehr. Dass das Opfer von seinem Auto aus hergekommen ist, war anzunehmen und hat sich bestätigt. Sie ist den direkten Weg über die Straße und dann die Böschung runter zum Radweg. Da wir angenommen haben, dass die zweite Frau nicht mit dem Fahrrad gekommen ist, haben meine Leute die gesamte Böschung entlang der Bundesstraße abgesucht und dann doch noch ihre Spuren an einem relativ steilen Bereich nahe dem Parkplatz gefunden. Den letzten Beweis, dass die Dame ihr Auto da geparkt hatte, erbrachten Spuren auf der dortigen Grasfläche.«

»Gut. Wir können also davon ausgehen, dass sich Suzanne Altmüller mit einer Frau am Sauerufer getroffen hat, mit ihr dort wahrscheinlich Streit hatte und diese Frau dann wieder den Treffpunkt verlassen hat.«

»Nicht ganz korrekt. Die beiden haben sich vermutlich nicht erst am Ufer, sondern bereits am Radweg getroffen, vielleicht an der Schutzhütte. Beide Spuren verlaufen bereits vom Radweg an gemeinsam bis zum Ufer.«

»Okay. Die Unbekannte hatte ihr Auto am gut einsehbaren Parkplatz abgestellt. Vielleicht haben wir Glück und jemand kann sich daran erinnern.« Buhle überlegte kurz. »Die Frage ist nur, wie wir diesen Jemand übers Wochenende am besten erreichen können.«

»Am einfachsten über Radio und Fernsehen.«

Ducards Vorschlag überzeugte Buhle nicht unbedingt. Er mochte die Fahndungsarbeit nicht ohne Not auf die Ebene der Medien verschieben. Andererseits gab es keine bessere Möglichkeit, schnellstmöglichst viele Menschen zu befragen.

»Mal sehen. Was ist mit der dritten Person?«, forderte Buhle Grehler auf, weiterzumachen.

»Sehr interessant. Eindeutig ein Mann. Schuhgröße um die dreiundvierzig, Sohle ohne viel Profil, breithackig. Ich schätze, ein normaler Lederhalbschuh. Der Mann kam vermutlich erst später an die Uferstelle. Seine Spuren überlagern häufiger die Schuhabdrücke der Frauen, aber nicht umgekehrt. Und sie kommen aus ganz anderer Richtung, nämlich von Süden. Gut fünfhundert Meter vom Tatort entfernt gibt es eine Zufahrt von der Bundesstraße auf den Radweg und einen Feldweg. Hier ist unser Unbekannter von seinem Auto aus zu Fuß gestartet. Interessant ist aber, dass das Auto an zwei Stellen abgestellt war: Zum einen direkt in der Zufahrt, also am Rand der Bundesstraße, und zum anderen weiter unten am Rand des Schotterweges, etwas versteckt unter dem Ufergehölz. Dort beginnen auch die Fußspuren. Aber schon vorher oder nachher ist er ausgestiegen: an einer Stelle, von der man recht gute Sicht auf das Auto des Opfers hatte.«

»Das ist wirklich interessant. Du meinst also, dass Suzanne Altmüller von dem Mann zunächst beobachtet wurde und er dann zu der Stelle am Ufer gegangen ist, wo er sie vermutete.«

»So ist es«, bestätigte Grehler äußerst zufrieden.

Buhle schaute Ducard an. »Dass die Altmüllers beobachtet wurden, konnten wir ja bereits aufgrund der niedergetretenen Fläche hinter deren Haus vermuten. Das passt zu dem Einbruch und vielleicht auch zu den Unterlagen und Computern, die aus Alexander Altmüllers Büro verschwunden sind.« Er wandte sich wieder Grehler zu. »Habt ihr dort beim Haus auch Fußabdrücke sichern können und die schon verglichen?«

»Nein, in dem Gras konnten wir keine Spuren sicherstellen.«

»Ja, da passt einiges zusammen«, sagte auch Ducard. »Wir müssen unbedingt herausfinden, was den Mord an Suzanne John-Altmüller – ich denke, von Mord können wir jetzt ausgehen – was den Mord mit der Arbeit ihres Mannes verbindet; vielleicht auch mit seinem Tod. Und was wir noch nicht sagen können, ist, ob der Mord von der Frau oder dem Mann verübt wurde, oder gibt es dafür Anhaltspunkte?« Die letzte Frage richtete Ducard an Grehler.

»Nein, gibt es nicht. Außer vielleicht, dass es einem Mann leichter als einer Frau fallen dürfte, jemanden zu ertränken. Aber das ist sicher nur ein schwaches Indiz.«

»Gut gemacht, Lutz. Das ist schon eine ganze Menge.« Buhle gab Ducard ein Zeichen, dass er aufbrechen wollte. »Lass uns jetzt noch nach Merteskaul fahren und schauen, ob es da auch weitere Ergebnisse gibt. Du meldest dich, wenn es noch was Neues gibt, Lutz.«

Buhle hatte sich bereits umgedreht, als er Grehlers Stimme hinter sich hörte.

»Blut.«

»Waaas?«

»Wir haben Blut gefunden. Unweit der Uferkante auf einem kleinen Stein. Später dann auch noch etwas diffuser verteilt auf Bodenpartikeln.«

»Und das sagst du jetzt erst?«

»Nun das Spannendste kommt doch immer zum Schluss. Beschwer dich nicht. Immerhin habe ich es euch ungeduldigen jungen Leuten noch gesagt, So, tschüss, jetzt könnt ihr gehen.«

»Euer Kriminaltechniker ist ja eine Kanone.« Ducard saß wieder neben Buhle im Wagen. Sie fuhren die enge Kreisstraße hinauf nach Merteskaul.

»Allerdings. Er kann einen manchmal regelrecht zur Weißglut treiben. Napoleon-Komplex: Diesen Hang zur Selbstdarstellung haben ja bekanntlich viele kleine Männer. Aber Lutz ist auch verdammt gut in seinem Job. Da gibt es nichts. Ich habe mich mittlerweile mit seiner Art arrangiert.«

Das Wohnhaus der Altmüllers war immer noch nicht abschließend untersucht. Die Spurensicherung hatte es nicht leicht gehabt, die Existenz eines Einbrechers nachzuweisen. Und doch verstärkten sich die Indizien dafür immer mehr. Es waren nicht nur die verschwundenen Unterlagen und Computer, die sich sonst kaum erklären ließen. Vielmehr gab es Anzeichen, dass insbesondere das Büro von Alexander Altmüller von zwei verschiedenen Personen durchsucht worden war: einmal sorgfältig und bedächtig, einmal eher achtlos und hektisch.

Möglicherweise hatte Suzanne Altmüller sich einen Überblick über die Arbeit ihres Mannes verschaffen wollen und deshalb seine Unterlagen geordnet und wahrscheinlich auch intensiv durchgeschaut. Möglicherweise hatte sie dadurch Erkenntnisse gewonnen, die sie zu ihrem Mörder oder ihrer Mörderin geführt hatten. Der Einbrecher hatte hingegen offensichtlich das Ziel gehabt, gewisse Unterlagen verschwinden zu lassen. Mit ihrer Vorarbeit dürfte Suzanne Altmüller ihm dies unfreiwillig erheblich erleichtert haben. Buhle und Ducard waren sich einig, dass sie schnellstmöglich herausfinden mussten, was verschwunden war. Zudem war auch Suzanne Altmüllers Arbeitszimmer oberflächlich durchsucht worden.

»Wir müssen Altmüllers Auftraggeber fragen, vielleicht auch Kollegen oder Bekannte. Ich glaube zwar nicht, dass freie Journalisten mit ihren Recherchen hausieren gehen, aber vielleicht hat er ja doch jemandem von brisanten Storys erzählt, an denen er gerade dran war. Vielleicht hat er auch Dokumente oder Dateien zur Sicherheit an anderer Stelle hinterlegt. Bei einem Notar, bei Freunden, seiner Mutter, was weiß ich, wo.«

Mit jeder Möglichkeit, die Buhle aufzählte, wuchs bei ihm die Erkenntnis, wie schwierig und aufwendig es sein würde, dies alles abzuarbeiten.

11

Trier; Samstag, 11. Juni

Hannah Sobothy lag auf der ausgedehnten Wiese im Trierer Palastgarten und dachte über das nach, was ihr Alexander Altmüller vor zwei Wochen mitgeteilt hatte. Warum hatte er sie gewarnt? Warum sie und nicht die anderen Kollegen, die an der Sache dran waren? Es war nicht das erste Mal, dass das Bitburger Flughafenprojekt in den Medien hochkochte. Zu kritisch musste man im Hinblick auf einen wirtschaftlichen Erfolg des anvisierten Konversionsprojektes sein, zu fragwürdig war die Person des Investors, zu populär eine Alternativnutzung in Form regenerativer Energien, wie es in der Morbacher Energielandschaft vorgemacht worden war. Es war also sicher nicht das erste Mal, dass ein Journalist die Wortführer der Flughafengesellschaft kritisch hinterfragte, zumal mit dem Nürburgring und dem Flughafen Hahn zwei weitere Paradebeispiele staatlicher Misswirtschaft ebenfalls ein Dauerabo in den Schlagzeilen hatten. Also was war los?

Alex hatte ein großes, schmutziges Geschäft angedeutet, in einer Größenordnung, die noch keiner erahnen würde. Er sprach von einer gefährlichen Gemengelage aus dubiosen Investoren, skrupellosen Hintermännern und blinden, sich selbst überschätzenden Politikern.

Sie fand damals, er habe etwas übertrieben.

Und dann war er verunglückt. Sie hatte es einfach nicht glauben wollen, als sich die Nachricht unter den Kollegen verbreitete. Er hatte sie gewarnt, und jetzt war er tot. Hatte er die Gefahr geahnt und war ihr dann selbst zu nah gekommen? War er auf jemanden gestoßen, dem er mit seinen Recherchen gefährlich geworden war? War sie selbst vielleicht auch schon zu nah dran?

Sie richtete sich auf und schaute sich um. In den vergangenen zwei Stunden hatte sich der öffentliche Park zusehends gefüllt. Vor allem junge Leute, Studenten, die letzten Punks mit ihren Hunden und ein paar Familien mit Kleinkindern verteilten sich auf der großen Wiese vor dem barocken Kurfürstlichen Palais. Den umliegenden Schotterweg teilten sich flanierende Touristen und eilende Einkäufer. Dieser Platz hier war schon immer ihr Stückchen Freiheit in der Bischofsstadt gewesen.

Entlang der historischen Stadtmauer sah sie eine kleine Gruppe Asiaten vom Palais in Richtung Kaiserthermen gehen. Und gleich fiel ihr die Warnung wieder ein, die Alexander ausgesprochen hatte. Sie hatte ihr nachgehen wollen, nachdem er verunglückt war. War nach der Beerdigung zu seiner Frau gefahren. Wusste nicht, ob das richtig war, wollte aber doch herausfinden, ob Suzanne vielleicht mehr wusste – oder mehr wissen wollte. Doch dann hatte sie von Anne erfahren; erst Suzanne hatte es ihr erzählt, nicht Alex. Sie hatte Suzanne angesehen, dass sie unter dem Tod ihrer Tochter noch mehr litt als unter dem Verlust ihres Mannes. So hatte sie beschlossen, nichts zu sagen, alles für sich zu behalten: alle Indizien, alle Vermutungen, alle Fakten.

Doch was wusste sie schon, was nicht alle wussten? Nichts, nichts bis auf den einen Namen, vor dem Alex sie eindringlich gewarnt hatte: Sun Shiwen.

12

Avelsbach; Samstag, 11. Juni

Es war Abend geworden, als die Kommissare Buhle und Ducard wieder Richtung Trier fuhren. Der Himmel war immer noch wolkenlos und blau. Doch eine erste rötliche Patina kündigte bereits an, dass dieser Sonnentag sich dem Ende zuneigte. Der abendliche Stau auf der Bitburger war diesmal übersichtlich. Nur noch ein paar Ampelphasen, und sie würden über die Kaiser-Wilhelm-Brücke in die Innenstadt gelangen. Der rötliche Farbton der steil aufragenden Felswände am Eingangstor zu Trier wurde vom Abendlicht noch intensiviert. Buhle freute sich immer, wenn er um die letzte Kurve bog und sich die Talweite der Mosel mit der ältesten Stadt Deutschlands vor ihm auftat.

»Was müssen wir heute noch erledigen?«, unterbrach Ducard Buhles beschauliche Stimmung. »Ich muss zugeben, ich werde langsam ein wenig müde, und morgen geht es wieder früh weiter.«

Buhles erster Gedanke galt Marie. Er musste ihr den Tod von Zoés Mutter mitteilen, mit ihr besprechen, wie sie mit dem Kind nun weiter verfahren sollten. Und er musste ihr irgendwie nahebringen, dass Zoé und damit vielleicht auch sie und ihre Kinder in Gefahr sein könnten.

»Wir werden sehen, ob noch jemand von den anderen da ist. Die nächste Besprechung ist zwar für morgen angesetzt, aber wie ich meine Leute kenne, werden sie noch nicht nach Hause gegangen sein, wenn sie etwas zu berichten haben.«

»Wann willst du Marie Steyn vom Leichenfund unterrichten?«

Sie waren mittlerweile bis zur letzten Kurve gerollt und standen in einer ihrer letzten Rotphasen an diesem Tag. Buhle schaute zu Ducard und fühlte sich regelrecht ertappt. »Wir müssen ihr unbedingt Bescheid sagen, noch heute Abend am besten. Ich werde sie vom Büro aus anrufen.«

»Wäre es nicht besser, direkt vorbeizufahren?«

Natürlich war das besser. Aber nach dem jüngsten Zusammentreffen war ihm nicht wohl bei dem Gedanken. Außerdem wusste er, wie heftig Marie reagieren konnte, gerade wenn ihrer Familie Ungemach drohte.

»Wir könnten jetzt direkt hinfahren, bevor es noch später wird und sie vielleicht schon schlafen gegangen ist«, schlug Ducard vor. »Die Kollegen können warten oder nach Hause gehen und morgen berichten.«

Buhle hoffte, dass ihm die Erleichterung nicht zu sehr ins Gesicht geschrieben stand. »Ja, das ist wohl besser. Wenn du noch so lange Zeit hast?«

Ducard nickte, und hinter ihnen setzte das Hupen der nachstehenden Autofahrer ein, die Buhle dazu bewegen wollten, die vor ihm entstandene Lücke wieder zu schließen.

Als sie die Stadt durchquert und das Avelertal hinaufgefahren waren, hatte die Abenddämmerung voll eingesetzt. Der Himmel über Avelsbach zeigte alle Übergänge von Blau über Orange zu Rot. Buhle ließ seinen Blick über den Unicampus und den Weidengraben mit seinen Hochhäusern bis zu den Eifelhochflächen jenseits des Moseltals schweifen. Seit den siebziger Jahren war die Tarforster Höhe kontinuierlich zugebaut worden – angefangen mit dem neuen Stadtteil und seinen vielgeschossigen Bausünden über die neue Universität mit den umgebenden Neubaugebieten bis hin zu dem Gelände der ehemaligen Landesgartenschau, das seit einigen Jahren immer enger und mondäner wurde. Von hier oben, dem roten Dorf, wie die frühere Arbeitersiedlung der Weinbaudomäne Avelsbach wegen der ehemals roten Ziegeldächer genannt wurde, musste diese Entwicklung gut zu verfolgen gewesen sein.

Buhle hatte das Auto direkt vorn an der Einfahrt von Marie Steyn geparkt. Nachdem er etwas zögerlich ausgestiegen war, hatte er kurz verweilt und durch die Lücken zwischen den Bäumen in dem weitläufigen Garten nach Westen geschaut.

»Das ist sehr idyllisch hier. Aber ich glaube, mir wäre es zu eng. Wie viele Menschen leben hier?« Ducard war auch stehen geblieben und hatte den Blick auf den Sonnenuntergang genossen.

»Ich weiß es nicht. Es sind zehn Doppelhäuser und das Haus der Familie Steyn. Außer bei ihr habe ich nicht viele Kinder gesehen. Also werden die Wohnungen zumeist nur von zwei Leuten bewohnt sein. Vielleicht fünfzig, sechzig Einwohner, schätze ich.«

Ducard schaute sich noch einmal um. »Das Haus der Steyns liegt mitten zwischen den anderen Häusern. Es ist nicht leicht, es unerkannt zu beobachten.«

»Das ist richtig. Da, wo unsere Leute sich postiert haben, hat man zwar den besten Blick auf das Haus, aber man steht auch regelrecht auf dem Präsentierteller.« Buhle stockte. Dann würde Marie sicher auch schon wissen, dass ihr Haus von der Polizei beobachtet wurde, sei es, weil es ihr selbst aufgefallen war, oder weil einer der Nachbarn sie darauf angesprochen hatte. Der Mord in Maries Haus vor einem halben Jahr ließ in Avelsbach sicher alle Antennen hochfahren, wenn etwas Ungewöhnliches bemerkt wurde.

Buhle war es gar nicht wohl, als er mit Ducard vor Maries Tür stand. Er klingelte nur ganz kurz, weil er nicht wusste, ob zu dieser Uhrzeit die Kinder schon schlafen würden. Es dauerte, bis sie sich an der Haussprechanlage meldete.

»Hallo Marie, ich bin's, Christian. Habe ich dich geweckt?«

»Allerdings.« Maries Stimme war nicht freundlicher geworden, nachdem sie wusste, wer sie aus dem Schlaf geholt hatte. »Was willst du?«

»Wir müssen dir etwas Wichtiges mitteilen. Würdest du uns bitte reinlassen.«

»Wen hast du denn noch dabei?«

»Henri Ducard. Einen Kollegen aus Luxemburg.«

»Ich weiß sehr wohl noch, wer Henri Ducard ist. Wenn's sein muss, kommt halt hoch.«

Der Türsummer ertönte, und Buhle drückte die schwere Holztür auf. Von dem kleinen Eingangsbereich führte das Treppenhaus gleich zu den beiden oberen Etagen, wo die eigentlichen Wohnräume lagen. Marie stand wie am Vorabend oben an der Treppe und erwartete die beiden Polizisten. Sie war nur mit einem kurzen Nachthemd bekleidet. Die Knopfleiste war recht weit geöffnet, und zu beiden Seiten zeichneten sich ihre Brustwarzen über flachen Wölbungen deutlich ab. Buhle blieb kurz stehen. In diesem Aufzug würde sie sicher auf die allermeisten Männer nicht nur hübsch, sondern außerordentlich sexy wirken. Das schien ihr selbst vor dem fremden Kommissar nichts auszumachen. Vielleicht, weil sie wusste, dass ihr Gesichtsausdruck jeglichen Gedanken ihrer Gäste an erotisches Abenteuer schon im Ansatz wegwischen würde. Buhle hatte sie selten so wütend gesehen.

Wortlos hatte sich Marie umgedreht, als die beiden Beamten fast oben waren, und war vor ihnen ins Wohnzimmer gegangen. Sie hatte sich in den einzeln stehenden Sessel fallen lassen, ihre Beine und Arme gekreuzt und sie wortlos angesehen. Buhle stand rat- und hilflos in der Mitte des großen Raumes. Er war mehr als froh, als Ducard das Gespräch aufnahm.

»Dürfen wir uns setzen, Frau Steyn?«

»Ich dachte, in Luxemburg duzen sich alle? Wenn ich mich euch schon in diesem Aufzug präsentiere, können wir dieses formelle Getue wohl auch lassen.«

»Ich finde das auch besser. Wenn du möchtest, kannst du dir aber gern noch etwas anziehen.«

Buhle hatte Ducard bislang nur als Ermittler oder als diensthabenden Polizisten in der Gemeinsamen Stelle kennengelernt. Wie er jetzt aber mit Marie sprach, wirkte er außerordentlich nett, fast schon charmant.

»Von mir aus geht das. Wenn es euch nicht zu sehr bei eurer Arbeit stört«, antwortete sie spöttisch.

Buhle fand immer noch keine Worte und wusste nicht, wie er mit Marie in dieser geladenen Atmosphäre umgehen sollte. Ducard schien damit keine Probleme zu haben. Er lächelte Marie offen und freundlich an.

»Nein, du weißt doch, dass sich gute Polizisten auch von einer noch so reizvollen Frau nicht irritieren lassen würden. Aber zugegeben, es macht unsere Arbeit manchmal ein klein wenig schöner, attraktive —«

»Okay, Commissaire Ducard, du hast nun genug Süßholz geraspelt. Sag mir, was los ist. Dein Kollege scheint ja die Sprache verloren zu haben.«

Buhle musste unweigerlich schlucken, hatte aber das Gefühl, dass sich der aggressive Ton in Maries Stimme ein klein wenig abgeschwächt hatte.

Ducard setzte sich gegenüber Marie auf das Sofa und sah sie jetzt ernst an. »Wir haben Suzanne Altmüller gefunden.«

Mehr brauchte er nicht zu sagen. Es war ganz offensichtlich, dass Marie auch so verstand. Sie senkte ihren Blick und legte ihre

Hände aufeinander. Als sie Ducard und dann Buhle ansah, war die Wut in ihren Augen der Trauer gewichen.

Ducard fasste den bisherigen Ermittlungsstand zusammen, bevor er auf Zoé zu sprechen kam.

»Wir waren bei den Eltern von Suzanne Altmüller. Sie haben sehr distanziert auf den Tod ihrer Tochter reagiert. Nach Zoé haben sie gar nicht gefragt. Wir glauben nicht, dass das Kind bei seinen Großeltern gut aufgehoben wäre.«

»Nein, das glaube ich auch nicht, ich habe Zoés Oma auf der Beerdigung von Alexander Altmüller beobachtet. Sie schien zwar auf Zoé zugehen zu wollen, aber es war offensichtlich, dass die beiden keine wirkliche Beziehung zueinander haben.«

»Josette John war bei der Beerdigung ihres Schwiegersohnes?« Buhle schaute Ducard fragend an. »Davon hat sie uns gar nicht erzählt.«

»Ach, ist der Herr Kommissar auf eine wichtige Spur gestoßen und hat dabei seine Sprache wiedergefunden?«

Ducard schaltete sich schnell wieder ein. »Josette John hat behauptet, Suzanne das letzte Mal auf der Beerdigung von Anne gesehen zu haben. Dann hat sie also gelogen.« Er blickte zuerst Buhle, dann Marie an. Beide saßen in sich gekehrt da, und er konnte nicht erkennen, ob sie ihm zugehört hatten. Schließlich stand er auf und fragte: »Darf ich mal die Toilette benutzen?«

Marie schaute kurz auf. »Sicher. Unten, die erste Tür rechts.«

Als Ducard den Raum verlassen hatte, dauerte es noch eine Weile, bis Buhle zu reden anfing. »Es tut mit leid, Marie. Ich hätte dir sagen sollen, dass ich zu eurer Sicherheit jemanden abgestellt habe.«

»Weißt du, was das für ein Scheißgefühl ist, wenn du rausgehst und siehst da wieder ein Auto stehen, aus dem dich fremde Männer beobachten? Hast du vergessen, was hier geschehen ist? Hast du mal daran gedacht, dass das auch den Kindern auffallen könnte? Und den Nachbarn?«

»Es tut mir leid. Ich habe nicht so weit gedacht. Ich habe nur daran gedacht, dass es besser wäre, wenn jemand von der Polizei bei euch ist, falls … falls der Einbrecher mitbekommen hat, dass Zoé bei dir ist.«

»Der Einbrecher. Oder der Mörder. Mensch, Christian, warum hast du mir nichts gesagt?«

»Ich wollte dich nicht beunruhigen.« Buhle hatte es schon während der Fahrt hierher gewusst, dass er damit vollkommen danebengelegen hatte. Marie, die sich wieder nach hinten in den Sessel hatte fallen lassen, zeigte ihm deutlich, dass dieser Eindruck stimmte. »Es tut mir wirklich leid.«
»Du brauchst dich jetzt nicht ständig zu wiederholen«, unterbrach ihn Marie brüsk. »Mach das bitte nie wieder. Verstanden?«
Buhle nickte.
»Sind wir hier sicher?«
»Ich kann es nicht sagen, solange wir keine Ahnung von den Hintergründen, den Motiven haben. Ich weiß nicht, ob Zoé für den Mörder eine Gefahr darstellt.« Buhle hatte sich die ganze Zeit nicht bewegt. Jetzt machte er einen Schritt auf Marie zu, die sich daraufhin noch weiter in das Rückenpolster des Sessels drückte. »Wir könnten sicherlich einen anderen Ort finden, an dem Zoé unterkommen kann. Dann wärt ihr aus der Gefahrenzone raus.«
Marie starrte eine Weile vor sich hin. »Nein, ich kann Zoé jetzt nicht so einfach irgendwohin weggeben. Ich muss nur aufpassen, dass die Kinder davon nichts mitkriegen. Nora und Mattis sind noch nicht überm Berg.« Sie fuhr sich mir ihren schmalen Händen über das Gesicht. »Mattis will hier morgen unbedingt seinen Geburtstag feiern. Ich weiß noch nicht, wie ich das machen soll, ohne dass Zoé von dem ganzen Trubel überrollt wird. Ich mag gar nicht daran denken, was ist, wenn ich sie dann nicht immer im Auge behalten kann.«
Dazu durfte es erst gar nicht kommen, überlegte Buhle. »Könnte Zoé in der Zeit nicht bei jemand anderem sein? Nur für die Zeit der Feier?«
»Und bei wem? Falls es dir noch nicht aufgefallen ist: Sie hat niemanden mehr.«
»Es gibt noch Silvia Lenz, die Nachbarin.«
»Zoé kann unmöglich zurück nach Hause.«
»Nein, aber Zoé war oft bei ihr und den Pferden. Vielleicht ist sie bereit, hierherzukommen und mit Zoé reiten zu gehen. Es gibt einen Reitstall am Trimmelterhof. Unsere Leute ... würden sie dort gut bewachen können.«
Marie schwieg. Nach einer Weile sagte sie etwas ruhiger: »Das würde vielleicht gehen. Nora könnte eventuell mitkommen, wenn

ihr aufpasst. Zoé und sie machen die ganze Zeit was zusammen. Aber es muss klar sein, dass nichts passieren kann.«

»Ich werde dafür sorgen.«

»Sorgen lassen, meinst du wohl.«

»Marie ... die Ermittlungen laufen auf Hochtouren. Wir müssen in den ersten Tagen möglichst schnell handeln. Das ist entscheidend für unsere Chancen, den Täter zu fassen.«

»Klar, und das ist Aufgabe des ersten Kriminalhauptkommissars. Ich verstehe.« Ihre Stimme klang jetzt weniger vorwurfsvoll, vielmehr enttäuscht und resigniert.

Buhle befiel eine Mischung aus Hilflosigkeit, Zwiespalt, Verzweiflung. Er konnte es nicht fassen, geschweige denn in Worte fassen. So sagte er gar nichts.

Von der Tür her räusperte sich Ducard. »Ich habe eure letzten Sätze gehört. So können wir es machen. Und hier im Haus sollten wir am besten auch noch jemanden einquartieren, solange wir eine Gefahr nicht ausschließen können. Das geht aber wahrscheinlich nur inoffiziell. Dafür ist alles noch zu vage, als dass wir das genehmigt bekämen. Aber vielleicht könnte Christian, zumindest nachts ...?«

Marie schaute auf Ducard, dann auf Buhle und wieder zurück. »Nein ... nein.« Sie hatte ihre Lippen fest aufeinandergepresst. Als sie weiterredete, empfand Buhle ihre Stimme so weit entfernt, dass er sie kaum noch wahrnehmen konnte. »Aber wenn ihr meint, dass es besser wäre, könnte vielleicht seine Kollegin ... Aber ich kann das eigentlich nicht von ihr verlangen.«

Buhle fühlte, wie sein Gefühlswirrwarr mit einem Schlag einer vollkommenen Leere wich. Er wagte weder Marie noch Ducard anzuschauen. Erst als der Kollege ihn direkt ansprach, zwang er sich, ihm zu antworten: »Ich frage Nicole, ob sie das macht. Ich schicke Marie dann eine SMS.« Mehr konnte er nicht mehr sagen.

Als die beiden Polizisten wenig später in der Zentralen Kriminalinspektion Trier eintrafen, waren die Mitglieder der Sonderkommission Sauer tatsächlich noch alle da. Eine besonders wertvolle Information hatten Paul Gerhardts und Michael Reuter. In dem Unfallwagen von Alexander Altmüller war sein Netbook gesichert worden. Da die ganzen Sachen aus dem Auto nicht abgeholt wurden, hatte der kleine Computer noch in der Asservatenkammer gelegen.

Reuter hatte sich einen Überblick über die Daten auf dem PC verschafft. Das Netbook hatte dem Journalisten offenbar vorrangig zur Organisation und als Speicher für die neuesten Rechercheergebnisse gedient. Weitergehende Daten waren nicht abgelegt. Reuter mutmaßte, dass Altmüller so verhindert hatte, dass bei einem Diebstahl des Netbooks brisante Inhalte an Dritte geraten konnten. Es gab zahlreiche Ordner, die nach Themen des Journalisten benannt, teilweise allerdings fast leer waren. Reuter und Buhle beschlossen, die verbliebenen Daten am kommenden Pfingstsonntag in Altmüllers Büro mit den dortigen Unterlagen abzugleichen. Das Netbook sollte von Spezialisten auf gelöschte Dateien untersucht werden.

Von Nicole Huth-Balzer und Nikolas Steffen gab es hingegen kaum konkrete Neuigkeiten. Sie hatten weitere Personen befragt und vermochten sich zumindest ein besseres Bild von Suzanne Altmüller zu machen. Sie wurde zumeist als freundlich, aber zurückhaltend beschrieben. Seit sie ihre Arbeit im Krankenhaus aufgenommen hatte, erschien sie jedoch häufiger unausgeglichen, obwohl ihr Mann ihr die Kinderbetreuung ja abgenommen hatte. Hier schienen die Eifler weder den offensichtlich als übertrieben angesehenen Anspruch der Mutter noch die Rolle des Vaters nachvollziehen zu können.

Nachdem sie sich ausgetauscht hatten und die meisten Polizisten sich auf den Nachhauseweg machten, nahm Buhle seine Kollegin zur Seite.

»Wir sind uns nicht ganz sicher, ob die Überwachung vor Marie Steyns Haus ausreicht. Ducard hat vorgeschlagen, jemand von uns sollte dort übernachten. ... Marie hat gefragt, ob du das übernehmen könntest.«

Nicole Huth-Balzer war eine der besten jungen Polizistinnen, die Buhle kannte. Er wusste, dass er sich immer auf sie verlassen konnte. Manchmal war ihm ihr Engagement sogar etwas unangenehm geworden, weil er insgeheim befürchtete, sie würde zusätzliche Sympathien für ihn hegen. In den letzten Monaten hatte sich das allerdings gelegt. Jetzt wischte sie sich eine Strähne aus dem Gesicht und blickte ihn fragend aus ihren braunen Augen an.

Buhle ahnte, was sie wissen wollte. »Ich glaube, sie war enttäuscht, dass ich ihr nicht gesagt habe, dass wir Zoé und somit auch sie und ihre Familie in möglicher Gefahr sehen. Sie hat es abgelehnt, dass ich das übernehme.«

Huth-Balzer nickte. »Ich verstehe. Gut, dass man als Polizistin mit vierundzwanzig Jahren samstagabends nichts vorhat. Soll ich Marie anrufen?«

»Ja, aber ich schicke ihr vorher eine SMS. So war es abgesprochen. ... Nicole«, Buhle streckte seine Hand in Richtung ihres Unterarms aus, zog sie aber schnell wieder zurück, »danke.«

Es war weit nach Mitternacht. Vor Buhles innerem Auge zogen die Ereignisse des Tages wieder und wieder vorüber. Die Gespräche mit Ducard und Huth-Balzer waren die einzigen persönlichen Lichtblicke gewesen. Sie zeigten, dass er gelernt hatte, anderen offener zu begegnen, und dass das gut war. Anders war es mit Marie gewesen. In dieser Beziehung hatte er noch einen weiten Weg vor sich.

In dieser Beziehung? Es dauerte eine weitere Dreiviertelstunde, bis er mühsam in den Schlaf fand.

13

Trier; Pfingstsonntag, 12. Juni

Sun Shiwen vermied es für gewöhnlich, mehrmals in eine Stadt zurückzukehren. Diese Strategie hatte dazu geführt, dass er seit Jahren erfolgreich im Geschäft war. Unauffällig und diskret, schnell und zuverlässig, das waren die Attribute seines Erfolgskonzeptes. Doch mit Trier machte er eine Ausnahme. Die Stadt erschien ihm ungefährlich. Selbst an diesem Sonntagmorgen, nach einem für die Provinz bemerkenswerten Ereignis.

Er hatte einen ausgedehnten Spaziergang entlang der Mosel unternommen, war durch die Gassen hinter dem Dom gegangen, dann über diesen Platz mit der Glaspyramide und am Karl-Marx-Haus vorbei zurück zu seinem Hotel. Es gab keine neugierigen Blicke – die Trierer hatten sich an die Anwesenheit seiner Landsleute gewöhnt. Insbesondere das Geburtshaus eines der Verfasser des Kommunistischen Manifestes schien ein Muss für jeden chinesischen Gast in Mitteleuropa zu sein. Dazu kam, dass die Langnasen die Asiaten ohnehin nicht auseinanderhalten konnten. Ihm sollte das recht sein. Keiner würde sich an Sun Shiwen erinnern, keiner würde ihn wiedererkennen.

Eigentlich hatte er dieser kleinen Sache keine große Bedeutung beigemessen. Hatte auf ein leichtes Spiel gehofft. Es war nicht das erste Projekt dieser Art. Viele hatte er schon erfolgreich zu Ende gebracht; auch schon in Deutschland. Er musste darüber schmunzeln, dass ausgerechnet diese selbst ernannten Saubermänner nicht anders waren als der Rest der Welt. Wenn er mit Zahlen von entsprechender Länge wedeln ließ, fragten auch die Deutschen nicht nach; waren plötzlich regelrecht dankbar für das Engagement aus Fernost und ahnten nicht, dass er lediglich mit ihrem eigenen Geld operierte, das sie nur allzu bereitwillig gegen Produkte aus seinem Land tauschten. Und wenn sie es ahnten, war es ihnen offenbar egal.

Er schaute aus seinem Fenster auf die allmählich belebte vierspurige Uferstraße. Dahinter schob sich der braune Fluss von links nach rechts. Alles erschien ihm viel, viel kleiner gegenüber den

Verhältnissen bei ihm zu Hause. Als er sich das erste Mal mit Trier beschäftigt hatte, feierte die Stadt gerade ihren Status als Großstadt. Sie hatte nach vielen Jahren des Nachzählens die Grenze von einhunderttausend Einwohnern überschritten. Seine Stadt war vierzig Mal so groß, sein Fluss erschien ihm hundert Mal so breit, die Straßen waren tausend Mal so voll. Noch mehr überrascht war er von der Stadt Luxemburg gewesen. Ein Zentrum der europäischen Finanzwelt und doch nicht viel größer als diese Provinzstadt hier. Dann hatte er gelernt, Europa nicht mit asiatischen Maßstäben zu messen, und das war gut so. Denn er erkannte, dass Europäer die Dinge schneller veränderten und man darauf vorbereitet sein musste.

Er hatte schon vorher Geschäfte mit luxemburgischen Banken abgewickelt. Nie mit derselben, aber immer nach dem gleichen Muster. Doch diesmal schien es anders zu laufen. Er gab neue Gesetze. Vielleicht lag es daran, und er musste sich vorwerfen lassen, nicht gut genug darauf vorbereitet gewesen zu sein. Oder es hing mit der kritischen Berichterstattung in den Medien zusammen, die die Geldinstitute hatte vorsichtig werden lassen.

Vielleicht war aber doch sein luxemburgischer Mittelsmann der Grund? Thill war kein Mensch, der in ihm auch nur das leiseste Gefühl der Achtung hervorrief. Aber er hatte seine Sache bislang nicht schlecht gemacht, sich nicht aus der Ruhe bringen lassen, alle Aufgaben wie besprochen gelöst. Und doch war er jetzt ins Gerede gekommen, weil er offensichtlich seine Finanzen nicht im Griff hatte, zu sehr den Reichen mimte. Er hätte ihm vielleicht nicht diesen üppigen Vorschuss gewähren sollen. Er musste sich ein weiteres Mal mit seinem Strohmann befassen.

Ein weiterer Punkt bereitete ihm Sorgen: Er hatte diesmal unerwartet großen Aufwand betreiben müssen, um auf dem Laufenden zu sein, um den Überblick, die Kontrolle zu behalten. Hatte zusätzliche Mitarbeiter für die notwendigen Observationen herbeordern müssen, weil er es allein nicht mehr leisten konnte. Sicher, sie hatten dadurch wertvolle Informationen gewonnen, Aber jetzt brauchten sie Ruhe, mussten ein Umfeld schaffen, in dem sie unauffällig operieren konnten. Da war es gut, dass sich das Problem mit dem übereifrigen Journalisten erledigt hatte. Die Hauptgefahr schien damit vorbei. Bleiben würde das übliche Geplänkel der lokalen

Presse, das eigentlich sogar von Vorteil war, weil zu viel Ruhe häufig Verdacht erzeugte.

Doch von Ruhe konnte nun keine Rede mehr sein. Und es gab jetzt ein weiteres Risiko, das er nicht unterschätzen durfte.

14

Trier/Luxemburg/Merteskaul; Pfingstsonntag, 12. Juni

»Du siehst müde aus, Christian.«

»Ich habe auch schlecht geschlafen.«

Buhle und Reuter hatten sich für halb acht in der ZKI verabredet. Michael Reuter war der Kollege in seinem Team, zu dem er immer noch den wenigsten Zugang hatte. Das lag wohl an seinem teils arroganten, teils ungehobelten Auftreten im Dienst. Dennoch schätze er Reuters oft eigenwillige Sicht auf die Fälle, die schon öfter der Wahrheit nähergekommen war, als die Faktenlage es vermuten ließ. Als Privatmann kannte er ihn überhaupt nicht; wusste nur, dass er keine Kinder hatte, schon länger geschieden war und seitdem, wie er es spöttisch genannt hatte, im polizeidienstlichen Zölibat lebte.

»Ich habe dir noch gar nicht zum Geburtstag gratuliert. Herzlichen Glückwunsch nachträglich. Hast du gefeiert?«

Reuter schaute seinen direkten Vorgesetzten überrascht an.

»Ja, ich hatte ein paar Kumpels eingeladen, auch von früher. War schön.«

»Ich hoffe, es war okay, dass du trotzdem direkt in unsere Ermittlungen eingestiegen bist?«

Reuter legte seinen Kopf ein wenig schief. Offensichtlich suchte er nach dem Grund, warum Buhle diese Fragen stellte. »Klar, ich will doch von Anfang an bei den Ermittlungen dabei sein. Außerdem war die Wohnung am Abend picobello aufgeräumt. Sogar die angefangene Kiste Stubbis war ordentlich leer getrunken.« Reuter musste jetzt doch grinsen, und Buhle tat es ihm gleich.

»Gut. Ich danke dir jedenfalls; ist nicht selbstverständlich, dass du das gemacht hast. Jetzt lass uns anfangen. Ich habe hier die Liste mit den möglicherweise brisanten Themen, mit denen sich Altmüller beschäftigt hatte. Lass uns abgleichen, was du in seinem Netbook vorgefunden hast.«

»Ja, zeig mal her.« Reuter schien fast erleichtert, wieder auf Dienstliches zu sprechen zu kommen.

Nach einer halben Stunde hatten sie sich einen Überblick

verschafft. Altmüller hatte offensichtlich keine speziellen Arbeitsschwerpunkte gehabt. Thematisch war er auf fast allen Ebenen unterwegs. Auffällig war nur, dass er sich in seinem Wirkungsraum ausschließlich auf die Großregion Trier–Luxemburg beschränkte.

»Wenn ich mir das anschaue«, bilanzierte Buhle, »dann hat er alle brisanten Themen hier in der Gegend bearbeitet. Alle, zu denen er eine, wie soll ich sagen, reißerische, skandalträchtige Story schreiben konnte.«

Reuter zog das gleiche Fazit wie Buhle.

»Aber warum? Warum hat er nicht auch über alltäglichere Ereignisse berichtet, die sicherlich einfacher zu recherchieren gewesen wären?«

»So was hatte er offenbar vorher in Aachen gemacht. Ich nehme an, er wollte jetzt mehr.« Reuter machte eine kleine Pause. »Außerdem musste er Arbeit und Familie unter einen Hut bringen. Das ist, glaube ich, ganz schwierig, wenn du Aktuelles für eine Zeitung machst. Er konnte ja nicht springen, wenn es irgendwo krachte oder brannte und er noch zwei kleine Kinder zu Hause hatte.«

»Da hast du recht«, stimmte Buhle zu. »Er hat sich also die brisanten Storys rausgepickt, um seinen journalistischen Ansprüchen zu genügen, und musste sich auf Langzeitrecherchen und die Region beschränken, weil er seine Kinder betreuen musste, wenn seine Frau im Krankenhaus arbeiten ging. Das stell ich mir auch nicht einfach vor, oder? Würde dich das zufriedenstellen?«

»Nein. Aber ich habe da ja auch meine Konsequenzen gezogen. Wir müssen herausfinden, ob das zu Spannungen in der Familie geführt hat. Vielleicht wissen Niko und HuBa da schon mehr. Meinst du, das ist relevant für den Fall?«

Fast wäre Buhle auf den Spitznamen »HuBa«, den die männlichen Kollegen manchmal für Huth-Balzer verwendeten, eingegangen. Er fand ihn spätestens seit dem Zeitpunkt unmöglich, als drei Polizisten aus einer anderen Abteilung damit auf die gut proportionierten Brüste der attraktiven Kollegin angespielt hatten. Doch für die meisten schien es tatsächlich nur ein Kürzel für den Doppelnamen zu sein, und das unterstellte er auch den Männern in seinem Team.

»Weiß man nie. Aber ich glaube auch, dass wir hier nicht von einer Tragödie ausgehen sollten, die in der Familie ihre Ursache hat. Dazu gibt es zu viele Anknüpfungspunkte zu brisanten externen Begebenheiten. Außerdem haben wir am Tatort zusätzliche Personen nachgewiesen, die bestimmt nicht zufällig da waren.«

Buhle schaute wieder auf die Listen vor sich. »Wenn wir vergleichen, was wir auf dem Netbook und im Arbeitszimmer von Altmüller gesammelt haben, dann tauchen auf dem Netbook einige Arbeitsfelder auf, zu denen im Büro keine Unterlagen zu finden waren. Das sind zumeist kleinere, unauffällige Sachen. Für mich stechen aber zwei Punkte heraus.«

»Biowaffen in Luxemburg und Bitburger Flughafen.« Es schien, als ob Reuter schon länger darauf gewartet hatte, diese Erkenntnis loszuwerden.

»Genau, weil das die heißesten Themen sind.«

»Nicht nur deshalb. Bei den anderen sind häufig nur wenige Einträge vorhanden. Als ob Altmüller hier erst am Beginn seiner Recherchen stand oder ihn die Themen nicht sonderlich beschäftigten. Bei diesen beiden Themen hatte er bereits viel mehr Arbeit investiert. Es gibt Dateien, die geschützt sind, längere Tabellen und so weiter. Ich habe den Eindruck, er hat sich schon länger oder zumindest intensiver damit beschäftigt. Und ein Termin ist vermerkt, den wir schon aus den Akten kennen: An dem Tag, an dem er tödlich verunglückte, war er bei dieser ersten Luftfahrtmesse auf dem ehemaligen Bitburger Flughafen.«

»Stimmt, er war auf dem Heimweg.«

»Richtig.« Reuter überlegte. »Wir müssen noch mal gezielt prüfen, ob nicht Unterlagen dazu im Hause Altmüller versteckt sind. Wenn wir aber tatsächlich davon ausgehen können, dass der Einbrecher die mitgenommen hat, dann doch deshalb, weil er nicht wollte, dass sie Dritten in die Hände fallen.«

»Natürlich, aber es kann viele Gründe dafür geben: Vielleicht war es der Mörder, der dort Hinweise auf seine Person vermutet hat. Vielleicht hat der Mörder einen Stapel Unterlagen und jemand anders einen weiteren Stapel gestohlen. Vielleicht war es einer, der einfach nur nicht mit dem Mord in Verbindung gebracht werden wollte. Vielleicht hatte einer, der befürchtete, sein Geschäft in Bitburg würde durch die Erkenntnisse des Journalisten gefährdet, nur auf eine passende Gelegenheit gewartet und hat nichts mit dem Verbrechen zu tun. Vielleicht ...«

»… vielleicht, vielleicht. Ich weiß, wir brauchen Fakten …«

»… und zwar zu brisanten politischen Themen.« Buhle benetzte seine Lippen mit der Zunge. »Die ganze Geschichte mit dem luxemburgischen Investor am Bitburger Flughafen, wie heißt der noch gleich?«

»Thill oder so«, antwortete Reuter.

»Ja, Thill, der will da offenbar ganz groß einsteigen, obwohl viele eine zivile Nutzung der alten US-Airbase eher kritisch sehen. Aber trotz der Bedenken scheint die Kommunalpolitik voll auf ihn zu setzen. Ist der Schilzenbach da nicht auch mittendrin?«

»Und ob. Der vertritt das Projekt ohne Wenn und Aber, und durch seinen Wiedereinzug in den Landtag hat er jetzt auch wieder die nötige Rückendeckung.«

»Der steht eh schon im Fokus der Medien. Dürfte also für Altmüller nicht unbedingt die Zielperson gewesen sein«, warf Buhle ein. Reuter schwieg, und Buhle ging zum zweiten Thema über.

»Biowaffen in Luxemburg. Kann da überhaupt etwas dran sein? Was soll Luxemburg denn mit Biowaffen anfangen?«

»Keine Ahnung. Aber daran scheint Altmüller umfangreicher gearbeitet zu haben, und die Unterlagen fehlen.«

Buhle und Reuter schauten sich lange an. Beide wussten, dass sie nichts mit diesen Waffen zu tun haben wollten, schon gar nicht auf internationaler Ebene.

Nachdem Buhle kurz darauf seinem Team in einer kurzen Besprechung über die Erkenntnisse aus dem Themenabgleich und ihren Schlussfolgerungen berichtet hatte, herrschte zunächst Stille. Jeder war sich der Tragweite bewusst, die der Fall annehmen musste, wenn eines der beiden Themen mit den Todesfällen in Verbindung stand.

Reuter wollte noch einmal zum Haus der Altmüllers fahren, um nach weiteren Unterlagen zu suchen. Währenddessen sollten Grehlers Techniker das Netbook nach gelöschten oder versteckten Daten durchforschen. Die Spurensicherung musste mit reduziertem Personal weiter die Bereiche außerhalb des Wohnhauses in der Merteskaul untersuchen. Niko Steffen sollte die Randermittlungen im Umfeld der Familie Altmüller zunächst mit Paul Gerhardts fortsetzen. Für den Nachmittag waren Steffen und die dann ausgeschlafene Huth-Balzer mit Kollegen der Schutzpolizei beauftragt, den Ausritt von Zoé und Nora zu sichern.

Während die junge Kriminalbeamtin sich von ihrer Jugend her mit Pferden auskannte, sah Steffen der ganzen Angelegenheit offensichtlich mit gemischten Gefühlen entgegen. Möglicherweise lag Steffens Nervosität aber auch in seinem außerplanmäßigen Sonntagmittagsprogramm begründet: Um zwölf Uhr würde er zum Antrittsessen bei den Eltern seiner neuen Freundin erscheinen. Er versicherte, dass er versucht hatte, es abzubiegen. Aber Bea habe sich auch durch einen neuen Mordfall nicht davon abbringen lassen. Was die drei nun dazu sagen würden, wenn er direkt nach dem Dessert von einer so hübschen Kollegin wie Nicole Huth-Balzer zum dienstlichen Reiten abgeholt werden würde, mochte er sich gar nicht erst ausmalen. Es war das erste Mal an diesem Pfingstwochenende, dass die Mitglieder der Soko Sauer schmunzeln mussten.

Buhle selbst würde nach Luxemburg fahren, damit er Ducard auf den neuesten Stand der Ermittlungen bringen konnte. Außerdem wollte er dabei sein, wenn Josette John ihre tote Tochter identifizierte. Würde sie wieder so distanziert reagieren? Es stand auch noch die Frage aus, warum sie der Polizei nichts von ihrer Teilnahme an der Beerdigung ihres Schwiegersohnes gesagt hatte.

Als sich die Gruppe gerade auflösen wollte, nahm Buhle seine Kollegin zur Seite. »Ist heute Nacht alles gut gegangen?«, fragte er.

Nicole Huth-Balzer zögerte einen Augenblick, dann blickte sie Buhle direkt in die Augen. »Marie Steyn war noch ziemlich wach, als ich ankam. Wir haben uns über die Situation unterhalten, in der sie, ihre Kinder und vor allem auch Zoé sich befinden. Sie macht sich sehr große Sorgen.« Sie wartete einen Moment. Als Buhle nichts sagte, sprach sie weiter.

»Frau Steyn ... also Marie hält es für besser, Zoé noch nichts vom Tod ihrer Mutter zu erzählen. Das Kind ist ohnehin noch völlig durcheinander. Solange nicht klar ist, wie ihm weitergeholfen werden kann, sollte man ihm nicht noch den Tod der Mutter zumuten, meint sie. Ab Dienstag wird sich Marie mit Jugendamt und Kollegen kurzschließen und nach einer Lösung suchen. Sie braucht auch noch jemanden, der in dieser Zeit auf Zoé aufpasst. Ich ... wir haben überlegt, ob ich das nicht übernehmen sollte. Dazu müsste ich mich aber mit sehr viel mehr Zeit um das Mädchen kümmern, damit sie mich auch akzeptiert.«

»Ja, das ist keine schlechte Idee, aber du würdest uns natürlich hier fehlen.«

»Nach euren neuen Erkenntnissen wird die Soko sowieso deutlich aufgestockt werden müssen. Das schaffen wir alles doch gar nicht. Und die Ermittlungen im Ausland kannst du schlecht mit Henri im Alleingang machen. Schon gar nicht bei so brisanten Themen.«

Buhle seufzte unweigerlich. »Wohl kaum.« Er rang sich zu der Frage durch, die ihn persönlich interessierte. »Hat Marie, ich meine, hat sie …?«

»Wir haben auch über dich gesprochen. Aber dazu kann ich dir nichts sagen.«

Buhle verabschiedete sich mit einem knappen Nicken von seiner Kollegin. Ihr Blick war ihm Antwort genug gewesen.

Das luxemburgische Gesundheitslabor lag ganz in der Nähe des Hauptbahnhofs, und auf dem nahe gelegenen Sportplatz fand gerade ein großes Fußballturnier statt. So waren die Straßen in der Umgebung völlig zugeparkt. Schließlich gelang es Buhle doch noch, in einer der hintersten Ecken auf dem Areal des Staatslaboratoriums einen Stellplatz für sein Auto zu finden. Durch diese Verzögerung schaffte er es allerdings nicht, vor dem Eintreffen von Josette John mit Ducard zu sprechen. Beide standen bereits vor dem Eingang des Institutsgebäudes und warteten auf ihn.

»*Moien*, Christian. Wir können gleich reingehen. Emil wartet schon auf uns.«

»*Moien*. Entschuldige, dass ich so spät dran bin. Aber wir hatten heute Morgen schon einiges zu tun.« Buhle wandte sich der Frau zu. »*Bonjour*, Madame John. Wie geht es Ihnen heute?«

»Es geht einem nicht gut, wenn man sein einziges Kind verliert.« Die Miene der Luxemburgerin hatte sich gegenüber dem Vortag nicht wesentlich geändert. Und dennoch schien sie vor der Gegenüberstellung mit dem Leichnam ihrer Tochter deutlich unruhig zu sein.

»Ja, das tut mir leid.« Buhle verzichtete auf weitere Höflichkeitsfloskeln.

Dem Verhalten der Mutter bei der Überbringung der Todesnachricht nach zu urteilen, hatte Buhle nicht wirklich mit Trauer gerechnet. Umso überraschter war er, als Josette John nun zwar beherrscht, aber doch lange und intensiv Abschied von ihrer Tochter nahm.

Als sie eine halbe Stunde später wieder draußen vor dem Gebäude standen, fragte Ducard: »Madame John, wir hatte gestern nicht den Eindruck, als ob Sie und ihre Tochter sich nahegestanden hätten. Könnten Sie uns heute erklären, wie Ihr Verhältnis zueinander war?«

Josette John starrte einen langen Moment ins Leere und fing dann unvermittelt an zu reden: »Ich hatte Ihnen bereits gesagt, dass wir Suzanne in den letzten Jahren nur selten gesehen hatten. Es war …« Sie schien wieder zu überlegen. Dann schaute sie Ducard und Buhle nacheinander an, und eine neue Entschlossenheit spiegelte sich in ihrem Gesichtsausdruck wider.

»Es war für meinen Mann nicht einfach zu verkraften, dass Suzanne ausgerechnet nach Deutschland zum Studieren ging. Die Familie John hat mit den Deutschen keine guten Erfahrungen gemacht. Frédéric war der Letzte seiner Familie, der sich von dieser traurigen Vergangenheit niemals lösen, der nie verzeihen konnte. Nein, verzeihen kann Frédéric nicht, auch nicht in anderen Bereichen, auch nicht bei den Menschen, die er liebt.« Sie vermied es, Buhle anzuschauen. »Er … er hatte den Kontakt zu Suzanne komplett abgebrochen. Das war für sie nicht einfach, aber nur der Schlusspunkt einer … Sie hatte es auch vorher nicht einfach mit ihrem Vater. Er ist ein sehr … prinzipientreuer Mensch, wenn Sie vielleicht verstehen, was ich meine. Sie hat dennoch versucht, mit ihm Kontakt aufzunehmen, als sie und ihre Familie in die Eifel zurückgekommen waren. Aber sie ist nicht zu ihm vorgedrungen, er ließ es nicht zu. Er kann einfach nicht aus seiner Haut.«

Josette Johns hatte ihre Augen jetzt auf ihre Hände gerichtet, die sie immer wieder aneinanderrieb. »Suzanne und ich haben immer mal wieder telefoniert. Ich … ich habe versucht, mich ab und zu heimlich mit ihr zu treffen. Es war schwierig, weil Frédéric etwas ahnte und misstrauisch war. Er hätte es nicht …« Ihre Hände ruhten nun gefaltet ineinander. Ihr Blick hatte sich nicht von ihnen gelöst. »Am schlimmsten war es, als Suzanne Alexander geheiratet hat. Da ging für Frédéric geradezu eine Welt unter. Ich mochte ihn zwar auch nicht besonders, den Deutschen, aber Suzanne liebte ihn, und dann ... dann kamen ja auch die Kinder. Frédéric hat Anne ...« Josette Johns Stimme war zusehends brüchiger geworden. Jetzt musste sie unterbrechen. Es dauerte eine ganze Weile, bis sie sich wieder gefangen hatte. Die beiden Kriminalbeamten wussten, dass sie Geduld haben mussten.

»Frédéric hat Anne nicht ein einziges Mal lebend gesehen. Dass er mit zur Beerdigung ging, lag nur daran, dass ich ihn sonst verlassen hätte.«

»Zur Beerdigung von Ihrem Schwiegersohn sind Sie dann allein gegangen?« Ducard tastete sich vorsichtig weiter.

»Woher wissen Sie ...?« Josette John schaute Ducard durch ihren Tränenschleier überrascht an.

»Jemand, der auf der Beerdigung war, hat Sie gesehen.«

Sie nickte niedergeschlagen. »Ja, ich war da, heimlich.«

»Können Sie sagen, wie es zuletzt zwischen Suzanne und Alexander stand?«

Es schien zunächst, als ob Josette John die Frage nicht verstanden hätte, dann antwortete sie doch noch. »Es war wohl für beide nicht einfach, alles unter einen Hut zu bringen. Beide waren sehr anspruchsvoll: bei der Arbeit, bei den Kindern, bei dem Haus. Ich hatte Suzanne gesagt, sie solle sich nicht übernehmen. Sie hat immer dazu geneigt, sich zu überfordern, alles möglichst perfekt zu machen. Ich glaube, es war der Versuch, von ihrem Vater doch noch die ersehnte Anerkennung zu bekommen. Aber Suzanne hat nicht auf mich gehört, wollte unbedingt arbeiten gehen, und Alexander hatte immer den Traum, ein großer Journalist zu werden.«

Sie schaute jetzt Ducard an, und selbst Buhle konnte von der Seite die bislang vermisste Traurigkeit im Blick von Suzannes Mutter erkennen. »Es schien mir, als ob sich im letzten Jahr etwas verändert hatte zwischen den beiden. Suzanne schien mir nicht mehr glücklich zu sein. Sie hat es mir aber nie gesagt.«

Genaueres hatte Josette John ihnen nicht berichten können. Nachdem die beiden Polizisten sie verabschiedet hatten, berichtete Buhle von den neuesten Erkenntnissen über die journalistische Tätigkeit von Alexander Altmüller.

Ducard reagierte konsterniert. »Bitte was soll es in Luxemburg geben? Biologische Waffen? Wie kommt denn Altmüller auf solche absurden Ideen? Wir haben ja nicht mal eine richtige Armee, obwohl man das natürlich nicht öffentlich behaupten darf. Was sollte Luxemburg denn mit biologischen Kampfstoffen anfangen? Das ist völlig abwegig.«

»Ich denke auch nicht, dass euer Großherzogtum plötzlich zu einem militärischen Gaunerstaat mutiert ist. Aber wir wissen ja nicht, was Altmüller unter Biowaffen verstanden hat. Vielleicht vermutete er irgendetwas, was damit in Verbindung stehen könnte: politische Aktivitäten, Forschung, Abwehr gegen Terrorismus. Da gibt es viele Dinge, die möglich sind.«

Ducard schien zu überlegen, ob er irgendwo Ansatzpunkte sah. Dann schüttelte er energisch den Kopf. »Nein, mir ist absolut nicht bekannt, wie Luxemburg in Beziehungen zu biologischen Waffen stehen könnte.«

»Wen können wir da noch fragen?«

Ducard hob die Augenbrauen. »Du meinst, ohne dafür in den vorzeitigen Ruhestand, in den Knast oder in eine Irrenanstalt gesteckt zu werden? Keine Ahnung.«

»Und die zweite Geschichte? Der luxemburgische Investor am Bitburger Flughafen?«

»Thill? Zu dem gibt es sicher mehr Anhaltspunkte. Ich kann mir gut vorstellen, dass die Kollegen aus dem Wirtschaftskommissariat da etwas haben. Ich werde nachfragen; kann aber bis Dienstag dauern. Allerdings würde es mich nicht wundern, wenn bei euch auch etwas vorliegt.«

»Ich höre nach. Kommst du noch mit zum Haus der Altmüllers? Reuter ist schon da. Wir werden noch einmal alle Unterlagen durchgehen, jetzt, wo die Spurensicherung durch ist.«

Ducard schüttelte bedauernd den Kopf. »Ich wollte noch an die Sauer, wo unsere Teams bald fertig sein müssten. Ich habe Theresa versprochen, danach nach Hause zu kommen.«

»Klar, ist ja auch Sonntag.« Buhle versuchte, dies so neutral wie möglich klingen zu lassen, damit Ducard es nicht als versteckte Kritik auffasste.

»Das zählt doch bei uns nicht, oder? Es ist unser Hochzeitstag, und der war mir immer schon heilig. So als Zeichen und Entschädigung für die vielen anderen Tage, an denen ich Dienst machen musste.«

»Das ist wichtig. Schade, ich kenne deine Frau gar nicht. Bestell ihr trotzdem die besten Glückwünsche von mir.«

»Danke. Ich komme morgen früh zu eurer Einsatzbesprechung. *Äddi*.«

»Tschö.«

Die Fahrt nach Merteskaul zog sich in die Länge, zumal an diesem wunderschönen Pfingstsonntag viele Ausflugsgäste die Straßen entlang der Sauer bevölkerten und die landschaftlichen Schönheiten bei deutlich gemindertem Tempo zu genießen schienen. Als Buhle endlich an der Ralinger Mühle in Richtung Kunkelborn abbog, gab er kräftig Gas. Das hochmotorisierte Polizeiauto nahm die lang gezogene Steigung hinauf auf die Hochflächen der Eifel mühelos. Fast zu mühelos, denn Buhle musste scharf bremsen, weil er die versteckt gelegene Einfahrt hinunter in die Merteskaul beinahe verpasste.

Der schmale Asphaltweg führte in einer engen Kurve steil den dicht bewaldeten Hang hinunter, bis nach einer weiteren Kurve wie aus dem Nichts die alten Häuser der Familie Altmüller auftauchten. Am Rand parkten drei Autos, die Buhle alle seinen Kollegen zuordnen konnte. Sehen konnte er jedoch keinen von ihnen.

Als er aus seinem klimatisierten Wagen stieg, traf ihn die Mittagshitze mit voller Wucht. Sofort traten die ersten Schweißperlen auf seine Stirn. Es war vollkommen still. Nur entfernt klang der Ruf einer rastlosen Meise aus den Wipfeln der umliegenden Bäume. Die Luft hing schwer zwischen den wenigen Häusern. Buhle ging langsam einige Schritte. Unweigerlich musste er an den berühmten Western denken, in dem zur Mittagszeit Marshal Will Kane, von seiner Stadt und zunächst auch seiner Frau verlassen, auf den Gangster Frank Miller wartet, der sich an ihm rächen will. Der Kommissar schaute den Weg an den Häusern entlang hinunter. Zu seiner linken Seite schien sich das trotz der Renovierung immer noch älter wirkende Trierer Einhaus fast unterwürfig an das höhere, nahezu vollständig begrünte Wohnhaus der Altmüllers anzulehnen. Rechts vervollständigte die verfallene, mit Schlingpflanzen überwucherte Scheune diese so ursprüngliche Atmosphäre. Doch als sein Blick zum nächsten Haus wanderte, das in den siebziger Jahren mit schwarzwaldtypischen geranienbestückten Balkonen erbaut wurde, verflüchtigte sich jede Eifel-Westernstimmung mit einem Schlag.

Er wendete sich linker Hand der neuen zweiflügeligen Fenstertür im Torbogen des alten Einhauses zu. Durch die Scheiben konnte er in Altmüllers Büro Reuter sehen, der mit dem Rücken zu ihm inmitten der Papierstapel auf dem Fußboden saß und in eine handbeschriebene Seite vertieft schien. Buhle beschloss, zunächst ins Wohnhaus zu gehen, um den aktuellen Stand der Spurensicherung abzufragen; in der alten Scheune hatte er noch keinen der Kriminaltechniker gesehen.

Grehler empfing ihn mit einer etwas ungewöhnlichen Begrüßung: »Wir haben ihn endlich gefunden.«

»Bitte? Was habt ihr gefunden?« Buhle war irritiert und merkte, wie das Grehlers Stimmung nochmals hob.

»Den Schlüssel zum Fall.«

Buhle wartete. Er schaute auf den gut fünfzehn Zentimeter kleineren Kriminaltechniker herab und wusste, dass er nicht umhin kam, weiter nachzufragen. In den vergangenen drei Jahren hatten sich die beiden gut aneinander gewöhnt und ihre gegenseitigen Eigenarten akzeptiert. Doch heute hatte Buhle auf das übliche Spielchen keine Lust.

»Hast du den Fall gelöst? Kann ich gehen?«

»Oh, hat der Herr Soko-Leiter die Schleimspur verlassen? Hat der Anblick der Toten ihn aus der Bahn geworfen?«

Jetzt war es Buhle, der schwieg, und Grehler schien offensichtlich zu kapieren, dass er es nicht übertreiben sollte.

»Hast du dich mal gefragt, wie man in das Arbeitszimmer reinkommt?«

»Du wirst es mir jetzt sicher gleich offenbaren.«

»Stimmt. Zunächst muss man durch die Eingangstür des alten Hauses. Und dazu braucht man …?« Grehler machte eine erwartungsschwangere Pause.

»… normalerweise einen Schlüssel.«

»Du bist schon ein schlaues Kerlchen. Anschließend geht es durch die Wohnungstür ins Büro, und die Tür hat …«

»… einen Schlüssel.« Buhle wollte die Sache abkürzen.

»Na ja, zumindest gibt es ein Schloss, in das ein Schlüssel passen würde.«

»Aha. Das hört sich nach unglaublichen Erkenntnissen an. Komm, Lutz, mach es nicht unerträglich.«

Grehler ließ sich aber nicht beirren und fuhr fort: »Wie bist du in Haus und Wohnung hineingekommen?«

Jetzt wusste Buhle, worauf Grehler hinauswollte, und musste tatsächlich überlegen. »Beim ersten Mal hat uns dein Kollege Meyer aufgemacht, und zwar die Tür zum alten Haus. Die Bürotür war bereits auf. Die nächsten Tage waren dann alle Türen schon offen. Aber ich nehme an, ihr hattet die Schlösser zwischenzeitlich getauscht, abends alles dicht gemacht und morgens wieder aufgeschlossen.«

»Natürlich. Und ich glaube, das war auch gut so«, triumphierte Grehler. »Wir haben lange gesucht. In der hintersten Ecke der Schreibtischschublade von Suzanne Altmüller haben wir ein Kästchen mit einem kompletten Satz Ersatzschlüsseln gefunden, und zwar alle Haustürschlüssel, alle Schlüssel für die Zimmertüren und noch ein paar andere für Schuppen, Fahrräder, Dachgepäckträger und so weiter. Dazu noch einen Bund mit den meisten Zimmerschlüsseln, die, wie du vielleicht festgestellt hast, in den Zimmertüren selbst fehlen. Das ist in einem Haus mit kleinen Kindern, die sich nicht einschließen sollen, auch nicht unüblich.«

Klar baute Grehler jetzt wieder seinen Spannungsbogen auf. Aber auch wenn Buhle sich eingestehen musste, dass er bislang nicht weiter darüber nachgedacht hatte, wie der Einbrecher ins Haus und in die einzelnen Zimmer gekommen war, er hatte jetzt absolut keine Nerven für Grehlers Ratespielchen.

»Lutz, die Details kann ich nachher in deinem sicher ausführlichen Bericht nachlesen. Sag mir einfach, was ich wissen muss.«

»Du solltest schon …«

»Lutz, mach!«

Grehler entschloss sich endlich, der Aufforderung von Buhle nachzukommen. »Wenn der Mörder von Suzanne Altmüller und der Einbrecher die gleiche Person sind, könnte er mit den Schlüsseln vom Opfer ohne Probleme in das Wohnhaus hineingekommen sein. Ihre Schlüssel haben wir ja noch nicht gefunden, oder?«

»Nein, haben wir nicht.« Grehler hatte jetzt seine Gönnerphase und machte direkt weiter. »Nun hatten wir aber noch den Schlüsselbund von Alexander Altmüller in unserer Asservatenkammer. An dem war ein Haustürschlüssel für das Wohnhaus, aber nicht für den renovierten Gebäudeteil nebendran, obwohl dort sein Büro untergebracht war.«

»Darauf willst du also hinaus: Er hatte den Schlüssel zu seinem Büro nicht dabei. Also wird ihn seine Frau vermutlich auch nicht am Schlüsselbund gehabt haben«, schlussfolgerte Buhle. »Die Schlüssel zum Nebengebäude mit Altmüllers Büro mussten also irgendwo deponiert sein, vermutlich im Wohnhaus selbst.«

»Genauso war es wohl. In Suzanne Altmüllers Büro gibt es einen Schlüsselkasten, doch da waren keine Schlüssel mehr drin. Wir haben auch bei den Nachbarn gefragt. Beide hatten Reserveschlüssel für das eigentliche Wohnhaus und konnten uns die auch zeigen. Aber keine für den Bürotrakt.« Grehler streckte seinen Körper auf dessen Gesamtlänge von einseinundsiebzig.

»Ich gehe davon aus, dass der Einbrecher mit einem Haustürschlüssel ins Wohnhaus gekommen ist. Das ist mit großer Wahrscheinlichkeit der von der Ermordeten gewesen. Die Schlüssel für das Nebengebäude und das Büro hat er dann im Wohnhaus gesucht, gefunden und mitgenommen. Möglicherweise war ihm das beim ersten Besuch am Nachmittag so schnell nicht gelungen, weil er selbst erschrocken und dann abgehauen ist, als er jemanden im Haus bemerkt hatte, nämlich Zoé. Damit hatte er einen Grund, in der Nacht zurückzukommen, als deine Marie hier war.«

»Aber warum hat er den Schlüsselkasten nicht gleich gefunden? Er musste doch überall nachgeschaut haben?«

»Zum einen hängt der schon ein wenig versteckt. Wenn du in das Zimmer kommst und die Tür ganz öffnest, verdeckt die den Schlüsselkasten. Zudem war das ja wohl ziemlich direkt nach der Tat. Wenn es der Mörder war, dürfte er zu dem Zeitpunkt noch sehr angespannt, vielleicht panisch gewesen sein. Und dann hat er Zoé gehört und ist ab.«

»Vielleicht hat er anschließend das Haus weiter beobachtet und gesehen, dass zunächst Silvia Lenz hineingegangen ist und später Marie und ich.« Buhle musste trocken schlucken. »Dann wusste er, dass Marie und Zoé allein im Haus waren, als er nachts noch mal rein ist.«

»Muss aber nicht sein. Er könnte auch wegfahren und später wieder zurückgekehrt sein. Das wissen wir nicht.«

»Warum sollte er sich dann nur so kurz im Wohnhaus aufgehalten haben? Wieso konnte er beim zweiten Mal so schnell die Schlüssel zum Nebenhaus und dem Büro finden?« Buhle war immer noch über die Erkenntnis schockiert, in welcher Gefahr er Marie und das Kind gelassen hatte.

»Wahrscheinlich hatte er bis auf das Büro des Opfers schon alle Räume genauer inspiziert. Er hat dort weitergemacht und den Schlüsselkasten doch recht schnell gefunden.«

»Kann sein.« Buhle war noch sehr im Zwiespalt, wie er die Situation einschätzen sollte. »Zumindest sind die fehlenden Schlüssel ein Indiz dafür, dass Mörder und Einbrecher identisch sind und er tatsächlich zweimal hierhergekommen ist. War er danach noch einmal hier?«

»Nein. Es gab keine Spuren an den neuen Schlössern. Wir hatten sie natürlich jedes Mal präpariert. Auch die Beobachtungsstelle hinter dem Haus oder die sonstige Umgebung weisen keine neue Spuren auf.«

»Das deutet darauf hin, dass er gefunden hat, was er suchte.«

»Und, ich sag das nur ungern, Christian, dass diese Dinge, die er suchte, noch da waren, als du das erste Mal mit Marie Steyn hier warst.«

»Ja, auch das ist anzunehmen. Aber ich konnte wohl kaum ein ganzes Haus durchsuchen, weil eine Mutter abends nicht heimgekommen ist.«

»Nein, das konntest du sicher nicht.«

Der Gedanke, dass er die so wichtigen Unterlagen und die Computer noch hätte vorfinden können, nagte dennoch mächtig an Buhle. »Habt ihr sonst noch was?« In seine Stimme mischte sich aufkommender Frust mit bestehender Sorge.

»Lediglich, dass auch das Büro von Suzanne Altmüller durchsucht wurde. Anscheinend aber nur oberflächlich. Ich frage mich allerdings, warum er ihren PC dagelassen hat.«

»Vielleicht zu schwer, und dann die Angst, im Wohnhaus doch erwischt zu werden? Oder er wusste einfach, dass wir auf diesem Rechner nichts finden würden«, mutmaßte Buhle.

»Tja, keine Ahnung.« Grehler schien nachzudenken. »Aber für

mich steht fest, dass Alexander irgendwo Sicherheitskopien deponiert haben muss. Das muss auch der Mörder sich denken. Wäre nicht das erste Mal, dass sich die Wege von Täter und Ermittler auf der Suche danach kreuzen.«

»Du hast recht. Wir müssen entweder schneller oder darauf vorbereitet sein.«

Auf dem Weg ins Nebengebäude dachte Buhle darüber nach, was Grehlers Schlussfolgerungen außerdem bedeuten konnten. Wenn der Mörder direkt nach seiner Tat hier eingebrochen war und nach etwas suchte, das er später im Büro von Alexander Altmüller fand, dann musste es einen Zusammenhang zwischen seiner journalistischen Arbeit und dem Mord an seiner Frau geben. Der Täter hatte vermutlich gewusst, wo er suchen musste, aber nicht, wie er dort hineinkommt. Das ließ vermuten, dass er eher der Beobachter hinter dem Haus war als ein Bekannter oder gar Vertrauter der Familie. Und wenn er das Haus schon längere Zeit beobachtet hatte, waren dann der Mord an Suzanne und vielleicht schon der Unfall von Alexander vorbereitet gewesen? Dies würden sie als Nächstes klären müssen, dachte er, als er die Tür zum Büro von Alexander Altmüller aufstieß und dabei Reuter einen ordentlichen Schreck einjagte.

»*Moien*, Mich. Schon was gefunden?« Buhle wollte durch Wortgeplänkel keine weitere Zeit mehr verlieren. In seinem Kopf wuchs die Liste, die sie abzuarbeiten hatten, stetig an.

»Kannst du dich das nächste Mal irgendwie vorher bemerkbar machen?« Reuter atmete tief durch. »Offensichtlich verbringst du zu viel Zeit in Luxemburg und hast darüber vergessen, dass wir uns heute Morgen schon einmal gesehen haben.« Er benötigte noch ein paar Sekunden, um sich zu sammeln, bevor er fortfuhr.

»Was habe ich gefunden? Es gibt viel Arbeit für uns in dieser idyllischen Grenzregion. Ich glaube, die Kollegen von der Bundespolizei haben doch mehr Spaß, als ich dachte. Du kannst regelrechte Schmugglerwege ausfindig machen, auf denen die Leute ihr Schwarzgeld nach Luxemburg bringen. Da hat unsere Grenze so viele Schlupflöcher, dass es erstaunlich ist, dass bei Kontrollen immer noch der eine oder andere Koffer in den Limousinen der Steuerflüchtlinge gefunden wird. Noch interessanter wird es dann

beim Thema Geldwäsche. Betrifft eher die Luxemburger, aber nicht nur: Ich habe auch ein paar Querverweise gefunden, die für unsere Kollegen von der Wirtschaft interessant sein könnten.« Reuter erhob sich mühsam aus seiner Schneidersitzhaltung und ging zu einem anderen Papierstapel hinüber. Buhle folgte ihm.
»Schau, dies hier sind neuere Regelungen in der Luxemburger Finanzwelt zur Vorbeugung von Geldwäsche. Hier sind an mehreren Stellen Pfeile mit dem Wort ›BitAir‹ dahinter eingefügt. Könnte also sein, dass Altmüller meinte, hier Zusammenhänge zum Projekt an der ehemaligen Bitburger Airbase gefunden zu haben. Oder Hintergrundinformationen. Bei zwei Anmerkungen«, Reuter nahm die beiden obersten Kopien und reichte sie Buhle, »geht es um chinesische Investoren, die offenbar in Europa ihr Geld in Firmen stecken wollten, was dann am Veto der Banken scheiterte. In anderen Bereichen scheinen es die Banken aber immer noch nicht so genau zu nehmen.«

»Gut, das deutet also darauf hin, dass Altmüller schon länger intensiv an diesen Themen arbeitete. Entweder hatte er schon vorher Infos zur Geldwäsche gesammelt oder damit erst begonnen, als er am Bitburger Flughafen dran war und gemerkt hatte, dass das hier eine Rolle spielen könnte.«

»Ich glaube Ersteres. Er hat die Anmerkungen alle mit einem Rotstift gemacht, als ob er die Unterlagen nach diesen Querverbindungen gezielt durchsucht hat.«

»Kann sein. Wir brauchen also Informationen zu allem, was mit dem Bitburger Flughafen zu tun hat. Noch was?«

»Viele kleinere Sachen, die ich jetzt nicht so brisant einschätze. Altmüller mochte auf jeden Fall heiße Themen, aber auch solche, die Probleme für die Zukunft darstellten. Zum Beispiel hat er viel über die Folgen des demografischen Wandels für die Eifel gesammelt. Ich habe das jetzt nicht alles durchgelesen, aber da wollte er offensichtlich in die Tiefe gehen. Wusstest du, dass im Jahr 2050 mehr als ein Drittel der Bevölkerung über sechzig Jahre alt sein wird? Das ist ein Wert, der doppelt so hoch liegt wie heute. Dafür wird es rund acht Millionen Menschen weniger geben in Deutschland. Wer soll dann die Rentner bezahlen? Ich habe mal nachgerechnet: 2050, dann bin ich achtzig, habe keine Kinder, keine Frau, das Land ist längst pleite, trotz Schuldenbremse und so. Da kann ich nur hoffen, dass ich bis dahin dement bin und von dem Elend nichts mehr mitkriege.«

Buhle hob erstaunt die Augenbrauen.»Nun übertreib mal nicht. Meinst du, das hat irgendwas mit dem Mord zu tun?«

»Nee, kaum. Deswegen wird wohl keiner einen anderen umbringen. Aber es zeigt sich doch wieder ganz krass, dass unsere Politiker mit ihrem Denken und Handeln in Legislaturperioden so etwas komplett ausblenden. Ist ein Problem nicht innerhalb von vier bis fünf Jahren prestigeträchtig zu lösen, macht man den Deckel drauf, gibt vielleicht noch ein paar Alibi-Untersuchungen in Auftrag, die Aktivität vorgaukeln, und verschiebt das Problem, bis es nicht mehr zu lösen ist und vielleicht andere die Suppe auslöffeln müssen. Außerdem übertreibe ich nicht. Die Zahlen stammen aus irgendwelchen wissenschaftlichen Studien.«

Buhle winkte ungeduldig ab. Reuter holte noch einmal tief Luft und ging zum nächsten Papierstapel.»Politiker waren übrigens auch eine bevorzugte Zielscheibe von Altmüller. Da schien er auf die jeweilige Farbe der Partei keine Rücksicht zu nehmen. Hier und hier«, Reuter zeigte auf zwei Stapel, die dicht nebeneinanderlagen,»hat Altmüller Informationen zu regenerativen Energien gesammelt. Da taucht übrigens die Firma Sunstorm Energy von Philipp von Steyn auf, und in einem schmalen Ordner hat er auch Zeitungsartikel zu unserem letzten Fall gesammelt.«

Buhle runzelte die Stirn. Philipp von Steyn, Maries Schwiegervater, war einer der Pioniere in Sachen innovativer Energieversorgungstechnik in der Region. Er merkte, wie sich bei dem Gedanken, es könnte Querverbindungen zur Familie der von Steyns geben, deutliches Unbehagen in ihm regte.

»Ich kann dich beruhigen. Altmüller hielt von Steyn offenbar eher für ein Positivbeispiel. Anders sah dies bei Firmen aus, die die Energiewende zur Vermarktung von Biogasanlagen und Windrädern nutzen wollen. Er hat hier viel zusammengetragen, sich aber weniger auf die technischen oder landschaftlichen Bedenken konzentriert, sondern vielmehr auf den Umgang der Politik mit diesem Thema. Die Grünen schneiden da mit ihrer zügellosen Befürwortung der Windkraft nicht besonders gut ab. Die Schwarzen und Gelben hatte er vor allem bei Biogasanlagen im Fokus. Nur sehe ich da auch keinen Ansatz für unsere Ermittlungen.«

Reuter zeigte auf weitere Stapel. »Genauso wenig wie bei den Verkehrsprojekten oder den rein lokalen Themen wie Megasteinbruch oder Jagdverpachtung. Jetzt war ich gerade dabei, seine Unterlagen zu Immobilienprojekten durchzuschauen. Da scheint es hier in der Großregion auch einige Unwuchten zu geben. Die Invasion der Luxemburger im deutschen Grenzgebiet, die Abhängigkeit der Bitburger von den Amerikanern in der Airbase Spangdahlem, der Wertverfall in den abseits gelegenen Regionen der Eifel und damit verbunden die Gefahr von Altersarmut, der eigentlich viel zu starke Anstieg der Immobilien- und Mietpreise in Trier bis hin zu zweifelhaften Bauprojekten in Luxemburg mit Planungsfehlern und laxer Bauleitung, die«, er schaute auf einen Zeitungsartikel, »die Differdinger ihre Kirche kosten könnte.«

Buhle schaute ihn fragend an.

»Die haben dort direkt neben der Kirche eine riesige Baugrube ausgebaggert für einen Wohnhauskomplex mit Tiefgarage. Jetzt ist die Kirche einsturzgefährdet und geschlossen. Die ersten Stimmen behaupten schon, dass das Gotteshaus abgerissen werden muss, was Baufirmen, Verwaltung und Kommunalpolitiker jedoch bestreiten. Hängt wohl viel Geld daran.«

»Hat Altmüller dazu Belastungsmaterial gegen konkrete Firmen oder Personen gesammelt?«

»Nur vereinzelt. Außerdem sind diese Unterlagen ja noch hier.«

Buhle dachte kurz nach. »Also haben wir hier nur einen einzigen Anhaltspunkt: Geldwäsche im Zusammenhang mit dem Konversionsprojekt der Bitburger US-Airbase. Es ist also anzunehmen, dass Altmüller auch dazu einen Stapel mit Unterlagen hatte, der jetzt weg ist.«

»Ja. Ein weiterer Aspekt ist, dass wir es bei Geldwäsche mit Menschen zu tun haben könnten, die zu jedem Mittel greifen, um ihre Ziele zu erreichen.«

Reuters Bestätigung gefiel Buhle gar nicht. Sie mussten aufpassen. »Wie sieht es mit biologischen Waffen in Luxemburg aus? Bist du auf etwas gestoßen?«

»Nichts, nicht mal ein Hinweis darauf. Entweder hatte Altmüller noch gar nicht mit seiner Recherche begonnen, oder diese Unterlagen sind ebenfalls verschwunden, wie es die Spurensicherung vermutet.«

»Die Notizen auf dem Netbook waren zu umfangreich, als dass es keine weiteren Unterlagen dazu geben müsste. Wir müssen auch in diese Richtung weitergehen. Hast du schon den Bürokram von den Altmüllers durchforstet?«

»Nein, noch nicht.«

»Okay, dann fang ich jetzt damit an. Mach du bei seinen Recherchen weiter.«

Buhle sah an der Mimik, dass Reuter seine Sorgen über die Tragweite des Falls teilte. Wortlos wendeten sie sich dem Nachlass von Alexander Altmüller zu.

Es war früher Nachmittag, als Grehler mit seinem Team Merteskaul verließ. Sie hatten ihre Arbeit im Wohnhaus und auf den angrenzenden Freiflächen abgeschlossen und wollten sich den gegenüberliegenden verfallenen Schuppen für den nächsten Tag aufheben. Reuter hatte mittlerweile das ganze Recherchematerial von Altmüller gesichtet und verabschiedete sich ebenfalls von Buhle. Weitere Erkenntnisse konnte er nicht bieten.

Buhle arbeitete sich weiter durch die Geschäftsunterlagen von Alexander Altmüller. Der Journalist schien nicht nur in seinen Recherchen sorgfältig gewesen zu sein, sondern auch bei der steuerlichen Abwicklung seiner beruflichen Tätigkeiten. In den Unterlagen für das Finanzamt befanden sich genaue tabellarische Zusammenstellungen aller Ausgaben der vorangegangenen Jahre. Altmüller hatte sich zuletzt zunehmend in Richtung Luxemburg orientiert. Spesenabrechnungen und Fahrtenbuch gaben die entsprechenden Hinweise. Buhle war sich sicher, dass Altmüller irgendwo auch den Grund für seine Recherchefahrten aufgezeichnet hatte, um seine Ausgaben auf Nachfragen des Finanzamtes nachweisen zu können. Wahrscheinlich fanden sich entsprechende Tabellen auf dem Computer, der ihnen nun nicht mehr zur Verfügung stand.

Waren Computer und Unterlagen tatsächlich noch hier in dem Büro gewesen, als er Marie zum ersten Mal nach Merteskaul begleitet hatte? Könnten sie bereits viel weiter sein, wenn er direkt die Büroräume durchsucht hätte? Was wäre, wenn es weitere Opfer geben würde, weil sie zu langsam vorankamen?

Buhle musste an Zoé denken, die jetzt mit Nora beim Reiten

war, und an Marie und die Geburtstagsfeier von Mattis, die wohl gerade im Gange war. Es drängte sich ihm das unbehagliche Gefühl auf, dass sie schneller sein mussten. Er nahm sich den nächsten Ordner vor.

15

Bridel; Pfingstsonntag, 12. Juni

In dem Luxemburger Vorstädtchen saß Fernand Thill zufrieden auf der großzügigen Terrasse vor seiner Villa. Er liebte das von hohen Bäumen umgebene Areal. Es hatte seinerzeit nur wenig Überredungskunst gekostet, sich diese Oase in den Wald hineinbauen zu können. Vieles war im Ländle möglich, vor allem, wenn es ums Planen und Bauen ging. Da war nicht der Weg das Ziel, wie bei den deutschen Nachbarn, die sich ewig aufhielten, um alles zigmal zu prüfen und zu kontrollieren. Und dennoch würde er auch in Bitburg zum Ziel kommen. Seit Anfang des letzten Jahres besaß er fast die Hälfte der Gesellschafteranteile am Flughafen. Nichts ging mehr ohne seine Zustimmung. Noch musste er die gewonnene Macht gar nicht einsetzen. Noch hatte er potente Befürworter vor Ort.

Seine Geldgeber drängten nun auf eine rasche Abwicklung. Sie würden dafür sorgen, dass ihr Geld auch in Bitburg ankäme – über den bewährten Umweg Luxemburg natürlich. Bis Ende des Jahres würde die geforderte Kapitaleinlage da sein, und er könnte die restlichen Anteile von Kreis und Stadt übernehmen. Er fühlte sich auf Wolke sieben schwebend und plante schon den nächsten Deal. Die ersten Millionen sollten wirklich nur der Anfang sein. Es würde sein ganz großes Ding werden, von dem er immer geträumt hatte, von dem er immer wusste, dass er es schaffen würde.

Die Sonne glitzerte in dem ruhigen Wasser seines Pools. Vom Waldrand her zwitscherten irgendwelche Singvögel, trotz der andauernden Hitze. Eigentlich machte er sich nichts daraus. Aber seine Gäste waren stets ganz entzückt über diese hörbare Idylle. Irgendwann hatte er von einer CD ein paar leicht zu identifizierende Vogelstimmen gelernt und sich einen Spaß daraus gemacht, sein Wissen den Gästen vorzuführen: »Ah, die Goldammer lädt uns wieder zu einem Rendezvous ein. Hört ihr das ›Wie, wie, wie hab ich dich liiiieb‹?« Oder: »Der Zilpzalp ist wieder zurückgekehrt und wird uns den ganzen Sommer mit seinem ewigen ›zilp, zalp‹ langweilen.« Die meisten hatten noch nie von einem Vogel wie dem weit verbreiteten Zilpzalp gehört und waren tief beeindruckt von Thills vortrefflicher Allgemeinbildung.

Ähnlich machte er es in anderen Bereichen. Drei, vier Gedichte gehörten zu seinem Repertoire, ein paar Geheimtipps in der Jazzszene, Forscher und Entdecker kamen immer gut an, wie auch die gängigen Wissenschaftler. Punkten konnte er auch mit Erfindungen, die berühmten Persönlichkeiten zuzusprechen waren, denen man das nicht zugetraut hätte. Bei Opern und klassischer Musik beschränkte er sich auf Grundkenntnisse zum Mitreden, weil die meisten seiner Bekannten und Geschäftsleute da durchaus kompetent waren und er sich nicht wirklich profilieren konnte. Eigentlich hatte er es so immer recht leicht gehabt mit seinen Geschäftspartnern.

Bei dem Chinesen, das hatte er von Anfang an gespürt, gelang ihm das nicht. Er hatte es nur kurz versucht, dann aber sofort davon gelassen, weil er merkte, wie kontraproduktiv es war. Seitdem übte er sich in großer Zurückhaltung und Bescheidenheit. Es schien, er landete so besser, auch wenn ihm der Mann alles andere als durchschaubar blieb.

Gestern hatte er mit ihm noch einmal alles durchgearbeitet. Er hatte ihm bereits im Vorfeld die geeigneten Banken genannt, aber offensichtlich waren die dem Chinesen schon bekannt gewesen. Es war also mehr eine Prüfung gewesen. Er hatte sie bestanden und seine Kompetenz auf diesem Sektor unter Beweis gestellt. Das traf jetzt auch auf die neuen gesetzlichen Regelungen zu.

Mit Schilzenbach war ebenfalls alles klar. Er mochte ihn zwar nicht, wie er Politiker generell nicht ausstehen konnte. Aber Schilzenbach war leicht zu nehmen gewesen und erwies sich als konstante Größe im Geschäftsverlauf. Und selbst als der Landtagsabgeordnete persönlich in unruhige Gewässer geriet, war er im Bitburger Projekt nicht ausgeschert. Was sollte also noch schiefgehen? Er nahm einen Schluck aus seinem Glas, lehnte sich zufrieden zurück und schloss die Augen.

16

Avelsbach; Pfingstsonntag, 12. Juni

Marie saß auf einer Decke unter dem großen Kirschbaum und lehnte mit dem Rücken an dem dicken, immer noch glatten Stamm. Die Meisen in dem Nistkasten über ihr hatten vor zwei Wochen ihr Quartier verlassen. In den Jahren vorher hatten Nora und Mattis das aufgeregte Gezwitscher der hungrigen Küken jeden Tag im Frühling verfolgt. Hatten die Eltern beobachtet, wie sie emsig und unermüdlich ihren Jungen Nahrung brachten; von Tag zu Tag immer öfter, immer mehr. Bis ganz plötzlich und ohne vorherige Anzeichen um den hölzernen Kasten mit dem kleinen Loch an der Frontseite alles ruhig war. Danach hatten die Kinder noch tagelang in den Hecken und Bäumen des Gartens gesucht und waren jedes Mal entzückt, wenn sie tatsächlich noch eine junge Meise entdeckten. Marie erinnerte sich, dass sie häufig mit Thomas am Fenster gestanden hatte, um Nora und Mattis dabei zuzusehen. Es war für sie jedes Mal ein Glücksmoment gewesen. Der letzte war gerade ein Jahr her. Ein Jahr, in dem sich für ihre Familie alles verändert hatte. Dieses Jahr hatten die Kinder den Tag verpasst, als die jungen Meisen ausgeflogen waren.

Thomas hatte heute Morgen angerufen und Mattis zum Geburtstag gratuliert. Danach hatte er ihr am Telefon erzählt, dass die Ärzte es ihm untersagt hätten, Mattis persönlich zu gratulieren. Marie hatte gespürt, dass Thomas darüber sehr traurig war. Sie hatte ihm Mut zugesprochen und gesagt, dass er es vielleicht in zwei Wochen zu Noras Geburtstag schaffen würde. Doch hatte sie nicht den Eindruck, damit seine Stimmung wirklich verbessert zu haben. Als sie aufgelegt hatte, war in ihr ein Gefühl von zum Zerreißen gespannter Leere gewesen. Sie hätte ebenso gut mit aller Wucht auf ihren Boxsack eindreschen als auch wie ein leerer Sack schlaff in sich zusammenfallen können.

Von Zoé hatte Marie ihrem Mann nichts gesagt. Nichts von einer möglichen Gefahr, die wieder um ihr Haus in Avelsbach herumschleichen könnte. Nichts von dem, was ihr so zusetzte.

Silvia Lenz hatte zunächst gezögert, dann aber doch zugesagt, mit Zoé und Nora auszureiten. Nicole Huth-Balzer hatte die Nachbarin der Altmüllers in Merteskaul abgeholt. Zoé war zunächst zögerlich, dann doch erfreut gewesen, als sie hörte, dass sie zusammen reiten würden. Maries Sorge hatte sich ein wenig gelegt, als Nicole ihr mitteilte, dass neben ihr auch ein Kollege immer auf Sichtweite dabei sein würde.

Marie mochte die junge Polizistin, die sogar an ein Geschenk für Mattis gedacht hatte. Allerdings war ihr nicht verborgen geblieben, dass Nicole deutlich unsicherer geworden war, als sie sich gestern Nacht über Christian unterhalten hatten. Marie hatte schon im letzten Jahr vermutet, dass Nicole mehr als nur Sympathien für ihren Chef hegte. Jetzt waren die Frauen mit den beiden Mädchen schon über drei Stunden unterwegs. In der Zeit hatte sie von Nicole vier Nachrichten per SMS erhalten: Alles sei in Ordnung. Viel ruhiger wurde sie dennoch nicht.

Für Mattis war es ein Geburtstag, wie sie ihn sich für ihren Sohn gewünscht hatte. Alle seine Freunde waren gekommen. Hatten Geschenke mitgebracht, über die sich Mattis richtig gefreut hatte. Waren lustig, aufgedreht und wild, die Ersten bereits ein bisschen cool, wie elfjährige Jungs zu so einem Anlass eben sind.

Das größte Geschenk für Marie an diesem Tag war allerdings ein Anruf frühmorgens um acht Uhr gewesen. Ihr bester Freund Peter Kasper war am Apparat und hatte ihr offenbart, dass er einer Eingebung folgend um Punkt zwölf auftauchen würde: mit zwei Blechen Kuchen und einer Torte, mit Limo, Würstchen und Zutaten für Stockbrot, mit einem original BVB-Fußball und einer Kiste voller Ideen für eine Wilde-Kerle-Party. Sie hatte sich bis zu diesem Zeitpunkt keine wirklichen Gedanken gemacht, wie sie die Feier gestalten wollte. Zu sehr war sie mit Zoé und den Geschehnissen in Merteskaul beschäftigt gewesen. Als Peter pünktlich wie immer kam, hatte sie ihm nicht entlocken wollen, wie diese Eingebung zustande gekommen war. Er hatte aber etwas von »höheren Mächten« gesagt und ihr dabei mit seinen sanften Augen tief in die Seele geschaut. Sie ahnte, wer ihm den Tipp gegeben hatte.

Nach der Kuchenorgie hatte Peter ein spontanes Fußballturnier auf der Wiese vor dem Haus veranstaltet. Die Hälfte der Kinder war ohnehin im Trikot ihrer jeweiligen Lieblingsmannschaft gekommen. Am Ende hatte Mattis mit dem BVB-Emblem auf der Brust zusammen mit seinem besten Kumpel und überzeugten Bayern-Fan Jan unangefochten gesiegt. Als die Helden des grünen Rasens wieder zurückkamen und im Schatten der Gartenbäume ihren Durst mit Limonade stillten, überfiel Peter die Jungs mit einem Schokokuss-Geschicklichkeitsspiel.

Zuerst war die Resonanz eher dürftig, weil Helden so etwas eben nicht mehr machen. Das änderte sich aber, als Peter und Marie es vormachten. Beiden wurden die Augen verbunden. Marie bekam einen Schokokuss in die Hand gelegt und musste, die Betonung lag auf *musste*, in einer halben Minute den aufgerissenen Mund von Peter finden. Da beide nichts sahen, waren sie auf die Anweisungen ihrer Teams im Hintergrund angewiesen, die wiederum aufgefordert waren, sie entsprechend zu dirigieren. Marie hatte gedacht, das Geschrei und Gejohle müsse man noch in einem Kilometer Entfernung zwischen den Hochhäusern vom Weidengraben hören. Nach einer halben Stunde waren zwei ganze Schachteln geleert und zu gleichen Teilen in den Mägen, Gesichtern und Kleidern der Teilnehmer verteilt gewesen.

Nun saß Peter mit seiner ehemals hellen Hose und einem haltlos darüberhängenden Hemd inmitten der müden Meute und passte auf, dass keiner sich beim Schnitzen der Stöcke für das Stockbrot wehtat. Das Material dazu hatten sie sich genauso wie das Brennholz im nahe gelegenen Wald gesammelt. Bald würden sie alle am Lagerfeuer sitzen und gebannt auf Teig und Würstchen starren, um diese in dem kurzen Moment zwischen rohem und verbranntem Zustand den Flammen zu entreißen.

Dies würde wohl der letzte richtige Kindergeburtstag von Mattis gewesen sein. Marie war sich dessen bewusst. Sie saß immer noch etwas abseits unter dem Schatten spendenden Baum und genoss andächtig das friedliche Bild vor ihren Augen.

»Sind die Jungs heutzutage immer so ruhig, wenn sie Geburtstag feiern? – Oh, Entschuldigung, ich wollte Sie nicht erschrecken.«

Marie war so in Gedanken gewesen, dass sie niemanden kommen gehört hatte. Sie drehte sich um und sah auf der anderen Seite des Gartenzauns ein Paar fast in ihrem Alter an der Straße stehen. Der Mann, der gesprochen hatte, war etwas untersetzt, mit Jeans und kariertem Hemd und einem leichten Sommerjackett über der

Schulter liegend. Seine weibliche Begleitung war fast genauso groß wie er, auffallend gut aussehend und mit einem schicken, kurzen Sommerkleid auch deutlich eleganter gekleidet. Offensichtlich hielt sie nicht viel davon, dass ihr Mann fremde Frauen in ihren Gärten aufschreckte.

»Nein, nein, ist schon gut. Ich war nur gerade in Gedanken. Wenn Sie vor einer Stunde hier vorbeigekommen wären, hätten Sie erlebt, dass die Meute dort auch ganz anders feiern kann.« Marie war aufgestanden und um den Baum herum auf die beiden Zaungäste zugegangen.

»Also hat sich doch nicht so viel seit unserer Jugend verändert. Ich liege doch richtig, dass Ihr Sohn gerade Geburtstag feiert, oder haben Sie und Ihr Mann immer so viele Gäste?« Der Mann sprach mit deutlich luxemburgischem Akzent, aber in fehlerfreiem Deutsch.

Marie verstand erst nicht, wer »ihr Mann« sein sollte, bis ihr bewusst wurde, dass damit nur Peter gemeint sein konnte. Sie schaute zu ihm hin und sah, wie er gerade einem der Jungen zeigte, wie er die Spitze des Stocks etwas besser hinbekommen würde.

»Nein, zum Glück nicht. Es ist schon eine Geburtstagsfeier. Jeden Tag so ein Trubel wäre sicher zu viel des Guten.«

Der Mann nickte verständnisvoll, während seine Frau jetzt auch interessierter schien, nachdem Marie ihnen die Störung nicht übel genommen hatte. Dennoch sprach er weiter: »Es ist aber auch wirklich schön hier oben, in der Natur und mit dem weiten Blick über das Moseltal. Wohnen Sie schon lange hier in …?«

»Avelsbach. Der Ortsteil hier gehörte zur Weinbaudomäne Avelsbach unten im Tal. Ja, wir wohnen hier mittlerweile zehn Jahre.«

»Dann sind sie wohl hergezogen, als die Kinder kamen. Ist ja auch wirklich ein Paradies für Kinder.« Den letzten Satz richtete er an seine Frau, die ihm nickend zustimmte und jetzt offenbar ihre Scheu abgelegt hatte.

»Wie viele Kinder haben Sie denn?« Sie schaute prüfend über die Gruppe der Geburtstagsgäste, die sich jetzt langsam dem Lagerfeuer widmeten. »Hier wäre ja sicher Platz für eine ganze Kinderschar«, fügte sie mit einem gewinnenden Lächeln hinzu.

»Eine ganze Schar habe ich nicht, aber noch eine Tochter. Die hat es aber vorgezogen, reiten zu gehen, statt mit den wilden Kerlen Fußball zu spielen«, antwortete sie gleich im Voraus, weil sie ahnte, dass diese Frage ohnehin gekommen wäre.

Wie zur Bestätigung nickte die junge Frau wieder und wischte dabei eine blonde Strähne aus ihrem Gesicht. »Es ist traumhaft, an einem solchen Flecken mit seiner Familie zu wohnen. Wir wohnen in Luxemburg, mein Mann stammt von dort. Da ist es fast unmöglich, ein Haus mit einem derart großen Garten in Stadtnähe zu haben.« Sie schaute zu ihrem Mann hinüber, und Marie meinte, ihrem Blick so etwas wie Stolz entnehmen zu können.

»Aber wir haben Glück gehabt, vielleicht weil Eric ganz gute Freunde hat.« Sie grinste jetzt über das ganze Gesicht. »Wir haben ein wirklich tolles Grundstück bekommen und ein schönes Haus gebaut. Genauso schön für eine Familie wie das Ihre. Natürlich muss der Garten noch etwas wachsen, aber wer weiß, wann unsere Familie wachsen wird.« Bei den letzten Worten legte sie ihre rechte Hand auf ihren absolut flachen Bauch und schaute Marie mit einem Zwinkern an.

Marie wollte höflich antworten, als sie sah, wie dem Mann die Gesichtszüge entglitten. Aus den Augen der jungen Frau jedoch schien das pure Glück zu fließen. Den veränderten Ausdruck ihres Partners hatte sie offenbar nicht bemerkt.

»So, jetzt haben wir Sie aber schon zu lange von der Feier abgehalten. Sehen Sie, das Feuer fängt schon an zu brennen, und wir müssen jetzt auch langsam weiter. Noch einen schönen Abend«, verabschiedete sie sich von Marie. Ihr Mann brachte nach einem weiteren prüfenden Blick auf die Kinderrunde nur noch einen kurzen, gequälten Abschiedsgruß hervor.

Marie blickte dem ungleichen Paar hinterher. Die Frau hatte sich jetzt in den rechten Arm ihres Partners gehängt und schmiegte sich eng an ihn. Sein Gang war hingegen steif und viel zu schnell. Noch bevor sie außer Hörweite waren, begann er mit den Fragen. Hoffentlich wird er sich noch an eine Vaterrolle gewöhnen, dachte Marie.

Als sie auf den Feuerplatz zuging, kam ihr Mattis schon mit einem Stock in der Hand entgegengelaufen.

»Hier Mama, hab ich schon mal für dich geschnitzt«, erklärte er gönnerhaft.

Mit einem Lächeln nahm sie ihren Grillstock entgegen und hatte in diesem Moment die Unterhaltung schon vergessen.

Unter mittelschweren Protesten wurden die Feiergäste nach und nach abgeholt. Zwischen den Müttern entstand noch das ein oder andere Gespräch, ein Vater ließ sich gern von seinem Sohn eine Wurst über der roten Glut grillen, und Marie wehrte alle Initiativen für spontane Übernachtungen mit oder ohne Zelt freundlich, aber bestimmt ab.

In dem Trubel hätte sie beinahe nicht bemerkt, dass die vier Reiterinnen, nun in Begleitung von Steffen, zurückgekehrt waren.

Nora lief sofort mit einem langen »Stockbrooot«-Schrei auf das Feuer zu. Mit Erleichterung registrierte Marie, dass Zoé ihr folgte, wenngleich etwas zögerlicher und mit Blick auf die verbliebenen Leute im Garten. Schließlich willigten auch Silvia Lenz und die beiden Polizisten ein, sich von Nora zu Brot und Würstchen einladen zu lassen, bis die letzten Gäste gegangen waren. Es war Nicole Huth-Balzer, die an einem fast schwarzen Etwas knabbernd aufstand und auf Marie zukam, die etwas abseits wartete.

»Alles klar?«, fragten die beiden Frauen fast gleichzeitig und mussten lachen.

Die junge Polizistin berichtete: Der Ausritt sei schön und ohne Besonderheiten gewesen. Zoé war auf dem Pferd richtig aufgelebt und hatte Nora immer wieder Hilfestellungen gegeben. Anschließend hatten alle ihre Pferde geputzt und durften zur Belohnung den ganzen Reitstall besichtigen. Zum Abschluss hatte Niko Steffen noch eine Runde Eis spendiert.

Marie schaute zu Zoé, die gerade versuchte, Teig am Stock zum Halten zu bringen. »Es hat Zoé offensichtlich gutgetan«, sagte sie nachdenklich. Dann wandte sie sich wieder der Polizistin zu. »Bei uns war auch alles okay. Dank Peter ist auch die Feier prima verlaufen.« Marie atmete tief durch, als ob sie sich nun selbst von der Anspannung des Tages befreien wollte. »Ich wünschte sehr, es würde so bleiben, Nicole.«

»Wir sollten vorsichtig sein, müssen aber auch nicht in permanenter Sorge sein, zumindest solange wir so wenig über die Umstände vom Tod von Zoés Mutter wissen. Soll ich heute Nacht wieder hier bei euch übernachten? Niko kann Frau Lenz auch allein nach Hause fahren.«

»Nein, nett von dir. Aber heute Nacht wird Peter uns bewachen. Außerdem müssen wir beide wohl mehr schlafen als vorige Nacht.« Marie grinste bei den letzten Worten. »Du noch mehr als ich.«

»Passt schon. Ich konnte mich heute Vormittag ein paar Stunden hinlegen. Aber du weißt, wenn etwas ist, kannst du mich jederzeit anrufen.« Nicole Huth-Balzer stockte einen Moment. »Und Christian auch, ganz sicher.«

Marie schwenkte ihren Kopf in Wellenbewegungen hin und her, um zu zeigen, dass sie dem nicht unbedingt zustimmen würde.

17

Rittersdorf; Pfingstsonntag, 12. Juni

Markus Schilzenbach genoss die Ruhe, die ihn auf seinem heimatlichen Landsitz umgab. Am Vortag hatte er noch seine Freunde und Mitstreiter zu einem kleinen Umtrunk eingeladen. Es war diesmal nicht so einfach gewesen, den richtigen Personenkreis auszuwählen. Er hatte vorher sorgfältig sortiert, noch einmal genau Revue passieren lassen, wen er dabei haben wollte und wen nicht. Die vergangenen beiden Jahre waren für ihn wirklich nicht gut gelaufen. Er hatte zu viel gewollt und beinahe verloren. Aber er hatte gekämpft, gekämpft, wie es nur ein richtiger Eifeler konnte. Gekämpft wie all die Jahre zuvor. Hatte sich nicht wie andere kleinkriegen lassen. Nicht vom politischen Gegner, nicht von den Medienfritzen, nicht von den Rechtsverdrehern und erst recht nicht von den sogenannten Parteifreunden. Er hatte es ihnen allen wieder einmal gezeigt.

Der Höhepunkt war die Landtagswahl im Frühjahr gewesen: Er hatte es tatsächlich wieder geschafft. Zuerst gegen seinen Parteikonkurrenten und dann in seinem Wahlkreis. Es war äußerst knapp gewesen, doch er konnte den örtlichen Ökos und Genossen dafür danken, dass die so blöd waren und sich gegenseitig die Stimmen geklaut hatten. Er schenkte sich einen guten Eifler Birnenbrand ein und musste immer noch den Kopf schütteln über so viel Arroganz und Selbstüberschätzung.

Mit dem Wahlsieg im Rücken konnte er sich wieder seinen Projekten widmen. *Seinen* Projekten. Die anderen zogen ohnehin sofort den Schwanz ein, sobald sich auch nur die kleinsten Hindernisse auftaten: nur keine Fehler machen, nur keine schlechte Publicity, nur keinem auf die Füße treten, wenn man nicht genau wusste, dass es keinen Tritt zurückgab. Alles Weicheier, alles Waschlappen. Er hatte sich nie gescheut, dorthin zu gehen, wo es auch mal wehtun konnte. Nie ein Risiko gemieden, wenn er ein Ziel hatte. Und er hatte Ziele. Seine persönlichen waren schon lange erreicht. Das war eigentlich keine Herausforderung gewesen. Aber als er gemerkt hatte, wie leicht er etwas durchsetzen konnte, hatte er Blut geleckt.

Ihm hatte es nie gepasst, wie seit jeher mit seiner Eifel umgegangen worden war. *Seiner* Eifel: als Armenhaus der Region verschrien, bemitleidet und abgehakt. Er wollte das ändern. Wollte den Leuten hier eine Stimme verleihen, weil einzig er dazu in der Lage war. Er hatte eine Stimme, der man zuhören musste, die nie nachließ, die sich immer wieder und dann umso gewaltiger erhob. Und er hatte Visionen, Visionen von einer Eifel, die mitspielen sollte im Konzert der anderen, die nicht mehr nur Bittsteller war, belächelt und gedemütigt.

Er hatte schon viel erreicht, hatte etwas vorzuweisen, etwas, das die Leute sahen, würdigen konnten, das ihnen selbst etwas einbrachte, ein Selbstwertgefühl verlieh. Nie hatte er es verlernt, seinen Eiflern zuzuhören, sie zu verstehen, aufzugreifen, was sie bewegte, auch wenn es vielleicht unbequem war. Hatte das Gehörte weitergetragen nach Mainz, nach Berlin, nach Brüssel, auch wenn die feinen Herren davon nichts wissen wollten. Aber genau das hatte ihn zu dem gemacht, was er heute war: zu dem Mann, der wie kein anderer Politiker in seiner Heimat verankert war und von seinen Leuten nicht fallen gelassen wurde, egal was auch passierte.

So hatte er wieder gesiegt. Er liebte das Gefühl, das ihn überkam, wenn er an diesen Erfolg dachte: an die Machtlosigkeit seiner innerparteilichen Gegner, als sie ihn wieder zulassen mussten in ihrem erlauchten Kreis, an ihre wortreichen Sprachhülsen, die sie sich vor den Medien abnötigen mussten. Das war mehr wert als die Enttäuschung und Wut der politischen Gegner, viel mehr wert.

In ein paar Jahren würde keiner mehr über die Affäre reden. Sobald ausreichend Gras darüber gewachsen war, konnte er wieder voll loslegen. Er hatte seine Pläne bereitliegen, große Pläne. Wenn die umgesetzt waren, würden alle Kritiker verstummen, würden sie ihn wieder hofieren, auch in Mainz. Aber die würde er nicht mehr brauchen. Denn er hatte seine Leute hier zu Hause, die stets wussten, was sie an ihm hatten und die zu ihm standen.

18

Trier; Pfingstsonntag, 12. Juni

Kriminalkommissar Buhle fuhr auf der Bitburger Richtung Trier und führte sich noch einmal vor Augen, welche Erkenntnisse er aus der Sichtung der Akten von Alexander Altmüller gewonnen hatte. Er war schnell fertig damit. Die Liste mit Journalisten, mit denen Altmüller zusammengearbeitet hatte, hatte Reuter bereits am Morgen aus den Daten im Netbook herausgefiltert. Die müssten sie baldmöglichst abarbeiten. Spätestens morgen würden die Redaktionen für die Dienstagsausgaben wieder besetzt sein. Es bestand somit die Chance, einige Journalisten zeitnah befragen zu können.

Den einzigen Rechtsanwalt hatte sich Buhle auch notiert. Nur schien Altmüller noch nie rechtlichen Beistand benötigt zu haben, mit Ausnahme der notariellen Abwicklung beim Hauskauf. Den Namen des damit betrauten Notars hatte er seinen Notizen hinzugefügt.

Sonst gab es nichts, was Buhle hatte aufmerksam werden lassen. Die Kündigung beim alten Arbeitgeber in Aachen hatte der Journalist mit dem Wegzug in die Eifel begründet. Dass er auch danach noch Aufträge als freier Mitarbeiter bekommen hatte, deutete darauf hin, dass die Trennung nicht im Groll geschehen war und seine Arbeit durchaus anerkannt wurde. Ein positives Zeugnis bestätigte dies. Ansonsten schien er mit Verlassen seiner Heimatregion auch die meisten Kontakte dorthin abgebrochen zu haben. Im internen Adressbuch seines Telefons waren nur zwei Nummern aus der Region gespeichert, darunter die seiner Mutter. Mit Elisabeth Altmüller hätten sie schon längst reden müssen.

Kurz hinter Hohensonne kam ihm das Auto der Kollegen entgegen. Er erkannte, dass Steffen am Steuer saß, und wählte die Nummer von Huth-Balzer. Das Telefonat war nicht allzu lang. Buhle war erleichtert, dass alles gut gegangen war. Aber wie hätte der Täter auch so schnell in Erfahrung bringen können, wo Zoé sich gerade aufhielt? Dennoch war klar, dass die eingeleiteten Sicherheitsmaßnahmen aufrechterhalten wurden.

Lieber wäre ihm allerdings gewesen, wenn statt Peter Kasper seine Kriminalassistentin auch diese Nacht bei Marie bleiben würde; aus Sicherheitsgründen.

Es war schon nach acht Uhr, als Buhle ausstieg und sofort den deutlichen Temperaturanstieg zwischen der Eifel und dem Moseltal spürte. Zum Glück stand die Sonne nicht mehr so hoch, sodass seine wie immer schwarze Kleidung die Wärme nicht noch zusätzlich anzog. Das frisch renovierte Bürogebäude in der Kürenzer Straße war jetzt am Sonntagabend fast leer. Ein junger Kommissar hatte ihm gegenüber einmal geäußert, mit welch einem beklemmenden Gefühl er durch die langen, menschenleeren Korridore gegangen war. Als ob hinter jeder der meist verschlossenen Zimmertüren eine Gefahr lauern konnte. Buhle hatte so nie empfunden. Er mochte es vielmehr, wenn er das Gebäude fast vollständig für sich hatte. Der Kollege hatte schon bald nach der Ausbildung den Polizeidienst wieder verlassen und, soweit Buhle wusste, angefangen, Jura zu studieren.

Wie immer startete Buhle als Erstes den Computer, nachdem er sein Zimmer betreten hatte. Dann setzte er sich hinter den Schreibtisch, lehnte sich weit nach hinten zurück, bis der PC hochgefahren war. Großmann wartete sicher schon auf seinen Bericht. Auch der Polizeipräsident Monz würde spätestens morgen Mittag eine Zusammenfassung fordern. Nachmittags würden sie eine Pressekonferenz einberufen müssen. Die Pressesprecherin war im Urlaub, das wusste er zufällig, sodass auch die Vorbereitung dafür an ihm hängen bleiben würde. Er öffnete das Mailprogramm und nahm anschließend seine Notizen aus der Tasche. Die meisten Aufgaben musste er morgen direkt delegieren. Um die Unterrichtung der Staatsanwältin Klara Haupt kam er allerdings nicht herum. Das durfte er auf keinen Fall vergessen.

Zum Glück hatte er keine wirklich wichtigen E-Mails bekommen. Die Telefonliste zeigte drei unbeantwortete Anrufe an. Dabei waren zwei von der gleichen Handynummer und ein Anruf vom Festnetz. Er kannte keine der Nummern, wunderte sich aber, warum jemand davon ausging, ihn am Pfingstsonntag hier anzutreffen und es gleich zweimal versuchte. Er überlegte, ob er gleich zurückrufen sollte, entschied sich dann aber für später. Er schaute auf die Uhr und spielte kurz mit dem Gedanken, Marie anzurufen.

Er hatte den Hörer schon in der Hand, als er sich daran erinnerte, dass sie Peter Kasper zu Besuch hatte, und er legte wieder auf. Keine fünf Sekunden später klingelte es.

Buhle atmete tief ein und aus. Nach dem dritten Läuten nahm er ab. »Buhle, Kriminalpolizei Trier. Guten Abend.«

»Guten Abend. Hannah Sobothy. Sie wissen, wer ich bin?«

Buhle war im ersten Augenblick sprachlos. Sicherlich wusste er, wer Hannah Sobothy war: eine junge Radioreporterin, die auf Pressekonferenzen auf eine sehr unbeschwerte, direkte Art Fragen stellte und zudem ausschließlich Kleider trug. Beides war Buhle sehr wohl im Gedächtnis geblieben. Doch außer dem offiziellen Frage-Antwort-Spiel hatte er mit der jungen Frau noch kein Wort gewechselt.

»Ja, Frau Sobothy, ich weiß, wer Sie sind. Warum rufen Sie mich an?« Buhle hatte zwischenzeitlich an der Nummer im Display erkannt, dass es Sobothy gewesen war, die schon mehrmals versucht hatte, ihn zu erreichen.

»Können wir uns treffen? Möglichst heute Abend noch.« Die Reporterin wirkte am Telefon ganz anders, als Buhle sie in Erinnerung hatte: deutlich nervöser und hektischer.

»Darf ich erfahren, in welcher Sache?«

»Ich habe vom Tod von Suzanne John-Altmüller erfahren.«

»Von wem?«

»Herr Buhle, ich bin Journalistin. Ich kannte Alexander Altmüller ganz gut. Ich ...« Sobothy zögerte.

»Sie wissen, dass ich keine Informationen an Journalisten rausgeben darf ...«

»Darum geht es nicht. Ich möchte Ihnen Informationen geben. Oder besser, ich möchte Ihnen von einem Gespräch mit Alexander berichten. Haben Sie Zeit?«

Buhle war verblüfft, dennoch zögerte er nur einen kurzen Moment, bis er fragte: »Ja. Wo sollen wir uns treffen?«

»Besser nicht öffentlich. Können Sie zu mir kommen?«

»Wo wohnen Sie?«

»In Trier-Süd, Im Nonnenfeld. Wissen Sie, wo das ist?«

Die Straße lag gleich um die Ecke von seiner Wohnung. Er ließ sich die Hausnummer geben und sagte zu, gleich zu kommen. Als er aufgelegt hatte, überlegte er, was dieser Anruf zu bedeuten hatte. Es war sehr ungewöhnlich, dass Journalisten Informationen an die Polizei weitergaben. In der Regel taten sie es öffentlich über Zeitungen, Radio- und Fernsehsendungen. Was hatte Hannah Sobothy von Altmüller erfahren, das sie dazu veranlasste? Buhle fuhr den Computer wieder runter. Bald würde er es wissen.

Als Buhle vor gut drei Jahren von Wittlich nach Trier gekommen war, schien es zunächst nur eine weitere Station auf seiner Reise durch die Polizeistädte in Rheinland-Pfalz zu sein. Nach seiner Ausbildungszeit in Ludwigshafen war er an keiner Dienststelle länger als drei bis vier Jahre geblieben. So hatte er auch bei der Wohnungssuche in der Moselstadt nicht viel Wert auf die Wohngegend gelegt. Es war reines Glück, dass er in Trier-Süd gelandet war, einem Stadtteil, der mit seiner vielschichtigen Bevölkerung und der lebendigen Saarstraße sicher eine hohe Lebensqualität hatte.

Doch gut zu leben war für Buhle damals zweitrangig gewesen. Er wollte seinem Beruf nachgehen und ansonsten in Ruhe gelassen werden. Das schien ihm in dem relativ neuen Wohnkomplex hinter dem Finanzamt mit seiner kleinen Parkanlage, zu der seine Zwei-Zimmer-Wohnung ausgerichtet war, gut möglich. Seit einem halben Jahr hatte er jedoch ins Leben zurückgefunden. Bedauerte es, keinen Balkon zu haben, auf dem er sich an den warmen Abenden niederlassen konnte. Hatte stattdessen in der ersten Frühlingszeit öfter mit einem Buch auf einer der Mauern an den Pflanzbeeten gesessen, gelesen, beobachtet und nachgedacht. Im Hunsrück war er schon mehrere Traumschleifen gewandert, nachdem er die erste mit Marie zusammen gegangen war. Bereits im Februar hatte er seine engsten Kollegen zu einer Geburtstagsfeier in einem Restaurant am Kornmarkt eingeladen. Es war seine erste Geburtstagsfeier seit über zwei Jahrzehnten gewesen. Marie hatte damals keine Zeit gehabt; er glaubte, sie hatte eher den Kreis der Kollegen nicht stören wollen. Er überlegte und war sich nicht sicher, ob sie heute nicht aus anderen Gründen absagen würde.

Es waren nur ein paar hundert Meter zwischen seiner Wohnung und der Adresse, die Hannah Sobothy ihm genannt hatte. Direkt hinter der Kreuzung zur Kentenichstraße lag auf der linken Seite eine lang gezogene Reihenhaussiedlung. Die zweigeschossigen

Häuser waren zumeist von ansprechender Breite, hatten ausgebaute Dachgeschosse mit den regionaltypischen kleinen Gaubenfenstern und boten so ausreichend Platz für ihre Bewohner. Das Haus von Hannah Sobothy war deutlich schmaler gebaut. Anders als bei den Nachbarhäusern war der Vorgarten nicht durch gepflasterte Stellplätze ersetzt worden, sondern bot auf beiden Seiten des Wegs ein vielfältiges Ensemble aus Stauden und Sommerblumen. Am auffälligsten war jedoch die altrosafarbene Fassade, die sich deutlich von den Weiß- und Beigevarianten der restlichen Häuser abhob.

Buhle ging ohne zu zögern auf die schlichte Haustür zu, neben der auf einem reichlich verzierten Tonschild die Namen »Hannah Sobothy« und »Stefanie Brodersen« standen. Die Tür wurde geöffnet, noch bevor Buhle die Hand zum Klingelknopf ausstrecken konnte. Wortlos wies Sobothy ihn an, hineinzukommen, und schloss die Tür direkt hinter ihm. Dann zeigte sie ihm den Weg durch den engen Flur zum Wohnzimmer auf der Rückseite des Hauses.

Buhle trat vor ihr in den relativ großen Raum und schaute sich um. Aufgrund des großen Fensters und der direkt anschließenden Terrassentür war das Zimmer sehr hell. So schienen die rubinroten Wände um die vielen abstrakten Gemälde herum fast zu leuchten. Auf der Fensterbank und in den Zimmerecken standen zahlreiche, teils zimmerhohe Grün- und Blütenpflanzen. Zusammen mit dem hellen Dielenboden, zwei breiten Stoffsesseln mit einem Beistelltisch dazwischen und einem ebenfalls aus hellem Holz gebauten, älteren Regal mit Büchern, einer kleinen Musikanlage und einer Handvoll CDs wirkte der Raum wie eine organische Einheit, die mit der angrenzenden Holzterrasse und dem wildwüchsigen Garten draußen in fester Verbindung stand. Als er links um die Ecke schaute, blickte er auf einen großen Esstisch mit sechs Stühlen, die offensichtlich in ihrem langen Leben erst an diesem Platz zusammengefunden hatten. Ein halbhoher Tresen und ein darüber montiertes Deckenregal bildeten die räumliche Zäsur zu der dahinterliegenden Einbauküche, die aussah, als ob ein Vorbesitzer mit gänzlich anderen Gestaltungsansprüchen sie dort aufgestellt hatte.

»Sie dürfen ruhig noch ein paar Schritte weitergehen, Herr Buhle. Setzen Sie sich doch.«

Der Kommissar machte automatisch zwei Schritte zur Seite und blickte die junge Frau an. »Guten Tag, Frau Sobothy. Entschuldigen Sie, aber es ist schon etwas Besonderes, in Ihre Wohnung einzutreten.«

Hannah Sobothy versuchte ein kurzes Lächeln, das aber nicht so recht gelingen wollte. »Das sagen viele.« Sie breitete für einen Moment die Arme aus. »Das ist das Ergebnis meiner romantischen Träume und den künstlerischen Fähigkeiten von Steff. Möchten Sie etwas trinken? Ich habe heute Nachmittag eine Sommerbowle angesetzt.«

»Nein, danke. Ich möchte nichts Alkoholhaltiges. Ein Glas Wasser würde genügen.«

Jetzt huschte ein Lächeln über ihre Lippen, das etwas ehrlicher schien. »Meine Bowle ist alkoholfrei. Nur mit Kräutern und Früchten angesetzt. Wunderbar erfrischend an so heißen Tagen.«

»Dann nehme ich gern ein Glas.«

Es dauerte nur einen kurzen Moment, bis sie mit einem Glaskrug und zwei hohen Gläsern wieder zurückkam und beides auf den Esstisch stellte. Der Krug hatte im Kühlschrank gestanden und beschlug in der warmen Raumluft augenblicklich. Auf der Oberfläche schaukelten Kiwi- und Zitronenscheiben, Erdbeeren und Minzblätter im Gleichklang. Beim Eingießen hielt Sobothy mit einer Gabel die Früchte zurück, fischte danach je zwei Erdbeeren und Kiwischeiben heraus und verteilte diese auf die zwei gefüllten Gläser. Buhle sah, wie ihre Hand dabei ein wenig zitterte. Sie gab ihm ein Glas und bat ihn, sich in einen der beiden Sessel zu setzen. Anschließend stellte sie ihr Glas und den Krug auf dem kleinen Tisch ab und setzte sich mit schräg angezogenen Beinen ebenfalls. Etwas unschlüssig sah sie den Kommissar an.

Buhle spürte, dass sie nach den richtigen Worten suchte, um das Gespräch zu beginnen, und wollte sie nicht drängen. Stattdessen nahm er einen Schluck von der Bowle und betrachtete die Journalistin. Er hatte den Eindruck, als ob sie das Haar jetzt länger trug als beim letzten Mal, als er sie bei einer Pressekonferenz gesehen hatte. Der etwas willkürlich gesetzte Scheitel teilte die rotblonden Haare und ließ sie in lockigen Strähnen bis über die Schultern fallen. Sie bildeten einen durchaus attraktiven Rahmen für das rundliche Gesicht mit den hoch angesetzten, deutlich ausgeprägten Wangen. Das Kleid, das sie heute trug, war aus einem leichten grünen Stoff mit dunkelgrünem Muster. Ein breiter hellbrauner Gürtel mit großer Schnalle betonte ihre Taille über den etwas rundlichen Hüften.

Natürlich versuchte Buhle, Sobothy nicht offensichtlich mit den Augen abzutasten, wie das manche seiner Kollegen ohne Hemmungen machten. Doch auch wenn sich seine Beobachtungszeit auf nur wenige Sekunden beschränkt hatte, war er sich nicht sicher, ob ihm das wirklich gelungen war. Deshalb ergriff er jetzt das Wort: »Frau Sobothy, Sie wollten mich sprechen, wollten mir etwas über Alexander Altmüller erzählen?«

»Ja, das wollte ich.« Sie schaute Buhle an. Er merkte deutlich, dass sie sich nicht mehr sicher schien. Ihre Lippen rollte sie zu einem dünnen roten Strich zusammen. Dann atmete sie tief ein, und es schien, als ob sie einen Entschluss gefasst hätte.

»Sie wissen, dass ich bei RPR arbeite. Es wäre nicht gut, wenn bekannt würde, dass ich hier mit Ihnen gesprochen habe, anstatt das, was ich Ihnen gleich sage, in einer großen Story über den Sender zu schicken.«

Buhle nickte und versuchte ein vertrauenerweckendes Lächeln. »Wenn Sie es wünschen, werde ich Ihre Informationen vertraulich behandeln. Aber meine Kollegen in der Soko muss ich schon darüber unterrichten.«

Die Zungenspitze der jungen Frau spielte über ihre Lippen, dann begann sie zu reden. »Ich kenne Alexander seit gut zwei Jahren. Wir haben uns zunächst häufiger bei Pressekonferenzen gesehen, mal ein paar Worte gewechselt, und das war's. Als dann die Affäre mit Schilzenbach und den abgegriffenen Daten ins Rollen kam, wurden die Treffen häufiger. Schließlich bekam ich auch den Bitburger Flughafen von der Redaktion zugeteilt, weil Schilzenbach da ja involviert ist. Da bin ich Alexander wieder über den Weg gelaufen.«

Sie nahm einen Schluck Bowle und behielt das kalte Glas in beiden Händen.

»Zuerst haben wir uns nur bei Terminen oder Veranstaltungen gesehen. Vor etwa einem Vierteljahr hat er mich dann gefragt, ob wir uns nicht zu zweit treffen könnten. Es gäbe da ein paar Dinge, über die er sich gerne mit jemandem austauschen würde.« Sie öffnete ihre dunkelblauen Augen etwas, als ob sie damit unterstreichen wollte, dass dies schon außergewöhnlich war, unter Kollegen. »Wir haben uns dann zu einem langen Spaziergang im Meulenwald getroffen. Keinem von uns lag etwas daran, zusammen gesehen zu werden. Es war für mich sehr schnell klar, dass er mich eigentlich warnen wollte. Wahrscheinlich hatte ich vorher bei Pressekonferenzen wieder zu indiskrete Fragen gestellt.«

Buhle musste leise schmunzeln. Dafür war die Radioreporterin schon bis hoch zum Polizeipräsidenten bekannt, ohne dass ihr das einer übel nahm. Er selbst fand ihre Art zumeist sehr sympathisch, außer in Momenten, in denen er selbst ihre Fragen beantworten musste.

»Ja, ich weiß, ich habe Sie auch schon damit genervt.«

Jetzt musste er offen grinsen. »Sie haben mich zwar schon einmal in die Bredouille gebracht, aber eigentlich machen Sie das sehr gut.«

Hannah Sobothy antwortete mit einem sehr skeptischen Blick.

»Weswegen wollte Alexander Altmüller Sie warnen?«

»Es war wegen des Flughafens. Er meinte, dass da noch ganz andere Kreise in dem Geschäft drinsteckten als dieser luxemburgische Investor Thill und die Kommunalpolitik. Kreise, die es nicht besonders mögen, wenn man ihnen zu sehr auf die Füße tritt.«

»Hat er Ihnen gesagt, wen er damit meinte?«

»Nein, zunächst nicht«, antworte sie, und Buhle hatte den Eindruck, als ob sie wieder deutlich nervöser geworden war. Ihre Finger strichen unaufhörlich über das stetig beschlagene Glas in ihren Händen. »Vor zwei Wochen bat er mich erneut zu einem Treffen. Er sah … entschuldigen Sie, aber er sah zum Kotzen aus. Er hatte dunkle Ringe um den Augen. Seine Haut was blass, seine Wangen eingefallen, sein sonst eher vorteilhafter Dreitagebart war zu einem ungepflegten Gestrüpp verkommen, die Haare waren fettig. Er sah einfach nur fertig aus.«

Ihre Stirn hatte sich in Falten gelegt, und ihre Lippen lagen fest aufeinander. Nach einer Weile sprach sie leise weiter.

»Ich habe dann später erfahren, dass seine Tochter gestorben war. Vielleicht war das der Grund für seinen schlechten Zustand. Darüber hatte er mir aber nichts gesagt. Er wollte mich noch einmal eindringlich wegen des Flughafenprojektes warnen. Ich hatte zwei Tage vorher einen Bericht gesendet und Indizien gebracht, die darauf hindeuteten, dass es Thill wirtschaftlich schlecht ging und er seinen finanziellen Beitrag zur Flughafengesellschaft vielleicht nicht mehr aufbringen könnte. Das hatte natürlich die Politiker auf die Barrikaden gebracht. Doch Alexander meinte, dass es da Hintermänner aus Asien geben würde, die es vermutlich gar nicht lustig fänden, wenn jemand ihren Strohmann öffentlich an den Pranger stellt.«

Wieder machte sie eine längere Pause. Als Buhle schon einhaken wollte, sprach sie weiter: »Zum Schluss hat er einen Namen genannt, auf den ich besonders aufpassen und bei dem ich auf jeden Fall einen Rückzieher machen sollte, wenn ich auf ihn treffen würde. Der Name ist: Sun Shiwen.«

»Sun Shiwen?«

»Ja, ich hatte den Namen vorher nie gehört. Thill hatte einmal durchblicken lassen, dass er potente Geldgeber aus Fernost an der Angel hätte. Aber konkret ist er nie geworden. Ich weiß nicht, wo Alexander diesen Namen herhatte.«

»Und dann?«

Hannah Sobothy sah Buhle in die Augen. Ihr Blick schien sich in seinen versenken zu wollen und gleichzeitig unendlich weit weg zu sein. Nach einer Weile flüsterte sie: »Und dann ist er verunglückt.« Bei dem letzten Wort schossen ihr die Tränen in die Augen, rannen ungehemmt über ihre Wangen und hinterließen dunkle Flecken auf dem grünen Kleid. Ihr Blick hing immer noch an dem von Buhle.

Es dauerte mehr als zehn Minuten, bis sie sich wieder gefangen hatte. Buhle hatte ihr ein Papiertaschentuch aus dem Gästeklo gebracht und ansonsten ziemlich hilflos dagesessen. Weder wusste er, wie er die junge Frau beruhigen sollte, noch sah er sich in der Lage, das Gespräch wieder aufzunehmen. Es kam ihm unerträglich lange vor, bis ihre Tränenflut endlich verebbte und sie in sich versunken, aber ruhig auf dem Sessel kauerte. Schließlich gab er sich einen Ruck und fragte: »Haben Sie Alexander Altmüller nur … ich meine, waren Sie mit ihm nur beruflich verbunden, oder gab es da auch Privates zwischen Ihnen? Entschuldigen Sie, dass ich das so direkt frage.«

Sie schüttelte den Kopf und antwortete tonlos: »Ich mochte Alexander als Kollegen, als Menschen. Es ist unter Journalisten nicht so häufig, dass man sich austauscht, zusammenarbeitet, wenn auch nur am Rande. Nein, es gab sonst nichts zwischen uns, keine Affäre oder so.« Dann richtete sie ihren Blick wieder auf Buhle. »Wissen Sie, ich glaube nicht daran, dass es wirklich ein Unfall war. Spätestens jetzt nicht, wo seine Frau …« Ihre Augen zeigten jetzt deutlich, was sie wohl die ganze Zeit schon bewegt hatte. Sie hatte Angst.

19

Merteskaul; Pfingstsonntag, 12. Juni

Paul Feilen saß auf seiner Bank auf der Terrasse. Es war still um ihn herum, herrlich still. Er war froh, dass die Sonne an diesem Sommertag früh hinter den Hügeln verschwunden war. Die Hitze war mittags unerträglich gewesen. Er hatte sich in die Stube gesetzt, die Rollläden heruntergelassen und den Fernseher angemacht. Wie immer kam nichts, was ihn wirklich interessierte. Nachdem er wieder aufgewacht war, hatte er den Tisch abgeräumt und in der Küche das Geschirr gespült. Dann hatte er sich ein Bier aus dem Keller geholt und war raus auf die Terrasse gegangen. Hier im Schatten des Hauses ließ es sich aushalten, zumal diese Polizisten heute früher Schluss gemacht hatten.

Es sah seine Tochter von einem Spaziergang nach Hause kommen. Sie grüßte kurz, sprach ein paar belanglose Worte und ging in ihre Wohnung. Es war gut gewesen, dass Monika vor sechs Jahren in die Merteskaul zurückgekommen war. Sie hatte wohl die Hoffnung auf ein besseres Leben aufgegeben und gesehen, dass sie hier gebraucht wurde. Natürlich hatte er akzeptiert, dass sie in dem großen Haus ihre eigene Wohnung haben wollte. Manfred hatte damals vor seinem Unfall bereits mit dem Ausbau begonnen gehabt. Monika musste die Arbeit ihres Bruders nur zu Ende bringen, nachdem alles die ganzen Jahre ungenutzt dagelegen hatte.

Aber dann war Monika doch nicht die Hilfe gewesen, die er für selbstverständlich gehalten hatte. Sie wusch seine Wäsche, machte manchmal sauber, hielt sich sonst aber weitgehend fern von ihm. Einmal hatte sie im Streit geschrien, sie sei seine Tochter und nicht seine Haushälterin. Er hatte darüber nachgedacht und war zu dem Entschluss gekommen, dass er tatsächlich froh sein konnte, sie überhaupt wieder hier zu haben.

Dabei hatte er das große Haus eigentlich nie gebraucht. Theresa hatte das so gewollt, für die Kinder. Es war nun schon achtzehn Jahre her, dass er seine Frau verloren hatte. Seitdem hatte er an jedem Tag dieses Rindvieh mit seinen spitzen Hörnern verflucht. Es war seine eigene Schuld gewesen. Er hatte sich geweigert, die

Rinder zu enthornen. Er hatte es nicht übers Herz gebracht, den Kälbern das Brenneisen aufzusetzen, sie zu verstümmeln. Letztendlich hatten die Tiere es ihm nicht gedankt. Hatten stattdessen Theresa aufgespießt, als die ihren Ränkekämpfen Einhalt gebieten wollte. Seine unerschrockene Theresa. Sie fehlte ihm noch immer. Noch größer wurde seine Einsamkeit, als ein halbes Jahr später der belgische Lkw Manfred in seinem Auto zerquetschte. Zuvor hatte wieder irgendein Idiot bei einem Überholmanöver einen schweren Unfall verursacht. Das Stauende auf der Bitburger lag hinter der Kurve, und der Belgier konnte auf der abschüssigen Strecke nicht mehr rechtzeitig halten. Er selbst hatte sich geweigert, Manfred zu sehen. Monika hatte es versucht; sie hatte noch tagelang Heulkrämpfe. Vielleicht hatte der Anblick ihres Bruders sie damals daran gehindert, sofort wieder zurückzukehren.

Danach herrschte Leere in seinem Haus. Der Mieter aus dem Dachgeschoss war ausgezogen. Er selbst hatte keine Lust gehabt, sich wieder einen Fremden ins Haus zu holen. Auch das war damals Theresas Idee gewesen. Eine Mietwohnung für regelmäßige Einkünfte. Er hatte es geduldet. Vielleicht, weil die Merteskaul sowieso schon mit Fremden überlaufen war.

Damals waren er und seine Familie von diesen langhaarigen Linken regelrecht umringt gewesen. Von einem Tag auf den anderen hatte sein dämlicher Nachbar sein Haus an diese Hippies aus dem Kohlenpott verscherbelt und war Anfang der Achtziger zu seiner Tochter nach Düsseldorf gezogen. Schon drei Jahre zuvor war eine andere dieser Kommunen, oder wie die sich nannten, in das leer stehende Haus der Merkers eingezogen. Es war furchtbar gewesen mit den alten Autos, den Motorrädern und der lauten Musik. Mit den Jahren waren dann immer wieder einzelne Bewohner weggezogen, hatten sich das Leben in der Eifel wohl doch anders vorgestellt. Hatten nicht gedacht, dass Arbeit auch dreckige Hände und schmerzende Rücken macht, bevor man die Ernte einfahren kann. Geblieben waren dann die Kremers auf der einen Seite, die ständig Kinder bekamen, und die Lenz mit Jim auf der anderen.

Er hatte es sich zwar nie richtig eingestanden, aber nachdem Theresa und Manfred gestorben waren, hatten ihn die Nachbarn unterstützt, wo sie es vermochten. Hatten ihm bei der Ernte geholfen und sogar die Schweine versorgt, als er einmal so krank war, dass er nicht in den Stall konnte, ohne die Tiere zu gefährden. Bis zu dem Tag, als der Fluch der Merteskaul wieder zuschlug und Jimmy mit seinem Motorrad in einer Kurve auf Sand ausrutschte, den ein Baulaster zuvor verloren hatte. Erst danach hatte die Straßenmeisterei die Leitplanken entschärft, denen Jimmy zum Opfer gefallen war. Silvia Lenz hatte sich über Jahre zurückgezogen. Hatte nur noch Zeit für ihre Pferde und ihre Bücher.

Vor drei Jahren dann hatten die Kremers ihre Kinder fast alle durch und ihr Haus an die Altmüllers verkauft. Er hätte es nicht für möglich gehalten, dass sie überhaupt einen Käufer für die Bruchbude finden würden. Doch dann kam dieser merkwürdige Journalist und faselte etwas von dem Potenzial des alten Hofes. Tatsächlich hatte Alexander Altmüller angefangen, das Wohnhaus zu renovieren und das alte Bauernhaus komplett auszubauen. Er hatte diesen Mann zwar nie ausstehen können, aber er zollte ihm Respekt für die geleistete Arbeit. Außerdem waren die Altmüllers mit ihren Mädchen vergleichsweise ruhig gewesen. Er hatte begonnen, sich an sie zu gewöhnen, auch wenn sein Bedürfnis nach Ruhe mit zunehmendem Alter noch gewachsen war.

Dann starb das Kind. Es war einfach so krank geworden und gestorben, hieß es. Er glaubte nicht daran. Von Anfang an nicht und schon gar nicht mehr, als er sah, was danach geschah. Er hatte an jenem Sonntagabend beobachtet, wie der Journalist wieder einmal durch Kunkelborn gerast war und dann plötzlich über die Böschung in den Wald hineinschoss. Es gab viele, die über die schmale Kreisstraße rasten, aber er war einer der Schlimmsten gewesen. Das hatte sich nun auch erledigt, auch wenn ihn diesmal keine Schuld getroffen hatte.

Keine zwei Wochen später kamen nun die Polizisten. Wollten wissen, ob er etwas Besonderes gesehen hatte. Ob er eine Ahnung hätte, wo die junge Ärztin abgeblieben war. Über die Frau konnte er nichts Schlechtes sagen. Sie war zu ihm immer freundlich gewesen, hatte sogar mit Monika öfter einen Kaffee getrunken und ihm geholfen, als er die schwere Erkältung hatte. Als die Kriminalbeamten dann noch mal kamen und es klar war, dass auch sie tot war, tat es ihm sogar ein wenig leid. Er hatte dennoch nichts gesagt: nichts über die Windmühlenbetreiber, die immer häufiger kamen, nichts über die Asiaten, die bestimmt auch die Eifel aufkaufen würden, wenn sie bei den Afrikanern erst mal fertig waren, nichts über die versteckten Autos im Wald und nichts über den Fluch der Merteskaul.

Jetzt, an diesem frühen Abend, genoss er die Ruhe. Die Polizisten würden am nächsten Tag sicher wiederkommen.

20

Trier/Merteskaul; Pfingstmontag, 13. Juni

Es war sechs Uhr morgens, als der Wecker Christian Buhle aus dem Tiefschlaf riss. Etwas orientierungslos tastete er mit der linken Hand nach dieser nervigen Notwendigkeit des Alltags und drückte den Weckton weg. Dann registrierte er die Uhrzeit und stellte fest, dass er tatsächlich sieben Stunden am Stück geschlafen hatte. Das gelang ihm nur sehr selten. Er streckte sich einmal gut durch und blieb noch ein wenig liegen. Das Tageslicht hatte schon längst durch den hellen Vorhang hindurch das Schlafzimmer erobert. Ihn störte die Helligkeit nicht. Im Gegenteil: Er könnte es nie in Zimmern mit heruntergelassenen Jalousien aushalten. Durch das gekippte Fenster drangen die Stimmen der Singvögel aus den Parkbäumen zu ihm hoch. Sonst war es an diesem Pfingstmontag im Trierer Süden noch sehr ruhig.

Ursprünglich hatte er einmal vorgehabt, über Pfingsten ins Hohe Venn zu fahren. Marie, Paul und andere hatten ihm von der weiten Moorlandschaft an der deutsch-belgischen Grenze vorgeschwärmt. Nun dachte er das erste Mal wieder an dieses Vorhaben. Er würde es sicher demnächst nachholen. Schließlich stand er auf und ging unter die Dusche.

Zum Frühstück wollte er sich wie üblich auf eine Tasse Darjeeling und zwei Toast mit Marmelade beschränken. Als er die gegessen hatte, teilte ihm sein Magen deutlich mit, dass er nicht gewillt war, weiter zu fasten. Also versorgte Buhle ihn mit zwei weiteren Toast, diesmal mit Weichkäse und Schinken, sowie einer Banane. Er beschloss, die Enthaltsamkeit für das Feiertagswochenende aufzugeben, und verließ die Wohnung. Es war später geworden als geplant.

Trier wirkte so früh am Feiertag wie ausgestorben. Auf dem Alleenring verloren sich nur wenige Fahrzeuge, und so gelangte Buhle über Süd- und Ostallee schnell zur Zentralen Kriminalinspektion. Wie am Vortag war sie nur dünn besetzt. Erst auf dem Flur der Mordkommission waren Stimmen zu hören. Grehler debattierte mit Reuter über die Sinnlosigkeit, alle Fingerabdrücke im Hause

Altmüller zu analysieren. Huth-Balzer schien sich sehr über Steffens Beschwerden im Gesäßbereich lustig zu machen. Und Gerhardts unterhielt sich mit Ducard über die luxemburgische Invasion in den grenznahen Dörfern im Saargau und die Auswirkungen auf die dortigen Grundstückspreise, die für die ortsansässigen jungen Familien immer unerschwinglicher wurden. Um zehn nach sieben traf der erste Kriminalhauptkommissar tatsächlich als Letzter der Soko-Kerntruppe ein.

Er hatte gerade alle begrüßt und vereinbart, entsprechend früh mit der Besprechung zu beginnen, als sein Handy klingelte. Er schaute auf das Display, auf dem der Name Marie Steyn zu lesen war. Erst als er merkte, dass alle ihn anstarrten, nahm er das Telefonat an.

»Ja hallo, Christian hier. Marie, ist etwas geschehen?« Er drehte sich um und ging den Flur hinunter, weg von den Kollegen.

»Hallo, entschuldige, so früh am Morgen. Hast du Zeit? Kannst du hochkommen.«

Buhle brauchte ein paar Sekunden, um die wenigen Worte zu verarbeiten. »Ich habe gleich …« Er drehte sich um und sah, wie seine Kollegen versuchten, den Eindruck von Geschäftigkeit zu vermitteln. Ihm war klar, dass jeder seine Ohren auf ihn fokussiert hatte. »Natürlich. Wir haben gleich Sitzung, aber die können schon mal ohne mich anfangen. Ich bin in zehn Minuten oben.«

»Gut, danke. Es dauert auch nicht lange, denke ich. Bis gleich.«

Marie Steyn hatte das Gespräch beendet. Buhle nahm sein Handy vom Ohr und fragte sich, was der Anruf bedeuten konnte. Schließlich drehte er sich um und ging zu seinen Leuten zurück.

»Marie Steyn«, erklärte er, obwohl es sicher jeder mitbekommen hatte. »Sie hat mich gebeten, zu ihr zu kommen. Ich fahre also gleich hoch. Die Sitzung müssten wir dann doch wie vereinbart um acht beginnen.« Er schaute in die Runde und sah in abwartende bis neugierige Gesichter. Aber keiner widersprach. Buhle fuhr fort: »Wir müssen trotz der ganzen Arbeit auch an die Berichte denken. Macht euch bitte Gedanken, wer was zu Papier bringen kann. Monz, Großmann und Haupt werden im Laufe des Tages über den Stand der Ermittlungen unterrichtet werden wollen. Ihr wisst, wie die reagieren, wenn wir bei den Ermittlungsakten schlampen. Eine Pressekonferenz wird sicher auch noch kommen. Dann müssen die

Befragungen im sozialen Umfeld der Familie Altmüller abgeschlossen werden, bevor morgen wieder alle arbeiten. Wir müssen Kontakt mit Alexander Altmüllers Mutter aufnehmen. Wenn ich um acht noch nicht zurück sein sollte, fangt ohne mich an. Paul kann dann die Sitzung leiten. Ich versuche aber, rechtzeitig wieder da zu sein.«

Als er fertig war, setzte ein Gemurmel ein, aus dem er Satzteile wie »wir können auch später anfangen«, »wir kümmern uns schon«, »lass dir ruhig Zeit« oder »ist bestimmt was Wichtiges« herausfiltern konnte. Er wollte noch etwas erwidern, setzte mit einer Geste dazu an, überlegte es sich dann aber anders. Als er die Glastür am Ende des Flurs öffnete und noch einmal zurücksah, blickte er auf ein offensichtlich zufriedenes Team. Kopfschüttelnd machte er sich auf den Weg nach Avelsbach.

Die versprochenen zehn Minuten hatte er nicht ganz einhalten können. Schon während er aus seinem Auto stieg, überlegte er, ob er so früh an einem Feiertagmorgen klingeln konnte, ohne das ganze Haus zu wecken. Die Entscheidung wurde ihm dadurch abgenommen, dass Marie ihm die Tür öffnete, bevor er sie erreicht hatte.

»Hallo, Christian. Danke, dass du so schnell gekommen bist.« Sie trat einen Schritt zurück und hielt ihm die Tür auf.

Buhle schob sich vorbei und wartete am Treppenabsatz. »Gehen wir hoch?«

»Ja, lass mich aber vorgehen. Ich weiß nicht, wo die beiden Mädchen im Moment sind. Mir wäre es recht, wenn Zoé dich nicht sehen würde, zumindest nicht sofort.« Sie gingen die Treppe hoch, und Marie schaute durch die Zimmertüren in Küche und Wohnzimmer. Dann gab sie Buhle ein Zeichen, ihr in die Küche zu folgen. Dort saß Peter Kasper am Tisch und kaute gerade an einem Brötchen. Sofort stand er auf, wischte sich seine Hände an einer Serviette ab und gab dem Besucher zur Begrüßung die Hand. Buhle mochte den besten Freund von Marie. Peter war nicht nur stets freundlich und zuvorkommend, er war auch eine Person, auf die sich Marie in jeder Lebenslage verlassen konnte. Das hatte er bei Mattis' Geburtstag wieder einmal bewiesen.

»Setz dich, oder musst du direkt wieder weg?« Marie blickte Buhle fragend an.

»Einen Moment habe ich Zeit«, antworte er und setzte sich auf den freien Stuhl neben Peter Kasper.
»Ich gehe hoch und sehe nach Nora und Zoé. Christian, wenn du was trinken willst: Peter kennt sich in der Küche aus.« Mit diesen Worten war Marie im Flur verschwunden.
Buhle schaute Peter Kasper fragend an. »Weißt du, weswegen mich Marie so dringend sprechen will?«
»Ja, aber das muss sie dir selbst sagen. Hängt mit Zoé zusammen. Heute Morgen hatten die beiden Mädchen ziemlichen Krach.«
»Danke, dass du gestern geholfen hast. Ich weiß nicht, ob Marie das allein geschafft hätte.«
»Ist doch selbstverständlich. Dazu sind Freunde doch da.« Offensichtlich konnte Peter Kasper Buhles Gedanken lesen und fügte mit seiner sanften Stimme hinzu: »Und du warst ja im Einsatz.«
»Ich weiß nicht, ob es nur das ist. Ich habe Marie wohl ziemlich enttäuscht, und seitdem ... Außerdem bin ich ihr auch nicht so nahe, wie du es bist.«
Kasper schien einen Moment zu überlegen. »Dem ersten Punkt muss ich zustimmen. Beim zweiten bin ich mir nicht so sicher.«
Die Küchentür ging wieder auf, und Marie kam zurück. »Also, Zoé hockt immer noch in der Ecke von Noras Zimmer und lässt keinen an sich ran. Nora spielt jetzt für sich. Möchtest du keinen Tee, Christian?« Sie wartete gar keine Antwort ab und ging bereits zur Spüle, um den Wasserkocher zu füllen.
Buhle spürte seine Ungeduld, wartete aber ab, bis Marie den Kocher angeschaltet, eine große Tasse aus dem Schrank genommen und darin einen Teebeutel eingehängt hatte. Während das Geräusch des Wasserkochers zu ihnen drang, setzte sich Marie endlich mit an den Tisch. Sie schloss einen Moment die Augen und begann zu erzählen: »Ich fang mal mit gestern an. Deine Idee mit dem Reiten war wirklich gut. Es hat alles geklappt, aber das hat dir sicher auch schon Nicole berichtet.«
»Nur kurz am Telefon. Wir haben uns gestern nicht mehr getroffen.«
»Ja, Details sind da jetzt auch nicht so wichtig. Ich hatte auf jeden Fall abends das Gefühl, Zoé habe sich stabilisiert und begonnen, eine persönliche Beziehung zu Nora aufzubauen. Auch mir oder Mattis gegenüber hatte sie sich weniger distanziert verhalten.« Sie

unterbrach kurz, weil der Wasserkocher fertig war. Aber Peter war bereits aufgestanden und goss den Tee auf.

»Tja, und heute Morgen sind wir dann aufgewacht, weil in Noras Zimmer ein heftiger Streit tobte. Ich habe eine Zeit lang gebraucht, bis ich aus Nora herausbekommen hatte, was geschehen war. Beide waren früh aufgewacht und konnten nicht mehr schlafen. Sie hatten dann wohl mit Rollenspielen angefangen, in denen sie auf Abenteuer gingen. Wahrscheinlich noch eine Nachwirkung vom Lagerfeuer gestern Abend. Dann hat Nora eine Schatzsuche vorgeschlagen. Das ging zunächst gut, bis Zoé dann tatsächlich Noras Schatzkiste gefunden hatte. Das ist ein Schuhkarton, den sie mit Bildern und Mustern beklebt hat und in dem sie allerlei Schätze aufhebt.« Beim Wort »Schätze« machte Marie in der Luft zwei Anführungszeichen.

»Nachdem Nora Zoé ihren Schatz gezeigt hatte, ist Zoé wohl völlig ausgetickt. Sie hat Nora die Kiste weggerissen und ihr verboten, sie jemals wieder zu suchen oder gar anzufassen. Ist dann aus dem Zimmer rausgerannt. Nora ist natürlich hinterher. Aber Zoé hat sich mit aller Macht dagegen gewehrt, die Kiste wieder herzugeben. Am Ende hat sie Nora heftig umgestoßen und ist wieder in das Kinderzimmer zurück. Seitdem sitzt sie in der äußersten Ecke, hat die Kiste mit beiden Händen umschlossen und lässt keinen an sich ran. Es dauerte über eine Viertelstunde, bis ich Nora wieder so weit getröstet hatte, dass sie zu weinen aufhörte. Jetzt ist sie ein wenig trotzig und ist deshalb ins Zimmer zurückgekehrt. Ich kann ihr das nicht verbieten. Ich glaube auch nicht, dass es für Zoé besser wäre, wenn sie allein im Zimmer wäre, eher umgekehrt. Nur Nora versteht das alles natürlich nicht.«

Buhle hatte aufmerksam zugehört, fragte sich allerdings, warum das Ganze für ihn so wichtig sein sollte. Er wollte aber auf keinen Fall Kritik äußern und sagte deshalb: »Wenn ich ehrlich bin, verstehe ich das auch nicht so richtig.«

»Das glaube ich dir. Ein wichtiges Detail habe ich dir noch nicht erzählt.« Marie holte tief Luft. »Als Zoé die Kiste vor Nora verteidigte, rief sie nicht Noras Namen, sie rief Anne, immer wieder Anne.« Sie schaute Buhle einen Moment schweigend an. »Du verstehst immer noch nicht, oder?«

Nein, er verstand immer noch nicht.

»Du kennst dich doch auch ein bisschen in Psychologie aus. Weißt du, was ein Trigger ist?«

»Trigger? Das ist doch ein Schlüsselerlebnis oder so?«

»Nicht ganz, so nennt man einen Schlüsselreiz, und zwar bezogen auf einen traumatisierten Menschen. Das kann alles Mögliche sein: ein Gegenstand, eine Musik, ein Duft. Irgendetwas, das die Person mit einem traumatischen Ereignis verbindet. Das kann auch ganz unterbewusst geschehen.«

»Und du meinst, Noras Schatzkiste ist so ein Trigger für Zoé?«, fragte Buhle nach.

»Ja, das glaube ich. Zoé muss mit der Schatzkiste etwas verbinden, das sie an ihre Schwester, vielmehr an den Tod ihrer Schwester, erinnert. Und zwar heftig erinnert.«

»Glaubst du, dass es auch etwas sein könnte, das sie in der Schatzkiste gesehen hat?«

»Möglicherweise ja. Aber dann müsste es schon etwas sein, das sie oder ihre Schwester auch hatte. Soweit ich weiß, hat Nora vor allem Klebebildchen, Perlen und so etwas drin. Also eher nichts Unverwechselbares.«

»Und wieso meinst du, dass das wichtig für mich ist?« Buhle hatte ganz vorsichtig gesprochen, um Marie ja nicht zu verärgern.

»Ihr wisst doch nicht, was die Ursache für die Erkrankung von Anne war. Aber anscheinend verbindet Zoé etwas mit dem Tod ihrer Schwester, vielleicht etwas, wodurch sie sich schuldig fühlt. Vielleicht etwas, das mit einer Schatzkiste zu tun hat, Zoés Schatzkiste. Ihr solltet danach suchen, meine ich jedenfalls.«

»Gut, ich werde bei der Spurensicherung nachfragen, ob sie so etwas bei den Kindern gefunden haben. Und wenn es eine Schatzkiste dort gibt, werden wir sie genauer untersuchen. Sollen wir die dann mitbringen?«

»Nein, bloß nicht. Ich bin froh, wenn ich Zoé irgendwie wieder beruhigen und ihr diese Kiste abnehmen kann. Ich wollte eigentlich heute mit Mattis und den Mädchen nach Berdorf zu Claudille fahren. Das hatte ich beiden versprochen. Aber wie es aussieht, wird es nicht klappen.«

Peter Kasper hatte die ganze Zeit ruhig und aufmerksam zugehört. Jetzt meldete er sich zu Wort. »Vielleicht könnte ich ja mit Mattis und Nora dorthin fahren. Ich habe deine Schwiegeroma

schon eine kleine Ewigkeit nicht mehr gesehen. Mir wäre das sehr recht, und du könntest dich intensiv um Zoé kümmern.«
»Ja, und der Kommissar könnte wieder ohne schlechtes Gewissen ermitteln gehen.« Sie schaute Buhle in die Augen. Jetzt trat sogar ein leichtes Lächeln mit einem Hauch ihrer Grübchen in ihr Gesicht. »Nein, Christian, nicht ärgern. Ich versteh dich ja auch, ein bisschen jedenfalls. Aber manchmal fällt es schwer, das dann auch zu akzeptieren.«
Buhle wollte etwas sagen, aber Marie ließ ihn nicht zu Wort kommen. »Ich sehe doch, dass du auf heißen Kohlen sitzt. Los, hau ab zu deinen Polizisten und finde die Mörder. Ich wollte dir das mit Zoé erzählen und ... ich wollte mich bei dir entschuldigen, dafür, dass ich etwas garstig zu dir war. Und jetzt fahr.«

Auf der Rückfahrt ordnete Buhle seine Gedanken. Marie hatte sich entschuldigt, obwohl er den Fehler bei sich selbst sah. Dennoch hatte er geschwiegen. Er schwieg also in entscheidenden Situationen immer noch, anstatt zu reden.

Als er zurück in die Kriminalinspektion kam, hatten die Kollegen der Soko Sauer ihre Besprechung gerade begonnen. Buhle bat Gerhardts, mit der Gesprächsführung weiterzumachen. Sie besprachen die weiteren Schritte, und Grehler teilte mit, dass seine Leute heute noch die Scheune in der Merteskaul untersuchen würden. In dem Moment hatte Buhle seine privaten Gedanken mit dem Vorsatz, Marie möglichst bald zum Essen einzuladen, abgeschlossen und stieg wieder in das dienstliche Gespräch ein.

»Habt ihr in den Kinderzimmern eine Schatzkiste gefunden?«

Alle Augenpaare richteten sich erstaunt oder fragend auf ihn. Selbst Grehler, der sich normalerweise nicht unterbrechen ließ, verharrte mit geöffnetem Mund. Buhle fasste Zoés Reaktion auf Noras Schatzkiste zusammen und bat Grehler, noch einmal darauf zu achten.

Ducard berichtete von den abgeschlossenen Ermittlungen auf Luxemburger Seite. Die Leiche würde noch heute in die Gerichtsmedizin nach Mainz gebracht werden, um weitergehende Untersuchungen vornehmen zu können. Er habe auch an verschiedenen Stellen vorsichtig zum Thema Biowaffen im Großherzogtum nachgefragt. Dass an Biowaffen in Luxemburg experimentiert würde, könne man demnach ausschließen. Wenn überhaupt, dann wären höchstens die Prävention oder Bekämpfung der Folgen eines Biowaffenangriffs Themen, doch da verlasse sich das kleine Land offensichtlich auf seine großen Bündnispartner und die EU.

Nachdem die Aufgaben für den Tag verteilt waren, setzte Buhle den nächsten Besprechungstermin auf achtzehn Uhr fest. Er sah vor, dass dann alle Erkenntnisse aus dem Auswertungsangriff zusammengetragen wären und sie in die weitergehende Analyse des Falls einsteigen müssten.

»Leute, wir haben schon vergleichsweise viele Informationen gesammelt, sind recht weit, was den Tathergang beim Mord von Suzanne Altmüller betrifft. Aber wir tappen bei Motiv und Verdächtigen noch völlig im Dunkeln. Dazu kommt, dass wir bislang keine Ahnung haben, ob die drei Todesfälle in der Familie Altmüller irgendwie zusammenhängen. Normalerweise würde hier jeder von uns einen Zufall ausschließen. Aber wir haben keinen Beweis dafür, nicht mal ein Indiz. Nichts.« Er schaute in die Gesichter der Kollegen, die stumme Zustimmung signalisierten.

»Wenn ihr mich fragt, wird das noch eine ganz zähe Geschichte. Und worauf wir uns auch einstellen müssen: Der Fundort der Leiche in Luxemburg und die Staatsangehörigkeit der Toten wird unseren höheren Dienst mit Sicherheit dazu verleiten, uns an allen Ecken Dampf zu machen. Die wollen sich vor dem Ländle nicht bloßstellen. Auch die Medien werden dazu beitragen. Das wird keine ruhige Ermittlungsarbeit in der nächsten Zeit, Kollegen. Nutzen wir noch diesen Feiertag.«

Buhle sollte recht behalten. Den Anfang machte der Leiter der Zentralen Kriminaldirektion Herbert Großmann, allerdings noch bequem vom Liegestuhl in der Kleingartenanlage Tempelbezirk aus und per Mobiltelefon. Nach dem vielen Regen und der momentanen Hitze wäre unheimlich viel im Garten zu tun, berichtete er. Aber er würde spätestens nach dem Mittag ins Büro kommen, da ja sicher wichtige Dinge zu regeln seien. Großmanns Anruf hatte zumindest den Vorteil, dass Buhle nicht sehr lügen musste, als sich kurz darauf Polizeipräsident Monz über den Ermittlungsstand informierte und nachfragte, ob auch sein Vorgesetzter auf dem Laufenden sei. Buhle bekam den Auftrag, mit der Staatsanwältin Klara Haupt einen Termin für die Pressekonferenz am Nachmittag festzulegen.

Zu der »Hauptmann«, wie die resolute Vertreterin der Staatsanwaltschaft Trier in Polizeikreisen auch genannt wurde, hatte Buhle seit dem letzten Mordfall ein etwas angespanntes Verhältnis. So hielt sich seine Vorfreunde in Grenzen, Klara Haupt an einem Feiertag zu einer Pressekonferenz zu bitten, für die sie bislang so gut wie keine Hintergrundinformationen erhalten hatte. Umso überraschter war er, dass sie sich ausgesprochen freundlich zeigte, darum bat, sich mit ihm vor dem Mittag zu einer Vorbesprechung zusammenzusetzen, und zum Schluss auch noch andeutete, dass sie beide als partnerlose Midlifecriser dann auch zusammen essen gehen könnten. Buhle war so perplex, dass er tatsächlich zusagte.

Den Rest des Vormittags nutzte er, um die Ermittlungsakten wenigstens in einen einigermaßen vorzeigbaren Zustand zu bringen. Zum Glück hatten die Kollegen es irgendwann zwischendurch geschafft, die wichtigsten Dinge in der polizeiinternen Datenbank zu hinterlegen. Um zehn vor elf kam die Staatsanwältin in Buhles Büro geschwebt.

Rein äußerlich konnte er keine Veränderung an ihr feststellen. Sie hatte die gleiche mahagonigefärbte, unauffällige Frisur wie seit Jahren. Sie trug ein graues Kostüm mit einer weißen Bluse, schwarze Pumps, hatte eine schlichte Goldkette umgelegt und sich mit Perlensteckern in den kleinen Ohrläppchen sowie drei Goldringen begnügt. Doch hatte Buhle sie noch nie so vergnügt erlebt. Nachdem sie zusammen den dazugehörigen Text formuliert hatten, übernahm sie es freiwillig, vorab die Presse zu unterrichten. Sie scherzte über Großmann, der ihr offenbar nicht hatte verheimlichen können, dass sie ihn am Grill in der Laubenkolonie erwischt hatte. Sie freute sich über das herrliche Sommerwetter, das sie sich nun wirklich verdient hatten. Abschließend kündigte sie an, Buhle sogar zum Mittagessen einladen zu wollen. Nachdem sie sich für dreizehn Uhr in einer Pizzeria mit Gartenterrasse verabredet hatten, ließ Klara Haupt den absolut irritierten Kriminalkommissar wieder allein in seinem Büro zurück.

Gegen zwölf Uhr dreißig hatte Buhle es geschafft, auf einer Seite die wichtigsten Ermittlungsergebnisse im Fall John-Altmüller für die Medien zusammenzufassen und den Fahndungsaufruf für Zeugen, die parkende Autos in der Nähe des Tatorts gesehen haben könnten, zu formulieren. Den für den internen Gebrauch gedachten, vierseitigen Zwischenbericht kopierte er größtenteils aus vorhandenen Einzelberichten zusammen und ergänzte diese durch ein vorläufiges Fazit. Beide Texte sendete Buhle an Haupt, Monz und Großmann und nahm zusätzlich noch einen Ausdruck für das Arbeitsessen mit der Staatsanwältin mit.

Klara Haupt hatte auch beim Italiener nichts von ihrer guten Laune eingebüßt. Großzügig überredete sie Buhle zu einer gemeinsamen Antipasti-Platte als Vorspeise. Das Teilen eines großen Thunfischsalats konnte er nur dadurch umgehen, dass er darauf beharrte, neben einem Salat keine weitere Hauptspeise mehr zu schaffen. Die Enttäuschung der Staatsanwältin dauerte nur so lange, bis sie auf der Seite mit den Desserts anlangte und beschloss, dass auch sie auf die obligatorische Pasta verzichten könne, wenn Buhle ihr dann bitte wenigstens beim Tiramisu Gesellschaft leisten würde. Dazu plauderte sie über einen skurrilen Fall aus dem Frühjahr, zog mit einem Augenzwinkern über die alten Männer an der Spitze der Polizeidirektion her, freute sich auf den baldigen Umzug vom beengten Irminenfreihof in die neu renovierten Bürogebäude der alten Reichsbahndirektion mit den versprochenen großzügig bemessenen Zimmern. Buhle begnügte sich mit einigen interessierten oder zustimmenden Bemerkungen und wunderte sich. Jedenfalls bis zu dem Zeitpunkt, als die letzten Bissen der italienischen Nachspeise ihre Gaumen passiert hatten und Klara Haupt beschloss, dass ohne einen Ramazzotti heute sicher »nichts mehr laufen würde«. Dabei musste sie kichern wie ein kleines Schulmädchen.

»Lieber Buhle, ich sehe Ihnen schon die ganze Zeit an der Nasenspitze an, dass Sie sich fragen, was mit der alten Schachtel heute nur los ist.« Bei den letzten Worten konnte sie sich nicht mehr halten und lachte so laut los, dass die wenigen Gäste sich zu ihr umdrehten und entweder verständnislos den Kopf schüttelten oder leise mitlachten. Als sie sich wieder einigermaßen beruhigt und den Kräuterlikör bestellt hatte, wiederholte sie noch mehrmals: »Los sein, nur los sein. Das ist gut. Nichts mehr laufen und nur los sein.«

Buhle fragte sich ernsthaft, ob heute irgendetwas in der Luft lag, das Frauen in seiner Anwesenheit zu völlig verdrehten Verhaltensweisen zwang. Marie hatte den Anfang gemacht, wobei ihre

Kehrtwendung ihm sicher guttat. Die völlig aufgedrehte Staatsanwältin hingegen verblüffte ihn zusehends.

»Mein lieber Buhle, ich muss mich entschuldigen. Ich benehme mich ja unmöglich und blamiere Sie vor den anderen Gästen.« Sie hatte sich weit über den Tisch zu ihm hinübergebeugt, und er sah in ihren Augen, dass sie auch das in keinster Weise ernst nahm. »Es ist die Liebe, Herr Kriminalhauptkommissar.«

Buhle hatte schon Gerüchte gehört, dass Klara Haupt sich einen gut fünfzehn Jahre jüngeren Mitarbeiter der juristischen Fakultät an der Uni geangelt hatte. Offenbar schien sein Gesichtsausdruck diese aufkommende Erkenntnis eins zu eins widerzuspiegeln, denn ihre verschwörerische Mimik ging in ein breites Grinsen über.

»Aber nicht, was Sie denken. Es ist die Liebe, die ich wieder los bin. Mein Gott, was ist das schön, wieder frei zu sein.« Sie ließ sich mit dem letzten Satz nach hinten in die Rückenlehne fallen, legte ihren Kopf in den Nacken und lachte noch einmal, diesmal allerdings deutlich leiser. Das völlig entgeisterte Gesicht von Buhle sah sie so nicht mehr.

Auf dem Weg zu den Autos erklärte sie ihrem Begleiter, dass es am Anfang ganz nett war mit dem jüngeren Geliebten, was einer Frau in ihrem Alter ja auch das Gefühl gab, noch nicht ganz zum alten Eisen zu gehören. Aber dann wollte der Junge doch tatsächlich auf feste Beziehung machen und fing an, sich bei ihr einzunisten. Da hatte sie kurzerhand die Reißleine gezogen und ihm mitgeteilt, dass ab jetzt nichts mehr zwischen ihnen laufen würde. Das war vor vier Tagen gewesen, und seitdem hätte sie sich nur noch gut gefühlt. Klara Haupt verabschiedete sich von Buhle bis zur Pressekonferenz und legte beschwingt die restlichen fünfzig Meter bis zu ihrem Wagen zurück.

In der Kriminalinspektion wartete Großmann schon auf Buhle. Sein Vorgesetzter schien mit den bisherigen Ergebnissen durchaus zufrieden und teilte mit, dass der Polizeipräsident sie eine halbe Stunde vor dem Termin mit den Medienvertretern zu einer Vorbesprechung gebeten hatte. Somit blieb Buhle kaum noch Zeit. Er ging dennoch in sein Büro, um zu prüfen, ob zwischenzeitlich eine Nachricht von den Kollegen eingetroffen war. Tatsächlich blinkte die Kontrollleuchte des Anrufbeantworters. Grehler hatte seine Mitteilung wohl erst auf den AB gesprochen, nachdem er es mehrmals vergeblich auf Buhles Handy versucht hatte. Buhle fluchte leise vor sich hin, als er feststellte, dass der Akku seines Mobiltelefons leer war. Beim zweiten Abhören verstand er dann auch, was der Kriminaltechniker ihm mitteilen wollte: Sie würden den Schatz jetzt heben. Wenn es ihn noch irgendwie interessierte, solle er seine Beine in die Hand nehmen und schleunigst nach Merteskaul kommen.

Weil er sich so darauf konzentrieren musste, die Worte überhaupt zu identifizieren, dauerte es einen Moment, bis Buhle ihre Bedeutung verstand. Er griff sofort zum Telefon und wählte Grehlers Mobilnummer. Eine Stimme sagte ihm, dass der Teilnehmer momentan nicht zu erreichen sei. Er versuchte es bei der Festnetznummer der Altmüllers. Nachdem er dreimal hatte durchklingeln lassen, hob Grehler endlich am anderen Ende ab.

»Ach, meldest du dich auch noch? Wo treibst du dich denn rum, während deine Kollegen sich den Feiertag in der tiefsten und schwülsten Pampa vertreiben? Ich dachte, du wolltest unbedingt wissen, ob es hier eine Schatzkiste gibt. Dann finden wir eine, und du bist nicht zu erreichen. Bist du ins Klo gefallen, oder was?«

Buhle wusste, dass er dazwischenreden musste, wenn er Grehlers Wortschwall irgendwie unterbinden wollte. »Unsere Staatsanwältin hat mich zum Mittagessen entführt.« Buhle konnte bildlich vor sich sehen, wie Grehler jetzt mit offenem Mund und aufgerissenen Augen aufs Telefon starrte. »Und du weißt, dass man das einer Frau in ihrem Alter nicht ohne Folgen abschlagen kann. Also, falls du dich noch an diese Zeit zurückerinnern kannst.«

Buhle war selbst über den Anflug von Witz erstaunt, der ihm da einfach so über die Lippen gegangen war. Grehler schien es nicht anders zu gehen. Er murmelte noch etwas wie, dass die Hitze in Trier wohl schon ihre ersten Opfer gefordert hätte, kam dann aber auf sein Anliegen zu sprechen. »Wir haben tatsächlich eine Schatzkiste gefunden. Allerdings nicht in einem der Kinderzimmer, sondern ...?« Mit der grehlerschen Pause schien der Kriminaltechniker seine Verblüffung überwunden zu haben.

»Keine Ahnung. Wo denn?«

»In der alten Scheune.«

»Aha, und was hat die da gemacht?«

»Sich versteckt.«
»Scherzkeks.«
»Du glaubst mir nicht? Dann komm her.«
»Geht nicht. Ich muss gleich zu Monz und dann zur Pressekonferenz. Also, was habt ihr entdeckt?«
Grehler hatte jetzt wieder Oberhand und kostete das gebührlich aus. »Na, das ist schlecht am Telefon zu erklären. Zumal du die Örtlichkeit wahrscheinlich nicht kennst. Oder hast du dich schon mal in die Scheune getraut?«
»Um eure wertvollen Spuren zu vernichten?«
Der Konter war für Grehler offensichtlich gut genug, er kam nun tatsächlich auf den Punkt. »Also, die Scheune sah zwar zunächst so aus, als ob seit Jahren keiner mehr dort gewesen war, aber das täuschte. Offensichtlich war in letzter Zeit doch reger Betrieb. Wir haben zahlreiche, relativ frische Spuren auf dem Boden, aber auch an Leitern, an Regalen und eigentlich überall dort gefunden, wo sich etwas gut verstecken ließ.«
Buhle hörte jetzt konzentriert zu und sagte nichts. Anscheinend hob es Grehlers Laune, dass ihm eine solche Aufmerksamkeit zuteilwurde, sodass er in normalem Ton weitersprach: »Es hat natürlich seine Zeit gedauert, die Spuren einzelnen Personen zuzuordnen, doch schließlich haben wir die Schatzkiste tatsächlich gefunden; gut versteckt in einem uralten Schuhkarton unter einem anderen Karton mit Büchern.«
»Und was ist drin?«
»Allerlei Mädchenkrams. Eine verzierte Haarspange, so ein Metallkreisel, wie die jetzt modern sind, verschiedene Fotos und Abziehbilder von Pferden, Glitzerbilder von Comicfiguren, ein Foto von der Familie Altmüller, Steine, Perlen, ein paar von diesen zähen Goldtalern, die ich schon als Kind nicht aus meinen Zähnen herausbekommen habe, und ein kleines, schlecht eingepacktes Geschenk.«
»Wisst ihr, wem die Schatzkiste gehört hat? Zoé oder Anne?«
»Ich nehme an, dem älteren Mädchen, also Zoé. Die Kleine wäre kaum an die Stelle herangekommen. Sie lag zu hoch für sie. Und auch die Bücherkiste wäre wohl zu schwer für sie gewesen. Außerdem glaube ich, dass es Spielzeug für ältere Mädchen ist. Aber ...«, Grehler holte hörbar Luft, »es waren verschiedene Fingerabdrücke auf der Kiste: von mindestens drei verschiedenen Kindern.«

Wenn das für den Kriminaltechniker so erwähnenswert war, musste Grehler noch etwas anderes herausgefunden haben. »Und das bedeutet …?«

»Erst mal noch nichts. Aber die Fußspuren am Boden zeigen, dass das jüngere Kind offenbar überall war. Ich würde sagen, Anne hat die Schatzkiste ihrer Schwester gesucht. Warum auch immer.«

»Wahrscheinlich aus Neugier. Vielleicht wollte sie auch etwas herausholen, was Zoé ihr mal gezeigt oder Anne vorher gehört hatte.«

»Oder sie wollte etwas hineintun? Da ist das Geschenk drin. Es sieht aus, als ob ein kleines Kind es eingepackt hat. Vielleicht hatte Anne es reingelegt? Schließlich hatte Zoé ja Geburtstag.«

»Ja, das stimmt. Mir erschließt sich nur noch nicht, warum das alles so besonders ist.«

»Du wolltest die Schatzkiste. Wir haben sie gefunden. Und bedenke, wie Zoé reagiert und was Marie Steyn daraus gedeutet hat. Was ich auch beachtenswert finde, ist, dass das Geschenk noch nicht ausgepackt ist.«

»Weil Zoé nach dem Tod von Anne nicht mehr an der Schatzkiste war? Vielleicht weil sie wusste, dass sie dort das Geschenk ihrer Schwester finden würde, und genau dies nicht wollte. Gut. Aber noch mal: Warum sollte das für uns relevant sein?«

»Ich weiß es auch noch nicht. Wir haben noch weitere Spuren gefunden, die auch nicht so klar zu deuten sind. Wir haben eine Stelle in einem alten Regal gefunden, an der zumindest zeitweise und bis vor Kurzem etwas gestanden haben muss. Wir wissen noch nicht genau, was. Aber vielleicht etwas, das mit einem Lappen umwickelt gewesen war, den wir in der Nähe gefunden haben.«

»Vielleicht ein zweites Versteck?«, mutmaßte Buhle.

»Ja, aber zu klein für die Schatzkiste. Zumindest lassen dies die Abdrücke im Regal vermuten.«

Grehler machte eine Pause. Buhle wusste nicht, was er dazu sagen sollte, und schwieg.

»Du scheinst ratlos. Wäre ich wohl auch. Doch nun der letzte Teil des Verwirrspiels: Es gibt in dieser Ecke viele Fußspuren von Anne, offenbar hat sie dort vor dem Regal auch gesucht. Dazu gibt es eine kleine Stelle, wo jemand etwas weggewischt haben dürfte. Fällt nur auf, wenn man wirklich genau hinschaut. Kann aber auch

sein, dass jemand nur über eine feuchte Stelle hinweggeschlurft ist. Das Dach ist an einigen Stellen undicht, allerdings weniger über dieser. Außerdem sind dort Spuren von Männerschuhen, und zwar von Alexander Altmüller. Wir haben die entsprechenden Schuhe im Haus gefunden. So, jetzt alles klar?«
»Nein. Woher auch?« Buhle hatte irgendwie mehr erwartet als diese Spuren-Odyssee im Staub. Offenbar hörte man das auch seiner Stimme an.
»Gut. Du fragst dich natürlich nicht, wie wir dies alles aus dem Staub ablesen konnten. Okay, ist ja auch normal, dass wir das können.« Grehler gab Buhle ein paar Sekunden Zeit, darauf zu reagieren. Als nichts weiter kam, fuhr er grätzig fort: »Du wolltest die Kiste. Wir haben sie gefunden. Frag deine Psychologin, was sie meint, was das nun bedeutet. Ich kann nur Spuren lesen und sichern. Das werden wir hier noch eine Weile machen, und ihr könnt euch überlegen, was ihr damit anfangt. Tschö.«
Bevor Buhle etwas erwidern konnte, hatte Grehler das Gespräch beendet. »Oh Mann, diese narzisstische, eingeschnappte Leberwurst«, grummelte er vor sich hin.
»Ich hoffe, du meinst nicht mich.« Großmann war durch die offen stehende Tür eingetreten, ohne dass Buhle es gemerkt hatte. »Aber das kannst du mir gleich erzählen. Wir müssen jetzt zu Monz, und dann habt ihr euren Termin mit der Presse. Komm.«

Die Pressekonferenz verlief ruhig, sachlich und in beidseitigem Bemühen um eine konstruktive Zusammenarbeit. Durch die zahlreichen bisherigen Ermittlungsergebnisse wurde das Informationsbedürfnis der Medienvertreter vollständig befriedigt; die fehlende heiße Spur ließ ausreichend Freiraum für spekulative Ansätze der Journalisten und versprach eine länger währende Story. Erwartungsgemäß bestand aufgrund des Mordfalls am Grenzfluss ein besonderes Interesse seitens der luxemburgischen Zeitungen und des Fernsehsenders RTL. Luc Todoux, Redakteur der Wochenzeitung »LëtzTalk«, hatte offensichtlich seit der Verleumdungskampagne im letzten Mordfall Buhles gelernt und stellte seine Fragen fast demonstrativ seriös. Anders war es bei Robin Flieger von der deutschen »Mosella-Zeitung«, der erneut durch provokante Fragen und bissige Kommentare auffiel. Buhle ahnte schon, welche Schlagzeilen die MoZ in ihrer morgigen Ausgabe bringen würde.

Insgesamt führte Klara Haupt gewohnt souverän durch die Veranstaltung, und Buhle war überrascht, wie professionell sie dabei wirkte. Von dem ausgelassenen Verhalten am Mittagstisch war nichts mehr zu spüren – bis auf ein kurzes Zuzwinkern, als sie Buhle begrüßte. Monz hielt sich zurück und überließ seinem Soko-Leiter die Präsentation der Fakten.

Buhle mochte Pressekonferenzen nicht sonderlich. Für gewöhnlich akzeptierte er aber ihre Notwendigkeit und versuchte, für die laufenden Ermittlungen und die Repräsentation der Polizei das Beste daraus zu machen. Das war an diesem Tag nicht anders. Buhle bat die Medien um Hilfe bei der Suche nach Zeugen, die zur mutmaßlichen Tatzeit am vergangenen Donnerstag parkende Autos in dem Bereich zwischen Ralinger Mühle und Elektrizitätswerk Rosport, insbesondere auf dem Parkplatz an der B 418, gesehen hatten. Als sofort Fragen nach näheren Informationen aufkamen, verteilte Buhle den vorbereiteten Fahndungsaufruf.

Die anschließende Pause nutzte der Kommissar. Er fragte in die Runde der Pressevertreter, ob man Alexander Altmüller gekannt hatte oder wusste, für welche Zeitung er tätig gewesen war. Die Resonanz war enttäuschend. Keiner der Anwesenden meldete sich, auch nicht Hannah Sobothy. Die Mitarbeiter vom »Trierischen Volksfreund« und dem »Luxemburger Wort« gaben immerhin an, dass Altmüller für sie gelegentlich freiberuflich gearbeitet hatte, und Buhle bat um die Kontaktdaten der jeweils zuständigen Redakteure.

Hannah Sobothy saß in einem schlichten dunkelbraunen Kleid ungewohnt teilnahmslos in der letzten Reihe. Sie sagte während der ganzen Veranstaltung kein Wort. Buhle beschlich ein ungutes Gefühl, als er sie so untypisch verschlossen wahrnahm. Er wusste, dass sie sich nach Abschluss der Pressekonferenz mit der Staatsanwältin auf ein kurzes Interview für die Aufnahme von O-Tönen treffen wollte. Als die junge Radioreporterin auf Klara Haupt wartete, während die Versammlung der Medienvertreter sich rasch auflöste, gelang es Buhle, in ihre Nähe zu kommen.

Auf seine Nachfrage behauptete Sobothy, dass es ihr gut gehe. In ihren Augen meinte Buhle jedoch etwas Gegenteiliges lesen zu können. Da der Kommissar spürte, wie Robin Flieger sie beobachtete, verabschiedete er sich rasch von der RPR-Reporterin und verließ den Versammlungsraum.

Es war eine Viertelstunde vor der vereinbarten Abendsitzung mit den Mitgliedern der Soko Sauer, doch bislang hatte Buhle keinen seiner Kollegen in den Räumen der Kriminalinspektion bemerkt. Er selbst saß am Schreibtisch, hatte die Ermittlungsakten so weit er konnte vervollständigt. Nun fühlte er sich müde; müde von vier fast durchgängigen Ermittlungstagen, wobei er befand, dass es nicht allein die Arbeit sein konnte. Er hatte in den vergangenen Jahren eigentlich immer viel gearbeitet und sich selten erschöpft gefühlt. Doch hatte er sich auch immer absolut auf die Polizeiarbeit konzentrieren können. Ein Leben außerhalb hatte praktisch nicht stattgefunden. Der heutige Tag bewies, dass sich in dieser Beziehung etwas geändert hatte. Etwas, das mit Frauen zu tun hatte. Über diese Erkenntnis musste er den Kopf schütteln.

Zuerst das Treffen bei Marie, dann das merkwürdige Essen mit der Staatsanwältin und zum Schluss die stille Hannah Sobothy mit ihrem trüben Blick. Es waren die Emotionen, die die Frauen in sein Leben brachten und die ihm ein hohes Maß an Energie abverlangten. Wie machten das die anderen? Die meisten Kollegen waren ohne festen Partner. Bis auf Paul Gerhardts, der schon Ewigkeiten mit Sabine verheiratet war, dafür aber in seiner dienstlichen Karriere zurückgesteckt hatte. Ging beides nicht zusammen: der Polizeiberuf und die Liebe. Die Liebe? War er jetzt tatsächlich schon so weit, an seinem Schreibtisch zu sitzen und über die Liebe zu sinnieren, anstatt den Mördern nachzustellen?

Die Sitzung der Soko begann mit fünfundzwanzig Minuten Verspätung. Gerhardts hatte für seine Fahrt zum Wohnort von Alexander Altmüllers Mutter zwischen Jülich und Aachen deutlich länger gebraucht als geplant. Der Pfingstrückreiseverkehr hatte die Autobahnen und Nebenstrecken verstopft. Der sonst so ruhige Polizeibeamte war sichtlich angefressen. Das war allerdings nichts gegen die Laune von Lutz Grehler. Er nahm Buhle offenbar immer noch übel, dass seine Leistung nicht ausreichend gewürdigt worden war. Nachdem er darauf bestanden hatte, seine Ergebnisse als Erstes vorzustellen, war er sofort gegangen. Jeder wusste, dass das ein Affront gegen den Soko-Leiter war und Grehler darauf schon häufiger keine Rücksicht genommen hatte. Da der Kriminaltechniker seine Launen zwar an Kollegen ausließ, aber selten etwas nachblieb und nie die Qualität seiner Arbeit darunter litt, nahmen es alle mit Achselzucken hin.

Reuter trug seine neuesten Erkenntnisse allein vor, weil Ducard erst gar nicht mehr mit nach Trier gefahren war. Es schien mittlerweile ausgeschlossen, dass der Staat Luxemburg in irgendeiner Richtung mit Biowaffen zu tun hatte. Dennoch hatten Reuter und Ducard eine Liste mit den wenigen Instituten erstellt, die im biochemischen Bereich tätig waren. Auch über terroristische Aktivitäten im Zusammenhang mit dem Großherzogtum hatten die beiden Kommissare Informationen gesammelt. Letztendlich lag kein Hinweis vor, welche Institutionen oder Gruppierungen Alexander Altmüller im Zusammenhang mit biologischen Kampfstoffen im Visier gehabt hatte. Sie konnten weiter nur spekulieren.

Deutlich erfolgreicher waren die Ermittlungen bezüglich Geldwäsche gewesen. Zwar hatte Luxemburg Ende des vorangegangenen Jahres erhebliche Reformen und Gesetzesänderungen zur Bekämpfung illegaler Geldtransaktionen vollzogen. Im März war es dann auch von der grauen Liste der Staaten mit zu geringen Anstrengungen gegen Geldwäsche und Terrorismusfinanzierung genommen worden. Dennoch gab es eine Reihe von Schlupflöchern und traditionellen Strukturen in der vielschichtigen luxemburgischen Finanzwelt, die das ehemalige Geldwäscherparadies immer noch attraktiv genug für die Einschleusung schmutzigen Kapitals in den Geldkreislauf machten. Zudem existierten zahlreiche Geschäftsbereiche, in denen für Konsum- und Luxusgüter viel Geld investiert wurde. Hier konnte weiterhin die Geldwäsche florieren, ohne dass dagegen eine wirksame Handhabe entwickelt worden war. Schließlich resümierte Reuter, dass Deutschland in dieser Hinsicht auch nicht viel besser dastand als sein kleines verschrienes Nachbarland: Auf einer Liste der Staaten mit guten Möglichkeiten für Geldwäsche folge die Bundesrepublik dem Großherzogtum nur mit geringem Abstand.

Was das persönliche Umfeld der Altmüllers anging, fasste Niko Steffen die vielen Gespräche mit Nachbarn, Kollegen und Bekannten über die Familie Altmüller und ihre verstorbenen Mitglieder zusammen. Offenbar hatten die Altmüllers als Zugezogene zunächst Mühe gehabt, in der von etablierten sozialen Strukturen geprägten Eifel Fuß zu fassen. Darüber hatten sich zwar einzelne der Befragten verwundert gezeigt, doch war das in dieser ländlichen Region eigentlich normal. Die ersten und auch tiefer gehenden Bekanntschaften waren in Kindergärten und Schulen über die Kinder und deren Freunde entstanden. Hier hatte sich Suzanne anfangs sehr bemüht, konnte aber nach Beginn ihrer Tätigkeit im Krankenhaus nicht mehr die notwendige Zeit und Energie aufbringen. Dazu kam, dass sie als außerordentlich anspruchsvoll und prinzipientreu galt. Manche hatten sie dadurch trotz ihrer freundlichen Art als unnahbar empfunden.

Einen guten Kontakt hatte Suzanne Altmüller zu Bernd und Claudia Hermann gepflegt. Deren Tochter Maja war Zoés beste Freundin. Suzanne hatte Zoé oft abends in dem knapp zehn Kilometer entfernten Ralinger Ortsteil Edingen abgeholt. Bisweilen trafen sich die Familien zu gemeinsamen Wochenendunternehmungen, an denen Alexander Altmüller jedoch selten teilnahm. Die Hermanns beschrieben am aussagekräftigsten die Veränderungen nach dem Tod von Anne. Suzanne Altmüller war kurzzeitig in sich zusammengefallen, rappelte sich aufgrund ihres Pflichtbewusstseins gegenüber Zoé und ihrer Arbeit wieder auf, zog sich aber privat vollends zurück. Nicht so offensichtlich, aber eigentlich schwerwiegender waren die Veränderungen von Zoé gewesen. Oberflächlich schien sie der Tod ihrer Schwester nicht sonderlich zu berühren. Sie führte ihr Leben in Schule und Vereinen weiter wie bisher. Doch war sie häufiger krank, teils geistesabwesend, teils überaus empfindlich und bisweilen aggressiv auch ihren Freundinnen gegenüber. Mit der ein halbes Jahr älteren Maja gab es immer häufiger Spannungen. Die beiden trafen sich immer seltener, obwohl Majas Eltern bewusst versuchten, die Freundschaft aufrechtzuerhalten. Während Zoés Klassenlehrerin die Beobachtungen der Familie Hermann teilte, hatten viele andere eher erstaunt berichtet, wie gut Zoé doch mit der schwierigen Situation zurechtgekommen sei.

Einen tieferen Einblick in die Ehe von Suzanne und Alexander Altmüller hatte die einzige Person gegeben, die sich als Freundin von Suzanne bezeichnete. Mit einem etwas süffisanten Lächeln übernahm an diesem Punkt Nicole Huth-Balzer die Berichterstattung, weil ihr Kollege vom Äußeren der Befragten so vereinnahmt gewesen war, dass er sich offensichtlich nicht so recht auf die Inhalte dieses Gesprächs konzentrieren konnte. Clarissa Tomacek, die sich als Suzannes Seelenverwandte bezeichnete, hatte wirklich außerordentlich gut ausgesehen. Die gebürtige Tschechin erzählte von den zunehmenden Problemen zwischen Suzanne und ihrem Mann. Es war vor allem um die Verteilung der Pflichten in Kindererziehung und Haushalt gegangen. Eigentlich hatten beide vereinbart, dass Alexander als freier Journalist die Betreuung der Kinder und zumindest die notwendigsten Arbeiten im Haushalt übernehmen würde. Es hatte aber von Anfang an nicht richtig geklappt. Die mehrmals gewechselte Haushaltshilfe hatte nicht die erwünschte Entspannung gebracht. Entscheidender aber waren die unterschiedlichen Einstellungen der Eheleute gewesen. Alexander nahm alles viel lockerer, ließ den Kindern alle Freiheiten, vergaß hier und da Termine, störte sich nicht an sich wiederholenden Nudelgerichten, vernachlässigte zunehmend den weiteren Hausausbau. Trotzdem hatte er wohl gespürt, wie die Zeit für seine ehrgeizige journalistische Tätigkeit durch die familiären Pflichten stärker eingeengt wurde, als er ursprünglich gedacht hatte. Suzanne hatte von der immer stärker werdenden Unzufriedenheit ihres Mannes berichtet. Für Clarissa Tomacek war es letztendlich nur eine logische Konsequenz gewesen, dass sich das Ehepaar nach und nach auseinanderlebte. Ihre eigene Beziehung mit einem erfolgreichen Geschäftsmann des großen luxemburgischen Stahlkonzerns ArcelorMittal funktionierte auch nur, weil sie sich auf die Rolle von Mutter und Ehefrau konzentriert hatte und erst jetzt, wo ihre Tochter Jana in der Kindertagesstätte war, stundenweise ihrem Beruf als Physiotherapeutin nachging.

»So, über unseren Besuch im Bitburger Krankenhaus darfst du wieder berichten.« Mit einem spöttischen Lächeln übergab Nicole Huth-Balzer das Wort an ihren Kollegen.

Nikolas Steffen nahm den Ball gekonnt auf. »Ich sag euch, die Ermittlungen sind nicht leicht für einen voll im Saft stehenden jungen Mann. Gestern noch mit Freundin und Schwiegereltern in spe zusammen diniert, dann mit der hübschesten Kriminalistin im Land ausgeritten und heute die heißeste Zeugin, die ihr euch vorstellen könnt, befragt: Da muss man schon durch und durch

Polizist sein, um seinen Mann zu stehen … Also, seine Arbeit gewohnt super zu machen.«

Steffen war mit seinen vierunddreißig Jahren nicht mehr wirklich jung. Sein ansprechendes Aussehen, der muskulöse Körper und seine gegenüber dem weiblichen Geschlecht durchaus charmante Art machte ihn bei Frauen mehr als beliebt. Wenn er zusammen mit der hübschen Huth-Balzer unterwegs war, hatte das bei Befragten nicht nur einmal zu erheblichen Zweifeln an einem polizeilichen Besuch geführt. Legendär war mittlerweile ein Besuch bei einem älteren Mann im Stadtteil Kürenz. Der Prototyp des heruntergekommenen Junggesellen hatte ihnen in grauer Jogginghose und weiß gerippten Unterhemd die Tür geöffnet. Als Huth-Balzer ihn fragte, ob er etwas von sexuellen Belästigungen im nahe gelegenen Schlosspark wüsste, hatte sich der Mann nach hinten umgedreht und im tiefsten Trierer Platt gerufen: »Ludmilla, zieh dir was an und komm. Hier sind Leute von der versteckten Kamera, die wissen wollen, wie wir uns kennengelernt haben.«

Für gewöhnlich waren Steffen und Huth-Balzer aber vielleicht gerade wegen ihrer sympathischen Erscheinung und ihrer Qualitäten im Kontakt mit den Menschen ein erfolgreiches Ermittlerteam, dem sich die Leute eher mitteilten als anderen Polizisten. Genau das hatten Buhle und die Kollegen im K 11 an den beiden schätzen gelernt, und umso enttäuschter waren alle, als die junge Polizistin nach ihrer praktischen Ausbildungszeit in Trier und bestandener Abschlussprüfung zunächst ihren Dienst bei der Bereitschaftspolizei in Wittlich antreten musste.

Bei der Befragung von Suzanne Altmüllers Kollegen und Vorgesetzten im Marienhaus Klinikum Eifel am Standort Bitburg hatten Steffen und Huth-Balzer mit ihrem unangekündigten Besuch und der Frage nach Informationen zu der ermordeten Ärztin zunächst für rege Betriebsamkeit auf allen Ebenen gesorgt.

»Bei dem Namen Altmüller schienen bei allen Menschen in weißen Kitteln die Alarmglocken zu läuten. Wenn die auch bei Notfällen so geschäftig reagieren, lasse ich mich bei meinem nächsten Unfall dorthin einliefern.« Steffen hatte als Sportler und Autofreak bereits mehrere Krankenhausaufenthalte hinter sich. »Suzanne Altmüller war in der Abteilung für Allgemeine Innere Medizin und Pulmonologie tätig. Ihr Chef, Dr. Martin B. Rosenthal war zunächst etwas reserviert. Hatte wohl in einem früheren Fall mit Kollegen von uns nicht die besten Erfahrungen gemacht. Als er dann merkte, dass wir seinem Haus nichts Böses wollten, hat er immerhin Suzanne Altmüller als sehr fleißig, strebsam und verantwortungsbewusst beschrieben. Offenbar war er mit ihren Leistungen sehr zufrieden. Zu einer privaten Einschätzung konnte er sich nicht durchringen. Wir haben dann die anwesenden Stationskollegen befragt. Hier war das Bild durchaus vielschichtiger. Einige meinten, wörtlich, ›die Altmüller‹ hätte sich ›mit ihrer scheißfreundlichen Art nur zu gerne in den Vordergrund gespielt‹, und zudem wäre sie zu den Krankenschwestern herablassend gewesen. Andere behaupteten genau das Gegenteil. Wenn ihr mich fragt, gab es welche, die sie mochten, und welche, die sie nicht mochten, vielleicht neidisch waren. Als wir schon wieder aus dem Krankenhaus raus waren, kam uns eine Krankenpflegerin hinterhergerannt. Martina Kootz war mit Suzanne näher bekannt, wie sie sagte.« Steffen drehte sich zu Huth-Balzer um. »Immerhin eine Frau in den besten Jahren, darf ich weiterreden?«

»Du darfst. Die ist so alt wie du, also eh zu alt für dich.«

»Also, Martina Kootz berichtete, dass das Arbeitsklima auf der Station nicht besonders gut sei. Es gäbe viel Neid zwischen Krankenschwestern und Pflegerinnen. Die Ärzte wiederum hätten nur Stress und würden den regelmäßig nach unten weitergeben. Sie schilderte Suzanne Altmüller als eine herzensgute und fleißige Kollegin, die sich allerdings häufig zu sehr unter Druck setzte. Der Tod ihrer Tochter hätte sie zutiefst getroffen. Sie war völlig verzweifelt gewesen, weil das Kind erkrankt war und sie ihr als Ärztin nicht helfen konnte. Frau Kootz hatte Suzanne Altmüller danach einmal zu Hause besucht und versucht, sie zu trösten. Aber sie hatte das nicht akzeptieren können. Auch die Tatsache, dass sogar die Fachärzte im Mutterhaus in Trier hilflos waren und rätselhafte Viruserkrankungen immer wieder vorkamen, half ihr nicht über das vermeintliche eigene Versagen hinweg. Im Trierer Mutterhaus ist der verantwortliche Arzt erst morgen wieder im Dienst. Die Bereitschaftsärzte wollten nichts zum Fall Anne Altmüller sagen.«

Jetzt übernahm Nicole Huth-Balzer wieder. »Am wenigsten gibt es erwartungsgemäß von der kleinen Anne Altmüller zu berichten. Sie wurde als überdurchschnittlich intelligentes, aufgewecktes Kind beschrieben, das im Kindergarten viele Freunde hatte. Die tödliche Erkrankung hatte alle natürlich sehr getroffen. So mancher zeigte Unverständnis, dass die Ärzte da nicht helfen konnten; zumal die Mutter selbst Ärztin war. Als ob Ärzte ihre Patienten anders behandeln würden, wenn es Kinder von Kollegen sind.« Die junge Beamtin klang jetzt müde.

»Na, so ganz abwegig ist das ja nun nicht.« Reuter hatte lange geschwiegen. »Wenn wir einen Fall aufzuklären haben, bei dem ein Kollege oder deren Angehörige die Opfer sind, gehen wir auch anders an die Sache ran. ... Jetzt guckt mich nicht so groß an. Ist doch so.«

»Ich denke, jeder von uns gibt immer sein Bestes, Mich.« Buhle schaute seinen Mitarbeiter an, doch dessen Gesichtsausdruck verriet, dass er zu seiner Einschätzung stand.

Die meisten Soko-Mitglieder waren nun an der Grenze ihrer Aufnahmefähigkeit angekommen. Dennoch stand der wichtige Beitrag von Paul Gerhardts über Altmüllers Mutter aus. Elisabeth Altmüller war Anfang sechzig, seit acht Jahren Witwe, seit vier Jahren wieder mit einem etwas älteren Nachbarn liiert. Sie hatte erzählt, dass ihr Sohn Alexander nach dem Tod ihres Mannes seinen Studienplatz in Berlin aufgegeben hatte und nach Aachen zurückgekehrt war. Leider hätte er dort sehr schnell diese Luxemburgerin kennengelernt, die ihm gleich ein Kind angehängt hätte. Nach Gerhardts Meinung war es nur zu offensichtlich, dass zwischen Schwiegermutter und Schwiegertochter ein mehr als schwieriges Verhältnis bestanden haben musste. Ihren Sohn liebte sie hingegen über alles. Deshalb hatte es sie auch schwer getroffen, als die junge Familie vor drei Jahren wegzog. Sie machte dafür Suzanne verantwortlich, die sich zwischen Mutter und Sohn gedrängt und ihren Alexander mit dem zweiten Kind erpresst hätte. Überhaupt machte sie die Luxemburgerin, Suzannes Vornamen nannte sie gar nicht, für alles verantwortlich, was in jüngster Zeit ihrem Sohn und seiner Familie widerfahren war. Insofern sei es nur die gerechte Strafe, dass sie jetzt auch tot war. Viel mehr konnte sie nicht sagen. Nur, dass ihr Sohn ein überaus fähiger Journalist gewesen sei und sicher für große Zeitungen geschrieben hätte, wenn er nicht wegen der Karriere seiner Frau hätte zurückstecken müssen. An was er gearbeitet und ob er Freunde gehabt hatte, konnte sie nicht sagen.

Auch nicht, ob Alexander Altmüller im Elternhaus Unterlagen deponiert hatte. Im alten Jugendzimmer des Journalisten fand sich nichts.

Ebenso wenig brachte die kurze Befragung eines alten Schulfreundes, auf den die Mutter verwiesen und mit dem sich Alexander regelmäßig getroffen hatte. Andreas Koschinski schien aufrichtig betroffen vom Schicksal der Familie seines Freundes, gab aber vor, mit ihm zumeist über alte Zeiten, Familienangelegenheiten und die Probleme der Braunkohleregion, in der er lebte, gesprochen zu haben.

Die Soko zog abschließend eine kurze Bilanz. Noch immer war keine konkrete Verbindung zwischen den drei Todesfällen in der Familie Altmüller zutage getreten. Für die Tat an Suzanne lag kein Motiv vor. Ein zufälliger Mord an der Sauer? Davor ein Verkehrsunfall des Journalisten mit den brisanten Recherchen? Davor eine mysteriöse Erkrankung der Tochter mit tödlichem Ausgang? Doch es gab den Einbruch in das Haus der Familie und den Diebstahl von Recherchematerial. Diese verschwundenen Unterlagen deuteten vage auf potenzielle Verbindungen zu kriminellen Bereichen hin. Mehr nicht.

Buhle schickte seine Mitarbeiter direkt nach der Besprechung nach Hause. Nur Nicole Huth-Balzer nahm er noch kurz beiseite, um zu erfahren, dass Marie es für nicht mehr notwendig erachtet hatte, Personenschutz in ihren eigenen vier Wänden zu bekommen. Auch den Posten vor ihrem Haus hielt sie mittlerweile für überflüssig, doch Buhle wollte ihn behalten, auch wenn er wusste, dass es nur eine Frage der Zeit war, dass diese Schutzmaßnahme von der Polizeileitung gestrichen werden würde.

Er selbst brauchte noch ein wenig Zeit und Ruhe am Schreibtisch. Nach einer Stunde hatte er die neuen Ermittlungsergebnisse den Akten zugeordnet. Wie immer waren Anzahl und Umfang der Ordner zunächst rasch angewachsen. Einen weiteren Schub gab es, wenn die erste Phase der Untersuchungen abgeschlossen war, es nicht mehr richtig voranging und die Kriminalbeamten die Zeit nutzten, Ermittlungsakten systematisch aufzubereiten. Später käme wieder viel Schreibaufwand hinzu, wenn in einem Fall der Durchbruch gelang, man dem Täter auf der Spur war und viele neue Fakten zu erfassen waren. Viele Polizisten sahen die aufwendigen Dokumentationen als zu zeitraubend und entnervend an. Doch jeder, der einmal erlebt hatte, dass aufgrund unvollständiger Ermittlungsakten ein Verbrecher straffrei ausging und ihre ganze Arbeit somit umsonst gewesen war, hatte verstanden, dass darin ebenso die Zeit investiert werden musste wie in die Jagd auf den Verbrecher selbst. Eine Wertschätzung erfuhr dieser viel Zeit beanspruchende Teil der Polizeiarbeit jedoch nur bei einzelnen Juristen und direkten Vorgesetzten. Die Öffentlichkeit, vom Politiker bis zum Stammtischbruder, erkannte das nicht.

Buhle versuchte, Marie Steyn anzurufen. Am Apparat war allerdings Mattis, der ihm mitteilte, dass seine Mutter auf dem Sofa eingeschlafen war. Der Junge berichtete von dem schönen Ausflug zu seiner Urgroßmutter in die luxemburgische Schweiz, und Buhle freute sich über das gelungene Geburtstagswochenende für den jetzt Elfjährigen. Er bat ihn, seiner Mutter eine Nachricht zu hinterlegen, dass sie zurückrufen möchte, und beendete halbwegs erleichtert das Gespräch.

Für Buhle war es auch ein langes Wochenende gewesen. Als er abends in seiner Wohnung ankam, war es schon wieder zu spät, sich etwas Ordentliches zu kochen. Er entschied sich folglich für die schnelle Variante von Gnocchi mit rotem Pesto und Parmesan. Es war lange nach zweiundzwanzig Uhr, als er fertig gegessen hatte, sich auszog und ins Bett ging. Er schlief sofort und fest ein. Das Klingeln des Telefons um kurz vor elf drang in der ersten Tiefschlafphase nicht mehr zu ihm vor. Das Handy lag mit weiterhin leerem Akku neben ihm.

21

Großregion; Dienstag, 14. Juni

Mario Reno stand am Zaun und blickte auf das leere Spielfeld des Racing FC. Die Strapazen von zweieinhalb Tagen Fußballturnier auf weichem Boden waren der ramponierten Grasnarbe deutlich anzusehen. Sie hatten es im Radio gebracht, als er noch beim Zähneputzen gewesen war. Danach musste er ein neues Hemd anziehen, weil die Zahnpasta aus seinem offenen Mund heruntergetropft war. Jetzt war es also so weit. Jetzt würden sie kommen, das war ihm klar. Wieder war Flucht sein erster Gedanke. Doch das war wie ein Schuldeingeständnis, das durfte er nicht machen. Der Weg zur Arbeit kam ihm so lang vor wie noch nie. Vielleicht kamen sie doch nicht dahinter. Vielleicht hatte er es geschickt genug gemacht. Später als üblich traf er bei der Arbeit ein.

★★★

Eric Dardenne saß auf seiner Terrasse und trank seinen zweiten starken Kaffee im warmen Morgenlicht. Dies war zweifelsohne ein Vorteil des nach Osten ausgerichteten Grundstücks. So schien es nun mal zu sein im Leben: Alles hatte seine Vor- und Nachteile, seine Sonnen- und Schattenseiten.

Er dachte an Kristin. Bei ihr wechselten auch überschwängliche Freude und abgrundtiefes Elend. Ihr Elend gestern hatte er kommen sehen, seit sie diese verräterische Handbewegung gemacht hatte. Als sie den halben Tag über der Kloschüssel hing, hätte er sich grad auch übergeben können. Sie hatte es also tatsächlich geschafft.

Neben ihm lag das »Luxemburger Wort«. Die Schlagzeile war groß, der Bericht auf mehrere Seiten verteilt. Jetzt waren es drei. Drei Tote. Obwohl die jeweiligen Todesursachen bekannt waren, rätselten die Journalisten: über Ursachen, Zusammenhänge, Motive, Hintergründe. Sie würden noch lange rätseln, da war er sich sicher. Und er würde weiter vorsichtig und vorbereitet sein, falls sie dabei wider Erwarten doch erfolgreich sein sollten. Er überlegte eine

Weile, bis er wusste, was als Nächstes zu tun war. Kurze Zeit später fuhr er zur Arbeit.

★★★

Nanette Bonitzer stand schon zehn Minuten am Straßenrand. Sie wollte, aber sie konnte nicht weiterfahren. Die Meldung im Autoradio traf sie mit voller Wucht. Sie hatte die Nachricht gehört, aber nicht verstanden. Das durfte doch nicht sein, das hatte sie nicht gewollt, wirklich nicht gewollt. Sie war doch extra noch einmal zurückgefahren, hatte nachgeschaut. Aber da war doch nichts mehr gewesen. Konnte sie etwa …? Nein, das konnte doch nicht sein. Sie vergrub ihr Gesicht in ihren Händen. Und legte den Kopf auf das Lenkrad. Was sollte sie jetzt tun? Sie erschrak, als jemand vorsichtig auf das Autodach klopfte. Ein anderer Autofahrer hatte gehalten und fragte sie, ob alles in Ordnung sei. Sie gab an, dass ihr nur ein wenig unwohl sei, sie aber sicher gleich wieder losfahren könne. Dazu zwang sie sich dann auch. Wendete ihr Auto und machte sich wieder auf den Heimweg. Sie überlegte in alle Richtungen, kreuz und quer und fand keine Antwort. Sie musste versuchen, einen klaren Kopf zu kriegen, durfte jetzt nicht aufgeben. Auch nicht, wenn man ihre Leiche gefunden hatte. Als sie wieder an ihrem Elternhaus angelangt war, wollte ihre Mutter gerade ins Büro fahren. Nanette teilte ihr mit, dass ihr schlecht sei, und meldete sich auf der Arbeit krank. Dann legte sie sich ins Bett, und ihre Gedanken kreisten weiter.

★★★

Hannah Sobothy hatte am Vorabend noch lange im Sender gesessen und mehrere Beiträge zu den Todesfällen und deren Hintergründen produziert. Sie wusste, dass sie heute ständig im Radio zu hören sein würde. Die Nacht über hatte sie kein Auge zugemacht. Hatte die ganze Zeit nachgedacht, was jetzt zu tun sei. Die gute Steff hatte das wohl gespürt, vielleicht auch etwas gehört. Gegen drei Uhr war sie in ihr Zimmer gekommen und hatte gefragt, wie sie helfen könnte. Aber Steff konnte ihr nicht helfen. Vielmehr musste sie aufpassen, dass sie ihre Freundin nicht mit in die Sache hineinzog. Jetzt saß sie in einem ihrer Sessel, hatte einen großen Pott Kaffee mit viel Milch in der Hand und wusste immer noch nicht, ob sie es wirklich tun sollte, ob sie es wirklich wagen sollte. Aber sie war Journalistin, es war ihre Chance. Mit der Zeit drang noch etwas anderes in ihr Bewusstsein und wurde immer vordergründiger: Sie fühlte sich ihm gegenüber in der Pflicht.

Der Kaffee war schon lange kalt, als sie sich endlich entschlossen hatte. Ja, sie würde es tun, es zumindest versuchen. Aber sie musste vorsichtig sein. Die Entscheidung verfestigte sich mit jeder weiteren Minute und war unumstößlich, als sie am späten Morgen in der Redaktion eintraf.

★★★

Sun Shiwen saß am Schreibtisch in seiner Arbeitswohnung und überlegte. Er war auf die Meldung gestoßen, als er wie jeden Morgen, wenn er zu Hause in Suzhou war, die Internetausgaben der europäischen Zeitungen nach relevanten Artikeln sondierte. Diese Entwicklung entsprach nicht seinen Vorstellungen. Ganz und gar nicht. Sie hatten Ruhe benötigt, und jetzt konnte davon keine Rede mehr sein. Er musste herausfinden, was passiert und wer verantwortlich war, wissen, welche Rückschlüsse andere daraus ziehen konnten. Er hatte gehofft, sich gegenüber Thill klar genug ausgedrückt zu haben. Hatte der ihn falsch verstanden? Hatte der überhaupt etwas verstanden? Er überlegte, was er tun konnte. Eigentlich blieb ihm keine andere Wahl. Er musste wieder zurück, schon wieder. Aber diesmal würde er alles regeln. Vielleicht musste er nun auch seine Prioritäten verschieben. Durfte nicht für das Geschäft riskieren, entdeckt zu werden.

Er musste nicht mehr weiter überlegen, um zu wissen, was zu tun war. Er ging ins Schlafzimmer und kontrollierte seinen Koffer. Er ging ohne die erhoffte Pause wieder an die Arbeit.

★★★

Fernand Thill hatte nur kurz in die Zeitung geschaut. Dort stand auch diesmal nichts, was ihn wirklich interessierte. Sein letztes

Treffen mit dem Chinesen ging ihm nicht aus dem Kopf. Er hatte deutlich dessen Misstrauen gespürt, und es war klar, dass sein Geschäftspartner genau das beabsichtigt hatte. Ihm war nicht wohl bei dem Gedanken. Er hatte doch alles so eingefädelt, wie sie es besprochen hatten. Und es lief gut, da konnte Shiwen doch sagen und denken, was er wollte. Aber dann war er selbst doch unruhig geworden und hatte reagiert. Hatte er überreagiert? War er zu schnell, zu heftig vorgegangen? Er dachte darüber nach, wog die Alternativen ab. Aber letztendlich war es geschehen, nicht mehr rückgängig zu machen. Und er brauchte kein schlechtes Gewissen zu haben. Sie zogen alle an einem Strang, und sie würden gewinnen. Vielleicht sollte er trotzdem noch mal hinfahren, schauen, wie der Stand der Dinge war. Schaden konnte es nicht. Mit neuer Zuversicht machte er sich an die Arbeit.

★★★

Markus Schilzenbach wusste nicht, was er von der Sache halten sollte. Er hatte die Familie nicht gekannt; waren halt Zugezogene, keine richtigen Eifler. Mit dem Journalisten hatte er einmal am Rande einer Veranstaltung ein kurzes Gespräch geführt. Er erinnerte sich dunkel, dass dieser ... er blickte noch mal auf die Zeitung ... dieser Altmüller ihn noch mal anrufen wollte. Hatte er aber nicht getan. Jetzt war er tot und seine Frau und seine Tochter auch. Normalerweise hätte er bei einer solchen Familientragödie zumindest kondoliert. Wäre mit dem Ortsbürgermeister dorthin gefahren. Aber nun war ja keiner mehr da, keine ortsansässigen Eltern oder Verwandte, nur noch das zweite Kind.

Dass die Frau vermutlich ermordet worden war, machte die Angelegenheit zusätzlich heikel. Er musste auf jeden Fall informiert sein, man würde darüber sprechen. Schließlich war es ja fast vor seiner Haustür geschehen. Er überlegte, wen er am besten wegen Hintergrundinformationen ansprechen konnte. Seine Kontakte zur Polizei waren in den letzten Jahren in Mitleidenschaft gezogen worden. Aber er kannte ein paar Juristen und Kommunalpolitiker, die sicher für ihn nachhören konnten. Doch dafür musste später noch Zeit sein. Ein Blick in seinen Kalender sagte ihm, dass er sich jetzt zu einem Termin mit dem Jagdverband auf den Weg machen musste.

***

Paul Feilen las den »Trierischen Volksfreund« stets von hinten nach vorn. Er hatte einmal zu seiner Tochter Monika gesagt, dass er so schneller auf jemanden stoßen könne, den er kennt. An diesem Tag machte er eine Ausnahme. Auf der Titelseite war in dicken Buchstaben, die sogar er ohne Brille lesen konnte, der Tod der Luxemburgerin aus der Eifel der Aufmacher. Auf den Seiten drei und vier folgten ausführliche Berichte über die vorläufigen Ermittlungsergebnisse der Polizei, über die Familie Altmüller und schließlich auch über die Merteskaul. Gestern Abend noch waren mehrere Reporter der Zeitungen aufgetaucht. Sie hatten ihn und alle anderen hier ausquetschen wollen. Aber er glaubte nicht, dass sie dabei viel erfahren hatten; Monika war ja nicht da gewesen. Letztendlich ging das auch keinen etwas an. Auch wenn die Altmüllers nicht von hier waren, sie hatten es nicht verdient, dass ihr Leben nach dem Tod so in der Öffentlichkeit breitgetreten würde.

Er las den Artikel zu Ende. Nein, auch vom Fluch der Merteskaul stand nichts drin. Da hatte also auch Silvia geschwiegen. Er überlegte, wie das wohl gleich sein würde, wenn Polizei und Journalisten in der Merteskaul aufeinanderstießen. Dass beide Seiten keine Ruhe lassen würden, war ihm klar. Er konnte sich ja überlegen, ob er den Polizisten doch etwas sagen sollte, damit es hier wieder still würde. Aber vielleicht sollte er auch noch ein wenig damit warten. Er stand auf und ging an seine Hausarbeit.

22

Trier; Dienstag, 14. Juni

Buhle begann den Morgen mit dem Gefühl, nach den anstrengenden letzten Tagen endlich wieder ausgeruht zu sein. Über sechseinhalb Stunden hatte er durchgehend, fest und traumlos geschlafen. Er saß auf der Bettkante und überlegte, was er alles zu erledigen hatte, bevor er zur Dienststelle fuhr. Ihm fiel der Korb mit Wäsche ein, den er am Donnerstagabend vor dem Treffen mit Marie nicht mehr in die Waschmaschine gesteckt hatte. Er musste unbedingt einkaufen, das Putzen konnte er hingegen noch eine Weile aufschieben. Dann fiel sein Blick auf das Handy. Er erinnerte sich daran, dass es gestern schon leer gewesen war. Mit einem leisen, aber durchaus deutlichen Fluch gegen sich selbst nahm er es vom Nachttisch und ging ins Wohnzimmer zum Ladekabel.

Als das Handy an der Steckdose hing, schaltete er es an. Zum Glück hatte er nur einen unbeantworteten Anruf erhalten: Marie hatte wohl vor dem Schlafengehen noch versucht, ihn zurückzurufen. Er stellte fest, dass es zehn nach sechs und damit noch zu früh war, sie anzurufen. Er würde es gegen Viertel vor acht bei ihr versuchen, wenn ihre Kinder schon auf dem Weg zur Schule waren.

Nachdem er sich ausgiebig geduscht und rasiert, sich zu einem kurzen Frühstück hingesetzt, die Waschmaschine gefüllt und auf den frühen Abend programmiert hatte, stand er um Punkt sieben Uhr vor dem nahe gelegenen Supermarkt, wo er die Lebensmittel für die Woche einkaufte. Er wusste, dass er wieder als eines der letzten Soko-Mitglieder in der Zentralen Kriminalinspektion eintreffen würde, aber nun hatte er wenigstens für diese Woche für sich vorgesorgt. Er hatte mittlerweile verstanden, dass dies nicht nur sein gutes Recht war, sondern letztlich auch verhinderte, dass er wegen einer mangelnden Versorgung mit Nahrungsmitteln während der heißen Phase eines Falls abbaute. Und er brauchte die übertriebene Härte gegen sich selbst nicht mehr.

Zeitgleich mit Henri Ducard kam er in seiner Dienststelle an. Die Kollegen der Soko Sauer standen bereits in kleineren Grüppchen zusammen, und Buhle wusste, dass sie ihre Pläne für die weitere Vorgehensweise schon in der Tasche hatten. Ihn überkam für einen kurzen Moment das Gefühl von Stolz, dass er Vorgesetzter dieser Kriminalpolizisten sein durfte. Sie waren ein wirklich gutes Team.

Er begrüßte seine Kollegen und stimmte sich mit ihnen ab. Die Einsatzbesprechung legten sie auf Viertel nach acht fest. Buhle wollte vorher Marie anrufen und zu Großmann gehen, um ihn von der personellen Aufstockung der Soko zu überzeugen. Sein Erfolg war übersichtlich. Marie war offenbar nicht mehr zu Hause, und auch ihr Handy war abgestellt. Von Großmann bekam er als festes Mitglied der Soko Sauer lediglich noch Sven Tard zugewiesen.

Auf den jungen Kollegen des K 16 hatte Buhle bestanden, weil er dessen Qualitäten im Bereich Fahndung und Recherche absolut schätzte. Tard musste jeden Moment eintreffen, nachdem er, wie häufig an langen Wochenenden, seine Eltern in Schwerin besucht hatte. Offenbar machte die lange Nachtfahrt mit dem Zug dem Achtundzwanzigjährigen nichts aus, denn er erschien immer absolut einsatzbereit zum Dienst. Buhle wusste allerdings auch, wer der Beteiligung von Tard an der Soko mit gemischten Gefühlen entgegensehen würde. Es war allgemein bekannt, dass Tards Zuneigung zu Nicole Huth-Balzer nicht auf Gegenliebe stieß.

Nachdem Großmann zugesichert hatte, zumindest für die nächsten, arbeitsintensiven Tage weitere Polizisten für die Fahndungsarbeit in der Soko zu organisieren, ließ es Buhle darauf beruhen. Die dünne Personaldecke bei der Polizei machte sich gerade bei der Ermittlung wegen Kapitalverbrechen negativ bemerkbar. Allen war klar, dass die Aufklärungsquote darunter litt. Genauso war sich Buhle bewusst, dass das Land nicht weiter auf Pump zulasten der nachfolgenden Generationen agieren konnte und sparen musste. Er fragte sich nur, wo das ganze Geld hinfloss, das in einem der reichsten Länder der Welt erwirtschaftet wurde, wenn Sparen das Dauerthema in allen gesellschaftlichen Bereichen geworden war.

Die Sitzung der Soko Sauer war kurz. Tard war sofort bei der Sache, nachdem ihm seine neue Aufgabe mitgeteilt worden war. Er würde sich um eingehende Zeugenaussagen kümmern und zu den brisanten Themen recherchieren, mit denen sich Altmüller beschäftigt hatte. Dabei sollte er Unterstützung von Reuter und Ducard bekommen, der gleichzeitig die luxemburgischen Kollegen mit entsprechenden Aufgaben betreute. Huth-Balzer und Steffen hatten endlich einen Termin bei dem Chefarzt im Trierer Mutterhaus bekommen, der Anne Altmüller behandelt hatte und ohne den kein anderer Arzt aussagen wollte. Buhle und Gerhardts machten sich weiter auf die Suche nach Sicherungsdateien oder an einem sicheren Ort deponierten Unterlagen von Alexander Altmüller.

Alle hofften, dass die Kriminaltechnische Untersuchungsstelle zügig die Ergebnisse zum Material der Spurensicherung liefern würde. Aber das konnte gerade dann einige Zeit dauern, wenn sie aufgrund fehlender eigener Möglichkeiten den Umweg über das LKA gehen mussten. Sie hatten verschiedene Ermittlungsrichtungen, aber überhaupt nichts Greifbares. Wussten noch nicht einmal, ob es neben dem Mord an Suzanne Altmüller auch Verbrechen an ihrem Mann und ihrer Tochter gegeben hatte. Die Zeit der zähen Ermittlungsarbeit auf der Suche nach Motiven und Hinweisen auf mögliche Täter war ein Stochern im Trüben, das schnell zermürbend werden konnte, wenn es mehrere Tage anhalten sollte. Buhle wusste, dass er dann als Leiter der Soko gefordert war. Dass er seinem Team Rückhalt und Führung geben und ihm gleichzeitig den Rücken freihalten musste. Für gewöhnlich gelang ihm das gut, wenn er sich wie früher ausschließlich auf den Fall fokussieren konnte.

Nach der Teamsitzung war Buhle mit Gerhardts in sein Büro gegangen. Sie wollten eine Liste mit Orten erstellen, wo Altmüller Sicherheitskopien seiner Unterlagen versteckt haben könnte. Als das Telefon klingelte, griff Buhle nach dem Hörer. Die Stimme von Marie riss ihn aus seinen Gedanken. »Hallo, Marie hier. Du hattest versucht, mich anzurufen?«

»Ja, hallo, schön, dass du dich meldest.« Buhle hatte sich in seinem Stuhl aufgerichtet, blickte Gerhardts an und formte mit seinen Lippen lautlos das Wort »Marie«. »Ich wollte wissen, wie es euch geht.« Als Gerhardts Anstalten machte zu gehen, winkte Buhle ab.

»Wenn ich ehrlich sein soll: Nicht so gut. Zoé hat sich immer noch nicht von der Sache mit der Schatzkiste erholt. Nora ist noch sauer und überträgt das jetzt auf mich, weil ich mich zwangsläufig mehr um Zoé kümmere als um sie. Mattis hat mir heute Morgen kleinlaut eine Fünf in Englisch zum Unterschreiben vorgelegt. Als ich was gesagt habe, hat er sofort gebockt, als ob es meine Schuld wäre, dass er sie nicht schon vorher gezeigt hat.« Marie stockte einen Moment. »Dabei hat er noch nicht einmal wirklich Unrecht, auch wenn es in diesem Fall nur vorgeschoben war. Na ja, von der Arbeit an der Uni ganz zu schweigen. Sabine – du erinnerst dich noch an Sabine Mayhold, meine Chefin? Sie war natürlich überhaupt nicht erbaut davon, dass ich schon wieder ausfalle, wegen ›so einer Sache‹, wie sie sich ausdrückte.«

Buhle kannte die Professorin Mayhold und wusste, dass sie eigentlich eine sehr angenehme Person war, aber in Uniangelegenheiten die Interessen ihres Lehrstuhls vor die persönlichen Angelegenheiten ihrer Mitarbeiterin stellte.

»Das Wichtigste aber war mein Termin im Jugendamt. So auf Anhieb haben die noch keine wirklich gute Lösung und wären froh, wenn Zoé zumindest übergangsweise bei mir bliebe, bis sich ihr Zustand stabilisiert und sich eine Pflegefamilie gefunden hat. Das sehe ich eigentlich genauso. Aber ich kann mich auch nicht teilen, verstehst du.«

»Ja, das ist sicher ein Problem. Können wir dir dabei irgendwie helfen?«

Es entstand ein kurzer Moment der Stille, ehe Marie weiterredete.

»Ich glaub nicht, außer dass ihr die Mörder fangt, die die Familie Altmüller ausmerzen wollen. Nein, ich werde versuchen, meine Schwiegermutter bei den Kindern einzubinden. Dann wäre es für uns sicher am besten, wenn Zoé bald eine Familie finden würde, die sie aufnimmt.« Etwas leiser und bedrückt fügte sie hinzu: »Wobei ich nicht weiß, wie es Zoé damit gehen würde. Aber nach der Sache mit der Schatzkiste ist es bei uns auch schwierig.«

»Du kommst an Zoé überhaupt nicht ran?«

»Fragst du als Polizist oder als Mensch?« Marie kontrollierte ihren leicht vorwurfsvollen Tonfall sofort wieder. »Ent... entschuldige, das wollte ich so nicht sagen.«

»Ist okay, du hast ja recht. Natürlich denke ich auch sofort daran, dass Zoé unsere einzige Zeugin sein könnte, die etwas zu dem Einbrecher und somit vielleicht zum Mörder ihrer Mutter sagen könnte. Aber es geht mir auch um ihre Person.«

»Ihr könnt nicht trennen. Klar, ich verstehe das. Ich habe es gestern lange bei ihr versucht. Nachdem wir ihr endlich diese Schatzkiste weggenommen hatten, war sie total in sich gekehrt. Sie hat kaum auf mich reagiert. Mit Worten ging gar nichts, und ich kann ja durch Druck schon überhaupt nichts bewegen. Wir haben dann irgendwann zusammen etwas gespielt, das sie von ihrer Freundin kannte. Das hat sie ein wenig geöffnet. Dann hat sie wieder gemalt. Diesmal beschäftigen sich die Bilder eindeutig mit dem Tod. Und zwar sieht es so aus, als ob sie sich irgendwie schuldig fühlt. Gerade gegenüber ihrer Schwester stellt sie sich groß und dunkel dar, und es sind auch die Schatzkiste und ein Geschenk dabei.«

»Ja, in ihrer Schatzkiste war ein Geschenk, das von Anne stammen könnte. Wir müssen da noch die Ergebnisse der kriminaltechnischen Untersuchung abwarten.«

»Auf jeden Fall scheint sich Zoé in einem Zusammenhang mit dem Tod ihrer Schwester zu sehen. Ich habe aber keine Ahnung, warum.«

Es entstand wieder eine Pause.

»Was meinst du, wann wir Zoé sagen können, dass ihre Mutter auch tot ist?«

»Das ist schwierig. Ich weiß es nicht. Einerseits könnte es jetzt einfach mehr sein, als sie verkraftet. Andererseits könnten wir die kleinen Erfolge zunichtemachen, wenn wir warten und es ihr erst in ein paar Tagen sagen. Ich weiß nicht, wie sie überhaupt darauf reagiert. Nur, ...«, Marie schien zu überlegen, »nur, wir sollten es so rechtzeitig sagen, dass sie bei der Beerdigung ihrer Mutter dabei sein kann. Sie muss Abschied nehmen können, so hart es auch sein mag. Wisst ihr, wann das sein wird?«

»Nein, noch nicht. Ich denke, nicht diese Woche. Der Leichnam wird heute in Mainz noch einmal obduziert.« Buhle fiel in diesem Moment ein, dass sie überhaupt nicht wussten, wer dies alles in die Hand nehmen musste: die Beerdigung, die Kontakte mit Versicherungen, Banken, Arbeitgebern, Versorgern. Eigentlich sollten das die Eltern der Verstorbenen machen. Aber was, wenn sie sich verweigerten? Wer würde dann im Interesse von Zoé handeln? Es gab schließlich einen Besitz, ein Erbe. Er fragte Marie.

»Es gibt das Jugendamt, es gibt Notare. Ich weiß auch nicht so genau. Wahrscheinlich wird vom Jugendamt ein Vormund für Zoé bestellt, dessen erste Aufgabe es ist, diese Angelegenheiten zu regeln«, antwortete sie. »Da gibt es bestimmt auch jemanden bei euch, der das weiß.«

Buhle fiel auf Anhieb niemand ein. Sie kümmerten sich eigentlich nur um die Täter, manchmal noch um die Opfer, indem sie sie an entsprechende Institutionen wie den Weißen Ring weiterverteilten. Wer kümmerte sich um die Hinterbliebenen? Aus dieser Verantwortung stahlen sich in der Regel der Staat und letztendlich auch die Gesellschaft. Es mochte sein, dass es bei minderjährigen Kindern anders war.

Marie unterbrach seine Überlegungen. »Du hattest gefragt, ob ihr mir helfen könntet.«

Buhle wurde hellhörig. »Ja, klar. Hast du einen Vorschlag?«

Marie antwortete zögerlich. Ihre Stimme klang vorsichtig und abwägend: »Ihr wollt doch etwas von Zoé erfahren.« Buhle fasste dies mehr als eine Feststellung auf denn als eine Frage und schwieg. »Vielleicht wäre es möglich, dass jemand von euch eine Beziehung zu Zoé aufbaut. Das hätte auch für mich den Vorteil, dass ich mich zumindest für ein paar Stunden um andere Dinge kümmern könnte. Heute Nachmittag brauche ich unbedingt Zeit für Nora, vielleicht auch für Mattis.«

Meinte sie ihn damit? Ihn, den Polizisten, oder ihn, den Menschen? Er verwarf den Gedanken. Er hielt Marie für kompetent und sich selbst für nicht geeignet, das Vertrauen eines traumatisierten Kindes zu erwerben. Hatte sie ihr Anliegen so zurückhaltend vorgetragen, um ihn nicht zu verletzen? Schon allein dieser Gedanke erzeugte in Buhle ein Gefühl der Erleichterung nach den Irritationen der letzten Tage. Er antwortete möglichst freundlich: »Wir haben eine Polizeipsychologin. Die wird sich sicher für einige Zeit um Zoé kümmern können.«

»Mmh.« Maries Antwort war verhalten, aber eindeutig. Sie hielt von diesem Vorschlag nicht viel. »Ich glaube, dass zwei Psychos für Zoé jetzt zu viel wären. Ich dachte gerade an eine Person, die eben nicht fachlich auf das Kind zugeht, sondern eher freundschaftlich, und dabei vielleicht auch eure Belange wahrnehmen kann ...« Schließlich zauderte Marie nicht weiter: »Ich dachte an Nicole. Zoé kennt sie schon, weiß aber nicht, in welcher Funktion sie bei uns war. Nicole wäre bestimmt in der Lage dazu.«

»Nicole?« Buhle hoffte, dass sich in diesem einen Wort weder seine Überraschung noch seine Enttäuschung widerspiegelten. »Ich weiß nicht. Du meinst, sie schafft das ohne eine Ausbildung?«

»Sonst hätte ich das nicht vorgeschlagen.«

Buhle schaute zu Paul Gerhardts, der die ganze Zeit diskret, aber erfolglos versucht hatte, dem Gespräch nicht zu folgen. Dann hielt er seine Hand auf den unteren Teil des Hörers und flüsterte Gerhardts zu: »Marie Steyn schlägt vor, dass Nicole zeitweise Zoé Altmüller betreut.«

Die Antwort kam postwendend. »Kann ich mir gut vorstellen. Vielleicht kann sie etwas von Zoé erfahren, wenn sie Zugang zum Kind bekommt.«

Buhle nickte langsam, dann sprach er wieder zu Marie: »Nicole befragt gerade die Ärzte, die Anne im Krankenhaus behandelt haben. Wenn sie zurück ist, werde ich mit ihr sprechen. Wie viel Zeit würdest du sie beanspruchen wollen?«

»Drei, vier Stunden am Tag braucht sie schon, um von Zoé als Bezugsperson überhaupt wahrgenommen zu werden. Sie soll sie ja nicht therapieren, sondern einfach nur da sein und sich ab und zu mit ihr beschäftigen.«

»Gut, ich werde sie fragen und schauen, wie wir es hier personell geregelt kriegen.«

»Danke. Meinst du, sie könnte vielleicht schon heute Nachmittag kommen?« Sie hielt kurz inne. »Vielleicht könntest du heute Abend auch noch vorbeikommen und ... und dir die Bilder anschauen?«

»Ich kann es dir nicht versprechen. Keine Ahnung, was heute hier los sein wird.« Buhle spürte, dass er gerade im Begriff war, einer Situation falsch zu begegnen. Er durfte Marie jetzt nicht wieder vor den Kopf stoßen. »Ich werde es aber versuchen.« Er spürte, dass der Rettungsversuch schwach war.

Nach dem Telefonat stand Buhle auf und holte Wasser für Tee. Als der Kocher langsam vor sich hin grummelte, nahm Gerhardts vorsichtig das Gespräch auf.

»Nicole soll versuchen, an Zoé heranzukommen?«, fragte Gerhardts.

»Ja. Außerdem soll sie Marie entlasten, die sich auch um ihre Kinder kümmern muss.«

»Und du bist enttäuscht, dass sie nicht dich gefragt hat.«

Buhle starrte sein Gegenüber mit offenem Mund an. »Wie kommst du denn darauf?«

»Meinst du nicht, dass es langsam mal Zeit wird, dass ihr beide, du und Marie, … dass ihr euch mal über euch klar werdet?«
Der Wasserkocher hatte immer lauter angekündigt, dass er nun bald seine Aufgabe erfüllt haben würde. Doch auch nachdem er sich selbst ausgestellt und mit einem abschließenden Seufzer zur Ruhe gefunden hatte, fand er bei seinem Auftraggeber keine Beachtung. Buhle blickte Gerhardts immer noch wie hypnotisiert an.

Der Vormittag brachte keine weiteren Erkenntnisse. Grehler gab gegen Mittag Rückmeldung, dass sie nichts Interessantes mehr gefunden hätten, noch an diesem Tag die Spurensicherung in Merteskaul abschließen würden und das Anwesen der Altmüllers dann auch wieder freigegeben werden könnte, für wen auch immer. Er versprach sich gehaltvollere Informationen von den Ergebnissen der kriminaltechnischen Untersuchung.

Sven Tard hatte in der ersten Stunde gleich drei Zeugen, die Autos auf dem Parkplatz im Sauertal gesehen haben wollten: einen silbergrauen Opel Astra, einen weißen Mercedes A-Klasse, einen blauen Kleinwagen, vielleicht einen Citroën. Kennzeichen hatte sich natürlich keiner gemerkt. Der nächste Hinweis kam erst gegen halb zwölf, als der Ralinger Förster anrief und vom Trierer Bürgerservice berichtete, der seit einiger Zeit im angrenzenden Wald innerhalb eines Jugendprojektes Pflegearbeiten durchführte. Es dauerte nicht lange, bis Tard den verantwortlichen Projektleiter am Telefon hatte. Doch der war am vergangenen Donnerstag zu sehr mit seinen Leuten beschäftigt gewesen, um etwas anderes registrieren zu können.

Ducard und Reuter hatten die vorliegenden Ermittlungsakten zum Bitburger Flughafen und zur Geldwäsche in der Grenzregion ergänzt und sich anschließend wieder in Richtung Luxemburg aufgemacht. Sie wollten den Investor Thill und einen mit Ducard befreundeten Banker befragen. Tard sollte weiter im Internet recherchieren.

Die Aktivitäten von Gerhardts und Buhle führten lediglich zu der Erkenntnis, dass Alexander oder Suzanne Altmüller keine Unterlagen bei Anwälten oder Notaren, Banken, soweit sie sich dazu zu äußern vermochten, Freunden, Bekannten oder Arbeitskollegen hinterlegt hatten. Insgesamt bestätigte sich das eher zurückgezogene

Leben des Ehepaares in der Südeifel. Als die beiden Polizisten die Kontaktdaten abgearbeitet hatten, die aus den Unterlagen der Altmüllers zusammengestellt worden waren, wussten sie zunächst nicht weiter. Wo könnte der Journalist seine Datensicherung versteckt haben? Wenn er sich auf ein paar CDs beschränkt hatte, konnten die überall sein.

»Wir müssen Grehler fragen, ob die alle Musik-CDs oder -DVDs der Familie durchgeschaut haben. Vielleicht finden wir ja etwas in einer CD-Hülle von Benjamin Blümchen in einer Ecke des Kinderzimmers.« Gerhardts war sich bewusst, dass sein Vorschlag nichts anderes als ein Ausdruck der aufkommenden Hoffnungslosigkeit war.

»Vielleicht sollten wir noch einmal bei seiner Mutter nachhören. Er könnte aber auch Datenträger in einer wasserdichten Box irgendwo im Wald vergraben haben oder im Pferdestall bei der Nachbarin Lenz. Die braucht das ja nicht mitbekommen zu haben. Oder, oder, oder ... So was kann überall stecken.« Buhle war frustriert, zumal er die ganze Zeit daran denken musste, dass die Computer bei seinem ersten Aufenthalt in Merteskaul wohl noch in Altmüllers Arbeitszimmer gewesen waren. Und auch die Möglichkeit bestand, dass Altmüller gar keine externe Datensicherung betrieben hatte und mit dem Diebstahl der PCs die Informationen für die Polizei vorerst verloren waren.

Es herrschte einen Moment Stille in Buhles Büro. Die Jalousien waren halb heruntergelassen, damit die Mittagssonne nicht ihre Kraft in dem kleinen Raum entfalten konnte. Inzwischen aber hatten sich die losen Zirruswolken zu einer nur noch schwach transparenten, strukturlosen Wolkenschicht verdichtet. Buhle stand auf, um die Rollläden wieder hochzuziehen. Sein Blick glitt über den Bahnhofsplatz, doch nahm er das rege Leben dort nicht wahr. Er reagierte erst wieder auf Gerhardts Frage, die mehr eine Aufforderung war.

»Wollen wir in der Kantine etwas essen gehen? Ich nehme an, du wirst dich über das Wochenende nicht übermäßig der Nahrungsmittelaufnahme gewidmet haben.«

»Isst du heute Abend nicht mit Sabine?«

»Doch, aber einen Salat werde ich mir wohl genehmigen können. Oder darf ich dich zu uns einladen? Du warst schon lange nicht mehr bei uns.«

Buhle schüttelte den Kopf und drehte sich vom Fenster weg. »Nein, danke. Ich glaube nicht, dass ich momentan den Kopf dafür frei habe, selbst für euch nicht«, sagte er mit Blick auf Gerhardts. Dann versuchte er zu scherzen: »Vielleicht löse ich heute Abend ja noch unseren Fall?«

»Stimmt, wir stehen ja ganz dicht davor.« Gerhardts war aufgestanden und hatte den Stuhl zurückgestellt. »Dann lass uns jetzt essen gehen. Wir können grad noch bei unseren Kriminaltechnikern und vielleicht kurz auch beim KDD vorbeischauen. Also komm schon.« Mit den letzten Worten hielt Gerhardts seinem Kollegen die Tür zum Flur auf.

Die Polizeikantine lag am alten Standort des Polizeipräsidiums in einem siebenstöckigen Betonklotz. Vor einigen Jahrzehnten schien die Lage direkt neben den Ruinen der römischen Kaiserthermen kein Hinderungsgrund für diese Bausünde gewesen zu sein. Als die monumentalen Überreste des in der Spätantike zunächst als Badeanlage geplanten und später als Reiterkaserne genutzten Kulturdenkmals 1986 als Teil des Trierer UNESCO-Weltkulturerbes ausgewiesen wurden, war es bereits zu spät gewesen. Für Aufsehen hatte dann Anfang dieses Jahrtausends eine Serie von Erkrankungen der Polizisten in dem Gebäude gesorgt, die trotz aufwendiger Untersuchungen und Sanierungen dazu geführt hatten, dass nur noch ein Bruchteil der Räumlichkeiten genutzt werden konnte. Der Kriminaldauerdienst sowie die Kriminaltechnik waren im Erd- und Kellergeschoss verblieben.

Die Kantine lag im obersten Geschoss und gewährte den Beamten in ihrer Mittagspause zumindest einen schönen Blick über die Moselstadt. In den letzten Monaten hatte Buhle sich angewöhnt, mindestens an zwei Tagen in der Woche hierherzukommen. Er spürte, wie es dem Verhältnis zu den Kollegen guttat und er zunehmend Zugang zum Kreis der Trierer Polizisten fand. Vorher hatte er sich eher als Fremdkörper gefühlt und war das sicher auch gewesen. Jetzt freute er sich sogar darauf, nach und nach die Kollegen der anderen Abteilungen und Ressorts kennenzulernen. Heute allerdings wäre er lieber direkt zu den kriminaltechnischen Labors gegangen.

Als er schließlich sein Tablett mit Spargelcremesuppe, Putengeschnetzeltem und Schokoladenpudding im großen Speisesaal durch die mäßig besetzten Stuhl- und Tischreihen balancierte, stellte er jedoch fest, dass die Entscheidung genau die richtige gewesen war: An einem Tisch saßen Mitarbeiter der Kriminaltechnik. Buhle und Gerhardts setzten sich dazu.

»Mahlzeit«, begrüßten die beiden ihre Kollegen, und genauso hallte es fünfstimmig zurück.

»Habt ihr es so eilig, an unsere Untersuchungsergebnisse heranzukommen, dass ihr uns jetzt sogar schon in die Mittagspause folgt?« Frank Hieronimus war eher der gemütliche Typ. Ein nur dosiertes Maß an Bewegung und dafür stärkere Aktivitäten bei Speis und Trank waren ihm durchaus anzusehen. Sein Bauchumfang war beachtlich. Weniger beachtlich war der bisherige Ertrag seiner Arbeit. Sie hatten am Vormittag lediglich die Fasern unter den Fingernägeln der Toten abgleichen können. Buhle und Gerhardts waren überrascht, als sie erfuhren, dass die Textilfasern tatsächlich von einem Hemd von Alexander Altmüller stammten. Das war typisch Grehler, der ihnen nach dem Wortgefecht mit dem luxemburgischen Kollegen den Fund eines solchen Hemdes vorenthalten hatte. Aber schwerer als ein Groll gegenüber dem Leiter der Spurensicherung wog die Enttäuschung über die nun fehlende Möglichkeit, beweiskräftige Indizien zum Mörder zu erhalten. Was hatten sie bislang von ihm? Die Abdrücke seiner Schuhe, sonst nichts.

»Nu macht mal nicht so ein Gesicht.« Die Wirkung seiner Information auf die beiden Kommissare schien Hieronimus' Laune nicht im Geringsten zu mindern. »Wir finden bestimmt noch was Nettes für euch.«

»Das Problem ist nur, dass der Mörder nicht viele Spuren hinterlassen hat. Habt ihr schon das Auto von Alexander Altmüller untersucht?« Buhle bemühte sich, nicht zu frustriert zu klingen.

Jetzt antwortete Anja Kociol, eine kleine, etwas stämmige Beamtin in der ihr eigenen kernigen Art: »Nu mach mal langsam. Zunächst haben wir uns das Auto des Mordopfers vorgenommen. Hat doch bei euch immer erste Priorität, so was. Und bei den vielen Haaren, Textilfasern und Fingerabdrücken, wie wir da herausgeholt haben, kann das auch noch eine Weile dauern.«

Buhle kaute auf seinem Geflügel herum und nickte nur stumm. Damit schien er die junge Kollegin angestachelt zu haben. Sie legte ihr Besteck zur Seite und beugte zu ihm über den Tisch.

»Hast du gedacht, wir wären schon fertig? Nur weil ihr das ganze Pfingstwochenende lang durchgearbeitet, heißt das nicht, dass wir nach ein paar Stunden schon den ganzen Kram untersucht haben, den ihr uns da angeschleppt habt.«
Buhle hob abwehrend die Hände. »Nee, ich weiß, dass ihr da eine Menge von uns vorgesetzt bekommen habt. Keine Kritik.«
»Schade, sonst hätte ich einen Grund gehabt, diese blöde Erbsensucherei den Kollegen zu überlassen, um mich diesem wunderbaren Unfallauto zu widmen. Ich liebe nämlich Schrottautos.«
Nachdem das verhaltene Gelächter am Tisch wieder verstummt war, setzte Buhle noch einmal an: »Also, wenn du keine Lust mehr auf Gemüse hast, dann schau doch mal nach, ob es vielleicht doch irgendein Indiz für die Beteiligung eines Dritten bei dem Unfall gibt.«
»Das wird aber nicht einfach sein«, antwortete Kociol zufrieden, »das Auto hat sich mehrmals überschlagen und hängt noch voller Dreck. Aber mal sehen, was sich machen lässt.« Der neue Auftrag schien ihr offensichtlich mehr zuzusagen als der Pudding, den sie halb voll wieder auf ihr Tablett stellte, um sich vor den anderen wieder an ihre Arbeit zu machen.
Auf dem Rückweg schauten Buhle und Gerhardts kurz bei Max Kienzig vom KDD vorbei. Der schien überrascht, dass sie ihm die aktuellen Informationen zum Mordfall persönlich überbrachten, und freute sich über den Dank seiner Kollegen für die anfangs geleistete Arbeit. In ihrem Büro in der Kürenzer Straße warteten bereits Huth-Balzer und Steffen auf sie. Sie hatten nun auch die restlichen Bekannten der Altmüllers erreicht, ohne zusätzliche Informationen oder auch nur weitere Eindrücke von der Familie zu erhalten.
Ergiebiger waren die Ausführungen des Chefarztes des Trierer Mutterhauses Dr. Sebastian Zetteritz gewesen. Das Krankenhaus hatte seinen Namen aus seiner Geschichte als Mutterhaus der Borromäerinnen erhalten, einer der ersten krankenpflegenden Ordensgemeinschaften überhaupt. Seit seiner Gründung Mitte des neunzehnten Jahrhunderts hatte es sich zu einer regional bedeutsamen Klinik entwickelt. Die Abteilung für Kindermedizin genoss in der Region den besten Ruf. Deswegen war es für Suzanne wohl auch keine Frage gewesen, Anne sofort hierher zu bringen,

nachdem sie deren ernsten Gesundheitszustand erkannt hatte. Doch es hatte nichts genutzt. Zetteritz hatte glaubhaft vermitteln können, dass ihn das Schicksal der kleinen Anne persönlich getroffen hatte, auch wenn er beteuerte, dass seine Abteilung alles Erdenkliche getan hatte, was in der kurzen Zeit medizinisch sinnvoll gewesen war.

Es waren nur zwei Tage von den anfänglichen Symptomen bis zu Annes Tod vergangen. Am Morgen hatte das Mädchen über erste Kopfschmerzen geklagt, war müde und ohne Appetit gewesen. Suzanne war schon auf dem Weg zur Arbeit, und Alexander hatte einen Termin für einen kleineren Bericht im Auftrag der regionalen Tageszeitung. Als er dann aber bei Anne auch noch Fieber feststellte, musste er sie anstatt in die Kindertagesstätte wieder ins Bett bringen. Nach einem Telefonat mit seiner Frau hatte er ihr ein fiebersenkendes Zäpfchen verabreicht und sie fast den ganzen Tag schlafen lassen. Zetteritz hatte die Altmüllers ausdrücklich von einem Vorwurf freigesprochen, weil dieselben Symptome auch bei anderen, harmlosen Erkrankungen hätten auftreten können. Dass es sich um etwas Ernsteres handeln musste, hatte Suzanne erkannt, als sie am frühen Abend wieder nach Hause kam. Anne zeigte für einen Infekt untypische Anzeichen, wie zum Beispiel den pathologischen Babinski-Reflex oder wenig später auch erste Lähmungserscheinungen, die auf eine Erkrankung des Nervensystems hindeuteten.

Während seines weiteren Berichts musste Steffen immer häufiger auf seine Aufzeichnungen schauen. Nach Aussage des Mediziners hatten sie noch am selben Abend sicher feststellen können, dass er sich um eine Viruserkrankung handelte, die unter anderem zu einer Schädigung des Nervensystems geführt hatte. Eine sichere Diagnose, basierend auf den vorliegenden klinischen Symptomen, sei aufgrund der Ähnlichkeit mit anderen Erkrankungen mit neurologischer Symptomatik nicht möglich gewesen. Sie hätten in ihrer Behandlung versucht, den Krankheitsverlauf positiv zu beeinflussen, indem sie entzündungshemmende Präparate eingesetzt und Infusionen verabreicht hätten, um den Kreislauf zu stabilisieren. Aber ohne eine klare Diagnose und entsprechende Gegenmittel waren sie machtlos gewesen.

»Und warum wurde der Fall nicht der Polizei angezeigt? Ist das nicht üblich, wenn die Ursache für eine tödliche Erkrankung unklar ist?« Gerhardts reagierte mit sichtbarem Unverständnis auf die Schilderungen des Kollegen.

»Das haben wir Zetteritz natürlich auch gefragt«, antwortete Steffen. »Aber für ihn war die Krankheitsursache ja klar: Es war eindeutig eine Virusinfektion. Das steht auch auf dem Totenschein. Dass der Virus oder der Infektionsweg unbekannt waren, war für den Mediziner mit dem Eintreten des Todes dann zweitrangig und nicht mehr sein Aufgabenbereich. Zumal ja kein Fehlverhalten der Eltern oder anderer Personen erkennbar war. Solche Erkrankungen kommen einfach hin und wieder vor.«

»Das heißt, wir wissen immer noch nicht, wieso Anne Altmüller erkrankt und gestorben ist. Kann man das durch eine Obduktion jetzt noch feststellen?«

Steffen räusperte sich. »Nein, und zwar aus verschiedenen Gründen. Erstens, weil der Todeszeitpunkt schon zu lange zurückliegt und Viren und Antikörper jetzt anscheinend nicht mehr nachweisbar wären. Zweitens, weil Anne und, wie wir jetzt wissen, auch ihr Vater eingeäschert wurden. Sie sind übrigens in einem sogenannten Friedwald nahe der luxemburgischen Grenze beigesetzt worden. Aber ...«, Steffen versuchte, nicht allzu pathetisch zu klingen, »unser Doktor im Mutterhaus hat offenbar mitgedacht und hat Blut- und Gewebeproben von Anne Altmüller gesichert, also eingefroren oder so.«

»Genau. Aber seine Abteilung hat gar nicht die technische Ausstattung für die notwendige Diagnostik. Er hatte dennoch die Proben gezogen und tiefgekühlt, um sie für mögliche spätere Untersuchungen vorrätig zu haben.« Huth-Balzer fühlte sich mittlerweile so weit in das Team integriert, dass sie sich traute, ungefragt ihre Meinung kundzutun.

»Wenn ihr mich fragt«, fuhr sie fort, »hatte das auch noch einen anderen Grund: Ich hatte den Eindruck, dass die Ärzte mittlerweile übervorsichtig sind, dass sie Angst haben, man könne ihnen ein Fehlverhalten nachweisen. Wahrscheinlich hat Dr. Zetteritz die Proben auch aufgehoben, damit er bei möglichen Anschuldigungen Beweismittel liefern, also sich selbst absichern kann. Das deutet für mich darauf hin, dass er sich tatsächlich unschuldig fühlt.«

»Ein mögliches Fehlverhalten der Ärzte wird für unseren Fall allerdings auch irrelevant sein.« Buhle hatte während der Ausführungen der beiden Kollegen eine innere Unruhe ergriffen. »Wir müssen wissen, um welchen Virus es sich handelt. Niko, Nicole, bitte sorgt dafür, dass die Proben vom Mutterhaus ins LKA gebracht werden. Dort soll man sich Gedanken machen, wie die Viren zu identifizieren sind. Erst wenn wir das wissen, können wir beurteilen, ob es irgendwelche Zusammenhänge zu unseren Ermittlungen gibt. Mir fällt bislang nur eine mögliche Verbindung ein, und da wird mir schon beim Gedanken daran schlecht.«

Es herrschte einen Moment Stille, weil jeder wusste, was ihr Chef meinte und keiner es wirklich aussprechen wollte. Schließlich war es Steffen, der die Sache auf den Punkt brachte: »Du meinst Altmüllers Recherchen zu den Biowaffen. Wenn es da etwas gibt, rühren wir hier in gequirlter Scheiße und haben obendrein noch das BKA am Bein. Beides würde mir mächtig stinken. Ich kümmere mich um die Proben.«

»Okay, Niko, mach das.« Buhle blickte zu Huth-Balzer. »Ich muss mit Nicole ohnehin noch wegen einer anderen Sache sprechen.«

Als alle ihn fragend anschauten, trug er ihnen das Anliegen von Marie Steyn vor. Die Kriminalassistentin war sofort bereit, die Aufgabe der Betreuung von Zoé zu übernehmen. Die Beamten wollten ihre Besprechung gerade beenden, als die Tür aufflog und Sven Tard in das Zimmer stürmte.

»Wir haben die erste heiße Spur, mit wem sich das Opfer an der Sauer getroffen haben könnte.« Tard war der eher ruhige und introvertierte Typ. Das änderte sich nur, wenn er in einem Fall etwas Wichtiges entdeckt hatte. Weil das auch die anderen wussten, sahen sie ihn nun erwartungsvoll an.

»Es gab den Hinweis auf Waldarbeiter vom Bürgerservice Trier, die ihr Auto auch auf dem Parkplatz stehen hatten. Es handelt sich dabei um ein Projekt zur Wiedereingliederung arbeitsloser Jugendlicher. Müssen wohl auch Typen dabei sein, die wir bei uns in POLIS sofort finden würden. Einer der Jugendlichen, ein Egon Prison, hat tatsächlich ein Auto dort gesehen. Er wusste sogar noch das Kennzeichen, weil es seine Initialen und seinen Jahrgang aufwies. Es handelt sich um einen blaumetallicfarbenen Citroën, einen C3, aus Merzig, also dem Saarland. Halter ist ein Franz Bonitzer, Unternehmensberater. Ob er aber auch der Nutzer des C3 ist, bezweifle ich. Er hat noch einen 7er BMW, einen Z4 und einen Golf.«

»Und wer könnte das dann sein?«, fragte Steffen dazwischen.

»Ich nehme mal stark an die Tochter: Nanette Bonitzer, sechsundzwanzig Jahre alt, Diplom-Psychologin. Seine Frau Gertrud Bonitzer dürfte wohl eher den Golf fahren. Vielleicht hat der Herr Unternehmensberater aber auch seinen Frauen den Z4 spendiert. Ich habe schon mit den Kollegen im Saarland gesprochen. Über die Familie liegt absolut nichts vor, noch nicht einmal Verkehrsverstöße, was ich bei dem Fuhrpark schon erstaunlich finde.«

»Gut. Gibt es eine Zeitangabe, wann das Auto auf dem Parkplatz gesehen wurde?« Diesmal war es Buhle, der nachfragte.

»Jo, haben wir: Die Leute vom Bürgerservice sind gegen Viertel vor vier vom Parkplatz weggefahren.«

»Sehr gut. Wir haben immer noch nicht den Todeszeitpunkt von Suzanne Altmüller. Paul, kannst du gleich in der Gerichtsmedizin in Mainz bei Kordonbowski anrufen und nachfragen, ob er uns endlich was sagen kann? Der hätte sich eigentlich auch schon längst mal melden können.« Gerhardts nickte zustimmend.

»Okay. Jeder weiß, was er zu tun hat. Ich werde mit Großmann die saarländischen Kollegen offiziell informieren, dass wir eine Befragung vornehmen wollen. Vielleicht geben die uns noch jemanden zur Seite. Danach fahren Paul und ich nach Merzig. Nicole, du sprichst dich mit Marie ab. Niko, du regelst das mit den Proben. Sven, du bleibst weiter an den Zeugen dran. Vielleicht bekommen wir auch noch einen Hinweis auf das Auto, das am Feldweg und am Uferrand geparkt hatte. Auf geht's.«

23

Merteskaul; Dienstag, 14. Juni

Hannah Sobothy hatte sich im Sender mit der Redaktion abgesprochen. Sie waren so verblieben, dass die diensthabende Redakteurin und eine Mitarbeiterin sich um die offiziellen Informationen zum Fall Altmüller bei Polizei und Staatsanwaltschaft sowie die Internetrecherche kümmern würden. Sie selbst sollte sich auf die Suche nach Menschen machen, die zur Familie Altmüller etwas sagen konnten. Dafür war sie bei RPR bekannt, dass sie es auf ihre leichte, herzliche Art wie kein anderer vermochte, authentische O-Töne zu beschaffen.

Ihre erste Fahrt führte sie nach Merteskaul. Als sie am Vortag das erste Mal hier gewesen war, hatte es ihr fast das Herz gebrochen. Sie konnte die Liebe und Zuwendung, die Alexander für die Renovierung des bäuerlichen Anwesens aufgebracht hatte, förmlich sehen. Es wäre ein Traum gewesen, wenn ein Mann so etwas für sie zustande gebracht hätte. Aber diesen Mann hatte sie noch nicht gefunden, und so langsam zweifelte sie daran, ob ihr das jemals gelingen würde.

Es war vergleichsweise ruhig hier. Die anderen Reporter waren nicht mehr da. Nur noch die Kriminaltechniker verrichteten in stoischer Ruhe ihre Arbeit. Sie ging bis ans Absperrband und grüßte einen der Polizisten besonders freundlich. Der kleine ältere Mann verlangsamte kurz seine Schritte, erwiderte den Gruß und ging dann wieder in den alten baufälligen Stall. Sie machte Fotos von allen Gebäudeteilen, die den Altmüllers zuzuordnen waren. Dann wartete sie einen Moment. Als der Mann wieder aus einer der türlosen Öffnungen des alten Gemäuers schaute, sprach sie ihn an.

»Herr Grehler?«

Grehler hatte sich schon wieder zurückziehen wollen, als er überrascht auf seinen Namen reagierte. »Ja?«

»Herr Grehler, Hannah Sobothy von der RPR-Redaktion Trier. Guten Tag. Sie haben als Leiter der Spurensicherung jetzt wohl keine Zeit?«

Sie sah, wie Grehler seine hellen, aber buschigen Augenbrauen noch ein Stück höher zog. Auch wenn er versuchte, skeptisch und mürrisch zu wirken, spürte sie doch, wie es ihm schmeichelte, dass jemand ihn und seine Stellung kannte.

»Sie wissen, dass ich Ihnen sicher nichts über den Stand der laufenden Ermittlungen mitteilen werde.« Grehler kam einige Schritte auf sie zu.

»Natürlich nicht. Wir wollen ja alle, dass der Mörder gefasst wird, der der Familie das angetan hat. Aber mich interessiert eigentlich auch mehr die Arbeit, die Sie leisten müssen. Es ist doch für die Lösung eines Falles unglaublich wichtig, dass alle Spuren entdeckt und gesichert werden. Ohne diese Arbeit kann ein Täter vor dem Gericht gar nicht verurteilt werden, oder liege ich da falsch?«

»Nein, das ist genau so richtig.« Grehler hatte seine Vorsicht noch nicht abgelegt.

»Sehen Sie. Doch darüber wird meistens nicht berichtet. Vielleicht in diesen CSI-Serien im Fernsehen, aber die sind häufig viel zu reißerisch.«

»Oh doch, es wird darüber berichtet. Nämlich dann, wenn wir mal etwas übersehen haben sollten. Dann werden die Kriminaltechniker gern als die Sündenböcke hingestellt. Als ob nur wir Fehler machen würden.«

»Eben. Deshalb wäre es mir lieb, wenn Sie vielleicht etwas über die Schwierigkeiten der Spurensuche gerade in diesem Fall sagen könnten.«

Grehlers Gesichtsausdruck wurde wieder kritischer. »Ich soll Ihnen etwas sagen, das Sie dann senden, oder was?«

»Das wäre natürlich super. Aber ich weiß nicht, ob Sie das dürfen.«

»Für die Öffentlichkeitsarbeit ist die Pressestelle zuständig. Da läuft alles rüber, was an die Medien herausgegeben wird.«

»Und wenn ich Ihnen verspreche, den Beitrag vorab von Ihrer Pressestelle autorisieren zu lassen?«

»Und was, wenn Sie das Versprechen nicht einhalten? Wir hatten in letzter Zeit nicht die besten Erfahrungen mit Ihren Kollegen.«

Hannah Sobothy versuchte, ihr traurigstes, verständnisvollstes Gesicht aufzusetzen, als sie die Schulter nach oben hob und wieder fallen ließ. »Könnten Sie mir denn ohne Mikro sagen, was hier in Merteskaul die besonderen Herausforderungen für die Spurensicherer sind?« Sie ahnte, das Grehler ihr die Bitte wieder ausschlagen wollte, und schob schnell nach: »Sie brauchen ja keine geheimen Erkenntnisse preiszugeben.«

Grehler seufzte einmal kurz. »Also gut. Die besondere Schwierigkeit ist sicherlich, dass wir es hier mit sehr komplexen Tatorten zu tun haben. Sie können sich vorstellen, dass es in einem solchen Anwesen wie hier Tausende von Spuren gibt, die vielleicht von Bedeutung sein könnten. Wir können nicht bei jedem Gegenstand die Fingerabdrücke abnehmen oder Textilfasern untersuchen. Also müssen wir vorher entscheiden, welche Spuren mit dem Fall im Zusammenhang stehen könnten und welche nicht.«

»Und welche sind hier von Relevanz?«

Grehler schaute ihr nur kopfschüttelnd in die Augen, mit einem Blick, der sagte: »Mädchen, doch nicht mit mir.« Sie entschuldigte sich deshalb sofort bei dem Polizisten. Sie wusste inzwischen, dass sie bei ihm nicht ans Ziel kommen würde.

Ihren Originalton bekam sie anschließend dennoch. Die Tochter von diesem griesgrämigen Nachbarn war sehr gesprächig und völlig aufgelöst darüber, dass so etwas in ihrer idyllischen Merteskaul passieren konnte. Sie war ganz angetan, als Sobothy sie bat, das auch noch in das Mikrofon zu sagen. Den Hang der Menschen, ihre Meinung über die Medien der Öffentlichkeit zu offenbaren, konnte Hannah Sobothy nur mit dem allgegenwärtigen inneren Drang nach Aufmerksamkeit und Anerkennung erklären, der wohl in den meisten schlummerte. Richtig verstehen konnte sie es nicht – obwohl sie davon lebte.

Merteskaul war nur ihre Aufwärmstation gewesen. Auch wenn sie beim erfahrenen Kriminaltechniker gescheitert war, hatte sie doch das Gefühl, ihre eigentliche Aufgabe für diesen Tag erfolgreich meistern zu können. Diese Zuversicht wuchs mit jedem Kilometer, den sie in nördlicher Richtung zurücklegte, und mit jedem Gedanken, der auf das vereinbarte Treffen gerichtet war.

24

Merzig; Dienstag, 14. Juni

Buhle hatte bei Franz Bonitzer telefonisch vorgefühlt, wer der Nutzer des auf ihn angemeldeten Citroëns sei, und anschließend gefragt, wo seine Tochter derzeit zu erreichen wäre. Es überraschte ihn nicht, als eine knappe Stunde später der Unternehmensberater selbst die Tür seines Hauses in Merzig öffnete.

Schon die Wohngegend oberhalb der Stadt hatte darauf hingedeutet, dass die Familie Bonitzer zu den Betuchteren gehörte. Ihr Haus war jedoch eindeutig das größte und luxuriöseste, das Buhle und Gerhardts in der Stadt gesehen hatten. Das Grundstück im Zedernweg lag an einem Westhang, direkt an einem Waldgebiet. Der Ausblick über das Saartal wäre ohne die hohen Bäume wohl beeindruckend, überlegte Buhle. Doch eine gute Aussicht schien nicht den Bedürfnissen der Familie zu entsprechen, denn das Grundstück war zur Straße und zu den Nachbarn mit einer hohen Hecke eingefriedet.

Franz Bonitzer bat die beiden Polizisten in ein riesiges Wohnzimmer hinein, von wo aus sie auf die genauso großzügige Veranda mit dem ins satte Grün eines gepflegten Rasens gebetteten Swimmingpool blickten. Sie ließen sich auf einer schwarzen Ledergarnitur nieder.

»Dürften wir erfahren, wer von Ihnen den Citroën regelmäßig nutzt?«, begann Buhle die Befragung.

Nanette Bonitzer saß blass in die Ecke eines Sessels gedrückt. Ihre feingliedrigen Hände, die über einer roten Fleecedecke lagen, ließen erahnen, dass sich darunter ein ebenso schlanker Körper verbarg. Ihr Gesicht war eingerahmt von glatten brünetten Haaren, die sich am Ansatz des langen und schmalen Halses leicht nach innen wellten. Sie machte auf Buhle einen sehr zerbrechlichen Eindruck, und er konnte sich nicht vorstellen, dass sie in der Lage wäre, einen erwachsenen Menschen zu ertränken. Sein zweiter Eindruck jedoch war, dass in ihren Augen eine ungeheuer tiefe Traurigkeit verborgen lag, von der auch die dunklen Augenränder nicht ablenken konnten. Eine Traurigkeit, die der Kommissar bisher nur im Zusammenhang mit dem Tod eines Menschen kennengelernt hatte.

Mit leiser, etwas brüchiger Stimme beantwortete sie Buhles Frage. »Ich, ich nutze ihn regelmäßig. Dürfte ich erfahren, warum sich die Polizei dafür interessiert?«

»Das können wir Ihnen gleich mitteilen, wenn sie uns nur noch sagen würden, ob Sie das Auto die gesamte letzte Woche benutzt haben oder ob vielleicht noch jemand anderes damit gefahren ist.« Buhle war betont freundlich und begegnete so dem wachsam prüfenden Blicken der Eltern, die sich rechts und links von ihrer Tochter gesetzt hatten.

»Nein, ich habe es allein genutzt. Bei uns hat jeder in der Familie sein eigenes Auto.«

»Können Sie uns sagen, wo Sie am vergangenen Donnerstag unterwegs waren?«

Nanette Bonitzer schien einen Moment zu überlegen. Dann antwortete sie: »Ich bin morgens zur Arbeit nach Luxemburg gefahren. Ich habe erst spät Mittag gemacht. Weil so schönes Wetter war, hatte ich mich spontan für eine Spritztour entschieden. Danach habe ich weiter gearbeitet und bin abends nach Hause gefahren.«

»Wo sind Sie bei Ihrer Spritztour hingefahren?«

»Ich weiß nicht. Ich bin zunächst an die Mosel gefahren und dann immer den Fluss entlang. Es war so schön draußen nach dem langen Regen.«

»Und Sie genießen schöne Tage am liebsten im Auto?«

Nanette Bonitzer guckte Buhle irritiert an. Ihr Vater räusperte sich. Buhle wusste, dass er seiner Tochter bei einer gefährlichen Frage sofort zur Seite springen würde. Doch noch schien für die Familie Bonitzer alles unverfänglich zu sein. So beantwortete Nanette auch diese Frage.

»Nein, eigentlich nicht. Ich hatte auch zuerst vor, nur an die Mosel zu fahren und dort spazieren zu gehen, aber dann bin ich einfach weitergefahren. Wieso wollen Sie das wissen?«

»Wie weit sind sie gefahren?«

»Ich weiß es nicht.« Die Frau zeigte nun erstmals Zeichen von Ungeduld. »Nach Wasserbillig bin ich weiter entlang der Sauer und dann irgendwann umgedreht und zurück nach Luxemburg.«

»Haben Sie irgendwo angehalten? Waren Sie etwas essen oder sind doch noch spazieren gegangen?«

»Nein, ich war nirgends. Ich hatte vorher etwas Kleines im Institut gegessen. Ich weiß nicht mehr, ob ich irgendwo angehalten habe.« Sie überlegte, und ihre Augenringe schienen an Intensität zuzunehmen. »Doch, ich habe, kurz bevor ich umgedreht bin, an einem Parkplatz gehalten. Der lag an einem Wald. Ich musste ... ich musste mal austreten.«

»Wann war das?«

»Puh, keine Ahnung, vielleicht gegen vier Uhr.«

»Und Sie können –«

»Bevor Sie jetzt noch weiterfragen, sagen Sie uns endlich, um was es Ihnen hier geht«, unterbrach Nanettes Vater genervt.

Buhle schaute zu Franz Bonitzer und bemerkte, dass der korrekt gebundene Schlips vor dem blütenweißen Hemd nun schief zwischen dem Kragen hing. »Entschuldigen Sie, ich wollte nicht unhöflich sein.« Dann schaute er wieder zur Tochter und fand es erstaunlich, wie sie ohne Probleme seinem Blick standhielt. »Wir ermitteln in einem Todesfall. An der Sauer ist am vergangenen Donnerstag eine Frau tot aufgefunden worden. Ihr Auto wurde an einem Parkplatz südlich von Ralingen nahe dem Tatort gesehen. Sie werden verstehen, dass wir diesen Spuren nachgehen müssen.«

»Ja, natürlich«, sagte Franz Bonitzer mit einer gewissen Erleichterung, weil er offenbar sicher war, dass seine Tochter nichts mit einer solchen Tat zu tun hatte.

Buhle fixierte Nanette mit seinem Blick. »Sie haben dort auf dem Parkplatz nicht zufällig etwas bemerkt?«

»Nein, ich hatte ja schon gesagt, dass ich nur kurz in die Büsche bin. Und gerade in diesem Augenblick wurde mein Auto gesehen? Ich konnte mich ja kaum daran erinnern, dass ich dort überhaupt gehalten hatte.«

Plötzlich schlug Gertrud Bonitzer ihre rechte Hand vor den Mund. »Weißt du, was das bedeutet: Vielleicht war ein Mörder ganz in deiner Nähe, als du ...« Der Mutter schien die Gefährlichkeit der Situation auch eine halbe Woche danach noch mächtig Angst einzuflößen.

Buhle sah Gerhardts an, der die ganze Zeit geschwiegen hatte.

»Tja, dann waren wir wohl umsonst hier …«, begann er, als sein Kollege in eingeübter Manier in die Offensive ging.

»Frau Bonitzer«, Gerhardts Tonfall war bei Weitem nicht so höflich wie Buhles, »kennen Sie eine Suzanne John-Altmüller?«

Die Ruhe, die mit einem Schlag in dem Raum lag, resultierte daher, dass alle fünf Anwesenden die Luft angehalten hatten. Nanette Bonitzer saß bewegungslos in ihrem Sessel. Es dauerte sicherlich zehn Sekunden, bis sie antwortete: »Nein, ich kenne niemanden, der so heißt.«

»Vielleicht haben Sie die Person aber schon einmal gesehen?« Gerhardts holte ein Foto der Toten aus seiner Brieftasche und hielt es der jungen Frau vors Gesicht.

Nanette Bonitzer schüttelte langsam, aber lange den Kopf und starrte auf das Foto. Dann musste sie schlucken. Buhle sah, dass ihre Eltern, die ebenfalls Sicht auf das Bild hatten, es ihr gleichtaten.

»Nein, ich habe diese Frau nie gesehen.«

»So, haben Sie jetzt Ihre Arbeit getan und können endlich gehen? Sie sehen doch, dass meine Tochter krank ist. Sie ist nicht umsonst heute zu Hause geblieben.« Franz Bonitzer hatte sich offenbar früher als seine Frauen gefangen.

»Ja, gleich. Sagen Sie uns bitte noch, wo Sie arbeiten, Frau Bonitzer. Auch wenn es nur Routine ist, aber wir müssen Ihre Aussage bei Ihrem Arbeitgeber überprüfen.« Buhle hatte sehr freundlich gesprochen. Umso mehr war er von der heftigen Reaktion überrascht.

»Nein, Sie können nicht … Ich meine, müssen Sie denn wirklich dort nachfragen?«

»Haben Sie etwa ein Problem damit?« Gerhardts hakte direkt nach.

»Nein, ja, es ist … ich weiß nicht, wie der Professor reagiert, wenn die Polizei … Geht das nicht auch anders?« Die Traurigkeit war aus ihren Augen gewichen. In ihnen spiegelte sich jetzt blankes Entsetzen, vielleicht sogar Angst. Buhle war sich nicht sicher, wie er es einordnen sollte.

»Wo und was arbeiten Sie denn?«

Es schien, als ob nur der Gedanke daran, dass die Polizei bei ihrem Arbeitgeber auftauchen könnte, Nanette Bonitzer völlig blockierte. Sie schwieg. Stattdessen antwortete ihr Vater: »Meine Tochter hat eine Postgraduiertenstelle im staatlichen Gesundheitslabor, dem *Laboratoire National de Santé* in Luxemburg-Stadt. Sie promoviert dort im Bereich der Psychoneuroimmunologie und beschäftigt sich mit den Zusammenhängen von Psyche, Nervensystem und Immunsystem. Ihr Professor ist sehr ambitioniert, wenn Sie wissen, was ich meine.«

»Ja, ich glaube schon. Wir werden so diskret wie möglich vorgehen. Gute Besserung, Frau Bonitzer.« Buhle war aufgestanden, und Gerhardts tat es ihm gleich.

Als die beiden Polizisten Merzig durchquert hatten und auf der B 51 wieder in Richtung Trier fuhren, waren sie sich schnell einig, dass die junge Frau Bonitzer alles andere als glaubwürdig war.

»Es kam mir vor, als ob sie jedes Mal genau abgewogen hat, was sie sagen kann, um das, was wir bereits wussten, zu bestätigen. Sie wusste, weswegen wir da waren. Sie kannte Suzanne Altmüller, und sie war in dem Zeitraum am Tatort, den die Gerichtsmediziner als Todeszeitpunkt ermittelt haben: zwischen sechzehn und achtzehn Uhr.« Gerhardts sagte dies mit größter Selbstverständlichkeit. Buhle wusste, dass er sich auf die Menschenkenntnis seines Kollegen fast immer verlassen konnte.

»Interessant war, wie sie reagiert hat, als ihre Arbeit ins Spiel kam. Da ist sie ja fast panisch geworden.« Bevor Buhle weiterreden konnte, klingelte das Telefon. Er schaltete die Freisprechanlage an.

»Hallo, Sven hier. Seid ihr schon auf dem Rückweg?«

»Ja, was gibt's?«

»Hat diese Bonitzer gesagt, warum sie ein zweites Mal auf dem Parkplatz gehalten hat?«

Buhle und Gerhardts verschlug es zunächst die Sprache. Die nächste Einfahrt eines Waldweges nutzte Buhle, um die Fahrtrichtung zu wechseln. Gerhardts führte in der Zeit das Gespräch mit Tard fort.

»Wie kommt ihr darauf, dass sie ein zweites Mal dort gewesen sein sollte?«

»Wir haben zwischenzeitlich eine ganze Reihe weiterer Zeugenaussagen zu parkenden Autos erhalten. Daraus ergibt sich ziemlich glaubhaft, dass gegen halb fünf nur eine niederländische Urlauberfamilie auf dem Parkplatz rastete. Gegen siebzehn Uhr dreißig wurde aber wieder ein blauer C3 dort gesehen, von einem Mann aus Bollendorf. Der ist sich sehr sicher, weil seine Frau auch das Modell in der gleichen Farbe fährt.«

»Wir sind schon wieder auf dem Rückweg. Weißt du, wie lange Bonitzers Auto da stand?«

»Jo, um sechs war dort nur ein weißer Mercedes, mit einem Fahrer, dem es wohl nichts ausgemacht hatte, dass man ihm beim Pinkeln zusehen konnte. Wenn ihr mich fragt, würde sich an diesem Rastplatz ein Toilettenhäuschen durchaus lohnen. Fast alle Beobachtungen resultierten aus Pinkelpausen.«

»Bonitzer will dort auch gegen sechzehn Uhr angehalten haben, um in die Büsche zu gehen. Doch dann meinte sie, dass sie zurück zur Arbeit gefahren ist, in ein luxemburgisches Labor.« Gerhardts schaute fragend zu Buhle.

»*Laboratoire National de Santé*, meine ich. Also ein staatliches Gesundheitslabor.«

»Sven, hast du das verstanden? Schau nach, wo Bonitzer dort gearbeitet haben könnte, und gib uns gleich Bescheid. Sie macht dort ihre Doktorarbeit, irgendetwas mit Psychologie und Immunsystem.«

»Jo, mach ich. Bis gleich.« Tard beendete das Gespräch. Es herrschte einen Moment Ruhe im Auto.

»Hat uns unser Gefühl also nicht getäuscht.« Dass sich ihre Einschätzung bestätigte, schien Gerhardts nicht zufriedener zu machen. »Bin gespannt, was für eine Geschichte sie uns jetzt auftischen wird.«

»Aber sie machte mir nicht den Eindruck einer Gewaltverbrecherin. Im Gegenteil: Sie wirkte außerordentlich betrübt.«

»Vielleicht weil ihr bewusst geworden ist, dass sie jemanden umgebracht hat, vielleicht sogar unabsichtlich?«

Abwegig war die Vermutung seines Kollegen nicht. »Ich weiß nicht«, antwortete Buhle. »Lass uns abwarten, was sie dazu sagt, und nicht vorher spekulieren.«

Als sie sich wieder durch die engen Straßen der saarländischen Kleinstadt zwängten, kam der Rückruf von Tard. Er hatte herausgefunden, dass es innerhalb des staatlichen Gesundheitslabors in Luxemburg in einem Institut für Immunologie ein gemeinsames Graduiertenkolleg mit dem Fachbereich Psychologie der Uni Trier gab, in dem unter der Leitung eines Professors Robert Frantz

Stressforschung betrieben wurde. Tard vermutete die Doktorandin Bonitzer in diesem Fachbereich.

Fünf Minuten später klingelte Buhle wieder am Haus der Familie. Gertrud Bonitzer zeigte sich erstaunt und besorgt ob der schnellen Rückkehr der beiden Kriminalbeamten. »Mein Mann ist zurück ins Büro gefahren.«

»Wir möchten mit Ihrer Tochter sprechen. Lassen Sie uns bitte rein, Frau Bonitzer.« Buhle hatte bestimmt gesprochen, dennoch blieb die Tür nur einen Spalt weit geöffnet.

»Meine Tochter hat sich wieder ins Bett gelegt, ich weiß nicht, ob es gut ist ...«

»Frau Bonitzer, wir wissen, dass es nicht gut wäre, wenn Ihre Tochter uns jetzt nicht noch einige wichtige Fragen beantworten würde.«

»Aber ...«

»Bitte!«

Gertrud Bonitzer öffnete zögerlich die Tür und führte Buhle und Gerhardts wieder in das Wohnzimmer. Anschließend wollte sie ihrer Tochter Bescheid geben, doch die beiden Beamten hörten, wie sie nebenbei auch mit ihrem Mann telefonierte. Zwei Minuten später kam sie zurück.

»Nanette wird gleich hochkommen. Darf ich fragen, warum Sie schon wieder da sind?«

»Das würden wir gern mit Ihrer Tochter besprechen. Wohnte Ihre Tochter eigentlich immer hier?« Buhle kannte die Antwort aus den Daten des Einwohnermeldeamtes, wollte aber mit der Mutter ins Gespräch kommen.

»Ja, natürlich. Wieso?«

»Nun, Ihre Tochter ist Mitte zwanzig. Da haben die meisten Kinder ihr Elternhaus bereits verlassen.«

»Nanette hatte noch nie das Bedürfnis, wegzuziehen. Sie hat hier alle Freiheiten und ... durchaus Annehmlichkeiten.« Gertrud Bonitzer schien dies für selbstverständlich zu halten.

»Aber ist es nicht anstrengend, den weiten Weg nach Luxemburg zu pendeln?«

»Nein, so weit ist es auch nicht. Sie fährt nur eine Dreiviertelstunde. Die Alternative wäre eine Wohnung in Luxemburg-Stadt, aber das ist bei den Mietpreisen Blödsinn, wenn sie hier eine Wohnung umsonst hat.«

»Sie hat eine eigene Wohnung?«

»Ja, eine Einliegerwohnung im Souterrain.«

»Wo hat sie studiert?«, fragte Buhle.

»In Trier, und bevor Sie fragen: In der Zeit hat sie auch hier gewohnt.«

»Ist sie dann wegen ihrer Freunde hiergeblieben? Ich meine, das Studentenleben lebt man doch am besten vor Ort.« Gerhardts hatte wieder seine Rolle angenommen und nicht gerade freundlich gefragt.

»Nanette ist zum Studieren nach Trier gegangen, nicht, um um die Häuser zu ziehen. Und das war so auch sehr erfolgreich. Sonst hätte sie wohl kaum die Promotionsstelle bei Professor Frantz bekommen. Außerdem hat sie hier in Merzig alles, was sie braucht.« Gertrud Bonitzer war offensichtlich stolz auf ihre Tochter und reagierte mit Unverständnis auf die Zweifel an deren Lebensweg.

»Mama, was ist hier los?« Nanette Bonitzer war unbemerkt in den Raum getreten und hatte ihre Frage mit der Spur routinierter Aggressivität gestellt, die häufig bei Kindern mitschwingt, wenn sie über ihre Eltern genervt sind.

»Nichts, mein Kind. Die Polizisten haben noch weitere Fragen an dich.« Sie wandte sich wieder an Buhle und Gerhardts. »Setzen Sie sich bitte.«

Die junge Frau setzte sich in ihrem Hausanzug aus auberginefarbenem Fleecestoff und zog die Beine an ihren schmalen Körper. Sie erwiderte Buhles Blick wie schon zuvor. Was in ihr vorging, vermochte er nicht zu sagen. Sie wirkte zerbrechlich und introvertiert, aber er mochte auch nicht ausschließen, dass sie ganz anders sein konnte, als es gegenwärtig den Anschein hatte.

»Frau Bonitzer, wir hatten Sie vorhin zum vergangenen Donnerstag befragt. Leider haben Sie uns nicht die Wahrheit gesagt. Wir möchten Ihnen gern eine zweite Chance geben. Bitte.« Buhle hatte das Flackern in ihren Pupillen bemerkt. In der Stille danach spürte er allerdings, dass sie ihn gar nicht mehr wahrnahm, auch wenn ihre grünen Augen weiterhin auf ihn gerichtet waren.

»Wie kommen Sie darauf?«

»Wir wissen es, Frau Bonitzer. Also, was haben Sie an diesem

Donnerstagnachmittag wirklich gemacht? Sie waren doch nicht auf Spritztour unterwegs und haben sich die schöne Landschaft angeschaut.«

Im Wohnzimmer konnte man jetzt hören, wie die Haustür offensichtlich eilig aufgeschlossen wurde. Wenig später stürmte Franz Bonitzer in den Raum.

»Was zum Teufel machen Sie denn schon wieder hier?«

Als keiner der Polizisten antwortete, übernahm das seine Frau: »Die Polizei behauptet, Nanette hätte ... nicht die Wahrheit gesagt, vorhin.«

Franz Bonitzer blickte wütend von einem zum anderen, dann polterte er los: »Was erlauben Sie sich, meiner Tochter zu unterstellen, sie würde Sie anlügen? Wie kommen Sie denn auf einen solchen Schwachsinn? Sehen Sie denn nicht, dass meine Tochter eigentlich im Bett liegen müsste, anstatt sich solche Frechheiten gefallen zu lassen? Nanette: Hast du den Herren noch irgendetwas mitzuteilen?«

Nanette Bonitzer hatte während der Schimpftiraden ihres Vaters keine Änderung ihrer Mimik gezeigt. Auch jetzt schüttelte sie nur langsam den Kopf.

»Also, Sie müssen sich täuschen. Jetzt verlassen Sie bitte unser Haus und jagen die richtigen Verbrecher. Das ist ja unglaublich.«

Bonitzer schien, erst einmal in Rage, sich nicht wieder beruhigen zu wollen. Doch damit erzielte er bei den beiden Kriminalbeamten und offensichtlich auch bei seiner Tochter keinerlei Wirkung. Buhle und Nanette Bonitzer schauten sich weiterhin regungslos an.

»Frau Bonitzer, wir haben Zeugen, die Ihr Auto später noch einmal auf dem Parkplatz gesehen haben. Bitte sagen Sie uns die Wahrheit.«

Doch Buhle bekam als Antwort nichts weiter als diesen abgrundtief leeren Blick. Dafür mischte sich Franz Bonitzer wieder ein.

»Woher wissen Sie, dass es Nanettes Auto war? Hat jemand das Kennzeichen notiert? Hat sie jemand gesehen? Oder kann es sich auch zufällig um ein ähnliches Auto gehandelt haben? Der Citroën wird hier schließlich häufig gefahren.«

»Herr Bonitzer.« Gerhardts schaltete sich wieder ein und ließ keinen Zweifel, dass er dem Schauspiel der Familie nicht länger beiwohnen wollte. »Es ist ganz offensichtlich, dass Ihre Tochter uns nicht die Wahrheit sagen will. Also werden wir ihre Aussage jetzt umgehend mit ihrem Arbeitgeber abklären und sie anschließend zu einer Vernehmung ins Kommissariat vorladen. Sie verfügen ja sicherlich über gute Anwälte, die darf sie dann gerne mitbringen.« Gerhardts hatte seinen Zeigefinger auf Bonitzer gerichtet. »Und Sie, Herr Bonitzer, werden wir dabei mit Sicherheit nicht dulden.«

Wieder trat eine angespannte Ruhe ein, bis Nanette zu sprechen anfing und dabei von Buhle zu ihrem Vater und dann in die Runde schaute. »Die Polizei hat recht. Es war keine einfache Spazierfahrt. Ich hatte am Vormittag ein Problem bei meinen Versuchen entdeckt, das ich nicht lösen konnte. Ich bin deshalb ins Auto gestiegen und losgefahren. Manchmal hilft mir das. Hat es diesmal aber nicht. Ich war wohl tatsächlich länger unterwegs, als ich vorhin gesagt habe. Ich war auf dem Rückweg auch tatsächlich noch einmal auf dem Parkplatz. Aber nur, um frische Luft zu schnappen. Ich bin ein wenig den Radweg entlanggelaufen und dann weitergefahren.«

»Und Sie waren nur auf dem Radweg?« Gerhardts wollte diese Erklärung nicht einfach so hinnehmen.

»Ja.«

»Nicht im Wald oder am Fluss?«

»Nein.«

»Und warum haben Sie das vorhin nicht gesagt?«

»Ich habe es für nicht wichtig erachtet. Außerdem ... außerdem wollte ich meine Eltern nicht mit meinen beruflichen Problemen belasten.«

Buhle und Gerhardts sahen sich an. Beide wussten, dass sie dieser Erklärung nichts entgegenzusetzen hatten, auch wenn ihnen klar war, dass Nanette Bonitzer zumindest nicht die ganze Wahrheit sagte.

Buhle ließ sich von der jungen Frau die Kleidungsstücke zeigen, die sie am Donnerstag angehabt hatte. Bis auf die Jacke waren alle frisch gewaschen. Dann untersuchte er ihre Schuhe und machte Fotos von den Sohlen. Sie ließ ihn gewähren und sagte nichts.

25

Arlon/Rittersdorf; Dienstag, 14. Juni

Fernand Thill war nach dem Besuch der beiden Kriminalbeamten noch eine kurze Zeit in seinem Büro geblieben, dann in sein Porsche Cabrio gestiegen und bis nach Arlon gefahren. Die kurze Tour in die nahe belgische Kleinstadt war für ihn schon fast zu einem Ritual geworden, wenn er für eine Situation, die ihn sehr beschäftigte, ein Break brauchte. Er saß dann in der Altstadt am Grand Place, trank einen Milchkaffee und dachte nach. In den meisten Fällen ging es ihm danach besser, und manchmal fiel ihm sogar die Lösung für sein Problem ein. Diesmal führte der Besuch der ältesten Stadt Belgiens zumindest dazu, seine Irritationen über den Polizeibesuch etwas zu mindern.

Jetzt hatte der Tod Altmüllers die Polizei doch noch zu ihm geführt. Er erinnerte sich an das Treffen mit diesem jungen Journalisten. Seine bohrenden Augen hatten bei ihm damals schon Wachsamkeit hervorgerufen, bevor er überhaupt mit dem Fragen begonnen hatte. Und er wusste gut Bescheid, hatte eine Story um das Projekt in Bitburg gewittert, womit er wahrscheinlich bei irgendeiner Illustrierten landen wollte. Von den luxemburgischen Medien oder dem »Trierischen Volksfreund« kam der jedenfalls nicht. Da kannte er die Leute, die auf ihn angesetzt waren. Er hatte versucht, Altmüller zu entlocken, was er tatsächlich wusste. Doch auch der Journalist war wachsam gewesen, ließ nicht viel durchblicken. Nur so viel, wie nötig war, um zu zeigen, dass es für Thill besser sein würde zu kooperieren. Aber das hatte er natürlich nicht getan. Hatte ihm lediglich ein paar Details aus der Flughafenplanung mitgeteilt, die Altmüller aber offenbar herzlich wenig interessierten.

Ganz zum Schluss war Altmüller dann doch auf den Punkt gekommen. Er sei an dem Finanzierungsmodell interessiert, hatte er gesagt. Gemeint hatte er aber: Woher kommt das Geld für ein solches Projekt? Natürlich hatte er nichts gesagt, aber als Altmüller Investoren aus China ansprach, war er doch hellhörig geworden. Er selbst hatte in der Öffentlichkeit immer nur von asiatischen Geldgebern oder von Investoren aus Fernost gesprochen. Nie hatte er China explizit genannt. Nie war er mit Shiwen zusammen in der Öffentlichkeit zu sehen gewesen. Ihre Treffen waren stets höchst diskret organisiert. Aber der Chinese hatte später auffallend genau wissen wollen, was Altmüller gefragt und gesagt hatte. Da hatte bei Shiwen etwas zwischen den Zeilen gestanden, das in ihm ein höchst beklemmendes Gefühl hervorgerufen hatte.

Hier wusste nur einer etwas mehr über die Investoren, wenngleich auch keine Namen: Schilzenbach. Hatte der dem Journalisten gegenüber geplaudert, um sich wieder wichtig zu machen, um sein kommunalpolitisches Vorzeigeprojekt in der Öffentlichkeit zu pushen? Schilzenbach hatte es bestritten, als er ihn neulich in die Mangel genommen hatte. Aber konnte man einem Politiker glauben?

Thill bestellte noch einen Kaffee und dazu eine Lütticher Waffel mit Erdbeeren und Sahne. Wie konnte er die Besprechung mit den Polizisten einordnen? Letztendlich hatten sie keine verfänglichen Fragen gestellt. Er hatte nur das zu wiederholen brauchen, was über das Projekt bekannt war. Auch das Gespräch mit Altmüller hatte er nicht verschweigen müssen oder gar dürfen, weil es natürlich völlig normal war, dass ein Journalist Hintergrundrecherchen zum Bitburger Flughafen durchführte. Ganz zum Schluss der Unterhaltung hatte er das vermeintlich gesteigerte Interesse Altmüllers an Schilzenbach angedeutet. Aber den hatten die Kriminalbeamten wohl ohnehin schon auf ihrer Liste.

Nachdem Thill bezahlt hatte und mit offenem Verdeck in seinem gelben Carrera in Richtung Bridel fuhr, fühlte er sich gut. Er war sich nun sicher, nichts falsch gemacht zu haben, und die Polizei würde den Eifler Politiker etwas unter Druck setzen, was in ihm eine gewisse Schadenfreude hervorrief. Schilzenbach sollte mal wieder von seinem hohen Thron runterkommen und wissen, wem er es zu verdanken hatte, wenn sein Bitburger Traum wahr werden würde.

★★★

Markus Schilzenbach hatte heute eigentlich nach Mainz fahren wollen. Aber dann war der Termin mit Mitgliedern des Wirtschaftsausschusses und den Leitungskräften in dem neu formierten

Ministerium kurzfristig abgesagt worden. Die grüne Führung traute dem Treffen wohl nicht, obwohl auch aus deren Partei Abgeordnete dabei gewesen wären. Stattdessen hatte die Ministerin zu einem späteren Dialog mit eigener Teilnahme eingeladen und somit den heutigen Termin platzen lassen. Das hatte sie geschickt gelöst. Ihm war das eigentlich auch recht gewesen, weil er ohnehin noch einige Dinge in seinem Wahlkreis erledigen wollte. Nach seiner Wiederwahl gab es eine gewisse Erwartungshaltung bei seinen Unterstützern, die er bedienen musste. Doch dann hatten ihn die beiden Kriminalbeamten aus Trier und Luxemburg zu dem Gespräch gebeten. Die Schilzenbachs und die Polizei – das war in den letzten Jahren ein heikles Thema gewesen, und er war darauf bedacht, kein weiteres Öl in die langsam verglimmende Glut zu gießen.

Die Befragung war dann allerdings recht harmlos verlaufen. Es ging im Wesentlichen um die tragischen Ereignisse bei der jungen Familie in Merteskaul. Offensichtlich hatte der verstorbene Journalist intensive Recherchen über ihn und seinen Flughafen geführt. Beides war sicher nichts Außergewöhnliches. So war es auch kein Problem, einzuräumen, dass er ihn von einem Interview her gekannt hatte. Die Polizisten hakten da auch gar nicht weiter nach.

Kritischer waren allerdings die Nachfragen zum Flughafenprojekt gewesen, vor allem, als sie wissen wollten, welche Art der Finanzierung vorgesehen war. Der Verweis auf den luxemburgischen Investor, der kurz davor stünde, die Ersteinlage von dreißig Millionen Euro bereitzustellen, war ihnen zu wenig gewesen. Das war deutlich zu spüren. Aber etwas anderes konnte und wollte er nicht sagen. War ihm letztendlich auch egal. Wichtig war nur, dass Thill das Geld zusammenkriegen würde, woher auch immer. Es war nicht seine Aufgabe zu prüfen, ob das Kapital aus sauberen Quellen floss. Wenn es die bestehenden Kontrollinstanzen durchlaufen hatte, war es in Ordnung und fertig. Das wurde woanders genauso gemacht.

Allerdings schien dieser Thill aus irgendeinem Grund nervös zu werden. Wie er sich kürzlich aufgeführt hatte, war einfach unter aller Sau gewesen. Am liebsten hätte er ihn hochkant rausgeschmissen, aber leider war er sein einziger Trumpf in diesem Spiel. Solange er die Investorengruppe nicht selbst kannte, musste er mit diesem Luxemburger kooperieren, auch wenn ihm das zunehmend stank. Eigentlich konnte es ihm egal sein, wie sich Thill aufführte. Lief das alles ohne Zeugen in seinen vier Wänden ab, würde er sich einmal schütteln und nicht weiter drüber nachdenken. Da hatte er schon ganz andere Sachen ausgehalten.

26

Avelsbach; Dienstag, 14. Juni

Der Himmel hatte sich von Westen her zugezogen. Marie Steyn wusste von all den Jahren, die sie nun schon in Avelsbach wohnte, dass sich auf diese Weise eine Regenfront ankündigte. Sie saß auf der Terrasse und hörte von weiter unten Nora mit einer Freundin im Garten spielen. Es hatte ihrer Tochter, aber auch ihr selbst gutgetan, dass sie am Nachmittag einige Stunden für sich gehabt hatten. Auch wenn sie zuerst nur Hausaufgaben gemacht und später zusammen im Garten Unkraut gejätet hatten, Marie hatte gespürt, wie Nora wieder lockerer und fröhlicher wurde. Zum Schluss hatte sie mit ihr auch über Zoé gesprochen, und Nora hatte zugestimmt, noch einmal auf ihren Gast zugehen zu wollen. Als dann eine Schulfreundin geklingelt hatte, wollte Zoé nicht mitspielen, obwohl Nora sie ganz einfühlsam gefragt hatte. Marie war richtig stolz auf ihre tolle Tochter gewesen.

Doch Zoé war immer noch in sich gekehrt, war wie eingekapselt in ihren eigenen Gedanken. Als die junge Polizistin gekommen war, hatte Marie überrascht beobachtet, dass sich Zoé eher auf die Fremde einließ als auf sie selbst. Lag das daran, dass Marie und ihre Familie mit der Schatzkiste zu nah an Zoés tragische Vergangenheit herangerückt waren, die sie völlig verdrängt zu haben schien? Nicht ein Mal hatte sie nach ihrer Mutter gefragt. Als ob es selbstverständlich sei, dass auch sie wie die anderen Familienmitglieder aus ihrem Leben geschieden war. Marie bekam eine Gänsehaut bei dem Gedanken, was das Kind alles durchmachte.

Nicole Huth-Balzer verhielt sich ausgezeichnet. Sie hielt den notwendigen Abstand zu Zoé, zeigte aber auch die Präsenz und ließ Zoé spüren, dass sie jederzeit für sie da wäre. Schon nach zwei Stunden hatte Marie beobachtet, wie Zoé Nicole bat, einen abgebrochenen Buntstift anzuspitzen. Und Nicole hatte das einfach gut gemacht, indem sie lediglich den Anspitzer holte, ihn Zoé übergab und wie zufällig an Zoés Bildern stehen blieb. Doch anstatt zu fragen, was diese dunkle, schattenartige Gestalt sein sollte, die immer regelmäßiger in Zoés Bildern auftauchte, hatte sie nur gelobt, wie toll Zoé malen könne, viel besser als sie selbst. Marie hatte den Eindruck gehabt, Zoé hätte zumindest für einen Moment ihre eigenen Bilder unter einem anderen Gesichtspunkt betrachtet.

Gerade als Marie dabei war, das Abendessen für alle vorzubereiten, klingelte das Telefon. Christian Buhle fragte an, ob jetzt ein guter Zeitpunkt wäre, vorbeizukommen. Sie vertröstete ihn auf einen späteren Termin, wenn die Kinder im Bett wären, und fragte sich gleichzeitig, was es ihr bedeutete, dass er herkam. Als Mensch oder als Polizist? Es war ihr nur so herausgerutscht, aber dennoch musste sie immer wieder an ihre eigenen Worte denken. Wie konnte sie Christian Buhle betrachten? Nur als Mensch, nur als Kriminalbeamten oder nur als beides? Und wie wollte sie ihn sehen? Sie hatte bislang in ihrem Leben keinem anderen Mann derart ambivalente Empfindungen entgegengebracht wie diesem Kommissar. Eigentlich waren diese emotionalen Verwirrungen auch ein gutes Zeichen: Immerhin konnte sie für einen Mann noch etwas empfinden. Wie weit das ging, wusste sie allerdings nicht.

Nach dem Abendbrot wollte Marie die beiden Mädchen ins Bett schicken. Mattis durfte mittlerweile bis acht Uhr aufbleiben und anschließend noch eine Stunde lesen. Für einen Jungen las er recht gern und viel. Doch Nora schlug vor, mit Zoé noch eine Runde Carcassonne zu spielen. Marie fand es erstaunlich. Zuerst reagierte Zoé kaum, dann sah sie fragend zu Nicole. Als die dann sagte, dass sie unheimlich Lust hätte mitzuspielen, stimme auch Zoé zu.

Als die Kinder in ihren Betten lagen, berichtete Nicole, sie hätten sehr harmonisch miteinander gespielt und Nora sei sehr um Zoé bemüht gewesen. Marie schaute zusammen mit Nicole Zoés Bilder durch. Zoé hatte in den fünf Tagen, in denen sie bei ihnen wohnte, an die zwanzig Buntstiftzeichnungen angefertigt. Es war offensichtlich, dass die Familie als Thema im Vordergrund stand. Seit dem Zwischenfall mit der Schatzkiste hatte eine weitere Figur Einzug gehalten. Mal war es eine übergroße Schattengestalt, mal ein regelrechtes Monster, aber immer etwas, das die Familie bedrohte und auf zwei Bildern, die sie wohl erst an diesem Tag gezeichnet hatte, sogar tötete.

»Meinst du, Zoé ahnt, dass ihre Mutter auch gestorben ist?«, fragte Nicole.

»Ich glaube schon. Schau, auf den meisten Bildern steht Zoé

abseits von dem Rest ihrer Familie, aber immer stehen Vater, Mutter und Schwester in einem engen Bezug zueinander, auch hier, wo sie augenscheinlich tot sind. Das ist vielleicht der Grund, warum Zoé gar nicht nach ihrer Mutter fragt. Sie hat bereits die innere Überzeugung, dass sie auch ihre Mutter nicht mehr wiedersehen wird.«

»Müssen wir es ihr nicht trotzdem bald sagen?«

Marie zog die Stirn kraus und zögerte mit der Antwort. »Ja, schon. Eigentlich müsste man es ihr so früh wie möglich sagen. Wenn wir es ihr mitteilen, sollte Zoé allerdings auch die Möglichkeit haben, ihre Mutter zu sehen, wenn sie danach verlangt. Der Leichnam von Suzanne ist wahrscheinlich noch in einem Kühlregal in der Gerichtsmedizin?«

»Ja, in Mainz. Dürfte noch bis Ende der Woche dauern, bis sie endgültig freigegeben wird.«

»Dann sollten wir auch noch so lange warten. Es sei denn, Zoé bestimmt durch ihre Fragen einen früheren Zeitpunkt. Doch dazu müsste sie überhaupt erst mal anfangen zu reden. Auf jeden Fall sollte das Kind bei der Beerdigung Abschied nehmen können.«

Ihre Unterhaltung wurde vom Schellen an der Haustür unterbrochen.

»Ich denke, das ist Christian. Ich mache ihm grad auf.« Marie ging zur Sprechanlage und öffnete die Haustür, nachdem sie sich der Richtigkeit ihrer Vermutung vergewissert hatte.

Christian Buhle schaute müde aus, als sie ihn die Treppe hochkommen sah. Sie konnte sich gut vorstellen, wie er sich selbst unter Druck setzte, den Fall gut und schnell zu lösen. Zudem hatte sie ihn ja auch als einen emotionalen, aber nicht unbelasteten Menschen kennengelernt, dem eine Tragödie wie die der Familie Altmüller zusätzlich zusetzen musste.

Marie hatte sich vorgenommen, ihren späten Gast sehr freundlich zu begrüßen, und ihr schien, dass es Christian guttat. Er hatte ein Geschenk für Mattis mitgebracht und war zunächst etwas enttäuscht darüber, dass ihr Sohn schon länger nicht mehr mit Spielzeugautos, also auch nicht mit Miniatur-Polizeiautos spielte. Er versprach, sich noch etwas anderes auszudenken, und nahm das Auto wieder an sich, um es einem anderen Jungen zu schenken. Marie konnte sich nicht vorstellen, dass er andere Kinder in dem Alter kannte.

Sie hatten sich anschließend zu dritt in ihre Sofaecke gesetzt. Christian hatte Nicole in aller Kürze die neuesten Entwicklungen im Fall geschildert. Dabei hatte er Marie stillschweigend gestattet, dabei zu sein, was sie als einen starken Vertrauensbeweis empfand. Sicherlich hätte er das in der Form nicht gedurft. Insbesondere die Rolle der saarländischen Doktorandin wurde ausführlicher diskutiert. Christian glaubte nicht, dass sie die Täterin war. Genauso sicher war er sich allerdings, dass sie in diesem Fall eine zentrale Bedeutung hatte.

Die Befragungen rund um das Projekt Bitburger Flughafen und die Nachforschungen zum Thema Geldwäsche in Luxemburg hatten noch keine handfesten Ermittlungsansätze hervorgebracht. Reuter und Ducard sahen lediglich ihre Meinung über windige Investoren und geltungsbedürftige Politiker gestärkt. Von den Kollegen der Wirtschaftskriminalität hatten sie eine Reihe von Banken genannt bekommen, die es mit der Kontrolle nach den luxemburgischen Anti-Geldwäsche-Gesetzen immer noch nicht so genau nahmen. Doch insgesamt war Nanette Bonitzer aktuell ihre einzige heiße Spur.

Marie berichtete über ihre Beobachtungen hinsichtlich Zoé und mutmaßte, dass es noch eine Zeit dauern könnte, bis das Kind über die Ereignisse in ihrem Haus reden könne, und die Polizei auf verwertbare Aussagen besser nicht warten sollte.

»Dabei wäre es so wichtig für uns zu wissen, ob Zoé etwas gesehen hat, was uns auf die Spur des Einbrechers und somit wahrscheinlich auch auf die des Mörders bringen würde.«

Christian Buhle hatte wieder sein sorgenvolles Gesicht aufgesetzt. Marie ahnte, dass er unzufrieden war, wie die bisherigen Ermittlungen verlaufen waren. Sie überlegte, ob sie mit dem Namen Bonitzer irgendjemanden verbinden konnte. Bonitzer hatte schließlich in Trier Psychologie studiert, und es war möglich, dass sie an einer ihrer Veranstaltungen teilgenommen hatte. Doch ihr fiel niemand ein. Von dem Graduiertenkolleg unter dem rührigen Professor Frantz hatte sie hingegen gehört. Da es nicht ihre Fachrichtung war, konnte sie aber dazu nichts beitragen.

Es war vor den Wohnzimmerfenstern schon dunkle Nacht geworden, als sich Marie von ihren beiden Gästen verabschiedete. Sie hatten vereinbart, dass Nicole am nächsten Tag schon vormittags zu ihr käme, um Zoé zu betreuen. Damit konnte sie wenigstens die notwendigsten Dinge ihrer Arbeit wieder in Angriff nehmen. Christian hatte ihr zugesichert, dass er die Abstellung seiner Kollegin noch für die nächsten Tage rechtfertigen könne, solange die Hoffnung bestand, Hinweise von Zoé als bislang einziger Zeugin zu erhalten. Marie wusste aber, dass er dies auch ihr zuliebe machte.

Sie lag schon im Bett, als sie über diesen letzten Punkt weiter nachdachte. Trotz des ganzen Trubels in ihrem Haus wusste sie, dass sie sich über ihre Gefühle für Christian klar werden musste. Sie blieb noch lange wach liegen.

27

Aldenhoven; Dienstag, 14. Juni

Hannah Sobothy hatte sich von Alexanders Mutter den Weg zum nur zwei Kilometer entfernten Braunkohle-Tagebaugebiet Inden erklären lassen. Sie kannte zahlreiche Kiesgruben aus ihrer Jugendzeit im niedersächsischen Peine. Dort hatten sie und ihre Freunde ganze Sommerferien mit Baden und Flirten zu jeder Tages- und Nachtzeit verbracht. Doch das, was jetzt vor ihr lag, konnte sie im ersten Moment nicht fassen, obwohl Elisabeth Altmüller ihr zuvor ausführlich davon berichtet hatte.

Sie hatte sich an den Rand der Abbaufläche gesetzt und starrte auf den vier mal vier Kilometer großen, völlig zerwühlten Abgrund, der sich vor ihr auftat. Es war relativ ruhig in den Abendstunden. Es dauerte ein wenig, bis sie die Herkunft dieses deutlichen schabenden Geräusches lokalisiert hatte, das aus dem Loch zu ihr heraufdrang. Der Schaufelradbagger stand sicher einige hundert Meter von ihr entfernt und war trotzdem ganz nah zu spüren. Sie suchte die Fläche ab und fand noch mindestens drei weitere dieser Ungetüme, die sich unaufhaltsam in den Untergrund fraßen. Es brauchte sicherlich zehn, fünfzehn Minuten, bis sie den Anblick einigermaßen verarbeitet hatte. Die letzten fünf Stunden hatte sie zunächst in Aldenhoven, dann in Neu-Lohn verbracht. Als Erstes war sie zu Alexanders Mutter gefahren. Sie wusste, dass er eine sehr enge Bindung zu ihr gehabt hatte, und hoffte darauf, von ihr einen Hinweis auf den Verbleib des Recherchematerials zu bekommen, das offensichtlich auch die Polizei noch nicht gefunden hatte. Zumindest hatte Kommissar Buhle nichts angedeutet, als sie sich mit ihm getroffen hatte.

Alexanders Mutter war zunächst sehr distanziert gewesen, hatte sie mit großer Skepsis gemustert. Das hatte sich erst geändert, als sie ihr über ihre Zusammenarbeit mit Alexander berichtet, ihn als guten Kollegen und hervorragenden Journalisten beschrieben und ihre große Trauer über seinen Tod zum Ausdruck gebracht hatte. Sie hatte vielleicht ein wenig dick aufgetragen, doch die Mutter schien nur zu gern zu hören, was für ein toller Kerl ihr Sohn gewesen war.

Daraufhin hatte sich Sobothy eine Stunde lang alte Geschichten von Alexander anhören müssen: über das aufgeweckte Kind, wie er nach dem Tod des Vaters aus Berlin zurückgekommen war, um in der Nähe seiner Mutter sein zu können, und wie dann durch diese luxemburgische Dirne, die ihm gleich Kinder angehängt hatte, alles kaputt gegangen war.

Hannah Sobothy hatte sich zusammenreißen müssen, weil sie die Verunglimpfung von Suzanne Altmüller unerträglich fand. In einer anderen Situation hätte sie das sicher auch sehr bestimmt zum Ausdruck gebracht. Doch hier ging es nicht darum, einer verbitterten, einsamen Witwe aussichtslose moralische Vorhaltungen zu machen. Es ging darum, Informationen über Alexanders Arbeit zu sammeln. Deshalb betonte sie, dass Alexander trotz der vielfältigen häuslichen Belastungen seine journalistische Arbeit sehr erfolgreich weitergeführt hatte und zuletzt an mehreren großen Reportagen dran gewesen war, über die er sich mit ihr immer wieder ausgetauscht hatte. Sobothy hatte Elisabeth Altmüller versucht zu erklären, wie wichtig es sei, dass Alexanders letzte Projekte mit seinem Tod nicht von der Bildfläche verschwanden, sondern zum Abschluss gebracht werden müssten. Sie, Hannah, sei jedenfalls gewillt, sein Erbe anzunehmen und zu beenden, was er begonnen hatte, damit alle sehen konnten, was für einen guten Journalisten die Welt verloren hatte. Ein bisschen schämte sie sich über ihre Vorgehensweise. Aber sie spürte sehr bald, dass sie auf genau diese Weise bei seiner Mutter landen konnte. Schließlich hatte sie mit ihr in sein Zimmer gehen und nach Unterlagen suchen dürfen.

Vielleicht hatte sie von Anfang an geahnt, dass sie in Alexanders Jugendzimmer nichts finden würde. Offensichtlich hatte aber auch seine Mutter keine Ahnung, wo er etwas versteckt haben konnte. Hannah Sobothy versuchte, sich in Alexander hineinzuversetzen, überlegte, wie sie selbst Unterlagen sicher verstecken würde, jedoch so, dass sie für diejenigen auffindbar wären, die sie kannten und nach ihrem Tod danach suchen würden. Es müsste Hinweise geben, die nur Leute entdecken konnten, die einen persönlichen Zugang zum Toten hatten, die so gut über ihn Bescheid wussten, dass sie damit etwas anfangen konnten. Aber eben auch nur die.

Sie hatte nachgedacht und war letztlich zu dem Schluss gekommen, dass es in Bezug auf das Elternhaus nur etwas sein konnte, das Alexander mit seiner Jugendzeit verband, etwas, das nur Vertraute wussten. Den entscheidenden Hinweis gab schließlich doch seine Mutter. Sie berichtete, wie ihr Sohn in seiner Jugendzeit unheimlich viel gelesen hatte. Vor allem, wenn etwas schiefgegangen war, hatte er sich tagelang mit einem Stapel Bücher in seinem Zimmer verkrochen. Besonders hatten ihn Geschichten über Entdecker und Forscher fasziniert. Als Sobothy nachfragte, erfuhr sie, dass diese Bücher in Kisten auf dem Dachboden standen.

Mehr aus Ratlosigkeit hatte sie nach diesen Kisten gesucht und schließlich ein Buch mit dem Titel »Genial gescheitert – Schicksale großer Entdecker und Erfinder« gefunden. Auffällig war nicht nur der Titel, sondern auch, dass das Buch erst im Vorjahr veröffentlicht worden war. Sie schlug es auf und fand darin eine Widmung: »Dein Tun währt lange über deinen Tod hinaus, wenn andere deine Werke vollenden. Dein Schulfreund Andreas«. Es war reine Intuition gewesen, aber sie führte zum Ziel.

Elisabeth Altmüller konnte sich an einen Mitschüler namens Andreas Koschinski erinnern, mit dem Alexander eine Zeit lang eng befreundet und häufig unterwegs gewesen war. Mit Beginn des Studiums hatten sich ihre Wege getrennt. Wo der Koschinski jetzt wohnte, wusste sie nicht. Sein Elternhaus war damals ganz in der Nähe in Neu-Lohn gewesen. Sobothy hatte über das Internet schnell herausgefunden, dass ein Koschinski auch jetzt noch dort in der Ringstraße wohnte.

Das alte Lohn war einer der Orte gewesen, die in den 1960er- und 1970er-Jahren infolge des Braunkohleabbaus abgesiedelt worden waren. Den Bewohnern blieb damals keine andere Wahl, als ihre Heimat aufzugeben und in die neu angelegten Siedlungen zu ziehen, die ersatzweise in der näheren Umgebung entstanden. Neu-Lohn wurde südlich des verbliebenen Dorfs Fronhoven erbaut und lag genau zwischen der aktuellen Tagebaufläche und dem Blausteinsee, einem Tagebaurestsee. Heute unterschied sich dieser Ortsteil nicht von den zahlreichen anderen Baugebieten, die in dieser Zeit errichtet wurden. Mit dem Wegsterben der damaligen Generationen heilten auch die Wunden langsam ab, die der Tagebau in die Seele der Lohner Bevölkerung gerissen hatte. Doch noch war nicht der letzte Ort im Braunkohlefördergebiet vom Erdboden verschwunden und die Ohnmacht gegen den übermächtigen Energiekonzern und seine Nutznießer allgegenwärtig.

Es war tatsächlich Andreas Koschinski, der als Ingenieur nach Jahren der beruflich bedingten Wanderschaft um den Globus vor zehn Monaten in sein Elternhaus zurückgekehrt war. Seine Eltern hatten sich nie mehr in der neuen Umgebung eingelebt und waren nach der Pensionierung nach Stolberg bei Aachen in die Nähe seiner beiden Geschwister gezogen.

Sie war völlig verblüfft gewesen, als Alexanders Schulfreund sie, direkt nachdem er die Tür geöffnet hatte, fragte, ob sie Hannah Sobothy sei. Er hatte ihr erklärt, dass Alexander bei seinen regelmäßigen Besuchen in der Gegend auch ihn häufiger getroffen hatte. Ihre Freundschaft war nach all den Jahren sofort wieder gegenwärtig gewesen. Anscheinend hatte Alexander dringend jemanden gebraucht, dem er sich anvertrauen konnte, denn sie hatten oft über seine familiäre Situation und seine Arbeit gesprochen. Mehrmals hatte er Sobothy als die Einzige erwähnt, mit der er sich über seine Recherchen ausgetauscht hatte und der er zutrauen würde, seine Spuren zu verfolgen.

Nachdem sie Alexanders Schulfreund erklärt hatte, wie sie auf ihn gekommen war, hatte er ihr Alexanders Sicherungsdateien ausgehändigt. Auf ihre Frage, wie vertraulich diese Daten zu handhaben seien, antwortete Koschinski nur, dass Alexander über eine hervorragende Menschenkenntnis verfügte und den Menschen, die er wertschätzte, auch vertraut habe. Diese Aussage rührte sie noch immer. Doch die nächste Einschätzung, die Koschinski über Alexander geäußert hatte, machte ihr Angst: Genauso sei Alexander von einem teilweise schon krankhaften Ehrgeiz befallen gewesen, einmal ein ganz Großer zu werden. Das wäre schon in der Schulzeit so gewesen. Und dafür war er auch bereit gewesen, alles zu riskieren.

Sobothy hatte die CD-Hülle mit einem selbst gedruckten Cover von Dave Brubecks »Take Five« und einer entsprechend beschrifteten gebrannten CD an sich genommen und war mit sehr beklemmenden Gefühlen gegangen. Sie hatte überlegt, ob sie direkt nach Hause fahren wollte, beschloss aber stattdessen, sich die CD noch vor Ort anzuschauen. In Aldenhoven hatte sie an einem Platz ein Café in einem mittelalterlichen Haus entdeckt. Mit ihrem Netbook zog sie sich dort in eine Ecke zurück. Nach drei Kännchen Tee hatte sie erst einmal genug gesehen.

Jetzt saß sie in der einsetzenden Dämmerung immer noch vor dem rumorenden Braunkohleloch. Am Horizont fanden einige Sonnenstrahlen eine Lücke in der welligen Wolkendecke und färbten Himmel und Landschaft in rötliche Pastelltöne. Doch auch der farbenprächtige Mantel, den die untergehende Sonne über die Kraterlandschaft legte, vermochte Hannah Sobothys Bestürzung nicht zu mindern.

28

Trier/Luxemburg; Mittwoch, 15. Juni

Christian Buhle lag im Bett. Aus dem geöffneten Fenster drangen die Geräusche der einschlafenden Stadt bis zu ihm vor. Der nächtliche Lichtkörper über der Moselmetropole sickerte durch die hellen Vorhänge herein und ließ ihm sein spärlich möbliertes Schlafzimmer wie ein Standbild in einem Schwarz-Weiß-Film erscheinen. Auch seine Gedanken standen seit vielen Minuten still. Er hatte den vergangenen Tag Revue passieren lassen, hatte die Ermittlungen im Geiste zusammengefasst und sich die nächsten Schritte zurechtgelegt. Dann war er beim Tagesabschluss mit Marie angelangt, und seitdem fand kein verwertbarer Gedanke mehr Zugang zu seinem Bewusstsein.

Kurz nach Mitternacht vermeldete sein Handy den Eingang einer Nachricht. Es dauerte eine ganze Minute, bis er reagierte, und es schien ihm, als ob er damit die ganze Statik seines labilen gedanklichen Gerüstes so entscheidend schwächte, dass es schon in sich zusammengefallen war, als er die SMS schließlich öffnete. Doch als er die Tragweite der kurzen Meldung schließlich verstanden hatte, fokussierte sich sein Denken sofort wieder auf den Mordfall. Er wählte die Nummer der Absenderin.

Hannah Sobothy nahm das Gespräch an, als ob sie darauf gewartet hatte. »Hallo, Sie haben noch Fragen?«

Buhle war etwas perplex, doch dann antwortete er genauso direkt: »Damit haben Sie doch jetzt gerechnet, oder? Frau Sobothy, was haben Sie herausgefunden?«

»Ich wollte Ihnen nur den Tipp geben, bei einem Institut für Virologie in der luxemburgischen Gesundheitsbehörde nachzuhören. Vielleicht kommen Sie dort dahinter, was Alexander in dem Bereich Virusepidemien und Biowaffen umgetrieben hat.«

»Woher wissen Sie das?«

»Das möchte ich Ihnen nicht sagen; vielleicht später.«

»Können wir uns treffen, Frau Sobothy? Am besten jetzt gleich.«

»Ich bin nicht in Trier. Vielleicht morgen Abend.«

Die Radioreporterin sprach in einem ruhigen, freundlichen,

fast freundschaftlichen Ton. Doch Buhle spürte, dass da auch eine große Anspannung mitschwang. »Wo sind Sie denn jetzt?«, fragte er, doch Hannah Sobothy antwortete nicht. »Haben Sie die Sicherungsdateien von Altmüller gefunden?«

»Wie kommen Sie darauf?«

»Weil wir in den vorliegenden Unterlagen keinen Hinweis auf ein Institut gefunden haben.«

»Herr Buhle, seien Sie mir nicht böse, aber es war ein langer, anstrengender Tag für mich. Ich melde mich morgen wieder bei Ihnen. Dann kann ich Ihnen vielleicht mehr sagen, und vielleicht ... können Sie mir dann auch sagen, wie brauchbar mein Tipp war. Gute Nacht.«

»Halt, warten Sie ...«, doch die Journalistin hatte das Gespräch schon unterbrochen.

Buhle versuchte die Wahlwiederholung, aber die Empfängerin war nicht mehr erreichbar.

Buhle saß aufrecht im Bett. Hannah Sobothy hatte von einem Institut für Virologie gesprochen. Nanette Bonitzer hingegen arbeitete beim luxemburgischen Gesundheitslabor in einem Institut für Immunologie. Hatte sich die Journalistin nur versprochen? Aber was hatte eine Psychologin mit Viren zu tun?

Er spürte, wie der Adrenalinstoß seine Müdigkeit verdrängt hatte. Er stand auf, ging an seinen Computer und suchte im Internet nach Informationen zum staatlichen Gesundheitslabor des Großherzogtums Luxemburg, das offensichtlich in verschiedenen Abteilungen ganz unterschiedliche Aufgaben wahrzunehmen hatte. Nach einer Stunde hatte er einen guten Überblick über dessen Arbeit, auch über die Verbindung zur Uni Trier oder genauer: zum Fachbereich für Psychologie. Die schien für ihren Fall irrelevant zu sein. Ihm war aber sofort ins Auge gesprungen, dass neben dem Institut für Immunologie noch weitere Institute, darunter eines für Virologie, bei den Gesundheitslaboren existierten.

Gab es da eine Verbindung? Er suchte nach weiterem Hintergrundwissen zu biologischen Kampfstoffen. Als er sich gut gewappnet für ein Gespräch im Gesundheitslabor in Luxemburg fühlte, ging er endlich ins Bett und fiel umgehend in einen kurzen, unruhigen Schlaf.

»Morgen! Hast du die Nacht durchgearbeitet?«
»Ja, fast.«
Nikolas Steffen hatte eigentlich nur einen Scherz machen wollen, als er den Leiter der Soko Sauer über den Flur kommen sah. Die unmittelbare Antwort darauf ließ ihn aber sogleich aufmerksam werden. »Gab es noch was Neues?«
»Ja. Sind die anderen schon da?«
»Von uns ja. Ducard hat aber noch etwas in Luxemburg zu erledigen. Du sollst ihn anrufen.«
»Gut, trommele sie zusammen. Ich rufe Henri an. Bis gleich.«
Wenig später saßen sie zusammen im Besprechungsraum. Buhle berichtete ihnen von dem Gespräch mit der Radioreporterin und den Ergebnissen seiner nächtlichen Internetrecherche.

»Ich vermute, Hannah Sobothy hat irgendwo die Datensicherung von Altmüller aufgespürt oder jemanden gefunden, der zu reden bereit war. Sie geht nicht ans Telefon, wenn ich sie anrufe, und hat auch auf meine SMS nicht geantwortet. Ich werde es gleich noch einmal in ihrem Sender probieren. Ansonsten kann ich nur hoffen, dass sie sich heute Abend tatsächlich mit mir trifft.«

Ihm fiel ein, dass Reuter noch nicht über das Treffen mit dem luxemburgischen Investor und dem Landtagsabgeordneten berichtet hatte. »Mich, habt ihr gestern noch irgendetwas Wichtiges von diesem Thill und dem Schilzenbach erfahren?«

»Nein. Thill ist mehr der väterliche Typ. Keine Ahnung, wie so einer solche Geschäfte machen kann. Der hat nur beteuert, dass sein Geschäft in Bitburg ganz sauber und wie geplant laufe. Das Gleiche hat auch Schilzenbach berichtet, der übrigens saufreundlich zu uns war. Er gab vor, mit dem Journalisten Altmüller lediglich einmal über das Flughafenprojekt gesprochen zu haben, sonst die Familie Altmüller nicht zu kennen, was ich ihm auch abnehme.«

»Okay«, Buhle wandte sich wieder der Runde zu, »ich fahre mit Paul nach Luxemburg. Wir werden direkt zu diesem Gesundheitslabor fahren und hoffentlich Näheres zu Bonitzer und Altmüller herausfinden. Niko, Mich, ihr schaut euch bei den Journalisten in der Region um. Vielleicht gibt es doch den einen Wissenden, der auch Sobothy die Info gegeben hat. Sven, du bleibst im Internet an der Sache dran. Nicole, du fährst wieder zu Marie, wie ihr es verabredet habt. Wer was Neues weiß, unterrichtet die anderen.«

Wenig später hatte Buhle die Nummer des Radiosenders gewählt, bei dem Sobothy tätig war.

»RPR-Radio, Studio Trier, mein Name ist Janette Klein. Was kann ich für Sie tun?«

Buhle schätzte die Frau auf Anfang zwanzig, wie sie da so jugendlich frisch in ihren Hörer flötete. Wahrscheinlich eine Praktikantin, die mit der Hoffnung auf ein wenig Berufserfahrung den Telefondienst für den Privatsender übernehmen musste.

»Guten Tag, Frau Klein, Christian Buhle. Könnte ich bitte Frau Sobothy sprechen?«

»Jaaaa, Moment mal, Frau Sobothy ist gerade in einer Redaktionsbesprechung. Könnten Sie vielleicht in einer halben Stunde noch einmal anrufen? Oder sie ruft Sie am besten zurück, wenn sie fertig ist.«

»Das wäre schlecht. Ich habe nämlich eine wichtige Mitteilung für sie. Ich brauche auch nur eine Minute.«

»Mmh, eigentlich ...«

»... dürfen sie keine Anrufer einfach so durchstellen, ich weiß, aber es ist wirklich sehr dringend, gerade für Hannah.«

Gerhardts hatte ihm die ganze Zeit gegenübergestanden und grinste ihm jetzt respektvoll zu. Buhle verdrehte leicht die Augen.

»Frau Sobothy? Danke, dass Sie doch an den Apparat kommen konnten.«

»Ich befürchte, Sie wären sonst hierhergekommen.« Die Antwort kam ohne Vorwurf, und Buhle ahnte, dass die junge Journalistin dabei sogar ein wenig lächelte.

»Da befürchten Sie richtig. Ich habe vorerst nur zwei Fragen: Sind Sie sicher, dass Altmüller von einem Institut für Virologie sprach und nicht von einem für Immunologie?«

»Ja, seine Recherchen hatten das virologische Institut in Luxemburg zum Ziel, ein Institut für Immunologie taucht nicht unmittelbar im Zusammenhang damit auf.«

»Aber in einem anderen Zusammenhang schon?«

»Es war einmal ganz am Anfang erwähnt, allerdings so verklausuliert, dass ich es nicht verstanden habe.«

»Gut, treffen wir uns heute Abend?«

»Wenn nichts dazwischenkommt. Ich melde mich bei Ihnen,

sobald ich zu Hause bin. Am besten treffen wir uns wieder dort. Sie kennen ja den Weg.«
»Ich rechne mit Ihnen, Frau Sobothy. Bitte.«
»Bis dann.«

Kommissar Buhle hatte mit seinem luxemburgischen Kollegen Ducard abgeklärt, dass sie während des Termins im Gesundheitslabor zweigleisig fahren würden. Während sie beide die Befragungen durchführten, sollte Gerhardts das Umfeld sondieren. Buhle vermutete, dass die Institutsleiter, mit denen sie sich verabredet hatten, erst einmal nicht viel Aufhebens um den Polizeibesuch machen würden. Aber spätestens mit ihrem Eintreffen würde es sich sicherlich schnell herumsprechen. So mancher Täter hatte in einer solchen Situation schon die Nerven verloren oder zumindest auffällig reagiert. Zu zweit hätten sie mitten in einer Befragung keine Chance, dies zu bemerken.

Da die Pathologie derselben Gesundheitsorganisation angehörte wie die beiden Institute für Immunologie und Virologie, hatten Buhle und Ducard den gleichen Treffpunkt wie beim Termin mit Josette John gewählt. Die beiden deutschen Polizisten waren allerdings überrascht, dass Henri Ducard sie diesmal nicht in das weit über hundert Jahre alte, repräsentative Hauptgebäude des Staatslabors führte, sondern auf einen Platz neben dem Stadion *Achille Hammerel* auf der gegenüberliegenden Straßenseite. Hier waren auf beiden Seiten des Verwaltungsgebäudes zwei Containerhäuser errichtet worden. Ducard erklärte den Kollegen, dass das *Laboratoire National de Santé* wegen der wachsenden Aufgaben aus allen Nähten platze. Deshalb habe man vor drei Jahren mit dem Bau neuer Gebäude in einer auf Gesundheits- und Umwelttechnologien spezialisierten Aktivitätszone in Düdelingen begonnen. Doch bis der Umzug im übernächsten Jahr erfolgen könne, hatte man hier und im Innenhof beim Haupthaus mehr Raum durch diese Wohncontainer geschaffen. Buhle hatte Ducard bislang in keiner Weise als überheblich erlebt. Doch in seinen Worten klang deutlich mit, dass er diese Zwischenlösung als unwürdig für das Großherzogtum Luxemburg ansah.

Gerhardts hatte sich bereits von seinen beiden Kollegen abgesetzt und sich in Anbetracht der übersichtlichen Gebäudegröße für einen

Beobachtungsplatz im Eingangsbereich eines Nachbargebäudes entschieden.

Beim Betreten des Eingangscontainers über eine Metalltreppe bemerkte Ducard, dass der Institutsleiter Professor Robert Frantz in dieser Woche auf einer Tagung im Ausland sei.

»Ja, und auf wen treffen wir jetzt?« Buhle war ein wenig verärgert, dass sein Kollege erst jetzt damit rausrückte, dass sie dem Doktorvater von Nanette Bonitzer gar nicht begegnen würden.

»Frau Dr. Carina Schneider. Sie ist wohl so etwas wie die rechte Hand des Professors und im Gegensatz zu ihm Deutsche.«

Eine höfliche Dame in einem kleinen Raum am Eingangsflur wies ihnen den Weg zu Dr. Schneider. Die junge Wissenschaftlerin, die vielleicht Anfang dreißig war, empfing sie ebenso freundlich in ihrem durch Regal und einen Schreibtisch fast vollständig gefüllten Büro. Es war offensichtlich, dass die beiden Stühle extra für die Polizisten bereitgestellt worden waren.

»Entschuldigen Sie die begrenzten räumlichen Möglichkeiten, die wir hier haben. Aber wir arbeiten in einem Dauerprovisorium, wie Sie sehen. Wie kann ich Ihnen helfen?«

»Vielen Dank für die Zeit, die Sie uns einräumen. Zunächst einmal wäre es für uns sehr hilfreich, wenn Sie uns kurz die Aufgaben Ihres Institutes beschreiben könnten.« Ducard hatte ebenfalls wieder seine charmante Art an den Tag gelegt. Buhle fragte sich, ob der Umgangston in Luxemburg grundsätzlich so freundlich war.

»Wie genau wollen Sie das haben?« Dr. Carina Schneider fragte das ohne jegliche Arroganz.

»Ich nehme an, Sie arbeiten sehr wissenschaftlich. Wenn Sie es also möglichst allgemein verständlich und kurz beschreiben könnten.«

»Gerne. Unsere Forschungsbereiche umfassen die Widerstandsfähigkeit des menschlichen Körpers gegen infektiöse Krankheiten. Wir beschäftigen uns mit neuen Strategien gegen Viruserkrankungen, aber auch gegen die schädigende Wirkung von Umwelteinflüssen. Und wir haben eine Gruppe von Wissenschaftlern, die sich mit dem Zusammenwirken von Immun- und Nervensystem befasst.«

»Betreiben Sie auch Stressforschung?«, fragte Buhle. Er hatte mit Ducard vereinbart, dass er diesmal aktiver an der Befragung teilnehmen sollte, weil er vorher direkt mit Bonitzer gesprochen hatte.

»Ja, das gehört mit zum letztgenannten Aufgabengebiet. Stress führt häufig zu einer Schwächung des Immunsystems, wie jeder von uns wohl schon einmal gemerkt hat.«

»Über Viruserkrankungen forschen Sie auch?«

»Eigentlich mehr über die Reaktion darauf oder besser: die Abwehrreaktionen des menschlichen Körpers. Wir haben noch ein anderes Institut, das sich mit der Biologie von Viren, der Virusdiagnostik, Virusepidemien und der Vorbeugung von Viruserkrankungen befasst.«

»Aber ich nehme an, die beiden Institute arbeiten eng zusammen.«

»Natürlich tauschen wir uns aus. Teilweise nutzen wir ja auch die Labore im Gebäude des Institutes für Virologie.«

»Arbeiten Sie auch mit anderen Forschungseinrichtungen zusammen?«

»Sicher, weltweit.«

»Können Sie uns da Beispiele nennen?«, hakte Buhle nach.

»Zum Beispiel die Weltgesundheitsorganisation, die Universitäten in Homburg und Rotterdam, das Robert-Koch-Institut in Berlin, aber auch mit verschiedenen Firmen, die in diesem Bereich forschen.«

»Auch mit der Universität Trier?«

Es war das erste Mal, dass Dr. Carina Schneider hellhörig zu werden schien. Dennoch antwortete sie äußerst zuvorkommend. »Ja, auch mit der Uni Trier, und zwar mit der Abteilung für Psychobiologie. Professor Frantz leitet auch dort die Abteilung.«

»Wie können wir uns diese Zusammenarbeit vorstellen?«

»Nun, da Professor Frantz dort unterrichtet, ergibt sich eine Zusammenarbeit eigentlich von selbst. In Trier lehrt er das Fach, in Luxemburg betreut er dann Doktoranden, die hier forschen.«

»Könnten wir mit diesen Doktoranden sprechen?«

»Sicherlich, aber darf ich erfahren, um was es eigentlich geht?« Die Wissenschaftlerin schaute jetzt wieder Ducard an, als ob sie erwartete, nur der heimische Kommissar würde das beantworten können.

»Ja, das dürfen Sie. Sie haben vielleicht von dem Mord an einer

Frau am Grenzfluss Sauer gehört. Es gibt Verbindungen zwischen ihrem Ehemann und der Virusforschung in Luxemburg, denen wir nachgehen müssen.«

»Nein, ich habe nichts davon gehört. Wann war das?«

»Am vergangenen Donnerstag.«

Sie schüttelte leicht den Kopf. »Ich war übers Wochenende nicht hier in der Gegend. Wahrscheinlich habe ich deshalb nichts davon mitbekommen. Können Sie mir auch sagen, welche Verbindungen zu uns Sie vermuten?«

»Der Ehemann, Alexander Altmüller, war Journalist. Er hat zu Ihren Forschungsthemen Recherchen betrieben.«

»Warum *war* er Journalist?« Dr. Schneider betonte die Vergangenheitsform und schien sich langsam bewusst zu werden, dass die Befragung einen deutlich ernsteren Hintergrund hatte als ein reines Interesse an der Arbeit ihres Institutes.

»Er ist auch verstorben, allerdings schon vorher und durch einen Verkehrsunfall.«

»Und Sie glauben nicht, dass es ein Unfall war.«

Diese mehr feststellende Frage überraschte nun die beiden Polizisten. Ducard antwortete entsprechend zögerlich: »Wir haben bislang noch keine anderen Anhaltspunkte. Kannten Sie Herrn Altmüller?«

»Nein, nicht persönlich. Ich habe aber von einem deutschen Journalisten gehört, der bei den Kollegen der Virologie merkwürdige Fragen gestellt hatte. Wahrscheinlich fragen Sie am besten dort nach.« Sie machte eine Pause und schien nachzudenken.

»Fällt Ihnen noch etwas zu Herrn Altmüller ein?« Wieder schaltete sich Buhle ein. Anscheinend brauchte die Frau noch ein bisschen Bedenkzeit. Er verständigte sich mit Ducard durch einen Blickwechsel, und beide ließen ihr Zeit. Als ihm die Pause zu lang wurde, fragte Buhle nach: »Hatte er vielleicht auch mit Herrn Professor Frantz gesprochen oder mit jemand anderem?«

»Das kann gut sein. Professor Frantz hat einmal so etwas erwähnt, und ich habe wenig später einen fremden Mann im Gespräch mit ihm gesehen.«

Ducard holte sein Smartphone heraus und lud ein Foto von Altmüller.

»War es dieser Mann?«

»Ja.«

»Und was macht Sie daran so nachdenklich? Frau Schneider, machen Sie es doch bitte nicht ganz so spannend.« Ducard wurde jetzt erheblich nachdrücklicher.

»Ich weiß nicht, ob ich …« Zum ersten Mal während des Gesprächs wirkte Carina Schneider unsicher. »Ich glaube, ich habe Herrn Altmüller später noch einmal gesehen, allerdings in Begleitung.« Die zwei Augenpaare, die beharrlich auf ihr ruhten, machten ihr offenkundig deutlich, dass sie schon zu viel gesagt hatte, um jetzt einfach schweigen zu können. »Ich habe Herrn Altmüller mit einer unserer Doktorandinnen gesehen.«

»Mit einer ihrer Doktorandinnen aus der Stressforschung?« Buhle hatte einen Moment gebraucht, bis sich die verblüffende Vorahnung in sein Bewusstsein geschlichen hatte.

»Ja.«

»Nanette Bonitzer?«

Die Wissenschaftlerin sah Buhle lange an. Er merkte, wie ihr bewusst wurde, weswegen die Polizisten eigentlich gekommen waren. Dann nickte sie.

Viel mehr, als dass sie die beiden Hände haltend in einem Café in Esch-sur-Alzette gesehen hatte und Nanette Bonitzer zurzeit bis Ende der Woche krankgeschrieben war, konnte Carina Schneider nicht berichten. Doch die Erkenntnis, dass sich Altmüller und Bonitzer kannten, löste in den beiden Kommissaren ein kleines Beben aus.

Die Ergebnisse aus dem Gespräch mit dem Leiter des Institutes für Virologie, Dr. Bernard Barthel, erschien demgegenüber fast nebensächlich – aber nur zunächst. Alexander Altmüller hatte am Anfang vorgegeben, über die aktuellen Entwicklungen im luxemburgischen Gesundheitswesen eine Reportage schreiben zu wollen. Doch während mehrerer Gespräche hatte sich zusehends herauskristallisiert, dass er die Virusforschung des Institutes aufs Korn nehmen wollte.

»Irgendwann hat er dann gefragt, ob wir auch Biowaffen erforschen würden.« Bernard Barthel schien immer noch empört über die Frage zu sein.

»Und, tun Sie das?«

Der Wissenschaftler reagierte entgeistert auf Ducards Nachfrage: »So ein Quatsch. Was sollten wir mit biologischen Kampfstoffen zu tun haben! Wir sind hier eine Gesundheitsbehörde und keine militärische Einrichtung. Wie kommen Sie auf eine solche Abwegigkeit?«

»Es könnte ja sein, dass Sie nur Grundlagenforschung betreiben, die dann vielleicht militärisch genutzt werden kann.«

»Biologische Waffen sind geächtet, und zwar zu Recht. Glauben Sie, dass ein fast militärfreier Staat wie Luxemburg sich an so was auch nur indirekt beteiligen würde?«

»Und wenn es nur um die Abwehr von Biowaffen geht, möglicherweise infolge von terroristischen Anschlägen?«

Der Institutsleiter schien zu zögern und klang nun deutlich weniger energisch. »Nein, wir arbeiten nicht in diesem Bereich.«

»Sie arbeiten hier also mit keinem Stoff oder Material, das im Zusammenhang mit biologischen Waffen stehen kann?«

Wieder zögerte Barthel. »So absolut kann man es wohl nicht formulieren.« Er hatte langsam und etwas gedehnt gesprochen. »Wir forschen manchmal an Viren, die grundsätzlich auch in biologischen Waffen einsetzbar sein könnten. Aber das beschränkt sich auf... Grundlagenforschung.« Er blickte von Ducard zu Buhle und wieder zurück. »Wir haben eine ganz andere Forschungsausrichtung«, bemühte er sich schnell hinzuzufügen.

»Könnte Altmüller das anders gesehen haben?«

»Offenbar. Aber ich habe das überhaupt nicht verstanden, weil das so weit weg von meiner Vorstellungskraft lag.«

»Haben Sie denn Altmüller von Ihrer Forschung erzählt?«

»Nein.« Dr. Bernard Barthel schien sich wieder gefangen zu haben. »Nein, natürlich nicht. Er hatte nicht danach gefragt. Außerdem würden wir Details zu Forschungsprogrammen nicht an Journalisten weitergeben.«

»Hat Altmüller mit anderen Institutsangehörigen gesprochen?«

»Ich war sein einziger offizieller Ansprechpartner, und es bestand die klare Order, dass er sich an mich zu wenden hatte. Wenn er mit Mitarbeitern geredet hat, war ich immer dabei.«

Bis dahin hatte Ducard das Gespräch geführt. Nun setzte Buhle es fort. »Mit welchen Viren, die als biologische Kampfstoffe geeignet sind, haben Sie denn gearbeitet?«

»Wir hatten letztes Jahr ein Forschungsprojekt zur viralen Enzephalitis, die durch Alphaviren ausgelöst werden kann.« Offenbar bemerkte der Wissenschaftler die Unkenntnis, die in den Gesichtern der Polizisten geschrieben stand. »Enzephalitis ist eine Gehirnentzündung, die durch Viren hervorgerufen werden kann. Wir haben die amerikanische Pferdeenzephalomyelitis erforscht, also Viruserkrankungen bei Pferden, die eigentlich nur in Nord- oder Südamerika vorkommen.«

»Und wieso sind die für den Menschen gefährlich?«

»Weil Menschen auch infiziert werden und daran sterben können. Allerdings gibt es da Unterschiede. Wenn Sie so genau einsteigen wollen: Es gibt drei Arten von Pferdeenzephalomyelitis, die nach ihren Hauptverbreitungsgebieten benannt sind. Die gefährlichste ist die östliche, die durch den Eastern Equine Encephalitis Virus, kurz EEEV, verursacht wird. Ebenfalls gefährlich ist die westliche Variante und eher weniger gefährlich die venezolanische. Wie immer bei Virusinfektionen sind die schwächeren Organismen, bei Menschen also Kranke, Alte und Kinder, am stärksten gefährdet.«

Buhle beschlich ein ganz unbehagliches Gefühl. »Und wie überträgt sich der Virus?«

»Wollen Sie das im Detail wissen?« Als die beiden Polizisten nicht widersprachen, erklärte Dr. Barthel: »Nehmen wir das WEEV, also die westamerikanische Variante des Virus. Es ist ein Arbovirus, das heißt, es wird von Gliederfüßern übertragen. Dazu gehören unter anderem alle Insekten. Im Falle des WEEV handelt es sich um verschiedene Mückenarten. So, jetzt wird es etwas kompliziert: Das Reservoir der Viren wird nämlich von Vögeln gebildet. Diese erkranken in der Regel nicht an dem Virus. Eine Übertragung des Virus auf andere Lebewesen, insbesondere Pferde und Menschen, erfolgt dann, wenn eine Mücke zuerst bei Vögeln und dann auch bei Pferden oder Menschen Blut saugt. Pferde und Menschen wiederum sind sogenannte Fehlwirte, das heißt, in ihnen ist, sagen wir es mal so, die Dichte des Virus im Blut nicht hoch genug, um wieder neue Mücken zu infizieren. Sie treffen es einfach nicht. Eine Übertragung von Pferd zu Mensch beziehungsweise von Mensch zu Mensch erfolgt nicht.«

»Sonst gibt es keine Übertragungswege?«

»Zumindest keine natürlichen. Sie können sich immer infizieren, wenn ihr Blut mit dem Virus direkt in Berührung kommt, also sie einen infizierten Vogel schlachten und sich dann mit dem Messer rasieren.« Über seinen wissenschaftlichen Vortrag hatte der Forscher offensichtlich wieder an Sicherheit gewonnen.

»Herr Dr. Bernard Barthel«, sprach Buhle leise. Er sah es Ducard an, dass der wusste, was er jetzt sagen würde. »Wir sind hier, weil wir in dem Mordfall Suzanne Altmüller ermitteln.«

»Sie sagten es eingangs, ja. Die Frau ist ertränkt worden, hieß es in den Medien.«

»Darauf deuten die Indizien momentan hin, das ist richtig. Dann wissen Sie sicher auch, dass Frau Altmüller die dritte Tote in der Familie war. Davor war ihr Mann verunglückt, und davor«, Buhle musste unweigerlich schlucken, »davor ist die kleine Tochter verstorben, nachdem sie an einem unbekannten Virus erkrankt war.«

Es herrschte für ein paar Sekunden eine beklemmende Stille, bevor Buhle weitersprach: »Kann Altmüller hier irgendwie an diese Viren herangekommen sein?«

Dr. Barthel starrte auf den Kommissar. Sein Gesicht hatte deutlich an Farbe verloren. »Nein, nein, das ist unmöglich. Mit diesen Viren wird nur in unseren Sicherheitslaboren gearbeitet. Ansonsten werden sie in gesicherten Kühltruhen bei minus achtzig Grad aufbewahrt. Es können nur legitimierte Mitarbeiter mit diesen Virenproben in Kontakt kommen. Wir haben Altmüller dort einmal durch die Fensterscheibe in der Tür der Umkleideschleuse schauen lassen, und er hat von uns ein oder zwei Fotos vom Inneren unseres BSL-3-Labors erhalten. Sonst nichts. Außerdem wusste er nichts von den Viren, die hier lagern.«

»Wo sind die Viren jetzt?«

»Die Versuchsproben sind nach Abschluss der Untersuchungsreihe vernichtet worden. Wir hatten leider keine Genehmigung für eine dauerhafte Lagerung erhalten.«

»Wann war das?«, fragte Buhle.

»Das weiß ich nicht aus dem Kopf. Moment, ich frage nach.« Dr. Barthel gab über das Telefon einem Mitarbeiter die entsprechenden Anweisungen. Nach kurzer Wartezeit hatte er die Informationen. »Also, die praktischen Untersuchungen für die Forschungsarbeit wurden am 23. März abgeschlossen, und zwei Tage später wurden die Viren von unserem Laborleiter ordnungsgemäß vernichtet. Unsere Genehmigung ging nur bis Ende März.«

»Anne Altmüller ist am 3. April gestorben, also keine zwei Wochen später. Wie lang ist die Inkubationszeit bei dem Virus?« Der Institutsleiter war nun aschfahl. Seine Lippen zitterten leicht, aber unübersehbar. »Es ist unmöglich. Hier kommt keiner in die Labore. Wir hatten keinen Einbruch, es wurden keine Unregelmäßigkeiten gemeldet. Hören Sie: Altmüller kann nicht an den Virus gekommen sein.«

»Herr Dr. Barthel«, Ducard wusste selbstverständlich, was nun zu tun war. »Wir brauchen von Ihnen eine Liste aller Mitarbeiter, die mit dem Virus gearbeitet haben und die Zutritt zu diesem Sicherheitslabor hatten. Wie heißt das noch mal?«

»BSL-3-Labor.«

»Ja, eben. Aber bitte reden Sie mit keinem darüber«, forderte Ducard. »Wird die Anwesenheit in dem Labor registriert?«

»Ja, die Zugangskontrolle erfolgt über einen personifizierten Chip, der von dem Lesegerät neben der Tür gelesen wird und dessen Daten gespeichert werden. Es wird somit festgehalten, wer wann das Labor betritt.«

»Gut, besorgen Sie uns die Daten, am besten für die letzten eineinhalb Jahre.«

»Ich weiß nicht, ob die so lange gespeichert werden, aber ich werde es natürlich veranlassen.«

»Wo kann man Blutproben auf diese Viren untersuchen lassen?«, fragte Buhle. Trotz der inneren Anspannung versuchte er, ruhig zu bleiben.

Der Institutsleiter war wegen der Frage sichtlich irritiert, antwortete aber dennoch direkt: »Wir haben die Diagnostik dazu, und auch verschiedene Institute in Deutschland und in Frankreich.«

»Geben Sie uns bitte eine Liste mit den jeweiligen Kontaktdaten.« Buhle zögerte, fragte dann aber doch: »Eines würde ich noch ganz gerne wissen: Warum erforscht man hier Viren, die nur auf einem anderen Kontinent vorkommen?«

»Wir haben versucht, die molekularen Mechanismen und die durch eine Virusinfektion ausgelösten zellulären Veränderungen aufzuklären, zum Beispiel die Aktivierung des zellulären Immunsystems.«

»Aber warum interessiert uns das in Europa?«
»Der Klimawandel. Durch den Klimawandel etablieren sich hier vielleicht die Überträger der Viren. Es könnten sich dann endemische Zyklen zwischen Überträgern und Reservoirwirten stabilisieren. Das Ganze wird noch unterstützt durch den globalisierten Handel und transkontinentalen Güterverkehr inklusive lebender Tiere. Damit ist ein solches Szenario zumindest theoretisch möglich. Auch aus diesem Grund ist es sinnvoll, die molekularen Zusammenhänge zwischen Virus und Wirtsorganismen zu erforschen. Es ist Grundlagenforschung, damit wir im Falle einer Epidemie in der Lage sind, sie schneller bekämpfen zu können. Die Forschung geschieht aus Gründen der Vorsorge.«
    Dr. Bernard Barthel selbst schien davon nicht mehr ganz überzeugt zu sein.

29

Luxemburg; Mittwoch, 15. Juni

Mario Reno hatte seinem Chef die angefragten Informationen durchgegeben. Anschließend hatte er sich für Minuten nicht mehr bewegt, bis ihn eine Kollegin gefragt hatte, was denn los sei. Er hatte abgewiegelt und war in den Hof gegangen, um zu rauchen. Auch da verharrte er wieder, nicht in der Lage, einen klaren Gedanken zu fassen. Bei seiner dritten Zigarette sah er die beiden Fremden aus dem Hintereingang herauskommen und erschrak regelrecht. Reflexartig drehte er sich weg. Erst als sie sich einige Meter entfernt hatten, schaute er ihnen möglichst unauffällig hinterher. Sahen so Polizisten aus? So ganz normal?, fragte er sich. Er schmiss die Zigarette weg, obwohl er nur zwei Züge genommen hatte, und ging wieder ins Haus. Sie brauchten ihn hier nicht zu sehen. Das war ihm schon einmal zum Verhängnis geworden.

Im Institut hielt er nun die Ohren auf und fragte die Kollegen, die sonst immer alles sahen und wussten. Doch diesmal hatte keiner mitbekommen, was die beiden Männer wollten. Es schien sie auch keiner wirklich beachtet zu haben. Den meisten waren augenscheinlich der nahe Sommerurlaub und die Urlaubsziele der Kollegen wichtiger. Er ging in Gedanken noch einmal alles durch, was seit Anfang des letzten Jahres passiert war.

Eigentlich konnte man ihm nichts anhaben. Wenn dieser profilierungssüchtige Kerl wie vereinbart alle Informationen ausschließlich intern verwendete, konnte man ihm selbst nichts ankreiden. Der verfluchte Journalist war tot. Er dachte an diesen Abend zurück. Hätte er es anders lösen können? Hatte er da einen entscheidenden Fehler gemacht? Sie konnten höchstens nachweisen, dass er selbst da gewesen war. Aber mehr auch nicht. Seine Anwesenheit dort konnte er begründen.

Ihm war ein Glaskolben heruntergefallen, und er fegte gedankenverloren die Scherben weg. Wenn da nur das Mädchen nicht gewesen wäre. Als er die ganzen Zusammenhänge begriffen hatte, hatte er tatsächlich geweint. Er wusste nicht, wann das zuletzt geschehen war. Vielleicht, als Fabiana ihn verlassen hatte? Nein, es musste schon vorher gewesen sein. Der Tod des Kindes hatte ihn wirklich mitgenommen. Aber es war nun geschehen und unumkehrbar und nicht seine Schuld. Er fühlte sich schlecht. Seine Bewegungen waren fahrig. Er konnte nur mit Mühe verhindern, dass noch ein weiterer Glasbehälter kaputtging. Seine Gedanken waren nicht mehr hier bei der Arbeit. Es gab nur einen, der noch Bescheid wusste. Aber vor allem dem würde er nicht wieder alles erzählen. Das war ihm schon einmal zum Verhängnis geworden.

30

Trier; Mittwoch, 15. Juni

Die Soko Sauer hatte sich kurzfristig zu einer Mittagssitzung getroffen. Die Neuigkeiten, die Buhle und Ducard aus der Hauptstadt des Großherzogtums mitgebracht hatten, schlugen ein wie eine Bombe. Endlich gab es Verknüpfungspunkte zwischen einzelnen Personen und Spuren. Buhle fasste sie abschließend zusammen. »Im Zentrum steht momentan Alexander Altmüller. Er hat im Institut für Virologie recherchiert, dort lagerten zu der Zeit gefährliche Viren, und Anne Altmüller ist an einem Virus erkrankt. Wenn es da einen Zusammenhang gibt, muss Altmüller auf einem uns noch unbekannten Weg an diese Viren herangekommen sein, und irgendwie geriet dann seine Tochter damit in Kontakt. Sven kann gleich erzählen, was er über den Virus herausgefunden hat.«

Buhle schaute vor sich auf ein Blatt, auf dem er ein Beziehungsgeflecht der bislang beteiligten Personen skizziert hatte. Alle Pfeile führten von Alexander Altmüller ausgehend zu den anderen Beteiligten.

»Dann haben wir Altmüller und Bonitzer, die wahrscheinlich eine Beziehung hatten, und Hinweise, dass Bonitzer sich zur Zeit von Suzanne Altmüllers Tod nahe beim Tatort aufgehalten hat. Gibt es eigentlich neue Erkenntnisse zur Leiche?«

Tard antwortete: »Ja, Kordonbowski hat heute Vormittag einen ersten Zwischenbericht geschickt. Liegt bei dir auf dem Schreibtisch. Demnach deutet vieles auf Fremdverschulden hin, nichts auf einen Freitod. Auch ein Unfall sei auszuschließen.«

»Aha, noch irgendetwas Handfestes?«

»Nein.«

»Ich habe die Bonitzer ja gesehen. Sie sah mir nicht unbedingt wie eine Mörderin aus. Wir müssen klären, ob sie physisch in der Lage sein könnte, eine gleich große Frau zu ertränken.«

»Ich denke nicht, dass wir da etwas klären müssen.« Reuter mischte sich mit seinem typischen knorrigen Unterton ein. »Wenn die Täterin emotional erregt, also so richtig wütend ist und das Opfer emotional niedergeschlagen, also so richtig am Boden zerstört ist, dann kann auch ein körperlich unterlegener Täter die Tat begehen.«

»Oh, Herr Psychologe. Hast du bei Frau Dr. Steyn Unterricht genommen?« Steffens flapsiger Spruch sorgte eine Sekunde lang für Stille im Raum. Doch Reuter konterte bemüht schnell.

»Bist du heute Morgen zu kurz gekommen mit deinen Befragungskünsten, oder was? Idiot!« Reuter warf Steffen einen Blick zu, der ihn hätte töten können. Offenbar hatten die beiden keinen allzu harmonischen Vormittag verbracht. Doch Buhle hatte das Gefühl, dass die Anspielung auf Marie noch entscheidender für Reuters heftige Reaktion gewesen war.

»Ja, Mich, du hast zweifelsohne recht. Nanette Bonitzer ist unsere erste Tatverdächtige. Ich werde gleich mit Henri noch mal zu ihr fahren.« Buhle blickte auf seinen Zettel. Von Alexander Altmüller gingen zwei Pfeile zu Thill und Schilzenbach, allerdings gab es keinen erkennbaren Zusammenhang mit den Todesfällen in der Familie. »Bislang haben wir keine Hinweise, dass die Flughafengeschichte hier irgendeine Rolle spielt. Diese Ermittlungsrichtung können wir vorerst zurückstellen.«

Tard räusperte sich. Er war ohne Huth-Balzer der mit Abstand Jüngste am Tisch und hatte immer noch Probleme, mit der gleichen Selbstverständlichkeit in dieser Runde aufzutreten wie die Kollegen. »Die Kriminaltechniker haben das Unfallauto von Altmüller noch einmal untersucht. Sie haben geringe Spuren von fremdem Lack am Wrack festgestellt. Grehler ist gerade draußen an der Unfallstelle und sucht dort noch einmal gezielt nach weiteren Spuren.«

»Weiß man, von welchem Auto der Lack stammt?«, fragte Buhle nach.

»Nein, aber man weiß die Farbe: gelb.«

»Thill«, stieß Reuter hervor, »Thill fährt einen gelben Porsche.«

»Du kickst doch kein Auto mit 'nem Porsche Carrera von der Straße.« Steffen war als Autofreak bekannt und gefürchtet. Zudem wollte er wohl von seinem peinlichen Einwurf ablenken.

Doch Reuter ließ das nicht zu: »Klappe! Der Porsche sah natürlich auch nicht nach Unfall aus. Aber wenn Thill sein Auto kürzlich in der Werkstatt hatte, wird sich das ja wohl rausfinden lassen.«

Den letzten Satz hatte er in Richtung Ducard gesprochen, der sich bereits eine Notiz machte. »Klar, werde ich umgehend veranlassen.«

Buhle dachte über die Möglichkeit nach, dass hier immer noch voneinander unabhängige Tötungsdelikte vorliegen könnten. »Gut, wir können nicht ausschließen, dass Alexander Altmüller doch kein Unfallopfer ist und dass eine entsprechende Tat trotzdem nicht mit dem Mord an seiner Frau im Zusammenhang stehen könnte. Weiter, was habt ihr noch zu Altmüller herausgefunden?« Buhle richtete die Frage an Reuter und Steffen.

»Das kann ja unser Vernehmungskünstler erzählen.« Reuter schien echt angefressen.

»Was habt ihr denn miteinander?« Buhle wollte jetzt wissen, was Reuter so verärgert hatte.

»Na jaaa ...«, Steffens zögerlicher Ansatz wurde direkt von Reuter abgewürgt.

»Zuerst schleimt er sich so bei den Medienfritzen ein, dass selbst die Frauen misstrauisch werden und blocken. Dann haben wir endlich einen, der etwas sagen will, und dann kann Niko seine Klappe nicht halten und provoziert den so, dass ich ihn erst auf Knien anflehen muss, damit er doch noch was sagt.«

»Das war halt so ein Lokalredakteursfuzzi, der meinte, er könne jetzt den Dicken machen.«

»Aber das muss man ihm ja nicht direkt auf den Kopf zusagen.«

»Diese Leute sind aber echte Kotzbrocken. Mein Lokalteil strotzt nur so vor Polemik und Parteinahme, dass ich ...«

Buhle unterbrach Steffen, bevor die beiden Kollegen sich noch weiter in die Haare kriegten. Reuter war offensichtlich kurz davor zu platzen. »Das interessiert hier keinen, Niko. Was hat dieser Lokalredakteur gesagt? Mich?«

Reuter schleuderte Steffen noch ein paar visuelle Pfeile entgegen, atmete tief durch und berichtete dann, dass dieser Redakteur den Altmüller für einen ziemlich aufgeblasenen, ehrgeizigen, aber mittelmäßigen Journalisten gehalten hatte. Noch weitere Kollegen hätten Altmüller als übereifrig beschrieben, andere nannten dies ambitioniert. Auf jeden Fall hatten ihn viele gekannt, obwohl er erst drei Jahre hier tätig gewesen war.

»Mich, du hast sein Recherchematerial durchgesehen. Hast du da neue Bezüge zwischen den Aussagen der Journalisten und Altmüllers Arbeit gefunden?«

»Nein. Altmüller schien ein Einzelkämpfer zu sein. Hat nur

selten für die Lokalredaktionen gearbeitet, vielleicht weil er sich zu Höherem berufen fühlte. Hatte aber wohl auch noch keinen großen Wurf landen können. Er war ja insgesamt noch nicht so lange im Geschäft, muss man bedenken. Erst seit etwa acht Jahren, einschließlich Volontariat.«

»Okay, Sven, jetzt du. Hast du noch etwas direkt zu Altmüller?«

»Jo, nee. Aber zu Bonitzer. Da gibt es weitere Ergebnisse von der kriminaltechnischen Untersuchung. Die Fotos der Schuhe: Da könnte ein Paar zu den Spuren am Tatort passen.«

Alle starrten den jungen Polizisten an, der daraufhin rot anlief. Buhle räusperte sich. »Das hättest du jetzt ruhig schon vorher anbringen können. Wie sicher ist das?«

»Du kennt unsere Kollegen aus der Kriminaltechnik. Sicher ist bei denen erst mal gar nichts, solange sie nicht die Schuhe selbst haben. Bei Fotos können sie nur vermuten.«

Buhle hatte seinen linken Arm auf dem Tisch abgestützt und seinen halbes Gesicht in die Hand gelegt. Mit dem rechten Auge schaute er in die Runde.

»Wir kriegen die Schuhe nicht ohne Weiteres, wenn Bonitzer sie nicht freiwillig rausrückt. Für einen Durchsuchungsbeschluss werden die Indizien noch nicht ausreichen. Zumal es sich um eine gut situierte Familie ohne jegliche Vorstrafen handelt. Und wenn wir Bonitzer danach fragen, wird sie die Beweisstücke bei nächster Gelegenheit beiseiteschaffen.« Buhle wandte sich wieder Tard zu: »Gibt es sonst noch etwas Neues von unseren Kriminaltechnikern?«

»Jo. Sie haben die Schatzkiste von Zoé Altmüller durchgearbeitet: nichts. Fingerabdrücke von zahlreichen Kinderfingern, unter anderem von den beiden Schwestern, aber ansonsten nichts Besonderes, schon gar nicht irgendwelche virenverseuchten Spielsachen.«

»Was kannst du uns überhaupt zu diesem Virus berichten, den ich dir durchgegeben hatte?«

»Ich habe ein Dossier angefangen und trage euch jetzt nur das Wichtigste vor. Den ganzen wissenschaftlichen Kram wollt ihr ja eh nicht wissen. Der Virus, eigentlich müsste es *das* Virus heißen, aber das sagt ja so keiner, der Virus kommt eigentlich nur in Amerika vor. Für Deutschland habe ich einen Hinweis gefunden, dass zuletzt 1911 in einem Pferderennstall in Werne an der Lippe, das liegt bei Hamm in Westfalen, mehrere Pferde daran gestorben sind. Die

Symptome bei Pferden und Menschen sind ähnlich. Ich habe sie mit dem abgeglichen, was wir über den Krankheitsverlauf bei Anne Altmüller wissen. Es gibt da erhebliche Übereinstimmungen.«
»Okay, das wird Niko noch mit dem Arzt im Mutterhaus direkt abstimmen. Der hat ja schließlich Anne behandelt und müsste das genau sagen können«, gab Buhle zu bedenken.
»Jo, auf jeden Fall gibt es keine Impfstoffe gegen den Virus und auch keine wirklichen Behandlungsmöglichkeiten. Man kann nur die auftretenden Krankheitssymptome wie Fieber, Durchfall und so weiter bekämpfen. Über die Inkubationszeit habe ich unterschiedliche Angaben gefunden. Mal heißt es ein bis sieben Tage, mal sind es ein bis drei Wochen. Tödlich ist der Virus für den Menschen nicht zwangsläufig. Auch da gibt es verschiedene Angaben: fünf oder zehn Prozent werden genannt. Die Tiermedizinische Hochschule Hannover spricht sogar von sieben bis zwanzig Prozent und dass die Hälfte der erkrankten Kinder geistig behindert, labil oder spastisch gelähmt bleibt. Dies sind Angaben für die westamerikanische Pferdeenze-pha-lo-my-e-litis. Ich frage mich, wer sich solche Begriffe ausdenkt, die kein Mensch aussprechen kann. Wenn ich das richtig verstanden habe, gelten die genannten Zahlen aber nur für die tatsächlich an Gehirnentzündung erkrankten Kinder, und das sind bei Weitem nicht alle, die mit dem Virus in Kontakt kommen. In einem Bericht habe ich da von nur zwei Prozent gelesen. Also summa summarum ist es gar nicht so wahrscheinlich, krank zu werden und dann auch noch daran zu sterben.«

Alle hatten interessiert zugehört. Wenn die kleine Anne tatsächlich von einem Virus getötet wurde, den ihr Vater eingeschleppt hatte, und Alexander Altmüller war sich dessen bewusst geworden, könnte sein Unfall dann nicht auch ein Suizid gewesen sein? Aber dafür wäre dessen Hergang eigentlich viel zu unsicher geplant gewesen, korrigierte Buhle sich gleich selbst.

»Euch interessiert vielleicht mehr, was diese Viren mit biologischen Kampfstoffen zu tun haben«, fuhr Tard fort. »Diese ... ich sag jetzt einfach mal EEV-Viren sind Alphaviren, und die gelten als potenzielle Biowaffen. Aber auch Bakterien, Pilze, Toxine können als Biowaffen eingesetzt werden. Mal so nebenbei: Seit 1973 gibt es eine von der UNO verabschiedete Biowaffenkonvention, die die Herstellung und Verbreitung von Biowaffen verhindern soll.

Scheinen sich aber nicht alle daran zu halten. Die Sowjets hatten einen ganzen Forschungsapparat aufgebaut, mit dem netten Namen »Biopreparat«. Die haben eine venezolanische Variante, das VEEV-Virus dafür verwendet und zusammen mit Pockenviren einen neuen biologischen Kampfstoff mit dem netten Namen *Veepox* kreiert. Auch die USA ist da offensichtlich noch aktiv dabei. Ich habe einen Zeitungsartikel gefunden, in dem von Unregelmäßigkeiten in einem US-amerikanischen Biowaffenlabor in Fort Detrick in Maryland berichtet wird. Da waren plötzlich mehr Probenröhrchen, als es sein durften. Ganz offen auf Wikipedia kann man lesen, dass die Amerikaner immer noch nach sogenannten nicht tödlichen Biowaffen forschen. Genannt werden Mikroben, die abiotisches Material zerstören sollen. Also wenn ihr mich fragt: Menschen sind schon pervers, oder?«

»Allerdings«, stimmte Buhle zu. »Wie gefährlich sind die Viren, mit denen in Luxemburg geforscht wurde?«

»Sie haben ein mittleres Gefahrenpotenzial, also nicht so gefährlich wie eben Pocken oder Anthrax oder Ebola-Viren.«

»Und warum macht man dann Biowaffen daraus, wenn es Schlimmeres gibt?«, fragte Steffen nach. Tard zuckte zur Antwort nur mit den Schultern.

»Vielleicht hat Altmüller in seinem Ehrgeiz da eine Story gewittert, die es so nicht gibt.« Buhle wollte zum Abschluss kommen. »Wir haben jetzt zumindest eine Ahnung, warum Altmüller in Luxemburg unterwegs war und mit wem er dort zu tun hatte. Es gibt genug Bezugspunkte zu unserem Mordfall, um dort am Ball zu bleiben.«

Nachdem die weiteren Aufgaben jedes einzelnen abgeklärt waren, gingen die Kriminalbeamten auseinander.

Buhle fragte Ducard, ob der noch etwas essen wolle, doch er meinte mit Blick auf eine kleine Wölbung unter dem Hemd, dass er abends noch ausreichend versorgt würde. Jetzt mochte er viel lieber Nanette Bonitzer kennenlernen. Nachdem sie die saarländischen Kollegen von ihrer geplanten Befragung in Merzig unterrichtet hatten, fuhren sie los.

31

Merzig; Mittwoch, 15. Juni

Nanette Bonitzer lag im Bett und dachte nach; schon seit gestern Nachmittag, ununterbrochen. Alles rotierte unter ihrer Schädeldecke, die Gedanken rasten kreuz und quer und waren kaum zu fassen. Sie hatte schon Kopfschmerzen davon.

Niemand konnte etwas von ihrem Verhältnis wissen. Da war sie sich sicher. Alexander hatte immer auf höchste Diskretion Wert gelegt. Hatte ihr gesagt, dass er zumindest am Anfang seiner Frau gegenüber ihre Beziehung verheimlichen wollte. Hatte deshalb darauf bestanden, dass sie ausschließlich über dieses eine Handy Kontakt miteinander aufnehmen sollten. Und dieses Handy hatte sie nun seiner Frau abgenommen. Abgenommen, als sie sich an der Sauer getroffen hatten.

Sie hatte zuerst gedacht, Suzanne Altmüller hatte es ernst gemeint mit der offenen Aussprache unter Frauen. Alexander habe ihr von ihrer Beziehung erzählt, hatte sie gesagt. Das war das Erste, was sie damals begriff, nachdem sie so unverhofft ihre Stimme am Telefon gehört hatte. Sie hatte sich gefragt, ob er seiner Frau doch seine ursprünglich so tiefe Liebe zu ihr gestanden hatte. Ihr vielleicht sogar schon mitgeteilt hatte, dass er seine Familie verlassen wolle, um doch noch zu ihr, Nanette, zurückzukehren?

Natürlich hatte sie selbst sich nicht auf ein freundliches Gespräch eingestellt. Alex' Frau musste sich trotz allem hintergangen gefühlt haben. Aber dann hatte sie versucht, positiv zu denken. War sogar ein wenig neugierig geworden, wollte wissen, was für ein Typ Frau sie war. Wollte wissen, ob sich Suzanne tatsächlich nicht mehr für ihren Mann interessierte, wie er es immer wieder beteuert hatte. Vielleicht hatte sie auch die Hoffnung getrieben, dass sich dadurch ihr schlechtes Gewissen verflüchtigen würde, weil es nicht schlimm wäre, eine Beziehung zu zerbrechen, die eigentlich schon längst keine mehr war.

Doch dann war alles ganz anders gekommen, ganz schrecklich geworden. Sie hätte es eigentlich vorher wissen müssen. Diese Frau wollte kein Gespräch, sie wollte sich rächen. Das war ihr schon nach den ersten Worten klar geworden, auch wenn sie es zuerst noch vertuschen wollte. Aber sie hatte es sofort gespürt, hatte diesen abgrundtiefen Hass in ihren kalten Augen sofort erkannt. Und dann hatte die Frau ihr an den Kopf geworfen, dass sie schuld sei: am Tod ihrer Tochter und am Tod von Alex.

Es war für eine Ewigkeit so gewesen, als ob die Welt um sie herum sich auflösen würde. Die ganzen Geräusche verbanden sich zu einem immer lauter werdenden Brei aus unterschiedlichsten Tönen, aus denen nur die Stimme dieser immer hysterischer werdenden Frau hervordrang, ohne dass sie verstehen konnte, was sie überhaupt sagte. Die Kulisse um sie herum hatte sich zu bewegen begonnen, hin und her, von ihr weg und auf sie zu. Alles war immer heller und heller und lauter und lauter geworden, bis sie die Hände dieser Furie an ihrer Bluse gespürt hatte, wie sie an ihr zerrte und riss. Mit beiden Armen hatte sie sie von sich gestoßen. Plötzlich schien alles stillzustehen, alles bis auf diese Frau, die mit geöffnetem Mund und aufgerissenen Augen wie in Zeitlupe nach hinten fiel.

Sie hatte sich dieses Handy gegriffen, das Alex' Frau fallen gelassen hatte. Es musste das Handy von Alexander gewesen sein. Für einen Moment hatte sie auf die vielen Papierseiten gestarrt, die im hohen Gras der Uferböschung verteilt waren, und auf die Frau, die mit dem Kopf halb im Wasser des Flusses lag. Danach war sie gelaufen, gelaufen, bis ihr Radfahrer entgegenkamen. Aber da war sie schon fast bei ihrem Auto gewesen. Wie weit sie danach gefahren war, wusste sie nicht, auch nicht, wohin. Als sie wieder zu sich kam, hatte sie heulend in ihrem Auto gesessen, ihren Körper fest auf das Lenkrad gepresst. Sie stand am Rand eines Feldweges und hatte zunächst keine Ahnung gehabt, wo sie war. Es war ihr auch egal. Alexander war tot. Einfach tot. Sie wusste nicht einmal, wie lange schon.

Es hatte gedauert, bis die Bilder zurückkamen, diese schrecklichen Bilder, in denen Suzanne ihr die Nachricht an den Kopf geschleudert, in denen Suzanne sich auf sie gestürzt und Nanette sich gewehrt hatte. Vor ihrem inneren Auge hatte die Gestalt, die am Ufer des Flusses, halb im Wasser und ohne Regung, dagelegen hatte, immer klarere Konturen bekommen.

Sie hatte überlegt, was sie tun sollte, lange überlegt. Dann hatte sie sich einen Ruck gegeben, ihr Navi angeschaltet, und festgestellt, dass sie in der Nähe eines Ortes namens Dockendorf gelandet war. Sie war von dem hängigen Wiesenweg hinunter auf eine leere, schmale Straße und über die B 257 zurück in Richtung der Sauer gefahren.

Als es jetzt an der Tür klingelte, erschrak Nanette Bonitzer. Wer sollte zu dieser Zeit, kurz nach dem Mittag, bei ihr klingeln? Sie bekam nicht viel Besuch und schon gar nicht um diese Uhrzeit. Dann erinnerte sie sich, dass sie im Internet eine neue Laufhose bestellt hatte. Sie zog sich ihren Bademantel über und ging zu der Eingangstür ihrer Einliegerwohnung.

★★★

Buhle und Ducard hatten sich trotz der Entfernung bewusst für das Risiko entschieden, ihren Besuch nicht anzukündigen. Wenn Bonitzer nicht anzutreffen sein sollte, konnten sie immer noch den telefonischen Kontakt zu ihr suchen. So aber hatten sie die Chance, sie ohne ihre Eltern und ohne Vorbereitung anzutreffen. Die Haustür öffnete sich mit ihrem zweiten Klingeln.

»Ja, ja, ich komm ja schon, ich bin …« Nanette Bonitzer hatte schon angefangen zu reden, bevor der Türspalt groß genug war, dass sie erkennen konnte, wer vor ihrer Tür stand. Einen Moment lang starrte sie Buhle an, dann schluckte sie und fragte mit unsicherer Stimme: »Was wollen Sie denn schon wieder hier?«

»Guten Tag, Frau Bonitzer, wir möchten noch einmal mit Ihnen reden. Ich habe diesmal einen Kollegen aus Luxemburg mitgebracht, Herrn Ducard. Dürfen wir bitte reinkommen?« Buhle hatte betont freundlich gesprochen. Er wollte sie nicht verunsichern, noch nicht.

Sie schien aber noch nicht gewillt, die beiden Polizisten in ihre Wohnung zu lassen. »Ich bin immer noch krankgeschrieben. Ich weiß nicht, ob es gut ist, wenn ich Besuch empfange.«

»Zumindest ist es wohl nicht gut, barfuß auf den kalten Fliesen zu stehen.« Buhle zeigte auf ihre zierlichen Füße und die weißen Bodenfliesen.

»Dauert es denn länger?«, fragte sie.

»Das wissen wir noch nicht. Wenn Sie uns unsere Fragen direkt beantworten, sind wir sicher schnell wieder weg.«

Die Wissenschaftlerin verzog ihr Gesicht, als ob sie sich dem unvermeidlichen Schicksal fügen müsse, und hielt den beiden Kriminalbeamten die Tür auf. Die Wohnung war deutlich größer, als es bei einer Einliegerwohnung zu vermuten gewesen wäre. Dafür gab es in der Souterrainwohnung aber keinen Ausgang zum Garten. Die Einrichtung war durchaus geschmackvoll und sehr modern. Es war offensichtlich, dass sich die junge Frau mehr leisten konnte als andere Menschen in ihrer beruflichen Situation.

»Schön haben Sie es hier, und ganz schön großzügig.« Buhle versuchte, beiläufig zu klingen, als sie im Wohnzimmer zusammenstanden.

»Ja, finde ich auch. Es gibt für mich also keinen Grund, unbedingt eine eigene Wohnung zu suchen.«

»Es sei denn, Sie ziehen irgendwann mal mit Ihrem Freund zusammen. Sie haben doch sicher einen Freund?«

Er hatte freundlich gelächelt, als er das sagte. Doch die Gesichtszüge von Nanette Bonitzer schienen mit einem Schlag wie eingefroren. Der brünette Seitenpony verdeckte etwas die dunklen Augenbrauen, dennoch konnte Buhle erkennen, wie sich ein nasser Schleier über die auffallend grünlich schimmernden Augen der Frau legte. Wenn Nanette Bonitzer nicht eine etwas knollige Nasenspitze gehabt hätte, hätte Buhle sie als ausgesprochen hübsch bezeichnet. So blieb sie immer noch gut aussehend und mit ihrer distanzierten, in sich gekehrten Art vor allem interessant.

Sie hatte ihren Blick aber schon wieder von ihm abgewandt, als sie antwortete: »Nein, momentan nicht. Setzen Sie sich bitte.« Sie deutete mit einer fahrigen Geste auf ein weinrotes Ledersofa und setzte sich selbst in den dazugehörigen Sessel.

»Haben Ihre Eltern die Wohnung extra für Sie so gebaut? Das wäre ja schon exklusiv für einen normalen Untermieter, oder?«

»Das müssen Sie meine Eltern fragen. Aber ich habe keinen Grund, eine solche Wohnung abzulehnen, wenn meine Eltern sie mir anbieten, oder?« Bonitzers Stimme war jetzt noch eine Spur ungeduldiger geworden. »Wollen Sie jetzt bitte Ihre Fragen stellen, ich möchte gern zurück ins Bett.«

»Sie können sich auch noch etwas anderes anziehen, wenn Sie es wünschen.«

»Bitte, fragen Sie endlich!«

Buhle hatte nicht vor, sie direkt mit ihren Vorwürfen zu konfrontieren. »Entschuldigen Sie bitte. Wir waren heute Morgen in Ihrem Institut, wir hatten ohnehin dort in der Nähe zu tun. Was den vorigen Donnerstag angeht, sagte man uns, dass es eher ungewöhnlich wäre, dass eine Doktorandin sich einen ganzen Nachmittag freinimmt.«

»Mit wem haben Sie gesprochen?« Die junge Frau reagierte ähnlich aufgebracht wie am Vortag, als ihre Arbeit zur Sprache kam.

»Ist das wichtig? Ich kann Sie aber beruhigen, Ihr Professor weilt derzeit im Ausland.«

»Trotzdem, ich hatte gehofft, Sie hätten verstanden, dass es für mich schädlich ist, wenn Sie im Institut auftauchen.«

»Ach, und warum?«

»Weil ... weil es für den Ruf einer Doktorandin in einem renommierten Institut einfach Scheiße ist, das müssen Sie doch endlich mal kapieren.«

»Oder weil Sie dort genauso Lügen auftischen, wie Sie es bei uns versuchen, Frau Bonitzer?« Unvermittelt hatte Buhle sich aufgerichtet und war in seinem Tonfall kalt und energisch geworden. »Warum haben Sie Suzanne Altmüller letzten Donnerstag am Ufer der Sauer getroffen? Erzählen Sie es uns, erzählen Sie uns endlich die Wahrheit.«

Nanette Bonitzer saß stocksteif mit blinzelnden Augen und offenem Mund in ihrem Sessel und starrte Buhle an. Der legte noch einen nach.

»Meinen Sie wirklich, Sie kommen damit bei uns durch? Wissen Sie eigentlich, was das für Sie bedeutet? Wenn Sie nicht endlich den Mund aufmachen, Frau Bonitzer, dann müssen wir Sie mitnehmen. Ist Ihnen das klar?«

In diesen besonderen Augen von Nanette Bonitzer zeichnete sich jetzt Panik ab. Doch sie war offenbar zu überrascht, um auch nur einen Ton herauszubekommen.

Während Buhle seine Blick weiterhin auf die Frau gerichtet hielt, sprach nun Ducard mit sanfter Stimme zu ihr: »Frau Bonitzer, sehen Sie, es gibt vielleicht einen Grund, warum Sie sich mit Suzanne Altmüller getroffen haben, aber Sie müssen uns schon die Wahrheit sagen, und das haben Sie bislang nicht. Frau Bonitzer, es geht hier um Mord, um Mord an der Frau Ihres ...«

Ducard brauchte den Satz nicht zu Ende zu sprechen. Nanette Bonitzer wusste augenscheinlich, was der luxemburgische Kommissar sagen wollte. Er dauert nur noch einen kurzen Moment, dann brachen bei ihr alle Dämme.

Als sie sich wieder gefangen hatte, redete sie. Alexander Altmüller hatte sie zum ersten Mal gesehen, als er bei seinen Recherchen auch in ihrem Institut gewesen war. Er war ihr sofort aufgefallen, weil er irgendetwas Besonderes in seiner Ausstrahlung hatte. Als sie mittags in die Pause gehen wollte, hatte er sie angesprochen und sie zum Essen eingeladen. Sie hatte sich sofort in ihn verliebt. Das war vor ungefähr einem halben Jahr gewesen.

Seitdem hatten sie sich, so oft es ging, gesehen. Altmüller legte allerdings Wert darauf, dass ihre Beziehung geheim blieb. Er hatte Familie und sie auch kein Interesse, dass eine Liaison zwischen ihr und einem im Institut recherchierenden Journalisten bekannt würde. Über ihre Arbeit hatten sie nur selten geredet.

»Frau Bonitzer«, Buhle sprach jetzt mit einem fast mitleidigen Ton, »Alexander Altmüller hatte geglaubt, er wäre an einer heißen Story dran. Da würde kein Journalist der Welt die Gelegenheit ungenutzt lassen, über seine Freundin an Interna zu kommen. Bitte, wir waren doch jetzt auf dem richtigen Weg.« Der traurige Blick der jungen Frau zeigte Buhle, dass er richtig lag.

»Er hat am Anfang nur so allgemeine Dinge gefragt. Dann irgendwann hat er Namen von Mitarbeitern aus dem IoV haben wollen.«

»IoV?«

»*Institute of Virology Luxembourg*, das IoV Lux. Ich kannte dort aber nur wenige Leute, weil wir Psychologinnen in einem ganz anderen Bereich forschen und deshalb nur wenige Berührungspunkte mit denen haben.« Sie stockte kurz, redete dann aber weiter, als ob sie es aufgegeben hätte zu lügen. »Ich habe aus unserer Datenbank Namenslisten mit Tätigkeitsbereichen erstellt. Dann wollte er mehr über die Forschungsaktivitäten des IoV wissen. Auch da habe ich in unserem Intranet nach Projektbeschreibungen gesucht. Das waren jetzt nicht wirklich geheime Sachen, aber …« Ihre Stimme war kaum noch hörbar.

»Aber das hätten Sie nicht tun dürfen?«

»Nein, sicher nicht.«

»Mehr wollte Alexander Altmüller nicht von Ihnen?«

»Einmal hatte er mich gefragt, ob es für ihn eine Möglichkeit gäbe, in eines der Hochsicherheitslabore hineinzukommen. Er gab vor, einfach besser über etwas schreiben zu können, das er selbst gesehen hat und nicht nur von Schilderungen anderer kennt. Das wäre für ihn als Journalisten eine absolute Notwendigkeit. Aber ich habe keine Zutrittsgenehmigung für diese Labore und konnte ihm nicht weiterhelfen. Ich ... ich hatte kurzzeitig die Befürchtung, er würde mich drängen, über Dritte diesen Zugang zu bewirken. Ich weiß nicht, was ich da gemacht hätte. Aber dann hat er davon nicht mehr gesprochen.«

»Wann war das?«

»Es war Aschermittwoch, als er mich das gefragt hat. Ich weiß das noch wegen, na, halt wegen Aschermittwoch. Ich dachte, wenn ich ihm das nicht ermöglichen kann, wäre vielleicht alles ...«

»War danach alles vorbei?« Buhle hatte geglaubt, dass Nanette Bonitzer zuvor schon alle Tränen aufgebraucht hätte, doch ihre Augen füllten sich bereits wieder.

»Nein. Es war zunächst wie vorher. Obwohl Alexander weniger Zeit hatte und wir uns seltener trafen. Anfang April war er dann total verändert. Ich kam gar nicht mehr an ihn ran. Er wirkte sehr unglücklich, sagte aber nicht, was ihn bewegte. Ich weiß noch, wie ich ihm das erste Mal überhaupt Vorwürfe gemacht habe, er würde mir nicht vertrauen. Aber jetzt weiß ich ja ...«

Buhle wartete wieder, bis sie sich beruhigt und mit einem Taschentuch die Nase geputzt hatte. Zwischendurch hatte er zu Ducard geschaut, der völlig ruhig in der Sofaecke saß, als ob er gar nicht wahrgenommen werden wollte. Er hatte Buhle aber zu verstehen gegeben, dass er mit seiner Vorgehensweise einverstanden war.

»Sie haben damals nicht gewusst, dass seine Tochter gestorben war?«

»Nein.« Sie schniefte noch immer. »Er hatte mir nichts gesagt. Auch nicht ... auch nicht, als er dann Schluss gemacht hat.«

»Wann war das?«

»Am zwölften Mai, einem Donnerstag.«

»Haben Sie ihn danach noch gesehen?«

»Einmal noch, genau eine Woche später. Ich habe ihn angefleht, aber er war völlig abweisend, verletzend. Ein völlig anderer Mensch, als ich ihn kannte. Er ... er hat ...«

»Ja?«

»Er hat behauptet, er hätte mit mir nur etwas angefangen, weil er an Informationen aus dem Labor kommen wollte. Ich ... ich kann es auch heute noch nicht glauben, dass es so war. Er war ... so liebevoll, am Anfang.«

Buhle ließ etwas Zeit verstreichen. Nanette Bonitzer war jetzt irgendwo in ihrem Innern auf der Suche nach etwas, das es nicht gab, das es vielleicht niemals gegeben hatte.

»Frau Bonitzer, danach haben Sie nichts mehr von ihm gehört, sich nicht mehr mit ihm getroffen?«

Sie schüttelte den Kopf, schien aber wieder zurückzukommen.

»Und wie ging es dann weiter?«

»Ich habe versucht, mich mit Arbeit zu betäuben. Etwas anderes kenne ich nicht. Aber es hat nicht wirklich geklappt. Dann ... vor genau einer Woche, am Mittwoch, klingelte mein Handy, und seine Nummer war auf dem Display. Ich war außer mir vor Freude und umso schockierter, als seine Frau am Apparat war.«

»Woher hatte Suzanne Altmüller Ihre Nummer?«

»Alex hatte ein Handy nur für unseren Kontakt, mit einer Prepaidkarte. Ich hatte ihm hoch und heilig versprechen müssen, nie bei ihm zu Hause anzurufen. In der Zeit, in der er sich nicht gemeldet hatte, hatte ich daran gedacht, es doch zu tun, es dann aber nicht gemacht.«

»Und Frau Altmüller hat Sie dann von diesem Handy ihres Mannes aus angerufen?«

»Ja, sie gab vor, mich treffen zu wollen, um sich mit mir auszusprechen, unter Frauen. Ich hatte noch gehofft, dass Alex sich vielleicht doch anders entschieden hätte, sich vielleicht doch noch für mich ... entschieden hätte.«

Buhle hörte ohne weitere Fragen zu, wie Nanette Bonitzer von ihrem Treffen mit Suzanne Altmüller berichtete. Erst als sie erzählte, dass sie später noch einmal zur Sauer zurückgegangen sei, hakte er nach.

»Sie sind also nicht nur am Radweg spazieren gegangen, sondern sind zurück zu der Stelle, wo Sie die Auseinandersetzung mit Frau Altmüller hatten.«

»Ja, ich hatte sie ja vorher so daliegen gesehen und hatte Angst, dass ich ihr etwas …«

»Was haben Sie dann gesehen, als Sie zurückgekommen sind?«

»Nichts mehr. Da war nichts mehr. Ich habe gedacht, Alex' Frau wäre wieder zu sich gekommen, hätte ihre Unterlagen eingesammelt und wäre weggegangen. Ich konnte ja nicht ahnen, dass sie …«

»Welche Unterlagen sollte sie eingesammelt haben?«

»Sie hatte mit irgendwelchen Blättern herumgefuchtelt, als sie mir vorwarf, ich sei schuld am Tod von Alex und ihrer Tochter. Die waren dann nach ihrem Sturz in der Gegend verstreut.«

»Sie wissen nicht, was für Unterlagen das waren?«

»Nein, ich war doch völlig schockiert, ich hatte doch gerade erst erfahren, dass Alex verunglückt war und seine Tochter auch …«

»Und davon war nichts mehr zu sehen, als sie zurückgekehrt waren?«

»Nein, Sie müssen mir glauben, ich wollte doch nicht … Ich hatte gedacht, sie wäre wieder zu Hause.«

Buhle überlegte, wie er das Gehörte einordnen sollte. Nanette Bonitzer hatte gestanden; aber nur die Auseinandersetzung mit dem Opfer. Wieder schaute er Ducard an, der auch zu überlegen schien. Buhle schätzte den luxemburgischen Kommissar sehr, doch in diesem Moment hätte er lieber Paul Gerhardts neben sich gehabt. Mit ihm verstand er sich ohne Worte, auf sein Urteil konnte er sich stets verlassen. Ducard kannte er dazu noch nicht lange genug.

Er kam zu dem Schluss, dass es letztendlich nur zwei Möglichkeiten gab: Entweder hatte die Bonitzer ihnen ein perfektes Schauspiel geboten, um das Ganze wie einen Unfall darzustellen. Aber daran glaubte er nicht. Er war sich sicher, dass sie nicht mehr gelogen hatte. Oder aber, der Mörder war erst danach gekommen und hatte die Gelegenheit ergriffen, Suzanne Altmüller aus dem Weg zu räumen. Dafür sprach, dass sie ertränkt wurde und nicht ertrunken war. Dafür sprach, dass sie am Tatort nichts mehr gefunden hatten, keine Blätter, die Bonitzer noch gesehen hatte, keine Handtasche, Schlüssel, Papiere. Dafür sprachen die Schuhabdrücke eines Mannes, die die Spurensicherung entdeckt hatte. Dafür sprach der Einbruch in das Haus der Altmüllers noch am gleichen Tag. Der

Einbruch: Was hätte Nanette Bonitzer in Merteskaul suchen sollen? Mit dem letzten Gedanken hatte sich Buhle entschieden: Vor ihnen saß nicht die Mörderin, vor ihnen saß nur eine bemitleidenswerte junge Frau.

»Frau Bonitzer?« Buhle wartete, bis sie wieder Blickkontakt mit ihm aufgenommen hatte. »Frau Bonitzer, ich muss Sie noch um einige Dinge bitten, die sicherlich nicht einfach für Sie sein werden. Als Erstes möchte ich Ihnen mitteilen, dass unser Gespräch als Zeugenaussage gewertet wird. Auch wenn Sie das vielleicht nicht so mitbekommen haben, so haben Sie uns mit Ihren Ausführungen weitergeholfen. Wir müssen Sie aber bitten, diese Zeugenaussage noch einmal in einer Polizeidienststelle zu wiederholen und zu Protokoll zu bringen. Damit wir sie später, wenn wir den Täter gefunden haben, auch vor Gericht verwerten können.«

Bei dem letzten Satz hatte Nanette Bonitzer überrascht ihre geröteten Augen ein wenig mehr geöffnet. »Sie halten mich nicht für die Mörderin?«

»Wir können davon ausgehen, dass Suzanne Altmüller nicht aufgrund Ihrer Handgreiflichkeit gestorben ist. Umso wichtiger ist es, dass Sie das Geschehene zu Protokoll geben, genauso, wie Sie es uns eben mitgeteilt haben.«

Buhle sah den entfernten Hoffnungsschimmer in den Augen der jungen Frau.

»Wir benötigen auch Ihre Kleidung, die Sie an dem Tag getragen haben, und diesmal zeigen Sie mir bitte die richtigen Sachen.« Nanette Bonitzer nickte.

»Sonst haben Sie ja am Tatort nichts hinterlassen oder mitgenommen. Das ist richtig, oder?«

Sie schien zu überlegen. »Doch, natürlich. Das Handy. Ich habe das Handy mitgenommen, mit dem Alex' Frau auch wild rumgefuchtelt hatte. Ich dachte, dann könnte sie nicht mehr nachweisen, dass ich … mit ihm zusammen war.«

Nanette Bonitzer willigte in alles ein. Buhle rief zuerst die Kollegen in der Polizeiinspektion in Merzig an, um sie von der bevorstehenden Zeugenaussage zu unterrichten und um einen Kollegen zu bitten, die Aufzeichnung zu übernehmen. Als Nächstes rief er in Absprache mit seiner Tochter Franz Bonitzer an.

Der Unternehmensberater fiel aus allen Wolken. Als Buhle ihm aber mehrmals erklärt hatte, dass seine Tochter lediglich Zeugin und keine Täterin sei, beruhigte er sich und versprach, sofort vorbeizukommen. Dass er seinen Anwalt vorab verständigen und hinzubitten wollte, hatte Buhle ohnehin schon angenommen.

32

Bertrange; Mittwoch, 15. Juni

Eric Dardenne hatte viel beobachtet in den letzten Wochen. Was ihm geholfen hatte, seinem Ziel näher zu kommen. Doch diese unseligen Begleitumstände schienen sich zusehends zu verselbstständigen. Er hatte seine Talente nutzen können. Hatte immer schon besser kombinieren und reagieren können als andere, weil er nicht nur weit vorausschaute, sondern sich auch in andere hineinversetzen konnte. War den anderen stets einen Schritt voraus gewesen, war schon immer da gewesen, wenn die anderen erst ankamen. Wenn er nur nicht so ungeduldig wäre, was hätte er für einen Strategen abgegeben! Doch nun gewannen die Ereignisse eine Dynamik, der er nicht mehr zu folgen vermochte. Er hätte dazu an mehreren Orten gleichzeitig sein müssen. Und er wusste nicht, welche Baustellen sich noch unverhofft auftun würden.

Gestern Abend hatte Kristin ihm dann diese schreckliche Botschaft übermittelt. Nachdem sie endlich mal für zwei Stunden auf dem Sofa liegen geblieben war, ohne auf die Toilette zu rennen, hatte sie ihm mitgeteilt, dass sie schwanger sei. Er war zum Glück vorbereitet gewesen und gab mit leidlichem Erfolg vor, dieses unsägliche Glück mit ihr zu teilen. Doch dann war klar geworden, dass sich die unliebsamen Auswirkungen unmittelbar einstellten. Sie offenbarte ihm, dass sie wegen der Übelkeit vorerst nicht arbeiten gehen könne. Er sah ihre Enttäuschung, als er auf die viele Arbeit verwies, die ihn in den nächsten Wochen stark außerhäuslich binden würde. Er dachte sofort daran, dass er nun ihre beruflich bedingte Abwesenheit nicht nutzen konnte, um in Nachtschichten die verlorene Arbeitszeit des Tages nachzuholen.

Es war ohnehin ein kleines Problem geworden, dass seine Fehlzeiten in der Firma aufgefallen waren. Er hatte es mit der notwendigen Ruhe in dieser entscheidenden Forschungsphase begründet, die er in der Firma so nicht finden könne. Ohne den Hoffnung erweckenden Zwischenbericht, den er über das Pfingstwochenende gegen den Widerstand von Kristin geschrieben hatte, hätte ihn sein Chef jetzt wahrscheinlich unter Beobachtung. Aber er hatte ihn überzeugt, sehr überzeugt sogar, und somit einen Freibrief für die nächsten Wochen erwirkt. Das hatte ihn regelrecht beflügelt. Sein Chef wusste nun definitiv, dass mit ihm zu rechnen war. Der Dämpfer war dann am vergangenen Abend von seiner Frau gekommen. Er musste Kristin unbedingt überzeugen, dass er auch die Nächte durcharbeiten musste. Vielleicht sollte er ihr sagen, er würde vorarbeiten, damit er mehr Zeit hätte, wenn das Kind da sei. Das war eine gute Idee. So würde sie es schlucken. Sie würde sich nicht über das Kind stellen.

Aber er brauchte noch mehr gute Ideen. Spätestens nach dem heutigen Tag. Wie war die Polizei nur so schnell auf Altmüllers Geliebte gekommen? Was wussten die? Was wusste sie? Was konnte sie ihnen erzählt haben? Es hatte ihn fast wahnsinnig gemacht, als die beiden Männer sie aus ihrer Wohnung abgeholt hatten, nachdem sie sich dort endlos aufgehalten und die Kleine in die Mangel genommen hatten. Wie ein Häufchen Elend hatte sie dagesessen. Genau wie damals, als der Kerl sie verlassen hatte. Er musste wissen, was sie wusste. Musste wissen, welche Rolle Bonitzer bei der Polizei spielte.

Er hatte auf der Rückfahrt nicht die Autobahn genommen. War über die Landstraßen Richtung Luxemburg gejuckelt, hatte bei Remich Mosel und Grenze passiert. Danach war er hinter den Lac des Hirondelles runter von der N 2 und auf immer kleinere Straßen ausgewichen. Wollte einfach nur fahren, weil er nachdenken musste.

Hinter Dalheim hatte ihn dann Reno angerufen. Er war in einen Waldweg abgebogen, um in Ruhe den nebulösen Andeutungen des Laboranten zuzuhören. Irgendetwas schien auch bei ihm passiert zu sein. Etwas, das ihn mal wieder äußerst nervös gemacht hatte. Letztendlich war alles Renos Schuld gewesen. Hätte er damals richtig gehandelt, wäre nichts passiert, gar nichts.

Das Waldgebiet nördlich des Ortes Dalheim kannte er aus seiner Kindheit. In dem Dorf hatte seine Tante mit ihrer Familie gewohnt, und er hatte mit seinen beiden Cousins den Wald mit den spannenden Namen »Napoleonshut« und »Verbrannte Bësch« unsicher gemacht. Er stieg aus, folgte dem Waldweg und erkannte auf Anhieb, wo er war.

Er musste wieder seine Stärken ausspielen, musste wieder einen

Schritt voraus sein. Zuerst würde er sich Bonitzer vornehmen, dann Reno, dann vielleicht auch noch die anderen. Er hatte genug gelesen, er wusste genug über deren Machenschaften. Denn auch die konnten ihm gefährlich werden, auch die.

33

Trier; Mittwoch, 15. Juni

Nachdem Buhle und Ducard Nanette Bonitzer zu Hause abgeliefert und sich auf den Heimweg gemacht hatten, diskutierten sie die neueste Entwicklung im Mordfall. Nach der Querung der Hunsrückstraße bei Zerf folgten sie weiter der B 268 über die Hochfläche zwischen Baldringen und der Streusiedlung Vierherrenborn, als Buhles Telefon klingelte.

»Hallo, hier Hannah Sobothy. Wollten wir uns nicht treffen?«

Buhle musste einen Moment seine Gedanken ordnen. Er hatte seit Stunden nicht mehr an die Journalistin gedacht und darüber auch das anvisierte Treffen mit ihr völlig vergessen.

»Frau Sobothy, natürlich sollten wir uns sehen. Ich bin gerade noch mit einem Kollegen unterwegs. Wir müssten in einer guten halben Stunde in Trier sein.« Er schaute auf die Uhrzeit im Display der Mittelkonsole. »Ich könnte einundzwanzig Uhr knapp schaffen. Geht das noch bei Ihnen?«

»Sicher geht das.«

»Könnten wir vielleicht etwas essen gehen? Ich würde Sie auch einladen.«

»Nein, lieber nicht. Ich möchte mit Ihnen ungern in der Öffentlichkeit gesehen werden, und auch nicht, dass einer unser Gespräch mithört. Aber meine Mitbewohnerin hat einen superleckeren Auflauf gemacht und anscheinend wieder für drei Tage gekocht. Wenn Sie es auch vegetarisch mögen, könnte ich Ihnen den anbieten. Zum Sattwerden reicht es allemal.«

Buhle hatte dem Angebot zugestimmt. Nachdem er Ducard an der Kriminalinspektion in der Kürenzer Straße abgesetzt hatte, war er sofort nach Hause gefahren und von dort aus zur Wohnung von Hannah Sobothy gegangen. Es war zehn Minuten nach neun, als er an ihrer Tür klingelte.

»Hallo, Herr Buhle, kommen Sie rein.«

»Guten Abend, es ist ein wenig später geworden. Entschuldigen Sie bitte.«

»Kein Problem. Ich war heute auch viel unterwegs.«

Als Buhle hinter der Radioreporterin das Wohnzimmer betrat, erhob sich eine groß gewachsene, schlanke Frau aus dem Sessel. Hannah Sobothy stellte ihre Mitbewohnerin im norddeutschem Slang vor: »Darf ich vorstellen: Stefanie Brodersen aus Bredstedt, Kommissar Buhle aus ... woher kommen Sie eigentlich? Sie sind doch bestimmt kein Trierer.«

»Köln, ich bin gebürtiger Kölner. Guten Abend, Frau Brodersen.«

»*Bonsoir*, Herr Kommissar. Ich habe gehört, Sie haben noch Hunger?«

Buhle schaute in klare, blaue Augen, die einen harmonischen Farbkontrast zu der blassen Haut mit den zahllosen Sommersprossen und den rötlich blonden Haaren bildeten.

»Gern, ich habe heute so gut wie nichts gegessen.«

»Die Küche kann Ihnen allerdings nur noch einen Gemüse-Couscous-Auflauf mit Schafskäsekruste anbieten. Mögen Sie noch etwas Salat dazu?«

»Ich möchte Ihnen jetzt keine Umstände machen ...«

»Also: ja. Schön! In fünfzehn Minuten wird serviert. Wenn Sie sich so lange mit einem Glas Rosé und Hannah begnügen könnten. Vielen Dank.« Mit diesen Worten verschwand Stefanie Brodersen in die Küche.

Buhle schaute verdutzt auf Hannah Sobothy. »Ist Ihre Mitbewohnerin immer so gut drauf?«

»Ja, absolut. Besonders aber, wenn sie an ihrem freien Abend eine halbe Flasche Wein intus hat.« Sie senkte ihre Stimme etwas. »Steff weiß nicht wirklich, um was es geht. Ich möchte nicht, dass sie etwas mitbekommt. Wenn wir uns also erst nach dem Essen richtig unterhalten könnten?«

»Sicher, aber sie weiß, dass ich von der Polizei bin?«

»Ja, und dass es um den Mordfall geht. Mehr aber nicht.«

Die folgende knappe Stunde verging wie im Flug. Zunächst hatte sich Buhle mit der RPR-Reporterin über ihre Arbeit beim Rundfunk unterhalten. Daraufhin hatte Buhle offenbart, welche Überwindung Pressekonferenzen ihn immer wieder kosteten. Hannah Sobothy zeigte dafür viel Verständnis. Als alle der Reihe nach erzählten, was sie in das abseits gelegene Trier verschlagen hatte, spürte Buhle, wie gut sich die beiden Frauen verstanden, und ließ sich von ihrer ausgelassenen Stimmung sogar anstecken. Die Bühnenbildnerin Stefanie Brodersen hatte noch eine weitere Flasche Wein aufgemacht und goss sich und ihrer Freundin stetig nach. Buhle fühlte sich noch im Dienst, ließ sich aber dennoch zu einem Glas überreden, an dem er ab und zu nippte. Als er und Hannah Sobothy allein waren, gingen sie rasch zu ihrem eigentlich Thema über.

»Also, ich will es kurz machen. Es ist auch schon spät, und ich bin eigentlich ziemlich müde.« Wie zur Bestätigung musste sie gähnen. Nach den nächsten Sätzen war aber zumindest Buhle wieder hellwach. »Ich habe Alexander Altmüllers Sicherungsdateien ausfindig machen können. Hier, auf diese CD habe ich Ihnen die Ordner mit Daten zum Themenkomplex Viren und Biowaffen kopiert. Wie ich Sie einschätze, werden Sie sich die Dateien heute Nacht noch ansehen. Es lohnt sich auch. Ich möchte Ihnen trotzdem kurz sagen, was mir aufgefallen ist.«

Während sie redete, schob sie ihm eine selbst gebrannte CD über den Tisch. Er hatte sie zu sich gezogen, Sobothy dabei aber weiterhin erstaunt angesehen. Erst allmählich fand er seine Sprache wieder.

»Wo haben Sie die her?«

Hannah Sobothy lächelte ihn freundlich an und hielt seinem Blick stand. »Sie wissen, wir Journalisten haben da unsere eigene Art, mit Informanten umzugehen. Alexander Altmüller hatte wohl verschiedene Spuren gelegt, die zu dem Aufbewahrungsort seiner Daten führten. Vielleicht gibt es auch mehrere Orte mit unterschiedlichen Unterlagen. Ich habe lediglich eine CD be... vorgefunden.«

»Haben Sie die CD vollständig kopiert?«

»Ich würde gerne mit Ihnen über das sprechen, was auf Ihrer Kopie zu finden ist.«

Buhle hatte natürlich gemerkt, dass die Reporterin seiner Frage ausgewichen war. Also waren auf ihrer CD Daten, die sie nicht an ihn weitergegeben hatte. Er überlegte, wie er damit umgehen sollte, und entschloss sich, zunächst auf ihren Vorschlag einzugehen.

»Gut, um was genau geht es in den Dateien?«

Hannah Sobothy berichtete, dass die CD umfangreiches Recherchematerial über Viren, Krankheiten, Biowaffen und eine luxemburgische Gesundheitsbehörde enthielt.

»Interessant finde ich, dass Alexander seine Rechercheschwerpunkte mit der Zeit offenbar verändert hatte. Zuerst finden sich Informationen zu diesen luxemburgischen Gesundheitsinstituten, ziemlich diffus, ziemlich allgemein. Dann verdichtete er seine Recherche auf das dortige Institut für Virologie. Sie hatten ja auch nach dem Institut für Immunologie gefragt. Das spielt nur am Rande eine Rolle, vor allem im Zusammenhang mit einer Mitarbeiterin. Ich habe da noch einmal nachgeschaut.«

»Nanette Bonitzer.«

Hannah Sobothy hob überrascht ihre Augenbrauen. »Aha, Sie waren heute also schon erfolgreich?«

»Ja, aber bitte fahren Sie fort.«

»Dann kamen Biowaffen ins Spiel. Er schien sich mit diesem Bereich besonders intensiv beschäftigt zu haben. Es gibt viele Unterordner und Dateien dazu. Später hat er sich offenbar auf spezielle Viren konzentriert, die biowaffentauglich sind.«

»WEEV, EEEV und, ich glaube, noch VEEV.«

»Häufig standen die Fachnamen da, aber ich meine, Sie liegen da richtig. Muss ich überhaupt noch weitermachen, oder wissen Sie schon alles?«

Buhle lächelte andeutungsweise. »Wir wissen noch viel zu wenig. Machen Sie bitte weiter, unbedingt.«

»Okay. Seine Recherchen enden ziemlich abrupt mit einem umfangreichen Dossier über die Krankheitsbilder, die diese Viren auslösen. Die meisten Dateien sind am 2. April abgespeichert worden.«

Buhle sagte in der Pause, die nun entstand, nichts. Gab keine Antwort auf den fragenden Blick seines Gegenübers.

»Seine Tochter?«, fragte Hannah Sobothy schließlich.

Buhle schaute die junge Frau lange an. Sie hatte etwas Wichtiges gefunden, was ihnen nicht gelungen war, und vor allem hatte sie es zumindest teilweise weitergegeben. Das war für ihren Berufsstand ein außerordentliches Verhalten. Er konnte ihr dafür dankbar sein. Dennoch durfte er ihr im Gegenzug nicht verraten, wie ihr genauer Ermittlungsstand war. »Sie sehen mich ein wenig in der Zwickmühle, Frau Sobothy.«

Die Journalistin lächelte nur. Sie schien in keiner Weise überrascht zu sein. »Ich habe mir schon gedacht, dass es heute Abend eher ein Monolog werden würde. Aber ich darf ja spekulieren, und es liegt sehr nahe, dass Alexander zumindest vermutet hat, dass seine Tochter an einem dieser Viren gestorben sein könnte. Und ich befürchte ...«, sie wartete einen Moment, als ob sie hoffte, er würde sich doch dazu äußern, »ich befürchte, er hat sich dafür verantwortlich gemacht.«

»Warum denken Sie das?«

»Er hat danach aufgehört, an der Story zu arbeiten. Anne ist Anfang April gestorben. Danach gab es nur noch zwei oder drei Einträge. Wenn er jemand anderen für den Tod seiner Tochter verantwortlich gemacht hätte, hätte er sich mit Sicherheit voll auf das Thema konzentriert, alles gegeben, den Schuldigen zu überführen und der Öffentlichkeit zu präsentieren. Er war Journalist, es war sein Thema, aber er hat einfach aufgehört.«

»Das könnte sein. Finden sich dazu irgendwelche Informationen?«

»Ich habe keine gefunden.«

»Gut, wir werden alle Daten genau sichten und analysieren.«

»Da werden Sie noch einiges zu tun haben. Aber vielleicht sollten Sie sich auch mit den beiden Männern beschäftigen, die auf einer Fotoserie zu sehen sind. Offenbar hat er später noch weitere Fotos gemacht, zumindest von einem der beiden.«

»Gehören auch Namen zu den Fotos?«

»Ja. Eric Dardenne und Mario Reno.«

Als Buhle wieder zu Hause war, leerte er erst einmal eine ganze Flasche Mineralwasser. Dabei kopierte er die CD vorsichtshalber und legte die Kopie in sein DVD-Laufwerk. Hannah Sobothy war nicht damit herausgerückt, ob sie Daten für sich zurückgehalten hatte. Sie hatte nur gelächelt, als er sie danach gefragt hatte, und er ahnte auch, warum: Sie wollte wahrscheinlich gewisse Recherchen von Altmüller weiterführen und eine eigene Story daraus machen.

Eine Stunde lang hielt er noch durch und verschaffte sich einen Überblick über die Daten. Dann ging er die vielfältigen Ereignisse des Tages in Gedanken noch einmal durch, wobei er eine Flasche Multivitaminsaft nach und nach leerte: ihren Besuch im Labor in

Luxemburg, die Aussage von Nanette Bonitzer, die Daten und die stimmige Analyse von Hannah Sobothy – und auch die kurzweilige Stunde beim Essen mit ihrer Mitbewohnerin.

Es war schon wieder weit nach Mitternacht, als er im Bett lag. Ihm fiel ein, dass er seit dem Mittag nicht mehr an Marie gedacht hatte. Er wollte sich gerade fragen, warum, doch da war er schon eingeschlafen.

34

Merteskaul; Donnerstag, 16. Juni

Sun Shiwen war überrascht, wie leicht er in das Haus hineingelangen konnte. Er hatte gedacht, die deutsche Polizei würde solche Gebäude besser sichern. Natürlich rechnete er nicht damit, auf irgendwelche relevanten Unterlagen des Journalisten zu stoßen. Er hatte von den hiesigen Kriminalbeamten eine deutlich höhere Meinung als von seinen früheren Kollegen in Shanghai. Also würden sie alles mitgenommen haben. Alles, bis auf die auch für ihn wichtigen Sachen, die der Einbrecher hatte mitgehen lassen. Sicherlich hatte die Polizei diese Mitteilung gezielt an die Medien lanciert, um den Täter unter Druck zu setzen. Die Ermittler schienen also bereits eine Ahnung zu haben. Die hatte er allerdings auch. Auch darum würde er sich bald kümmern.

Altmüller war ein guter Journalist gewesen, sonst wäre er ihnen nicht auf die Spur gekommen. Und gute Journalisten haben ihre wichtigsten Informationen nicht nur zu Hause herumliegen. Sie sichern sich ab, wenn sie an brisanten Themen arbeiten, die ihnen Schwierigkeiten bereiten könnten. Er musste nach Zeichen suchen, nach Zeichen, die ihn zu diesen Unterlagen führen würden, nach Zeichen, die die Polizisten übersehen haben mussten, weil sie sonst bereits ganz anders aufgetreten wären.

Es war frühmorgens. Trotz der geschlossenen Fenster konnte er das vielstimmige Konzert der Vögel hören, das zum Tagesanbruch vom umliegenden Wald her einsetzte. Er hatte sie schon öfter hier gehört, und ohnehin mochte er Vögel von allen Tieren am liebsten. Sie symbolisierten für ihn die Leichtigkeit des Lebens, die er selbst nie erfahren hatte und doch für eine unbestimmte Zukunft anstrebte. Würde es schon bald so weit sein? Das Licht in den Räumen war dämmrig und diffus, doch seine Augen waren geschult und daran gewöhnt, auch unter diesen Bedingungen zu erkennen.

Hatte der Journalist eine Spur hinterlassen, hatte er sie hinterlassen wollen, für andere? Es schien ihm naheliegend. Aber für wen? Für Leute, die ihn gekannt, denen er vertraut hatte. Was war dem Journalisten wichtig gewesen?

Er ging durch die Kinderzimmer. Das Zimmer der jüngeren Tochter war noch vollständig eingerichtet und aufgeräumt. Das Zimmer der Schwester, die noch lebte, machte hingegen einen unordentlichen Eindruck. Sie musste überhastet aufgebrochen sein. Die Schranktüren waren noch geöffnet, ein Buch lag aufgeschlagen auf dem Bett, auf dem kleinen Schreibtisch lag ein mit Wasserfarben gemaltes Bild. Der Farbkasten lag geöffnet daneben. In den ausgetrockneten Farbschälchen zeigten die häufig benutzten Rottöne Risse. In einem Glas standen noch immer zwei Haarpinsel, deren Holzgriff aufgequollen war. Die Farbpigmente hatten sich am Boden abgesetzt, das Wasser war vollständig klar, und ein rötlicher Farbrand an der Innenseite des Glases zeigte, dass seit dem letzten Gebrauch bereits Wasser verdunstet war.

Das Bild, das die überlebende Tochter gemalt hatte, fand er ausgesprochen schön, auch wenn es düster und traurig war. Es zeigte im Vordergrund sie selbst mit ihrer Mutter auf einem Hügel. Die Mutter war sehr groß dargestellt. Beide schauten von dort in einen weiten, leeren Himmel. Das Kind hatte es geschafft, mit den Farbtönen eine Perspektive zu erzeugen, als ob der Himmel eine unendlich Weite hätte. Zoé war nach seinen Informationen erst acht Jahre alt. Er war erstaunt über ihr künstlerisches Talent und hoffte, dass sie es in ihrem zukünftigen Leben ausleben dürfte.

Er wusste, dass Alexander Altmüller seine Kinder geliebt hatte, aber Kinderzimmer waren kein Ort der Beständigkeit, an dem man Zeichen setzte. Wie stand es mit seiner Frau? Hatte da noch das notwendige Vertrauensverhältnis bestanden? Er hatte sie betrogen, das hatten er und seine Leute schnell herausgefunden. Aber vielleicht hatte er sie dennoch geliebt. Sie war zudem die Mutter seiner Kinder. Zumindest in dieser Funktion konnte er ihr für die Zeit nach seinem Ableben Informationen hinterlassen haben. Wen hatte es sonst noch im Leben von Alexander Altmüller gegeben, zu dem er eine enge Beziehung gepflegt hatte? Er ging in Gedanken die Biografie des Journalisten durch und identifizierte dessen Mutter als die einzige in Frage kommende Person. Er durchsuchte die Zimmer im Wohnhaus und anschließend Altmüllers Büro. Alles ohne Erfolg. Er hatte wertvolle Zeit verloren.

Es wurde jetzt schnell hell. Er glaubte nicht, dass die Polizisten heute noch einmal hierher zurückkommen würden. Sie hatten ihre

Untersuchungen abgeschlossen, und hier lebte keiner mehr, den sie nicht schon befragt hätten. Dennoch wollte er verschwinden, bevor einer der Anwohner ihn sehen konnte. Er schritt durch das fast leere Büro und schaute sich ein letztes Mal um. Dabei dachte er über seine Strategie in diesem Fall nach. Er musste sich so weit wie möglich raushalten, durfte in der Öffentlichkeit nur andere für sich handeln lassen. Dafür hatte er seine Leute hier positioniert. Er selbst musste außer für Thill unsichtbar bleiben. Die Zeit war ein großes Problem. Je länger die Polizei an dem Fall arbeitete, desto eher würden sie auch das Umfeld des Flughafenprojektes unter die Lupe nehmen, würden ihm so vielleicht auf die Spur kommen können. Thill blieb für ihn ein Unsicherheitsfaktor.

Shiwen schaute durch die kleinen Fenster in den zugewachsenen Hang, der hinter dem Haus lag. Hier war der Beobachter seinen Leuten zum ersten Mal aufgefallen. Nun war dort alles ruhig. Nur die Vögel begleiteten weiterhin mit ihren Melodien den frühen Morgen.

Dennoch blieb ihm keine Zeit mehr. Er musste jetzt verschwinden. Vorsichtig öffnete er die Tür des renovierten Nebengebäudes, und eine Amsel, die im Beet vor dem Haus nach Nahrung gesucht hatte, flog vor ihm auf. Er folgte mit den Augen dem unscheinbaren Vogel, der zu den schönsten Sängern gehörte, die er in diesem Teil der Erde gehört hatte. Dann erstarrte er. Nur fünfundzwanzig Meter von ihm entfernt saß der Mann aus dem Nachbarhaus völlig bewegungslos auf einer Bank. Sein Blick schien auf dem unterhalb liegenden Tal zu ruhen. Sun Shiwen überlegte, ob der Alte ihn schon bemerkt haben konnte. Doch das schien nicht der Fall gewesen zu sein. Er schloss geräuschlos die Tür und schlicht entlang der Hausfassade in Richtung Straße. Nach ein paar Metern war er im Sichtschatten des Hauses aus dem Blickfeld des Mannes verschwunden. Shiwen wartete und schaute noch einmal achtsam zurück. Der Mann hatte seine Position nicht verändert.

35

Trier/Luxemburg; Donnerstag, 16. Juni

Der Morgen in der Zentralen Kriminalinspektion Trier begann mit einer Besprechung über die Ermittlungsergebnisse vom Vortag. Buhle und Ducard hatten das Wesentliche aus ihrer Befragung von Nanette Bonitzer an die Kollegen weitergegeben. Danach hatte Buhle von seinem Treffen mit Hannah Sobothy berichtet.

»Wir haben hier also eine CD mit den Sicherungsdateien von Altmüllers Recherchen zum Themenkomplex Viren. Lutz«, er übergab die CD, die er von der Radioreporterin erhalten hatte, an den Kriminaltechniker weiter, »sieh dir das mal an. Das ist eine Kopie von Hannah Sobothy, wird für die Kriminaltechnik wohl nicht viel herauszuholen sein.«

Er wandte sich wieder an seine Mitarbeiter des eigenen Kommissariats 11. »Wir müssen jetzt schleunigst die vielen inhaltlichen Informationen, die Altmüller gesammelt hat, durcharbeiten. Ich habe heute Nacht damit angefangen und kann euch sagen: Es ist eine ganze Menge.« Er informierte die Kollegen über Altmüllers Recherchen, die klar erkennen ließen, dass der Journalist tatsächlich einen Zusammenhang zwischen Virenforschung und Biowaffen zu sehen glaubte. Auch die Theorie Sobothys, warum die Recherchen Anfang April endeten, gab er mit dem Kommentar weiter, dass die Soko auch diesen Verdacht mit höchster Priorität weiterverfolgen müsste. Abschließend sprach es die Bilderserien an: »Auf den Fotos von Altmüller tauchen zwei Personen auf, denen wir uns unbedingt widmen müssen. Allen voran: Mario Reno. Paul, jetzt bist du dran.« Buhle übergab das Wort an Gerhardts.

»Ich habe gestern, als Christian und Henri bei ihrer Befragung im Institut waren, einen Mann beobachtet, der äußerst nervös nach draußen kam, drei Zigaretten rauchte und ganz offenkundig nicht von den beiden erkannt werden wollte, als sie das Gebäude verließen. Er hat anschließend ziemlich früh Feierabend gemacht. Ist zu Fuß nach Hause. Das wäre alles noch nichts Besonderes. Wenn es nicht genau der Mario Reno wäre, den Altmüller fotografiert hatte.«

»Ich habe eben schon versucht, den Institutsleiter Dr. Barthel anzurufen«, ergänzte Buhle. »Er ist noch nicht da. Mich würde es nicht wundern, wenn er Reno gestern wegen der Virenentsorgung gefragt hat und der dann nervös geworden ist. Dazu passt, dass Barthels Mitarbeiterin gesagt hat, dass Reno als Laborleiter in ihrem Institut arbeitet. Ich müsste mich schon sehr täuschen, wenn Reno nicht in der Sache mit drinstecken würde.«

»Vielleicht hat er Viren für Altmüller aus dem Labor herausgeschmuggelt?«, versuchte sich Steffen.

»Passt nicht. Warum sollte er Altmüller solche gefährlichen Viren geben?«, widersprach Reuter sofort. »Natürlich könnte Altmüller ihn bestochen haben, aber das halte ich doch für sehr fragwürdig.«

»Glaube ich auch nicht, zumal Altmüller Reno offenbar observiert hatte. Wahrscheinlich vermutete der Journalist eher, dass Reno krumme Dinger mit diesem Dardenne dreht.« Buhle sah entschlossen in die Runde. »Aber wir brauchen da nicht weiter zu spekulieren. Ich werde gleich nach der Sitzung mit Henri wieder nach Luxemburg fahren, und dann knüpfen wir uns diesen Reno direkt vor, anschließend am besten gleich auch Dardenne. Henri, deine Leute sind bereits dran, uns die verfügbaren Informationen zu besorgen?«

»Natürlich. Wir fahren vorher kurz bei mir im Büro vorbei und schauen, was sie in der Kürze der Zeit herausgefunden haben. Kein Problem.«

»Gut. Niko, Mich, was ist mit den Proben von Anne?«

»Sind auf dem Weg direkt ins Robert-Koch-Institut nach Berlin. Wir hatten noch das Bernhard-Nocht-Institut in Hamburg und das Friedrich-Loeffler-Institut auf der Insel Riems zur Auswahl. Wichtig sind wohl das sichere Öffnen der Probe und die anschließende Nukleinsäureextraktion. Danach kann die Untersuchung praktisch in jedem molekularbiologischen Labor erfolgen.« Steffen hatte sich offenbar vorgenommen, diesmal wirklich exakt zu formulieren, um seinen Fauxpas vom Vortag vergessen zu machen.

»Wann können wir mit Ergebnissen rechnen?«, fragte Buhle.

»Spätestens morgen, hieß es. Das LKA ist natürlich hellhörig geworden, als sie erfuhren, um was es geht. Da kommen bestimmt noch Rückfragen.«

»Macht ja nichts, solange sie nicht beschließen, hier vor Ort zu ermitteln. Nicole, gibt es von dir etwas Neues?« Buhle wollte die Besprechung so kurz wie möglich halten.

»Nein, nichts. Aber ich habe den Eindruck, Zoé akzeptiert mittlerweile nicht nur meine Anwesenheit, sondern wünscht sie sich schon fast. Reden tut sie allerdings nur, wenn wir miteinander spielen. Ich bin aber sehr zuversichtlich und möchte da weitermachen.«

Buhle nickte. »Okay, ich denke, heute und morgen kann ich das vor dem Chef noch vertreten. Wenn du hier bist, kümmere dich bitte um die Auswertung des Recherchematerials und die Ermittlungsakten.« Er registrierte sowohl Huth-Balzers kurzen Seitenblick zu Tard als auch dessen leichtes, aber hoffnungsvolles Lächeln. »So, Lutz, nun zu dir. Ich nehme an, du hast am meisten zu berichten, mach es aber bitte kurz.«

Grehler ließ sich selten drängen. Doch diesmal hielt er sich erstaunlicherweise daran, sich auf die Fakten zu beschränken. Zu dem Handy, das sie von Nanette Bonitzer bekommen hatten, könne er gegenwärtig nur sagen, dass es schwierig sei, die unterschiedlichen Fingerabdrücke zu differenzieren. Im Speicher seien eine Reihe von Anrufen, Anrufversuchen und SMS vorhanden. Die Kollegen seien bereits dabei, auch die gelöschten Daten zu rekonstruieren. Bislang spreche nichts gegen die Darstellung der Zeugin. Sicher seien sie sich bei dem Vergleich von Bonitzers Schuhen mit den Spuren am Tatort. Es bestehe eindeutige Übereinstimmung. Das treffe auch auf den Knopf zu, der am Tatort gefunden wurde: Er passe zu der Bluse, die Nanette Bonitzer beim Zusammentreffen mit dem Opfer getragen hatte.

»Wir haben insgesamt nichts gefunden, was der Aussage von Nanette Bonitzer widersprechen würde. Selbst wenn sie lügt, können wir sie gegenwärtig also nicht als tatverdächtig einstufen«, resümierte Grehler, der es sich auch als Kriminaltechniker nicht nehmen ließ, derartige Schlussfolgerungen zu ziehen. »Haben wir damit für die Suche nach dem Mörder viel gewonnen?«

Er herrschte einen Moment Schweigen unter den Kriminalisten. Dann antwortete Buhle: »Wir haben wichtige Spuren zuordnen können. Wir müssen Nanette Bonitzer noch einmal intensiv befragen, ob ihr nicht doch etwas aufgefallen war, als sie zum zweiten Mal an den Tatort kam. Etwas, das ihr jetzt noch gar nicht so bewusst ist. Lutz, dazu wäre es wirklich wichtig, wenn du die kriminaltechnischen Ergebnisse vom Tatort zusammenfassen und in Beziehung zu unserem bisherigen Ermittlungsergebnissen stellen könntest.«

»Wo finde ich das?« Grehler wusste natürlich, dass die Fortführung der Ermittlungsakten in dieser Phase stets hinterherhinkte.

Doch Buhle ließ sich durch diese Spitze nicht aus der Ruhe bringen. »Du hast die ausführliche Zeugenaussage von Bonitzer, und ich traue dir durchaus zu, dass du das meistern wirst nach dem, was du hier gehört hast. Wenn du noch Fragen haben solltest, steht dir Mich sicher gerne zur Seite. Hast du noch etwas für uns?«

Grehler grinste schief, antwortete aber relativ zügig: »Wir haben die Unfallstelle von Alexander Altmüller noch einmal intensivst untersucht. Durch den ramponierten Zustand des Autos und die Zeit seit dem Unfall war es natürlich enorm schwierig, jetzt noch etwas Verwertbares zu finden. Aber«, Grehler ließ sich wenigstens eine Kunstpause bei seinen Ausführungen nun doch nicht nehmen, »wir haben noch ein paar winzige gelbe Lackspuren auf den Abriebflächen auf der Wiese gefunden. Allerdings keinerlei Lackreste auf der Straße. Deshalb glaube ich nicht, dass da jemand Altmüller mit einem gelben Auto von der Fahrbahn geschubst hat. Sven hör mal nach, ob nicht vielleicht ein Vorschaden bestanden hatte; ein früherer Unfall, der uns nicht gemeldet wurde.«

»Jo, ich habe gestern Nachmittag schon alle möglichen Werkstätten erfolglos abtelefoniert. Aber klar, ich mach da heut weiter«, entgegnete Tard.

Ducard hielt sich in dieser Runde merklich zurück, weil er Buhle die Wortführung überlassen wollte und selbst nichts hinzuzufügen hatte.

Jetzt schien er fast erfreut, auch einen Beitrag leisten zu können. »Meine Leute haben sich den gelben Porsche von Thill angesehen. Sie haben dort auf der linken Seite ein paar Kratzer gefunden, die nicht von einem solchen Manöver stammen können und gleichzeitig nahezu ausschließen, dass der Wagen in letzter Zeit lackiert wurde. Niko scheint also damit recht zu behalten, dass man mit einem Carrera keinen von der Straße drängt.«

»Außerdem würde jemand wie Thill sich seine Hände sicher nicht mit so was dreckig machen wollen. Der hätte bestimmt je-

manden dafür angeheuert, wenn er Altmüller loswerden wollte.«
Steffen hatte wieder etwas Oberwasser bekommen.

»Wer sagt denn, dass Thill Altmüller gleich loswerden wollte? Vielleicht sollte er nur einen Denkzettel bekommen, und das Ganze hat auf der engen Straße tragisch geendet.« Reuter hatte seinen Kollegen offensichtlich weiter auf dem Kieker.

Steffen hatte bereits angesetzt zu antworten, doch Buhle wollte keine endlosen Rededuelle dulden: »Auch diese Mutmaßungen bringen uns jetzt nicht weiter. Tard soll recherchieren, und wir anderen haben genug andere Dinge zu tun. Lutz, war das von deiner Seite alles?«

»Nein. Ich habe mir noch einmal die Umgebung angeschaut. Mir sind Tierspuren aufgefallen, die nahe der Unfallstelle entlang der Hecke, über die Straße und dann weiter über die Pferdeweide runter ins Tal führen. Vielleicht haben wir es hier mit einem Wildwechsel zu tun, und Altmüller hatte das Pech, da reinzugeraten. Aber, ehe ihr nachfragt, wir haben bislang keine Borsten, Haare oder Blutspuren am Wrack gefunden. Wenn die These zutrifft, dann hätte das Tier Altmüllers Wagen nur leicht touchiert. Vielleicht lohnt es sich dennoch, beim Jagdpächter nachzuhören. Anja ist weiter an dem Autowrack dran.«

»Gut, treffen wir uns heute Abend wieder«, beendete Buhle zügig die Besprechung und stand auf.

★★★

Buhle und Ducard fuhren in jeweils eigenen Autos nach Luxemburg. Der Ermittlungsschwerpunkt verschob sich immer weiter ins Großherzogtum, und so hatte Ducard vor, im Anschluss an die Befragung von Reno die Ermittlungen seiner Mitarbeiter voranzutreiben. Die dreiviertelstündige Autofahrt zum Institut für Virologie war für Buhle die Gelegenheit, seine Gedanken zu ordnen und in sich hineinzuhorchen, um die nächsten Schritte in die richtige Richtung zu lenken.

Mit dem Eingeständnis von Nanette Bonitzer hatten sie eine Menge der örtlichen Spuren erklären können. Er sah keinerlei Ansatzpunkte dafür, dass sie ihnen eine Lügengeschichte aufgetischt hatte. Nein, es regte sich kein Widerstand gegen die Schilderungen der jungen Frau in ihm. Bonitzers Aufrichtigkeit einmal vorausgesetzt, hatten sie nun eine genaue Beschreibung der Ereignisse vor dem Mord. Was die Tat selbst betraf, hatten sie allerdings nichts in der Hand – außer den Erkenntnissen der Kriminaltechniker, dass ein Auto in einiger Entfernung an zwei Standorten geparkt und von dort aus ein Mann zum Tatort gegangen war. Und dass danach jemand, wahrscheinlich dieselbe Person, in das Haus der Altmüllers eingebrochen war, zweimal eingebrochen war, um Unterlagen mitzunehmen. Unterlagen, die ihn so weit belasten mussten, dass er dafür getötet hatte.

War Reno dieser Mann gewesen? Sie wussten bislang nicht viel über den Laboranten. Er war auf Fotos von Altmüller zu sehen, wie er einem Eric Dardenne eine CD übergab. Er war mit den Viren beschäftigt gewesen, die, und da war Buhle sich mittlerweile ziemlich sicher, für den Tod der kleinen Anne verantwortlich waren. Dazu sein nervöses Verhalten, als Buhle gestern mit Ducard im Institut aufgetaucht war. Vielleicht hatten Henris Kollegen bereits weitergehende Informationen sammeln können.

Welche Motive für den Mord an Suzanne Altmüller konnten aus den Recherchen ihres Mannes am Institut resultieren? Suzanne konnte in den Unterlagen etwas gefunden haben, das Reno belastet hätte. Vielleicht den Grund, warum die Fotos gemacht wurden. Sie wäre dann als Mitwisserin gefährlich für den Täter gewesen. Wieso hatte der überhaupt von dem Treffen zwischen Bonitzer und dem Opfer gewusst? Buhle griff zum Telefon und kramte in seinem Notizbuch auf dem Beifahrersitz nach der Nummer der Doktorandin.

»Hallo, Frau Bonitzer. Eine wichtige Frage habe ich gestern vergessen: Wer wusste von Ihrem Treffen mit Frau Altmüller?«

Die Stimme von Nanette Bonitzer war immer noch leise und unsicher, dennoch spürte Buhle, dass keine Angst mehr aus ihr sprach. »Niemand, niemand wusste davon. Wieso fragen Sie?«

»Nun, nach Ihren Schilderungen muss eine Person Sie beobachtet und gewusst haben, dass Sie oder Suzanne Altmüller an der Sauer sein würden. Ich frage mich nur, wie dieser Jemand das wissen konnte.«

Am anderen Ende der Leitung war kein Ton zu hören. »Frau Bonitzer, sind sie noch da?«

»Ja. Meinen Sie, der Täter hat mich beobachtet und ist mir zum Treffpunkt mit Alex' Frau gefolgt?«

»Er könnte auch Frau Altmüller beobachtet haben oder von ihr – oder vielleicht über Umwegen doch von Ihnen – von dem Treffen erfahren haben.«

»Ich habe niemandem etwas gesagt. Auch über die Beziehung zu Alex nicht; nicht mal meinen Eltern.«

»Sie haben auch keiner Freundin etwas anvertraut?«

»Nein, ich habe keine Freundin, der ich so etwas anvertrauen würde.« Sie klang bedrückt, als sie den Satz aussprach. Und noch etwas war in die Stimme zurückgekehrt: die Angst.

Buhle war seinem luxemburgischen Kollegen zunächst zu dessen Dienststelle gefolgt. Dort konnten sie bereits eine Kurzbeschreibung von Reno entgegennehmen. Der Zweiundvierzigjährige hatte nach einer Ausbildung als medizinisch-technischer Assistent ein Chemiestudium begonnen, dann nach drei Semestern wieder abgebrochen. Er hatte zunächst in einem privaten Labor gearbeitet und war bereits vor achtzehn Jahren an das staatliche Labor gewechselt. Dort hatte er in verschiedenen Instituten gearbeitet, und seit rund drei Jahren war er im Institut für Virologie nunmehr als labortechnischer Leiter tätig. Er wohnte in einem Mietshaus in dem nahe gelegenen Luxemburger Vorort Bouneweg-Süd in der Rue de Pont Rémy. Er hatte weder Frau noch Kinder, fuhr einen schwarzen Audi TT, mit dem er ein einziges Mal mit achtzehn Stundenkilometer zu viel in eine Geschwindigkeitskontrolle geraten war. Er war Mitglied des RFC Union Lëtzebuerg, gehörte aber sonst keinem Verein an.

»Also ein völlig unbeschriebenes Blatt«, resümierte Buhle.

»Ja, mehr haben wir nicht über ihn. Über den Zweiten, diesen Eric Dardenne haben wir etwas mehr. Er ist neunundzwanzig, gebürtiger Luxemburger, hier auch zur Schule gegangen. Hat dann aber in Saarbrücken Pharmazie studiert und im Institut für Biopharmazie und Pharmazeutische Technologie seine Diplomarbeit verfasst. Aha, jetzt wird es interessant. Weißt du, wo er sein Praxisjahr gemacht hat?«

Buhle zuckte mit den Schultern. »Wenn du so fragst: in unserem Institut?«

»Genau, und zwar in den Jahren 2005 bis 2006. Anschließend ist er für einen Aufbaustudiengang und seine Promotion nach Bonn gegangen. Aha, es muss also Dr. Dardenne heißen. Danach ist er zurück nach Luxemburg und arbeitet jetzt im luxemburgischen Institut für pharmazeutische Forschung der Miller&Fox BioScience Laboratories in Bertrange. Ihren Hauptsitz hat die Firma in den USA.«

»Er kann also ein ganz normaler ehemaliger Arbeitskollege von Reno sein.«

»So ist es, wobei es vielleicht bemerkenswert wäre, dass ein Laborant und ein promovierter Wissenschaftler nach fünf Jahren immer noch Kontakt haben.«

»Wer weiß, vielleicht haben sie ein gemeinsames Hobby und tauschen regelmäßig CDs mit den neuesten Klassikeinspielungen aus.« Buhle wusste, dass er destruktiv klang, und versuchte, wieder in die richtige Spur zu kommen. »Was wisst ihr sonst noch über Dardenne?«

»Er ist mit einer Deutschen verheiratet, und zwar mit Kristin, gebürtige Schönberg, geboren in Solingen. Zwei Jahre jünger, arbeitet bei Luxair als Stewardess. Beide wohnen seit Anfang des vergangenen Jahres in einem eigenen Haus in Bertrange in der Rue Michel Rodange. Tja, Dardenne scheint ein wenig forscher zu sein als der Kollege. Es sind zahlreiche Verstöße gegen die Straßenverkehrsordnung in Luxemburg und Deutschland registriert und, das ist vielleicht interessant für uns, eine Anzeige wegen Körperverletzung, für die er allerdings nie rechtlich belangt wurde: eingestellt wegen unterschiedlicher Zeugenaussagen und Geringfügigkeit. Das war, Moment mal, vor neun Jahren in Saarbrücken. Eine Auseinandersetzung bei einer Uni-Party.«

»Das zeichnet ihn jetzt auch nicht unbedingt als Mörder aus.« Buhle hatte genug gehört und wollte endlich die Befragungen durchführen.

Ducard erkannte offenbar seine Ungeduld und willigte ein, sofort zu Renos Arbeitsplatz zu fahren.

Im Institut für Virologie kamen Buhle und Ducard zunächst nicht an Dr. Bernard Barthel vorbei. Der Institutsleiter schien alles andere als erfreut darüber, die beiden Kriminalbeamten so schnell wiederzusehen. Unaufgefordert teilte er ihnen mit, dass er Termine gern vorab vereinbare und jetzt gar keine Zeit habe. Umso überraschter war er, als Ducard ihm offenbarte, dass ihr Besuch dem Laboranten Mario Reno gelte.

»Wieso? Was wollen Sie denn von Herrn Reno?« Der Tonfall des Wissenschaftlers war nicht freundlicher, vielmehr misstrauischer geworden.

»Hatte Reno Kontakt mit den Viren, über die wir gestern gesprochen haben?«

»Ja, schon, er ist als Laborleiter die rechte Hand der Forscher, die ihre Versuche machen.«

»Wer hatte mit diesen Viren geforscht?«

»Ein Doktorand. Marcel Schwarzheim von der Uni Saarbrücken.«

»Sie kooperieren häufig mit der saarländischen Universität?«

»Ja, es ist nicht so einfach, allein aus Luxemburg entsprechend qualifizierte Wissenschaftler zu bekommen. Warum ist das für Sie nun wieder wichtig?«

Ducard blieb weiter ruhig und freundlich. »Kennen Sie einen Eric Dardenne?«

»Eric Dardenne, Eric Dardenne …« Barthel schien bemüht nachzudenken. »Wieso sollte ich ihn kennen?«

»Er war bei Ihnen in den Jahren 2005 bis 2006 angestellt, hat hier ein praktisches Jahr innerhalb seines Pharmaziestudiums gemacht und kam auch von der Uni Saarbrücken.«

»So ein etwas kleinerer, untersetzter Mann mit hoher Stirn?«

»Das können wir Ihnen nicht sagen.«

»Ja, ich kann mich erinnern. Ein ehrgeiziger Typ. Hatte viel gefragt, viele weitschweifige Ideen. Ich meine, er hat hier auch die Laborarbeiten für seine Diplomarbeit gemacht.«

»Und dabei auch mit Reno zusammengearbeitet?«

»Wahrscheinlich. Mal überlegen: Vor fünf, sechs Jahren war Reno schon hier. Da hatten wir noch einen anderen Laborleiter. Aber es kann gut sein, dass Dardenne und Reno zusammengearbeitet haben.«

»Fällt Ihnen sonst noch etwas ein?«

»Nun, Dardenne war wohl ganz gut und immer sehr darauf bedacht, voranzukommen. Das hat ihn bei den Wissenschaftlern nicht so beliebt gemacht. Wahrscheinlich, weil sie ihn schon als

Konkurrenten angesehen haben. Aber bei den anderen ist er recht beliebt gewesen, meine ich. Was ist aus ihm geworden?« Barthel hatte sich offenbar etwas beruhigt, als sich das Gespräch auf den ehemaligen Praktikanten konzentrierte.

»Es hat in Bonn promoviert und arbeitet jetzt wieder in Luxemburg bei einem amerikanischen Konzern.«

»Miller&Fox?«

»Ja, ist das etwas Besonderes?«

»Wir haben schon einige gute Leute dorthin verloren. Da hat es Dardenne wirklich zu etwas gebracht. Ich glaube mich erinnern zu können, dass er schon bei uns in Richtung Impfstoffe gearbeitet hatte. Bei Miller&Fox ist er goldrichtig, wenn er in dem Bereich weitergemacht hat. Die sind gut, anspruchsvoll und gut.« Barthel klang fast ein wenig wehmütig. Das änderte sich schlagartig, als die Polizisten nun nach Reno und einem leeren Büro verlangten, wo sie ihn befragen konnten.

Mario Reno war nicht besonders groß, mit kurzem, drahtigem Haar und dunkler Haut eher dem südländischen Typ zuzuordnen. Seine dunklen Augen ruhten fragend auf Ducard und Buhle und flackerten auch nicht, als Ducard mit der Befragung sehr direkt begann.

»Herr Reno, kennen Sie den Journalisten Alexander Altmüller?«

»Nein, warum sollte ich den kennen?«

»Weil er hier Anfang des Jahres für eine Reportage recherchiert hat.«

»Ach, den meinen Sie. Ja, ich habe ihn gesehen, aber nie mit ihm gesprochen. Ich wusste nicht, dass er Altmüller heißt.«

»Hieß! Er ist vor knapp drei Wochen tödlich verunglückt.«

»Oh, das tut mir leid. Das habe ich nicht gewusst.«

»Sie haben mit Altmüller nie geredet, hatten keinen weiteren Kontakt?«

»Nein, wieso sollte ich? Dr. Barthel hatte damals darauf bestanden, dass er allein den Reporter betreut.«

Abrupt wechselte Ducard das Thema. »Sie sind Laborleiter hier?«

»Ja, seit dreieinhalb Jahren.« Reno schien dabei etwas größer zu werden.

»Das heißt, sie haben auch den Überblick über alles, was in den Laboren passiert, vor allem in diesen Sicherheitslaboren.«

»Ich bin vor allem Laborleiter für die beiden Sicherheitslabore, die wir hier haben. Ja, ich will wohl meinen, dass ich da den Überblick habe.«

»Gab es da in letzter Zeit irgendwelche Unregelmäßigkeiten, die Ihnen aufgefallen sind.«

»Nein, wieso fragen Sie?«

»Sie hatten auch mit den Untersuchungen zu diesen Enzephela... mit diesen Viren zu tun, die Gehirnentzündungen hervorrufen können.«

Reno musste grinsen. »Enzephalomyelitis, sagen Sie einfach EEV. Das machen wir auch so. Ja, damit habe ich gearbeitet.«

»Wer noch außer Ihnen?«

»Wir bemühen uns, die Anzahl der Mitarbeiter, die in den BSL-2- und -3-Laboren arbeiten, so gering wie möglich zu halten. Trotz der hohen Sicherheitsstandards, die wir natürlich haben, bleibt es weiterhin gefährlich. Außer Marcel Schwarzheim und mir hat keiner mit diesen Viren gearbeitet.«

»Und sonst konnte keiner an die Viren gelangen.«

»Mir ist nicht klar, warum Sie mich das fragen.« Als Reno keine Antwort bekam, fuhr er fort: »Wir haben nur zu zweit mit den Viren experimentiert. Während der Versuchsreihen sind ein Teil der Proben direkt im Labor gelagert. Die restlichen Proben sind außerhalb in speziellen Kühltruhen eingefroren. Theoretisch können also auch andere Mitarbeiter an die Proben herankommen.«

»Weiß jeder Mitarbeiter im Institut, welche Proben wo gelagert sind? Sind die so beschriftet, dass jeder sie sofort identifizieren kann?«

»Es gibt eine stets aktuelle Dokumentation der Lagerbestände, ja. Und natürlich sind alle Proben einwandfrei beschriftet.«

Ducard schaute zu Buhle, und der verstand, dass er übernehmen sollte. Buhle war sich nicht sicher, was er von Reno halten sollte. Seine Antworten waren in keiner Weise verdächtig. Er hatte eigentlich ganz natürlich reagiert. Dennoch war es dem Kommissar, als ob Reno irgendetwas verschwieg. Buhle sprach mit freundlicher, fast leiser Stimme weiter.

»Herr Reno, Sie fragen sich zu Recht, warum wir Ihnen diese Fragen stellen.«

»Ja. Es gibt einem ein ungutes Gefühl, antworten zu müssen, ohne zu wissen, warum.«

»Die Tochter von Alexander Altmüller, Anne, ist an einer mysteriösen Viruskrankheit gestorben. Anfang April war das. Sie ist gerade einmal drei Jahre alt geworden.« Buhle stellte keine Frage, und so schien sich Reno genötigt zu fühlen, sie selbst zu stellen.

»Und Sie meinen ... jemand von uns hätte diesem Altmüller eine Virusprobe verschafft, oder was?« Reno hatte einen ungläubigen, fast schon angewiderten Gesichtsausdruck aufgelegt. »Wissen Sie überhaupt, an welchem Virus das Kind gestorben ist?«

»Halten Sie es denn nicht für ausgeschlossen, dass es eines Ihrer EEV-Viren gewesen ist?«

»Natürlich halte ich das für ausgeschlossen. Von uns würde doch keiner solche Viren nach draußen geben. Warum auch, das macht doch keinen Sinn.«

»Wäre Ihnen das denn aufgefallen?«

»Ja, natürlich. Ich habe ja selbst zum Schluss der Untersuchungsreihe alle Proben ordnungsgemäß vernichtet und entsorgt. Da gehört natürlich auch die Vollständigkeitskontrolle dazu. Da fehlte nichts.«

»Und das können Sie so einfach sehen, ob da noch alle Viren in den Proben sind, oder kontrollieren Sie das vorher?«

»Ich kann das natürlich nicht sehen. Aber die Proben sind bei minus achtzig Grad eingefroren. Da geht keiner mal so einfach ran.«

»Aber es wäre möglich, wenn man unbeobachtet bliebe, einen Probenbehälter durch einen anderen zu ersetzen, der mit einer ähnlichen ... wie nennt man die Flüssigkeit, in denen die Viren aufbewahrt werden?«

»Nährflüssigkeit.«

»Also ein Probenröhrchen mit dieser Nährflüssigkeit ohne die Viren würde Ihnen auffallen?«

Reno starrte Buhle mittlerweile recht grimmig an. Offenbar ahnte er nun, worauf die Polizisten mit ihren Fragen abzielten. »Nein, würde mir nicht auffallen, wenn jemand die Probe wieder genauso verpacken würde wie vorher. Aber wie schon gesagt: Da kommt keiner ran, schon gar nicht irgendein Journalist.«

»Mmh. Kennen Sie Eric Dardenne?«

»Was soll das denn jetzt?« Reno schien ehrlich empört über die Fragerei der Polizei.

»Kennen Sie Eric Dardenne, Herr Reno?« Ducard hatte die

Frage mit einer guten Portion Nachdruck wiederholt, und Renos Blicke pendelten zwischen den beiden Kommissaren hin und her.

»Ja, ich kenne Eric Dardenne.«

»Dürfen wir erfahren, wie gut Sie ihn kennen und in welchem Verhältnis Sie sonst zu ihm stehen?« Buhle hatte es übernommen weiterzufragen.

»Ich kenne Eric, seit er hier gearbeitet hat. Wir treffen uns noch ab und zu. Und ich stehe in keinem Verhältnis zu ihm. Wir sind ja nicht schwul oder so was.«

»Wir meinten auch eher ein vielleicht bestehendes geschäftliches Verhältnis zwischen Ihnen. Wann haben Sie sich das letzte Mal gesehen?«

»Keine Ahnung, Anfang des Jahres, glaube ich. Wir hatten uns in Echternach getroffen.«

»Warum dort und nicht in Luxemburg?«

»Weil es auch mal ganz schön ist, aus unserer Hauptstadt rauszukommen, und wenn es nur nach Echternach ist. Ist das irgendwie verdächtig?«

»Kommt ganz darauf an, was man dort macht, Herr Reno. Weswegen waren Sie dort?«

»Wir sind durch Echternach gegangen, haben einen Kaffee getrunken und Kuchen gegessen, haben uns unterhalten und sind wieder nach Hause gefahren.«

»Und Sie haben CDs ausgetauscht.«

»Bitte?« Reno schien zunehmend genervt zu sein.

Buhle holte das Foto von Reno und Dardenne hervor, das sie bei der Übergabe einer CD zeigte, und legte es Reno wortlos hin. Der starrte einen Moment auf das Foto und schaute dann wieder Buhle an.

»Ja, und? Ich habe ihm wohl eine CD übergeben. Wir tauschen uns da öfter mal aus.«

»Worüber tauschen Sie sich öfter aus, Herr Reno?«

»Über Musik, Jazzmusik. Wir beide hören Jazz ganz gerne. Wenn einer etwas Neues entdeckt hat, bringt er das dem anderen mit. Und? Wollen Sie mich jetzt drankriegen, weil ich eine CD gebrannt habe?«

»Auf dieser CD war also Jazzmusik?«

»Ja, wenn ich es Ihnen doch sage.«

»Welche?«
»Weiß ich doch jetzt nicht mehr.«
»Aha.«
»Was heißt hier ›aha‹? Glauben Sie mir nicht? Dann fragen Sie doch Eric selbst. Der weiß bestimmt noch, was es war.«

Als Buhle und Ducard durch die Institutsflure Richtung Ausgang gingen, kam ihnen eine junge Frau hinterhergerannt und reichte ihnen einen Stapel mit Ausdrucken, auf denen die Betätigung der elektronischen Türöffner zu den Hochsicherheitslaboren für die letzten sechs Monate verzeichnet war: auf die Sekunde exakt und jeweils mit dem Code des Chipeigentümers versehen, der auf einem separaten Ausdruck dem Namen zugeordnet war.

»Und, was hältst du von Reno?«, fragte Ducard, als beide wieder in seinem Auto saßen.

»Ich weiß es noch nicht. Seine Angaben waren schlüssig, seine Reaktionen irgendwo auch. Ich kann ihn schlecht einschätzen.«

»Bis zur Jazz-CD hatte ich ihm tatsächlich geglaubt. Aber da hat er gelogen.«

»Wieso meinst du?«, fragte Buhle, erstaunt über die Selbstsicherheit seines Kollegen.

»Reno ist nicht der Typ, der Jazz hört. Aber da könnte ich mich natürlich auch täuschen«, schob er schnell nach, weil Buhle schon angesetzt hatte, ihm zu widersprechen. »Nur wenn, dann wüsste er auch noch, welche CD er ihm gebrannt hatte. Denn dann war es eine, die er selbst für spannend hielt und von der er wissen wollte, wie Dardenne sie findet.«

»Das ist nun doch etwas sehr spekulativ, oder?«

»Mag sein. Aber noch was: Mir kam es so vor, als ob er von dem Foto gar nicht überrascht war, als ob er es schon kannte. Er hat ja noch nicht einmal nachgefragt, woher wir es haben, obwohl er sonst ständig alles hinterfragt hat. Wenn du mich fragst, hat er das Foto schon einmal gesehen.«

Buhle war sich da zwar nicht so sicher, doch was das bedeuten würde, brauchte keiner der beiden erfahrenen Polizisten auszusprechen.

Es dauerte nicht lange, bis sie am Firmensitz der luxemburgischen Niederlassung von Miller&Fox eintrafen. Am Empfang sagte ihnen eine extrem geschminkte junge Frau, dass Dr. Dardenne heute im Büro sei. Es hörte sich an, als ob dies eher etwas Besonderes war.

Nachdem sie einen langen Flur im dritten Stock des modernen Bürogebäudes entlanggegangen waren, wechselten sie über einen komplett verglasten Übergang zum Nachbargebäude, das genauso modern, aber insgesamt funktionaler wirkte. Auch hier ging es wieder durch einen langen Flur, bis sie schließlich zum Büro von Dr. Eric Dardenne gelangten.

So wie der Institutsleiter ihn beschrieben hatte, schien sich Dardenne in den letzten Jahren nicht wesentlich verändert zu haben. Vor ihnen stand ein für sein Alter bereits ausgesprochen gemütlich wirkender Mann, der sie überaus freundlich empfing. Schon fast neugierig fragte er die Polizisten, was sie denn zu ihm geführt hätte. Ducard verzichtete darauf, dem Pharmazeuten Details zu erläutern, sondern beließ es bei Untersuchungen zu einem Kapitaldelikt, die sie zum Institut für Virologie und zu Mario Reno geführt hätten. Zu beiden habe Dardenne Kontakt gehabt.

»Na ja, das stimmt nur zum Teil. Mit Mario treffe ich mich noch relativ regelmäßig. Wir hatten damals eine gute Zeit im Institut. Er ist ein absolut fähiger Laborant und hat mir sehr geholfen.«

»Wie häufig treffen Sie sich?«

»Vielleicht alle Vierteljahre, vielleicht auch etwas seltener. Ich habe momentan wirklich sehr viel zu tun.«

»Und wann war das letzte Mal?«

»Warten Sie, da muss ich nachschauen.« Dardenne öffnete offenbar den Terminkalender auf seinem PC und klickte sich durch die Wochen oder Monate. »Ja, hier haben wir es. Der 22. Februar, sechzehn Uhr, Echternach. Stimmt, ich kann mich noch erinnern. Er war ziemlich kalt, und wir sind bald in ein Café gegangen.«

»Über was haben Sie sich unterhalten?«

»Puh, das ist ja nun schon eine Weile her. Ich nehme an, wie immer über Fußball, Musik, das Glück und Unglück bei den Frauen.«

»Wer hat Glück, wer hat Unglück?«

Dardenne wurde ein wenig ernster. »Na ja, mich hat da schon das Glück getroffen. Mario, keine Ahnung, aber bei ihm wechseln die Frauen doch häufiger. Ist aber auch seine Sache.«

»Und über Musik unterhalten Sie sich.«

»Ja, aber warum interessiert das die Polizei?«

»Über welche Musik haben Sie sich denn unterhalten?«
Dardenne schien zu überlegen. Dann hellte sich seine Miene auf, als ob ihm etwas eingefallen sei. »Ja, jetzt weiß ich es wieder. Mario hatte irgendwo eine spannende CD aufgetan: Ketil Bjørnstad, ›Seafarer's Song‹. Keine Ahnung, wie man die Musik zuordnen kann, aber außerordentlich eindrucksvoll. Er hatte mir sogar eine CD von ihm mitgebracht.«
»Eine gebrannte CD?«
Dardenne sah jetzt etwas zögerlich von einem Polizisten zum anderen.
»Herr Dardenne«, Ducard wollte das Ganze beschleunigen, »wir sind nicht hier, weil Sie vielleicht gegen Urheberrechte verstoßen haben. Wir müssen nur etwas abklären. Nichts weiter.«
»Ja, es war eine gebrannte CD.« Dardenne schien immer noch etwas unsicher zu sein. Vielleicht fügte er deshalb schnell noch hinzu. »Aber ich habe mir zwischenzeitlich die Original-CD gekauft.«
»Und wo ist die gebrannte CD geblieben?«
»Tja, ich meine, die hätte ich weitergeben. Aber fragen Sie mich nicht, an wen.«
»Über die Arbeit haben Sie mit Herrn Reno nicht gesprochen?« Buhle spürte, dass nichts mehr an Informationen zu holen war.
»Selten, ab und zu, wenn mal etwas Besonderes war. Zum Beispiel, als Mario zum Laborleiter ernannt wurde. Da war das natürlich Thema.«
»Über fachliche Themen sprechen Sie nicht?«
»Doch, sicher ab und zu. Aber eigentlich treffen wir uns ja nicht, um über die Arbeit zu reden.«
Dardenne erläuterte seine Tätigkeit und dass er gerade vor einem Durchbruch in der Entwicklung von Impfstoffen gegen Tierkrankheiten stünde, für die es bislang keine Vorbeugung gab.
Sollte er Dardenne nach Altmüller fragen? Buhle verzichtete darauf, weil er Dardenne noch im Unklaren darüber lassen wollte, wie viel sie wussten.
Es war mittlerweile Mittagszeit, zu der die Luxemburger gern eine längere Pause einlegten, um ausgiebig essen zu gehen. Dafür nahmen sie es in Kauf, dass ihre Arbeitszeit teilweise deutlich in den Abend hineinreichte. So verabschiedeten sich die Kommissare von Dardenne und fuhren zurück zur Police Grand-Ducale

Luxembourg. Die Fahrt verlief schweigend. Buhle war mit viel Optimismus am Morgen nach Luxemburg aufgebrochen. Doch nach den Befragungen von Reno und Dardenne war er nun ein wenig ratlos. Sie hatte keinerlei Anknüpfungspunkte für ihren Fall gebracht, keinen Widerspruch, nichts.
»Weißt du noch, welche CD Dardenne von Reno bekommen haben wollte?«, fragte Buhle seinen Kollegen.
»Irgendetwas mit Seefahrerliedern. Hörte sich skandinavisch an. Das war jetzt wieder nicht der große Wurf, oder?«
»Nein, leider nicht. Meinst du, die beiden haben diese CD wirklich?«
»Da bin ich mir ziemlich sicher. Er gibt zwei Möglichkeiten: Die beiden sagen die Wahrheit, dann hat er sie. Oder die beiden haben sich vorher abgestimmt, dann hat er sie auch, wenn er nicht ganz blöd ist. Und den Eindruck macht er mir nicht.«

Im Bürogebäude der luxemburgischen Kriminalpolizei beschlossen Ducard und Buhle, eine Stunde jeweils für sich zu sein. Ducard wollte schauen, was seine Leute eventuell noch herausgefunden hatten, und den Stand anderer Verbrechen in Luxemburg abklären, die in seinen Zuständigkeitsbereich fielen.

Buhle zog sich in die kleine Cafeteria zurück und studierte die Zugangsdaten zu den Laboren im Institut für Virologie. Die Aufzeichnungen dokumentierten, dass die Sicherheitslabore tatsächlich nur von wenigen Personen betreten wurden. Die Arbeitszeiten dort waren vollkommen variabel. Manchmal nur wenige Stunden, dann Tage, an denen zwölf Stunden und mehr im Labor experimentiert wurde. Mario Reno war dabei meistens zugegen, nicht selten auch allein im Labor. Im März waren offenbar umfangreiche Untersuchungen durchgeführt worden. Das BSL-3-Labor war viele Tage stark frequentiert gewesen. Buhle prüfte die Tage, an denen die Viren vernichtet wurden. Am 24. März hatte Reno offenbar bis spät in die Nacht gearbeitet und war am darauffolgenden Tag frühmorgens wieder im Labor gewesen; jeweils allein. Buhle brauchte nicht lange zu überlegen, um zu wissen, wie Reno das erklären würde. Nein, auch diese endlosen Listen mit den Zeiten und Zahlencodes der Mitarbeiter brachten sie nicht weiter.

Der Milchkaffee in Luxemburg kam ihm kräftiger vor als in

deutschen Cafés; das Gebäck, das er sich dazu gegönnt hatte, süßer. Er saß gerade einmal vierzig Kilometer von seinem Wohnort entfernt und musste wieder einmal feststellen, wie wenig er über sein Nachbarland wusste. Wieder arbeitete er eng mit einem luxemburgischen Kollegen zusammen und kannte doch nicht seine Landsleute, deren Gewohnheiten, deren Eigenarten. Wenn er es sich genau überlegte, kannte er nur drei Luxemburger etwas näher: Henri Ducard, Marie Steyn, obwohl sie vom Pass her immer noch Französin war, und deren Schwiegeroma Claudille Laurant in Berdorf. Drei völlig unterschiedliche Menschen, die sein Bild von dem kleinen Großherzogtum noch nicht mal wirklich prägten.

Eigentlich war Luxemburg für ihn die Zentrale der europäischen Finanzwelt. So etwas wie die heimliche Bankenhauptstadt der EU, in der vor allem Beamte und Banker lebten, das Volk brav ins Büro ging, Kunst und Kultur im Übermaß gepflegt wurden und Rentner mehr Geld bekamen als in Deutschland normale Arbeitnehmer, die noch im Beruf standen. Er erschrak fast bei der Erkenntnis, dass sein Bild von Luxemburg ein Sammelsurium von Nachrichtenbeiträgen und Vorurteilen war, ein Bild sozialer Sauberkeit und stetigen Wohlstands. Er schien, als ob das normale Leben in diesem Staat keinen Platz hatte: keine Müllmänner, die den Dreck aufsammelten, keine Schlechterstellung der zahlreichen Migranten, keine Krankenschwestern mit rot geränderten Augen nach langer Nachtschicht, keine Witwen in kleinen Stuben, die vor Kälte eingemummt in Decken auf verschlissenen Sesseln in den Fernseher starrten und auf die seltenen Anrufe ihrer Kinder warteten.

Er kannte natürlich die kriminelle Seite des Großherzogtums, die hatte er in der Gemeinsamen Stelle der Großregion kennengelernt. Doch eigentlich hatte er sie nie wirklich mit Land und Leuten in Verbindung gebracht. Genauso wenig, wie er das in Deutschland machte. Er tat seine Arbeit, lebte aber nicht in der Welt der Menschen, denen er eigentlich dienen sollte. Immer noch nicht. Gerade überlegte er, wie er dies ändern könnte, als sein Handy klingelte: Gerhardts war am Apparat.

»Hallo Christian, kannst du gerade reden?«

»Ja, geht. Ich sitze in der Cafeteria der luxemburgischen Kollegen und weiß, dass ich nichts weiß.«

»Muss ich das jetzt verstehen?«

»Nein, ist eher ein Thema für ein Glas Moselriesling bei dir im Wohnzimmer.«

»Aha. Seid ihr weitergekommen?«

Buhle berichtete von den Gesprächen mit Reno und Dardenne. Er spürte schnell, dass Gerhardts selbst etwas mitzuteilen hatte, obwohl er ruhig zuhörte. »Also, wir sind hier keinen Schritt weiter. Ohne neue Hinweise haben wir bei diesen beiden Männern keinen Ansatzpunkt.«

»Na, dann ist es ja gut, dass ich anrufe. Der Name Reno taucht in Altmüllers Aufzeichnungen häufiger auf. Auch in Zusammenhang mit Terminen, an denen er sich anscheinend mit ihm getroffen hat. Wenn Reno behauptet, er hätte Altmüller nicht gekannt, lügt er.«

»Ducard war sich dessen von Anfang an sicher. Wir werden uns Reno gleich noch einmal vorknöpfen. Mal sehen, was er uns dazu erzählen wird. Stand auch der Name Dardenne in Altmüllers Unterlagen?«

»Ja, aber nur im Zusammenhang mit Reno und dem Institut. Altmüller hat offenbar vermutet, dass zwischen den beiden Deals liefen, dass Reno Forschungsergebnisse an Dardenne weitergeleitet haben könnte. Er vermutete auch hier Verbindungen zu den Biowaffenviren.«

»Gut, wir nehmen uns beide noch einmal vor.«

»Dann sind wir noch von Altmüllers Nachbarin informiert worden, dass unser Siegel an Altmüllers Haus- und Bürotür aufgebrochen wurde. Grehler ist schon dort und schaut, was es damit auf sich hat.«

»Habt ihr eine Idee, wer das gewesen sein könnte?«

»Keine Ahnung. Kannst du die beiden Chemiker auch mal fragen.«

»Dardenne ist wohl mehr Pharmazeut, aber gut, machen wir.«

»Und dann sollst du heute Abend unbedingt noch in Avelsbach vorbeischauen. Nicole will dich dort sprechen. Und du sollst nicht zu spät kommen.«

»Hat sie gesagt, warum?«

»Nur, dass es um Zoé geht. Sie hat wohl etwas geäußert.«

»Okay. Danke, dass du mein philosophisches Mittagsstündchen

auf diese Weise unterbrochen hast. Ich hatte das erste Mal das Gefühl, wir stehen bei unseren Ermittlungen in einer Sackgasse.«
»Passt schon. Das meiste haben übrigens Mich und Niko herausgefunden. Und den Riesling stelle ich schon mal vorsorglich in den Kühlschrank.«
Sie vereinbarten, dass Gerhardts eine Zusammenstellung der wichtigsten Ergebnisse an Ducards Dienstfax senden würde. Danach machte sich Buhle auf die Suche nach seinem luxemburgischen Kollegen.
Ducard konnte selbst keine neuen Erkenntnisse liefern und war ausgesprochen erfreut, dass sie Reno jetzt noch einmal richtig auf den Zahn fühlen konnten. Die Ernüchterung kam, als sie im Institut erfuhren, dass Reno spontan beschlossen hatte, Überstunden abzufeiern, und vor einer Stunde nach Hause gegangen war.
Die beiden Polizisten benötigten keine zehn Minuten bis zur Rue de Pont Rémy und kamen gerade noch rechtzeitig. Reno stieg eben in einen schwarzen Audi TT ein. Ducard fuhr direkt neben den Sportwagen, sodass Reno nicht aus der Parklücke fahren konnte. Reno und Buhle ließen die Fensterscheiben herunter.
»Guten Tag, Herr Reno, wir hätten da noch ein paar Fragen an Sie.« Buhle gab sich Mühe, freundlich und unverbindlich zu klingen.
Reno schien der Anblick der beiden Kriminalbeamten jegliche Freude aus dem Gesicht zu vertreiben. »Was wollen Sie denn noch? Ich wollte eigentlich schon weg sein.«
»Na, dann haben wir ja Glück, dass wir Sie noch erwischt haben. Könnten wir uns bitte unterhalten? Am besten nicht hier auf der Straße.«
Reno seufzte tief und schaute genervt auf die Uhr im Cockpit. »Aber bitte nicht länger als eine Viertelstunde. Ich bin bereits spät dran.«
»Darf ich fragen, wohin Sie fahren wollen?«
»Darf ich mir erlauben, es Ihnen nicht zu sagen? Oder meinen Sie, ich hätte ein Verabredung mit Ihrem Mörder?«
»Mit welchem Mörder?«
Die Frage schien Reno für einen winzigen Moment zu verunsichern, dann hatte er sich aber wieder im Griff. »Sie haben mir doch davon erzählt, dass dieser Journalist und seine Tochter umgebracht wurden.«

»Wir haben lediglich gesagt, dass Herr Altmüller verunglückt und seine Tochter an einer Viruserkrankung gestorben ist. Von Mord war bislang noch keine Rede.«

»Aber wenn Sie nicht von Mord ausgehen, warum ermitteln Sie dann überhaupt?«

Buhle ersparte sich eine Antwort. Als Reno endlich Anstalten machte, aus seinem Auto auszusteigen, fuhr Ducard weiter und stellte seinen Dienstwagen in der nächsten Parklücke ab. Sie folgten Reno in sein Appartement im zweiten Stock eines für den Stadtteil relativ großen Mietshauses.

Buhle hatte bemerkt, dass Reno auffallend gut gekleidet war. Er trug ein modisches Hemd, eine sportliche Stoffhose und schwarze Halbschuhe mit Budapester Muster. Soweit Buhle es beurteilen konnte, war es anspruchsvolle Markenkleidung. Um sein Handgelenk trug er eine auffällige Uhr, die wahrscheinlich nicht billig gewesen war. Auch angesichts des relativ neuen Audis machte Reno nicht unbedingt den Eindruck eines Laboranten. Dieser Eindruck verstärkte sich, als sie seine Wohnung betraten. Sie erschien nicht sehr groß, war aber im Wohnbereich mit großer Ledergarnitur, fast überdimensioniertem Fernseher und teurer Heimkinoanlage exklusiv eingerichtet. Buhle fiel insbesondere die Anlage ins Auge, weil er von der gleichen Firma ein allerdings wesentlich kleineres Modell hatte und sehr gut wusste, was er dafür bezahlt hatte. Diese hier lag sicher im satten vierstelligen Bereich. Ansonsten wirkte die Wohnung für einen Singlehaushalt sehr aufgeräumt. Bis auf einen gebrauchten Teller mit Besteck auf dem Couchtisch erschien das Wohnzimmer fast schon zu sauber.

»So, was wollen Sie jetzt noch von mir wissen?« Reno hatte die Frage gestellt, sobald er die Wohnungstür geschlossen hatte. Offenbar wollte er den beiden Kommissaren erst gar keinen Platz zum Sitzen anbieten.

Buhle schaute Ducard fragend an, doch der war merklich der Meinung, dass es nun Buhles Aufgabe sei, die Befragung zu beginnen. Buhle fixierte Reno mit seinem Blick, doch schienen seine durchdringenden graublauen Augen auch diesmal keinen Eindruck auf den Mann zu machen. Das hatte er bei den meisten Menschen durchaus anders erlebt.

»Eigentlich nur noch eines, Herr Reno.« Buhle sprach langsam und fast schon in einem belanglosen Ton. »Warum lügen Sie uns an?«

Reno schien einen Augenblick lang überrascht, doch sofort hatte er wieder seinen mürrischen Gesichtsausdruck angenommen. »Wie kommen Sie denn darauf? Warum sollte ich Sie anlügen?«

»Das würde ich ja auch gerne wissen. Ersteres kann ich Ihnen erklären. Was haben Sie am 22. Februar gemacht, was am 3., am 12., am 21. und am 24. März?«

»Keine Ahnung, was soll ich denn da Ihrer Meinung nach gemacht haben?«

»Sie haben sich mit jemandem getroffen. Führen Sie einen Kalender?«

»Ja ...«

»Dürfte ich mir den bitte ansehen?«

»Nein, also ...« Reno sah zu Ducard, der allerdings nur betont teilnahmslos zurückschaute. »Ich glaube nicht, dass Sie so einfach meinen Kalender einsehen dürfen. Sie sind doch ein deutscher Polizist, dürfen Sie mir hier überhaupt Fragen stellen?« Er blickte wieder zu Ducard.

»Ja, das darf er durchaus, Herr Reno. Vielleicht sollten Sie sogar froh sein, wenn er mit deutscher Höflichkeit die Fragen stellt und nicht ich.«

»Drohen Sie mir?«

»Nein, Herr Reno. Wie kommen Sie nur darauf?« Ducard antwortete betont unschuldig.

Buhle übernahm wieder. »Können Sie uns sagen, wo Sie an diesen Tagen waren, was Sie taten und mit wem Sie sich getroffen haben?«

»Ich weiß nicht. Das ist ja schon eine ganze Zeit her. Wissen Sie noch, was Sie da gemacht haben?«

»Ich habe mich zumindest nicht mit Alexander Altmüller getroffen.«

»Bitte?«

»Uns liegen Unterlagen von Altmüller vor, aus denen eindeutig hervorgeht, dass Sie sich an diesen Tagen getroffen haben. Also: Was wollte Altmüller von Ihnen? Haben Sie ihm die Viren besorgt?«

»Was? Nein. Das ist doch vollkommener Quatsch. Ich gebe doch keine Viren heraus.«

»Was haben Sie dann mit ihm zu tun gehabt? Haben Sie Informationen verkauft, damit Sie sich das alles hier leisten können? Hat Altmüller von Ihnen wissen wollen, was es mit diesen EEV-Viren und mit biologischen Kampfstoffen auf sich hat?«

»Nein, was soll der Quatsch? Ich kenne diesen Altmüller nicht. Das habe ich Ihnen doch schon gesagt.«

»Und warum steht Ihr Name dann in seinem Kalender? Warum taucht Ihr Name im Zusammenhang mit der Biowaffen-Recherche in Ihrem Institut immer wieder auf? ... So, darauf wollen Sie uns nicht mehr antworten. Vielleicht haben Sie die Informationen ja an jemand anders geliefert, und Altmüller hat Sie dabei gesehen ... und fotografiert?«

Reno verstand, worauf Buhle hinauswollte. »Sie meinen das Foto von mir und Eric. Meinen Sie, ich habe ihm irgendwelche geheimen Informationen verkauft, oder was? Warum sollte ich das tun?« Er schüttelte lachend den Kopf, als ob er gerade etwas völlig Abstruses gehört hätte.

»Erzählen Sie es uns, Herr Reno.« Buhle hatte gespürt, wie Reno bei seinem ersten Angriff zunächst geschwankt hatte. Doch das war nur ein kurzer Augenblick gewesen. Jetzt schien er sich wieder gefangen zu haben und schwieg. Buhle wusste, dass er nicht wirklich etwas gegen Reno in der Hand hatte. Die Termine waren lediglich Indizien, nicht mehr. Aber wenn Reno sie nicht entkräften konnte, mussten sie dranbleiben.

»Herr Reno, wo waren Sie an den genannten Tagen? Soll ich sie noch einmal für Sie aufzählen?«

»Ich weiß es nicht, Herr deutscher Kommissar. Ich kann mich leider nicht mehr daran erinnern. Aber ich kann Ihnen mit Sicherheit sagen, dass ich einen Herrn Altmüller nur vom Hörensagen her kenne. Sonst nicht. Und mit Eric Dardenne treffe ich mich manchmal, um mit einem alten Bekannten zu quatschen, mehr nicht. Haben Sie noch etwas, oder kann ich jetzt fahren?«

»Sie waren am vierundzwanzigsten auffällig lange im Labor. Genau an diesem Tag steht auch bei Altmüller Ihr Name im Kalender. Was haben Sie mit ihm im Labor gemacht?«

Reno lachte laut auf. »Bitte was? Ich soll einen Journalisten bei uns in eines der Hochsicherheitslabore gelassen haben! Für wie bescheuert halten Sie mich denn? Das kostet mich meinen Job. Das ist ja völlig irrsinnig.«

»Was haben Sie so lange im Labor gemacht?«
»Am 24. März habe ich alle Vorbereitungen getroffen, damit ich zum Abschluss der Versuchsreihe diese von Ihnen so geliebten Viren vernichten konnte. Das habe ich dann am nächsten Tag direkt morgens gemacht, damit auch ja keiner noch daran rumfingern kann, verstanden? Wir durften die Viren nämlich nur bis Ende des Monats bei uns lagern. Er gibt da weitreichende Bestimmungen im Umgang mit Viren dieser Gefahrenklasse, die wir in Luxemburg auch einzuhalten pflegen, Herr deutscher Kommissar.«
»Und da haben Sie nicht zufällig eine Probe für einen guten Preis abgezweigt?«
Reno schaute jetzt geringschätzig an Buhle herunter. »Wissen Sie was, Sie können mich mal.«
»Vorsichtig, Reno, werden Sie nicht ausfallend.«
»Ach, darf ich mich nicht äußern, wenn mir hier von dem Deutschen solche Dinge unterstellt werden?«
»Nein, das dürfen Sie nicht in dieser Art und Weise. Erklären Sie mir lieber, wie Sie sich diese Dinge hier leisten können. Das Auto, Ihr Heimkino, diese Klamotten, die Sessel riechen auch noch ganz neu.«
»Wissen Sie was, Herr luxemburgischer Kommissar, wenn Sie wie ich lange Zeit allein leben und sparen, dann kommen Sie irgendwann auch auf die Idee, dass Sie sich mal etwas gönnen können. Mir kam die nämlich im letzten Jahr. Verstehen Sie? Noch Fragen?«

Reno hatte gelogen, warum auch immer, aber Buhle hatte verstanden, dass sich Reno so nicht in die Enge treiben ließ. Ducard war genauso klar wie ihm, dass sie versuchen mussten, Reno zu seinem Termin zu folgen. In der Hoffnung, er würde sie ... vielleicht zu Dardenne führen, vielleicht zu einem Versteck, vielleicht ...
Reno führte sie auf der E 29 über Junglinster nach Echternach, dort über die Grenze, weiter nach Irrel, Wolsfeld und schließlich mitten durch Bitburg zu einem Nachtclub, der versteckt vor moralisch korrekten Blicken in einem Tal entlang einer Bundesstraße lag. Spätestens als Reno ihnen spöttisch zuwinkte, begriffen sie, dass er die ganze Zeit gewusst hatte, dass sie ihm folgten.
Sie warteten noch eine kurze Zeit, aber Reno blieb hinter den

Türen des Etablissements verschwunden. Desillusioniert legten Buhle und Ducard auf dem Rückweg einen Stopp in Merteskaul ein. Grehler war tatsächlich noch dort, konnte aber keinen Hinweis darauf finden, was der Einbrecher hier gewollt hatte. Es blieb ihnen nur die wenig erbauliche Erkenntnis, dass es offenbar einem Profi gelungen war, die Türen gewaltsam zu öffnen, fast ohne Spuren zu hinterlassen.

Buhle telefonierte mit Nicole Huth-Balzer und fragte, bis wann er zu ihnen nach Avelsbach kommen könne. Sie war recht kurz angebunden, weil sie sich gerade mit Zoé beschäftigte. Es blieb ihm aber noch genug Zeit, vorher sein Auto in Luxemburg abzuholen. Gedankenverloren fuhren Buhle und Ducard auf der A 64 zurück in das Großherzogtum.

36

Diekirch; Donnerstag, 16. Juni

Mario Reno hatte sich an die Bar gesetzt und ein Bier getrunken. Den Damen, die sich ihm näherten, hatte er unmissverständlich deutlich gemacht, dass er diesmal nur auf dieses eine Bier gekommen war. Sie hatten ihm lächelnd zu verstehen gegeben, dass er ja wisse, was er verpasse, und ihn in Ruhe gelassen. Zwanzig Minuten später hatte er nachgeschaut, ob die beiden Polizisten noch auf ihn warteten, und sich dann auf den Weg zurück nach Luxemburg gemacht.

Es hatte ihn geärgert, dass sie sich nicht bei ihm zu Hause treffen konnten. Dardenne hätte seine Frau ja auch wegschicken können. So hatten sie einen Treffpunkt in Diekirch ausgemacht. Als er das China-Restaurant betrat, hatte er tatsächlich Hunger und beschloss, etwas zu essen. Es war gegen sieben Uhr, und das Restaurant war nur spärlich besetzt. Dardenne saß bereits in der hintersten Ecke und wartete. Reno ging an einem jungen Pärchen und einem Geschäftsreisenden vorbei. Einen Tisch vor Dardenne saß ein Asiat, und Reno wunderte sich, dass sogar er hier essen ging. Vielleicht gab es hier ja noch relativ ursprüngliches Essen? Mit dem Rücken zum Gastraum setzte er sich schließlich zum abwartend dreinschauenden Dardenne.

Ohne Begrüßung begann er: »Sie waren bei mir, zweimal, und am Ende sind sie mir sogar gefolgt.« Reno hatte sehr wohl bemerkt, dass Dardenne in seiner typisch herablassenden Art zuerst gegrinst, dann aber erschrocken zur Tür geblickt hatte. »Hältst du mich für so blöd, dass ich sie direkt hierherführe, oder was? Ich bin mit ihnen nach Bitburg in den Puff gefahren und hierher erst, als sie wieder weg waren.«

»Was wollten die?«, fragte Dardenne.

»Beim ersten Mal nicht viel. Da habe ich gedacht, sie würden nur irgendwas vermuten. Als sie dann aber noch mal kamen, wussten sie so ziemlich alles. Offenbar haben sie in der Zwischenzeit Unterlagen von Altmüller durchforstet. Der Idiot hat wohl jedes Treffen mit mir notiert. Sie hatten auch das Foto, das Altmüller gemacht hat, auf dem ich dir die CD gebe.«

»Ja, aber das haben wir ja geklärt, oder? Da können sie uns überhaupt nichts nachweisen. Alles, was ich davon gebrauchen konnte, habe ich rausgezogen und zu Hause in anderen Dateien von mir versteckt. Die CD ist längst entsorgt. War ja ohnehin nicht die große Offenbarung.«

»Ach, plötzlich, oder was? Zuerst warst du so begeistert, dass ich dir gar nicht genug Daten besorgen konnte. Fang ja nicht an, mich zu verarschen, ja.« Reno war relativ laut geworden, senkte aber gleich wieder seine Stimme. »Wir müssen jetzt eher überlegen, wie wir die Bullen loswerden. Schließlich sind die ja nicht wegen des Datenklaus gekommen, sondern wegen diesem Kind von dem Journalisten. Und ich hab keine Lust, mir da irgendetwas anhängen zu lassen.«

»Wer weiß, ob die nur wegen der Kleinen da sind.«

Reno betrachtete Dardenne. Er spürte, dass der mehr wusste.

»Was meinst du damit?«

»Es gab schließlich drei Tote in der Familie.«

»Und was haben wir damit zu tun?«

Dardenne blickte an Reno vorbei zu der Bedienung, die dem Asiaten gerade in traditionellem Geschirr die Suppe brachte. »Nichts natürlich«, antwortete er tonlos und nahm die Speisekarte, die ihm schon direkt nach seiner Ankunft gebracht worden war. Die junge Kellnerin kam jetzt vom Nachbartisch zu ihnen. Dardenne bestellte ein zweites Glas Mineralwasser, Reno ein Bier. Für das Essen gaben sie vor, noch ein wenig Zeit zu benötigen.

Reno war der Hunger vergangen, und er legte die Speisekarte wieder weg. Vielmehr versuchte er Dardenne zu durchschauen. Was wusste dieser Pillendreher? Nachdem er Dardenne damals erzählt hatte, dass Altmüller wahrscheinlich eine Probe der WEEV-Viren hatte mitgehen lassen, hatte Dardenne überhaupt nicht schockiert, sondern eher interessiert reagiert. Reno wusste sehr wohl, dass Dardenne scharf auf so eine Probe gewesen war. Er hatte schon früher versucht, ihn selbst zum Diebstahl anzustiften, doch das war überhaupt nicht in Frage gekommen. Als ihm später bewusst geworden war, dass er Dardenne mit dieser Vermutung auf die Spur dieser Virusprobe gesetzt hatte, hätte er sich am liebsten in den Hintern gebissen. Aber da war es schon zu spät gewesen. Was hatte Dardenne dafür alles unternommen?

»Ich glaub dir nicht mehr. Hast du die Altmüller umgebracht, um an die Probe zu kommen?« Reno schaute Dardenne bei der Frage direkt an.

»Ich glaub, seit dem Auftritt der Kripo geht deine Phantasie mit dir durch. Hast wohl in letzter Zeit zu viele Krimis gesehen, was?«

»Die Polizei glaubt nicht an einen Zufall. Das ist jedenfalls klar. Und ich glaube auch nicht daran. Du warst doch zuletzt ständig unterwegs, nirgends erreichbar.«

»Nachdem du den Altmüller mit einer Virusprobe hast durchbrennen lassen, musste ja einer die Kontrolle behalten, oder? Zumal der Idiot anscheinend seine eigene Tochter angesteckt hat.«

»Ach, woher willst du das jetzt so genau wissen?« Reno hatte seine Augen skeptisch zusammengezogen.

»Ich glaub auch nicht an Zufälle«, antwortete Dardenne betont gleichgültig.

»Aha.«

»Ja, genau. Aber als er sich dann selbst abgeschossen hatte, war ja alles wieder im Lot, oder?«

Das war Reno zunächst auch so vorgekommen, endlich hatte er wieder ruhiger schlafen können. Bis er ein paar Tage später nachts aufgewacht war: Quasi im Traum war ihm bewusst geworden, dass ein Journalist natürlich Aufzeichnungen machte, die jetzt wahrscheinlich in seinem Haus lagerten. Aus diesem Traum war fortan ein Trauma geworden, das er mit sich schleppte. Und nun war die Polizei an ihm dran, hatte die Unterlagen des Journalisten. Es war nur eine Frage der Zeit, bis sie ihm die Schlinge um den Hals legen würden. Wenn er Glück hatte, würden sie ihm nichts beweisen können. Aber er war sich sicher, dass es ihn seinen Job kosten würde. Die Institutsleitung würde ihm nicht mehr trauen. In ihm reifte ein Entschluss: Er brauchte jetzt wenigstens eine finanzielle Absicherung.

»Sie werden mich drankriegen«, sagte er mit einer tiefen Resignation in der Stimme, die er gar nicht vorspielen musste.

»Kriegst du jetzt Angst, oder wie soll ich diese Äußerung verstehen?«

»Die Polizei kann auch eins und eins zusammenzählen. Und wenn die bei der Institutsleitung nachbohren, wird die auch hellhörig werden. Der Barthel ist eh ein misstrauischer Mensch.«

»Aber was wollen die dir nachweisen? Nichts. Selbst wenn Altmüller alles haarklein aufgeschrieben hätte, könnten sie das nicht. Du kannst immer alles leugnen, und es steht deine Aussage gegen die Aussage eines Toten.«

»Mir wird die Sache hier zu heiß. Und ...«

»Und was?«

Reno schaute Dardenne an. Dieser Schleimscheißer tat bei allen immer so furchtbar freundlich und zuvorkommend. Alle Frauen ließen sich von ihm um den Finger wickeln, obwohl er ja nun wirklich nicht besonders aussah. Alle Chefs waren ganz begeistert von ihm, weil er immer so fleißig und ambitioniert war. Doch er wusste, dass Dardenne eigentlich nichts anderes war als ein karrieregeiler Wissenschaftler, der nur wollte, dass alle irgendwann einmal zu ihm hinaufschauen würden. Doch wer so hoch hinauswollte, konnte folglich auch viel leichter abstürzen, viel tiefer fallen als ein einfacher technischer Assistent, der es gerade einmal zum Laborleiter gebracht hatte und damit sicher auf der letzten Stufe seiner Karriereleiter angekommen war.

»Fünfzigtausend. Ich will fünfzigtausend Euro Gefahrenzulage, und zwar sofort. Wenn in der Sache nichts mehr passieren sollte, bleibt es dabei. Wenn ich in den Knast wandere, kriege ich anschließend noch mal hunderttausend als Schmerzensgeld, dafür dass ich den Mund halte. Ich denke, das ist nicht zu viel verlangt dafür, dass ich erledigt bin und du weiter Karriere machen kannst.«

Reno sah, wie sein Gegenüber nur belustigt den Kopf schüttelte. Dann antwortete Dardenne mit einer Sorglosigkeit in der Stimme, die ihn verblüffte.

»Mario, sie können dir nichts nachweisen, wenn du nicht die Nerven verlierst. Sie haben nur das, was Altmüller notiert hat, und das wird nicht reichen, klar? Es gibt noch einen Menschen, der vielleicht etwas wissen könnte, aber um den werde ich mich kümmern. Du musst nur die Nerven behalten, klar? Mehr nicht.« Er schüttelte wieder den Kopf. »Fünfzigtausend, du guckst tatsächlich zu viele schlechte Krimis. Du hast schon mehr gekriegt, als ich mir eigentlich leisten kann, und jetzt ist Schluss.«

Er schaute an Reno vorbei und sagte mit erhobener Stimme: »So, und nun lass uns etwas Leckeres essen.« In diesem Augenblick trat die Bedienung mit den Getränken an den Tisch.

»Drei Tage. Ich meine es ernst.« Ohne ein weiteres Wort stand Reno auf, zwängte sich an der verdutzten Asiatin in dem kurz geschnittenen schwarzen Kleid vorbei und verließ mit starrem Blick das Restaurant.

37

Avelsbach; Donnerstag, 16. Juni

Auf der Fahrt von der Eifel über Luxemburg zurück nach Trier hatte Buhle fast durchgehend telefoniert. Seine Trierer Kollegen hatten zwischenzeitlich wichtige Informationen gesammelt. Die wichtigste war sicherlich die vom Berliner Robert-Koch-Institut gewesen. Dort wurde in der Blutprobe von Anne Altmüller tatsächlich eine Infektion mit dem *Western equine encephalitis virus*, dem WEEV, nachgewiesen. Es stand für alle außer Frage, dass der Virus nur aus dem Institut für Virologie des *Laboratoire National de Santé* stammen konnte. Damit hatten sie jetzt offiziell einen zusätzlichen Fall zu bearbeiten, der die Zusammenarbeit mit der luxemburgischen Polizei deutlich intensivieren würde. Sie mussten klären, wer auf welchem Weg den Virus aus diesem hochgesicherten BSL-3-Labor geschleust hatte und wie sich die kleine Anne damit infizieren konnte.

Der nächste Hinweis war von der Kriminaltechnischen Untersuchungsstelle beim LKA gekommen. Sie hatten mit großer Wahrscheinlichkeit die eingetrocknete Substanz identifiziert, die die Kriminaltechniker im Stall der Altmüllers gesichert hatten: Es handelte sich um eine Nährlösung, wie sie unter anderem für biochemische Untersuchungen in Laboren verwendet wurde. Ducard versprach, noch am selben Abend eine Vergleichsprobe aus dem Staatslabor zu besorgen. Die Trierer Kripo würde die Probe umgehend zur KTU in Mainz weiterleiten. Der Nachweis der Viren im Trocknungsrückstand dieser Nährflüssigkeit war noch nicht erbracht worden und wurde von den Spezialisten grundsätzlich in Frage gestellt: Die Viren seien nicht so stabil, dass sie über diesen Zeitraum erhalten blieben. Man wollte aber weitere molekularbiologische Untersuchungen durchführen, um vielleicht noch Fragmente von Ribonukleinsäure finden zu können, die ein Hinweis auf Viren sein konnte. Steffen hatte ihm diese Informationen weitergegeben, und Buhle konnte sich bildlich vorstellen, wie viel Mühe es dem Kollegen machen musste, sich durch die fachlichen Begriffe durchzukämpfen. Ginge es um Automobiltechnik, wäre ihm das wohl deutlich leichter gefallen.

Nachdem Buhle sich von Ducard verabschiedet hatte und in sein Auto gewechselt war, hatte er gedanklich rekonstruieren wollen, wie die Ansteckung von Anne geschehen konnte. Doch er kam nicht dazu. Diesmal war es Tard, der mitteilte, wie die gelben Lackspuren an Alexander Altmüllers Auto gekommen waren. Er hatte eine Verkäuferin in einem Autozubehörladen ausfindig gemacht, die sich daran erinnern konnte, gelben Autolack verkauft zu haben. Sie wusste auch, an wen, weil der wohl Dauerkunde war. Dieser Kunde hatte sich zunächst geziert, doch als Tard ihm nahegebracht hatte, dass die Zurückhaltung von Informationen in einem Mordfall schwerer wiege als gelegentliche Schwarzarbeit, hatte er seinen Auftraggeber genannt. Völlig aufgelöst hatte der sich tausendmal entschuldigt, nachdem er gestanden hatte, bei der Bitburger Flugschau Altmüllers Auto auf dem Parkplatz beim Ausparken gestreift zu haben. Wahrscheinlich hatte Altmüller den Schaden nicht einmal bemerkt gehabt. Der Fahrer des gelben Polo würde eine Anzeige wegen Fahrerflucht erhalten. »Dann haben wir also tatsächlich einen richtigen Fahndungserfolg zu verbuchen«, hatte Buhle sarkastisch gesagt.

Kurz vor dem Grenzübergang hatte ihn auch noch Gerhardts angerufen. Es war schon nach sieben Uhr gewesen, und Buhle hatte durchaus Verständnis dafür, dass die Kollegen langsam nach Hause wollten. Sie hatten letzte Woche trotz Pfingstwochenende sicher ihre achtzig Stunden gearbeitet.

Gerhardts gab eine kurze Zusammenfassung der Rechercheergebnisse Alexander Altmüllers. Dessen Unterlagen belegten lediglich, dass das Institut für Virologie mit Viren experimentierte, die grundsätzlich biowaffentauglich seien. Da ihm das aber nie offiziell bestätigt wurde, war er misstrauisch geworden. Er hatte früher bereits jede Menge Material über die Gefahr biologischer Terroranschläge zusammengetragen und war deshalb wohl sensibilisiert gewesen. Die Verbindung von Reno zu Dardenne musste er wohl ganz zufällig bei einem Besuch in dem Echternacher Café entdeckt haben, weil er Reno als den Laboranten aus dem BSL-3-Labor wiedererkannte. Neu war für Buhle, dass die Fotos der beiden bei genauer Begutachtung zeigten, dass nicht nur eine CD ihren Besitzer gewechselt hatte, sondern auch ein Briefumschlag, der flach über den Tisch geschoben worden war – ein weiteres Indiz dafür, dass auf der CD keine harmlose innovative Jazzmusik gewesen war.

Altmüller hatte zudem herausgefunden, dass die Firma von Dardenne einen Unternehmensschwerpunkt im Bereich Prävention und Bekämpfung der Folgen von Biowaffeneinsätzen hatte. Es war also kein Wunder, dass der Journalist Altmüller eine spektakuläre Story gewittert hatte. Die Aufzeichnungen endeten tatsächlich mit dem Tod von Anne. Vielleicht hatte Hannah Sobothy recht gehabt, als sie mutmaßte, Alexander Altmüller könnte selbst für die Infizierung seiner Tochter verantwortlich gewesen sein.

Buhle gab Ducard auch diese Informationen weiter und fuhr bereits auf der Nordallee an der Porta Nigra vorbei, als er das Telefonat beendete. Er beschloss aufgrund der fortgeschrittenen Zeit, direkt nach Avelsbach zu fahren. Die Pendler schienen die Moselstadt schon wieder verlassen zu haben. Er benötigte jeweils nur eine Rotphase je Ampel, die er bis zum Avelertal passieren musste. Im vierten Jahr seiner Trierer Zeit hatte er sich mittlerweile an die roten Wellen auf den Hauptverkehrsstraßen der Römerstadt gewöhnt.

Es war den ganzen Tag bewölkt gewesen. Jetzt, als er die kurvenreiche Baltzstraße zur ehemaligen Arbeitersiedlung der Weinbaudomäne Avelsbach hinauffuhr, riss die Wolkendecke am Horizont ein wenig auf, und der kleine Weiler war in das stimmungsvolle Licht der einsetzenden Abendsonne getaucht. In diesem Moment wünschte Buhle sich sehnlichst, an den Straßenrand fahren und die Zeit einfach anhalten zu können. Stattdessen verbot er sich den Gedanken und versuchte, sich wieder auf das zu fokussieren, was er hier oben zu tun hatte. Als er in der Hauszufahrt hielt, war er voll auf das Treffen mit Nicole und Zoé eingestellt, ohne dass ihm in diesem Augenblick bewusst war, dass er sicher auch Marie treffen würde. So war er regelrecht überrascht, als sie ihm die Haustür öffnete und ausgesprochen herzlich begrüßte.

»Hallo Christian, schön, dass du da bist. Du siehst aber ganz schön müde aus.«

»Hallo, ja, ein anstrengender Tag. Ich war eben noch ganz in Gedanken. Die Kollegen haben eine Reihe neuer Informationen am Telefon durchgegeben, die ich noch gar nicht alle verarbeitet habe.«

»Kommt ihr voran?«

Buhle schaute Marie erst jetzt wirklich an. Ihre fast schwarzen Augen ruhten wie so häufig mit einer unglaublichen Sanftmütigkeit auf ihm, auch wenn er ihre Blicke schon ganz anders erlebt hatte. Sie trug ein weites Top über einer engen Jeans, aus der ihre nackten Füße hervorschauten. Sie zeigte sich von ihrer ganz persönlichen Seite, wie eigentlich immer in ihren eigenen vier Wänden. Er kannte das und mochte es sehr. Etwas anderes ließ ihn stutzen. Außer seinen Kollegen hatte ihm noch niemand diese Frage gestellt. Es hatte bislang niemanden gegeben, der dies als persönliche Frage an Christian und nicht den ersten Kriminalhauptkommissar Buhle gerichtet hatte.

»Christian, alles klar?« Marie Steyn hob die Augenbrauen, sodass sie fast hinter ihrem langen, schwarz gelockten Pony verschwanden, und lächelte, bis sich ihre Grübchen zeigten.

»Ich hatte … ich glaube, ich hatte nicht mit deiner netten Begrüßung gerechnet. Ich war gedanklich noch so in den Ermittlungen drin.«

»Na, dann werde ich mich mal bemühen, dass ich diesen unverhofft guten Eindruck nicht gleich wieder zunichtemache. Komm hoch.« Sie drehte sich um und ging zur Treppe. Buhle schaute ihr einen Augenblick hinterher, dachte an seine Empfindungen beim Anblick von Avelsbach vorhin und erwartete, dass jetzt eine Art Hochgefühl in ihm aufsteigen müsste. Das geschah nicht. Er biss sich auf die Lippen und folgte ihr.

Marie Steyn führte ihn in die Küche und bot ihm etwas zu trinken und die Reste des Abendessens an. Die Apfelsaftschorle nahm er dankbar entgegen. Das Essen verschob er auf später. Er fragte nach Nicole und Zoé.

»Die sind oben in Noras Zimmer. Wir können gleich hingehen. Also mit Nicole habt ihr wirklich einen Goldschatz in eurem Team. Sie kann sich unheimlich gut auf Zoé einlassen, hat eine total gute Auffassungsgabe und ist dazu superengagiert ohne eine Spur Ehrgeiz. Einfach klasse.«

»Ja, ich weiß. Ich befürchte nur, sie wird bald weg sein. Wir können ihr in Trier momentan keine geeignete Stelle bieten.« Er dachte an Kollegen, die im fortgeschrittenen Alter mit ihrem Beruf abgeschlossen zu haben schienen und die er liebend gern durch Nicole Huth-Balzer ersetzen würde. Resigniert fuhr er fort: »Sie wird sicher nicht ewig bei der Bereitschaftspolizei auf eine Chance bei uns warten wollen.«

»Echt? Ich meine, ich weiß ja auch, wie schwer es bei uns an der Uni ist, gute Leute zu halten, aber ihr müsst euch da wirklich etwas einfallen lassen. Ihr könnt die doch nicht einfach gehen lassen.«

Buhle zuckte nur die Schultern. Er konnte nichts tun. Die Personalpolitik bei der Polizei war von oben gesteuert, die Aufstiegsmöglichkeiten wurden immer spärlicher. Wer da nicht sofort zugriff, wenn sich ihm eine Gelegenheit bot, konnte manchmal Jahre auf die nächste Chance warten.

Als Buhle Marie in das Kinderzimmer folgte, schauten ihn zunächst alle nur an. Nora grüßte kurz und wandte sich dann wieder ihrem Buch zu. Nicole sprach mit Zoé.

»Sieh mal, Zoé, da ist endlich der Kommissar. Wollen wir jetzt mit ihm runter zu deinen Bildern gehen? Dann kann Nora auch schon langsam ins Bett und in Ruhe lesen, ohne dass wir sie stören.«

Buhle war überrascht über die Reaktion des Mädchens. Zoé schaute Nicole Huth-Balzer direkt in die Augen, nickte und nahm noch ein weiteres Bild in die Hand. Dann standen beide auf, sagten Nora »Gute Nacht« und folgten Buhle und Marie. Unten setzten sich die beiden Polizisten an den Esszimmertisch, Zoé hockte sich auf Knien neben die Kriminalbeamtin, während Marie Steyn sich mehr im Hintergrund, aber in Hörweite hielt.

Das Gespräch begann für Buhle mit einem Paukenschlag.

»So, Zoé, wollen wir dem Kommissar erst mal erzählen, was wir schon alles besprochen haben?« Das Mädchen schien ganz auf Nicole Huth-Balzer fixiert zu sein und nickte ihr zu. »Gut, denn der Kommissar weiß noch gar nicht, dass wir dir schon erzählt haben, was mit deiner Mama geschehen ist.«

Zoés Blick wurde etwas trauriger, blieb aber fest. Buhle dagegen schaute seine junge Kommissarin erstaunt an. Sie berichtete, wie sie Zoé gefragt hatte, ob sie wüsste, wo ihre Mutter jetzt sei.

»Bestimmt auch im Himmel bei Anne und Papa«, hatte sie geantwortet. Danach hatte Nicole Zoé erzählt, dass ihre Mutter nicht freiwillig dorthin gegangen sei, dass ihre Mutter sie nie einfach so alleingelassen hätte.

»Ja, Zoé, hier ist nun der Kommissar, dem du ein paar Fragen beantworten wolltest. Möchtest du das immer noch?«

Zoé hatte die ganze Zeit nicht von Nicole Huth-Balzer weggeschaut. Auch jetzt nickte sie nur ihr zu.

»Prima. Dann solltest du jetzt aber auch den Kommissar anschauen. Dann lässt es sich viel einfacher miteinander reden.«

Zoé zögerte ein wenig. Aber nachdem Huth-Balzer ihr noch einmal aufmunternd zugelächelt hatte, drehte sie sich zu Buhle hin und drückte sich dabei weiter in die Arme der jungen Polizistin.

Mit dieser Entwicklung hatte Buhle nicht gerechnet. Sofort wuchs in ihm die gespannte Erwartung, vielleicht erfahren zu können, ob Zoé etwas über den Einbrecher an jenem Abend nach dem Mord sagen könnte. Gleichzeitig wurde er unsicher, ob er in dem Gespräch mit dem Kind die richtigen Worte finden würde. Er versuchte, seine Gedanken zu sortieren. Es waren im Wesentlichen zwei Dinge, die er wissen wollte. Hatte Zoé den Einbrecher gesehen? Wusste sie, wie Anne sich infiziert hatte? Als die beiden Frauen und auch das Mädchen ihn fragend anschauten, riss Buhle sich zusammen und wandte sich an Zoé.

»Erst einmal möchte ich mich ganz herzlich bei dir bedanken, dass du mit mir reden willst. Ich denke, es ist sicher nicht einfach für dich.« Zoé hatte sich schon wieder von ihm abgewandt und mit einem Stift an einer Zeichnung weitergemalt. Buhle sah kurz zu seiner Kollegin, die ihm signalisierte, weiterzumachen. »Und dann möchte ich dir noch sagen, wie unendlich traurig ich über das bin, was deiner Mutter zugestoßen ist. Es tut mir sehr, sehr leid.«

Zoé hatte wieder von ihrem Bild aufgeschaut. Es schien Buhle, als ob das Mädchen in seinen Augen zu lesen versuchte, wie ernst es ihm mit dieser Beileidsbekundung war. Dann widmete sie sich wieder ihrem Bild. Buhle kam es vor, als ob sie mit dem, was sie bei ihm vorgefunden hatte, zufrieden war. Ohnehin schien von den drei Erwachsenen eine ganz starke Anspannung auszugehen, während die Achtjährige ruhig, fast ausgeglichen wirkte.

»Zoé, erinnerst du dich noch an den Tag, als du deine Mutter das letzte Mal gesehen hast?« Zoé zeichnete weiter und nickte dabei ganz leicht mit dem Kopf. »Ist dir da an deiner Mutter etwas aufgefallen? Hat sie etwas gemacht, was sie sonst nicht getan hat, oder hat sie mit jemandem gesprochen?«

Zoé suchte aus ihrem Stapel von Bildern zwei heraus. Auf dem einen weinte ihre Mutter und war umgeben von ganz vielen beschriebenen Seiten. Auf dem anderen schien sie wütend zu sein, aber es waren keine weiteren Dinge um sie herum abgebildet.

»Deine Mutter hat ganz viele Seiten gelesen und dabei geweint?« Wieder stimmte Zoé stumm zu. »Und dann war sie aber auch sehr wütend? Weißt du, auf wen?« Zoé zuckte einmal mit ihren schmalen Schultern. »Deine Mutter war traurig und wütend. Und dann ist sie weggefahren. Hat sie dir gesagt, wohin?« Zoé nickte. »Kannst du mir sagen, wohin sie gefahren ist?«

»Zu jemandem, den Papa gut kannte. Sie wollte gleich wiederkommen.« Zoé hatte leise und ohne Betonung gesprochen. Dennoch musste Buhle kurz die Luft anhalten. Es war das erste Mal, dass er Zoés Stimme gehört hatte.

»War sie denn immer noch wütend, als sie losgefahren ist?«

»Ja, sehr.«

»Und was ist dann passiert, als deine Mama weg war?«

Zoé hatte jetzt aufgehört zu malen, und ihr Blick wanderte langsam zu Nicole Huth-Balzer, die ihr zustimmend zulächelte.

»Dann kam der Mann in unser Haus.« Nachdem Zoé das gesagt hatte, presste sie ihre Lippen fester aufeinander als zuvor.

»Kanntest du den Mann?« Sie schüttelte den Kopf. »Kannst du ihn mir beschreiben?«

Wieder suchte sie in ihrem Stapel und zog gleich mehrere mit Wasserfarben gemalte Bilder hervor. Zwei waren sehr unklar und wild, weitere zwei waren schon genauer. Buhle erkannte, dass auf allen Darstellungen ein Flur abgebildet war, in dem ein Mann sich aufhielt.

»Du hast einen Mann dort gesehen, und der hat etwas gesucht, stimmt das?«

»Ja.«

»Weißt du, wo er gesucht hat?«

»Unten, überall. Ich ...« Sie zögerte, und es war für Buhle spürbar, dass es sie große Überwindung kostete weiterzureden. »Ich hatte Angst, dass er hochkommen würde, und habe mich in meinem Zimmer versteckt.«

»Kannst du den Mann denn noch etwas genauer beschreiben?«
Zoé schob die Bilder auseinander. Zuunterst lag eine Zeichnung, auf der Buhles Blick für einige Sekunden hängen blieb. Zoé betrachtete ihn aufmerksam. »Kennst du den Mann?«, fragte sie. Buhle war so überrascht, dass er einen Augenblick brauchte, bis er sich schließlich durchgerungen hatte, die Wahrheit zu sagen. »Ja, vielleicht.« Er merkte, welche innere Anstrengung es ihn kostete, dem Blick des Mädchens standzuhalten. »Ja, ich glaube, ich habe heute mit dem Mann gesprochen.«
»Ist er böse?«
»Ich weiß es noch nicht, Zoé. Ich weiß noch nicht, was der Mann ...«
»Hat der Mann Mama getötet?«
Buhle musste schlucken. Er spürte, wie Tränen in ihm aufstiegen, und er bemühte sich, sie unter Kontrolle zu halten. Als er antwortete, kam ihm seine Stimme fremd und fern vor. »Ich weiß es noch nicht, Zoé. Ich weiß es leider noch nicht.«

Marie hatte offensichtlich gemerkt, dass das Gespräch besser kurz unterbrochen werden sollte. Sie bot etwas zu trinken an, und alle stimmten dem zu. »Zoé kommt mit dem Gespräch klar, aber du brauchst ein wenig Zeit, dein Gleichgewicht wiederzufinden, stimmt's?«, flüsterte sie Buhle zu.

Marie berichtete ihm in aller Kürze, dass die Mitteilung vom Tod der Mutter offenbar endlich die Trauer ausgelöst und für das Kind wie eine Befreiung gewirkt hatte. Die beiden Frauen hätten regelrecht sehen können, wie die Kapsel um Zoé abgefallen war. Sie hätten anschließend viel miteinander geredet und geweint. Dann hatten sie Zoé gesagt, dass Buhle als Kommissar auf der Suche nach demjenigen sei, der Zoés Mutter das angetan hatte, und sie alle ihm helfen sollten, damit der so etwas nie wieder tun könne. An diesem Punkt waren sie nun.

Buhle hatte sich wieder im Griff. Es gelang ihm, von Zoé zu erfahren, warum sie so heftig auf die Schatzkiste reagiert hatte. Diesmal spürte er, dass es auch Zoé sehr naheging. Sie hörte ganz auf zu zeichnen. Ihre Finger spielten fortwährend mit ihrem Stift, als sie erzählte: Sie hatte schon öfter mit Anne gestritten, weil die kleine Schwester ganz scharf auf ihre Schatzkiste gewesen war. Vor Zoés Geburtstag war es wohl ganz schlimm gewesen, und Zoé hatte

Angst gehabt, Anne hätte ihr Versteck im Stall ausfindig gemacht. Deshalb hatte sie die Kiste dort an einer anderen Stelle versteckt und Anne gedroht, der Fluch der Merteskaul würde sie holen, wenn sie noch einmal an die Schatzkiste drangehen würde. Kurz darauf war Anne erkrankt und gestorben. Wenig später hatte Zoé entdeckt, dass ihre kleine Schwester die Kiste offenbar gefunden und ihr ein Geburtstagsgeschenk hineingelegt hatte.

Zoé widmete sich wieder ihrem Bild.

Marie winkte Buhle kurz aus dem Esszimmer heraus und erklärte ihm, dass Zoé seitdem mit der unbestimmten Angst lebe, dass ihr Fluch den Tod der Schwester herbeigerufen hätte. Das habe sie als großen, gespensterartigen Schatten auf einigen ihrer Bilder dargestellt.

Buhle entschloss sich, dem Mädchen zu sagen, warum ihre Schwester tatsächlich erkrankt war. Er setzte sich wieder zu Zoé an den Tisch.

»Zoé, du hast ganz bestimmt keine Schuld, dass deine Schwester gestorben ist. Es war ganz sicher kein Fluch. Deine Schwester hat in dem Stall wahrscheinlich etwas gefunden, woran sie sich mit einer ganz schlimmen Krankheit angesteckt hat. Etwas, das jemand da vielleicht hineingelegt hatte, um es ebenfalls zu verstecken. Ist dir da etwas aufgefallen?«

»Nein.«

»Wann hattest du denn deine Schatzkiste das letzte Mal versteckt, weißt du das noch?«

Zoé überlegte. »Nachdem Maja bei mir war. Vielleicht eine Woche bevor ...«

»Das reicht mir schon.« Es konnte also noch vor dem wahrscheinlichen Diebstahl der Virusprobe aus dem Institut gewesen sein.

»Meinst du, der Mann hat das dort versteckt?« Zoé hatte bei der Frage auf das eine Bild geschaut und dann ihre Augen wieder auf Buhle gerichtet.

»Ich weiß es nicht, Zoé, aber ich möchte das herausfinden.«

Jetzt hatte er das Kind doch noch belogen. Für ihn stand fest, dass ihr Vater die Virusprobe versteckt hatte. Er hoffte, Zoé würde ihm die Wahrheit nicht von den Augen ablesen.

38

Bridel; Freitag, 17. Juni

Hannah Sobothy hatte am vergangenen Tag versucht, Fernand Thill zu beobachten. Sie war zu seinem Haus gefahren, hatte geschaut, ob sie von einem Standort entlang des hohen Zaunes auf sein Grundstück gucken konnte, ohne selbst gesehen zu werden. Hatte dies dann verworfen, war mit ihrem Auto die Straße ein wenig weiter nach unten gefahren und hatte dort gewartet, bis er mit seinem Porsche vorbeigerauscht kam.

Sie hatte schnell den Anschluss verloren, doch hatte die auffällige gelbe Lackierung den Vorteil, dass sie den Wagen von Weitem ausmachen konnte. So gelang es ihr, Thill bis zu seinem Büro in Strassen zu folgen, um dort anschließend keinen Parkplatz zu finden, der ihr eine unauffällige Beobachtung des Bürogebäudes gestattete. Sie parkte ihren Polo also in einiger Entfernung und schlenderte die Straße an dem Haus entlang. In einem randlichen Grünstreifen entdeckte sie eine Bank. Möglichst unauffällig ging sie zu ihrem Auto zurück, holte ein Buch und ein Fernglas und setzte sich auf diese Bank.

In den zwei Stunden, in denen sie dort gesessen hatte, war eine seriös gekleidete Frau Mitte dreißig in das Haus gegangen und dort geblieben. Durch ihr Fernglas, mit dem sie mal in die eine, mal in die andere Richtung und dazwischen auch zum Bürogebäude schaute, konnte Hannah Sobothy erkennen, dass die Frau in einem Büro neben dem von Thill arbeitete. Anscheinend war sie seine Mitarbeiterin. Sie hatte mittlerweile herausgefunden, dass Thill nicht nur Inhaber dieser Firma war, die als Aufgabe hatte, das Flughafenprojekt zu realisieren. Er hatte auch noch zwei Investmentfirmen, die vor allem auf dem ostasiatischen Markt tätig waren und jeweils einen weiteren Firmensitz in Shenzen und Hongkong hatten; zumindest auf dem Papier.

Um kurz vor zwölf war völlig überraschend Thill aus dem Gebäude gestürmt, hatte sich mit seinem massigen Körper in den Sportwagen geschwungen und war auch schon davongebraust, bevor Hannah das Fernglas aufgehoben hatte, das ihr vor Schreck heruntergefallen war. Sie starrte dem Porsche hinterher und wusste, dass sie so keinen Erfolg haben würde. Wahrscheinlich wäre es besser, die Unterlagen von Alexander Altmüller weiter zu durchforsten, systematisch auszuwerten und weitere Hintergrundinformationen zu recherchieren.

Sie war dann gegen Mittag in den Sender gefahren, hatte einen kurzen Bericht aus dem vorhandenen Material produziert. Anschließend hatte sie sich in ihren Garten zurückgezogen und gelesen. Es war schon dunkel geworden, und Steff hatte ihr zwischendurch eine warme Fleecejacke gebracht.

Alexander war sich offenbar sicher gewesen, dass Thill das Flughafenprojekt mit Schwarzgeld aus China finanzieren wollte. Genauso wie es für ihn klare Sache gewesen war, dass das Hunsrücker Gegenstück, der Flughafen Hahn, eine Drehscheibe für russische Geldwäsche war. Kurz bevor sie ins Bett ging, hatte Hannah beschlossen, am kommenden Tag den persönlichen Kontakt mit Thill zu suchen und ihn, wenn es die Gelegenheit zuließ, mit diesen Vorwürfen zu konfrontieren.

Nach einer sehr unruhigen Nacht war Sobothy am Freitagmorgen schon früh aufgestanden, hatte so lange wie möglich kalt geduscht und einen Beruhigungstee getrunken. Dann hatte sie Steff einen Zettel hingelegt, auf den sie schrieb, dass sie zu Recherchen nach Luxemburg führe und mittags wieder zurück sei.

Es war noch vor acht Uhr, als sie unweit von Thills Villa am Straßenrand stand und überlegte, was sie tun sollte. Einfach zu klingeln würde die Gefahr bergen, dass Thill sie nicht hineinlassen würde, aber vorgewarnt wäre. Ihn abzufangen, wenn er mit seinem Auto aus seiner Garage führ, hatte ihr etwas zu Spektakuläres und würde sie gleich als unseriöse Reporterin outen. Noch während Sie überlegte, fuhr ein silberner Renault an ihr vorbei und parkte direkt vor Thills Garage. Sie schaute neugierig durch ihre Windschutzscheibe und erschrak fast zu Tode, als sie sah, wer aus dem Wagen ausstieg: der Chinese. Ihr entfuhr ein kleiner Schrei, bevor sie sofort unter ihrem Lenkrad abtauchte. Sie hatte nicht darüber nachgedacht, aber es schon so oft in Kriminalfilmen gesehen, dass sie es automatisch tat.

Hatte der Chinese sie gesehen? Was wäre, wenn er jetzt zu ihr käme und sie so in ihrem Auto vorfinden würde. Er wüsste sofort, dass sie auf Beobachtungsposten war. Nach einer Weile schob sie sich wieder langsam nach oben. Die Straße vor ihr war leer. Der Renault stand noch vor der Garage. Es waren lediglich drei Minuten vergangen. Länger hatte sie es im Fußraum ihres Polos nicht ausgehalten. War der Chinese dieser Shiwen, vor dem Alexander sie gewarnt hatte? Wer sollte es sonst sein? Nur irgendein anderer Geschäftspartner Thills aus Fernost? Jede Zelle ihres Körpers sendete eindeutige Warnsignale aus. Es musste Shiwen sein. Viel zu heftig wendete sie über den ebenerdigen Bürgersteig ihren Polo, stieß dabei fast mit einer Straßenlaterne zusammen und fuhr zügig nach Hause. Sie war zum ersten Mal froh, dass sie damals nicht mehr das auffällige Harlekinmodell bekommen und sich notgedrungen für die langweilige dunkelblaue Metallic-Lackierung entschieden hatte.

39

Bertrange; Freitag, 17. Juni

Eric Dardenne hatte es sich am Vorabend nicht nehmen lassen, seine gebratene Entenbrust beim Chinesen zu essen. Den Erpressungsversuch von Reno konnte er nicht ernst nehmen. Mario hatte ja schon Panik bekommen, als Altmüller ihn mit dem Foto erpresst hatte, und dann ausgesprochen unvernünftig gehandelt. Ihnen wäre vieles erspart geblieben, wenn er damals souveräner reagiert hätte. Aber das ließ sich nicht mehr ändern. Wie alles, was geschehen war. Er hatte die halbe Nacht nachgedacht, was die Polizei gegen sie tatsächlich in der Hand hatte. Es konnten nur schwache Indizien sein, so schwache wie das Foto. Sonst wären die schon längst ganz anders aufgetreten. Auch wenn sie die Unterlagen von Altmüller jetzt offenkundig doch bekommen hatten, er kannte sie auch. Sie hatten nichts in der Hand, gar nichts. Altmüller hatte sich nur in Mutmaßungen verstrickt, völlig irrsinnige sogar, wie den Verdacht der Biowaffenforschung in Luxemburg. Er hatte sich halb totgelacht, als er das gelesen hatte. Nein, das alles konnte für sie höchstens unangenehm werden, sehr unangenehm sogar, aber nicht wirklich existenziell.

Es gab nur zwei Unsicherheitsfaktoren: die Bonitzer und Mario, wenn der die Nerven verlor. Bei der Geliebten von Altmüller war er sich immer noch nicht sicher, was der ihr erzählt haben könnte, was sie vielleicht wusste, was nicht in den Unterlagen stand und Altmüller bereits mit ins Grab genommen hatte. Die Frau von Altmüller hatte auch mehr gewusst, als er vorher gedacht hatte. Er musste vorsichtiger sein, aber das Heft des Handelns weiter in der Hand halten, musste die Kontrolle behalten, sich Sicherheit verschaffen, die Unwägbarkeiten ausschalten. Heute würde er sich wieder auf der Arbeit blicken lassen, aber morgen müsste er die weiteren Schritte gut planen.

40

Trier; Samstag, 18. Juni

In der Nacht war der Regen über den Westen Deutschlands gekommen. Als Buhle am Vormittag von seiner Wohnung in der Südstadt zeitig in die neue Zentrale Kriminalinspektion am Bahnhof fahren wollte, war er bereits so in Gedanken, dass er unvermittelt von der Ostallee in die Gartenfeldstraße abbog, wie er es zuvor drei Jahre lang gemacht hatte, als die ZKI noch in einem heruntergekommenen ehemaligem Verwaltungsgebäude untergebracht gewesen war.

Er entschied sich, nicht zu wenden, und bog in die nassglänzende Güterstraße ein, zwängte sich zwischen den rechts parkenden Autos und dem Gegenverkehr hindurch und fuhr langsam an seinem alten Dienstgebäude vorbei.

Es lag da, als wenn am kommenden Montag die Abrissbagger angerollt kämen: leer, leblos und ungenutzt dem Verfall preisgegeben. Wie seine Kollegen hatte er die schimmeligen, zugigen Büroräume verflucht, doch jetzt hatte er fast ein wenig Mitleid mit dem aufgegebenen Verwaltungshaus. Die kunstlos aufgesprayte, aussagefreie Graffiti kam ihm wie eine Schändung seines ehemaligen Dienstgebäudes vor. Er erinnerte sich, wie er vor einem halben Jahr von seinem Fenster aus noch auf eine Baustelle gesehen hatte. Jetzt stand hier ein Logistikzentrum mit einer gelben Armada von Lieferwagen, und es bestätigte sich, dass auch neue Betriebsgebäude in ihrer einfallslosen Betonarchitektur bereits leblos wirken konnten. Ein paar hundert Meter später bog Buhle in die Schönbornstraße ab, passierte die Eisenbahnunterführung und nahm die nächste Abzweigung links in die Kürenzer Straße.

In der ZKI war es sehr ruhig. Er hatte der Soko Sauer für den Samstag freigegeben und auch einen arbeitsfreien Sonntag in Aussicht gestellt, falls sich nicht bedeutsame Ereignisse einstellen würden. Er selbst wollte sich noch einmal durch die Ermittlungsakten arbeiten, die sie gestern in weiten Teilen auf Vordermann gebracht hatten. Doch bevor er auf die Suche nach den Details gehen wollte, die sie vielleicht übersehen oder noch nicht richtig eingeordnet hatten, überlegte er, wo sie momentan eigentlich standen.

Sie hatten nun Klarheit über die Todesursache bei der kleinen Anne Altmüller. Sie war tatsächlich an dem Virus gestorben, mit dem im luxemburgischen Staatslabor experimentiert worden war. Alle Indizien deuteten darauf hin, dass ihr Vater selbst dafür verantwortlich war, auch wenn noch nicht endgültig geklärt war, wie die Probe in Alexander Altmüllers Besitz gelangt war. Doch auch hier gab es klare Ansatzpunkte. Mario Reno könnte das entscheidende Bindeglied gewesen sein.

Die luxemburgische Polizei hatte ihn den ganzen Freitag in der Mangel gehabt. Ebenso hatten sie den Institutsleiter und die ganze Mitarbeiterschaft befragt. Doch Reno bestritt oder schwieg, und die anderen wussten offenbar nichts, was ihnen weiterhalf. Am Abend hatte die dortige Kriminalpolizei Renos Wohnung durchsucht, jedoch keine Hinweise auf eine irgendwie geartete Zusammenarbeit mit Altmüller gefunden. Dafür ein triviales, aber triftiges Argument gegen seine Beteiligung am Mord an Suzanne Altmüller: Er hatte definitiv zu kleine Füße, und die Art Schuhe, die er zu tragen pflegte, passte ebenfalls nicht zu den Spuren am Tatort.

Der Unfalltod von Alexander Altmüller war weiterhin ungeklärt. Die naheliegendste Lösung war die deutlich überhöhte Geschwindigkeit, wie sie schon unmittelbar nach dem Unfall von der Polizei festgestellt worden war. Alles andere war reine Spekulation geblieben, auch wenn es dazu sicher allen Grund gab.

Was blieb im Mordfall Suzanne Altmüller? Nichts, jedenfalls nichts Neues. Über das Motiv konnten sie nur mutmaßen. Reno hätte eines gehabt: Er hatte wissen können, dass Altmüller und Bonitzer ein Paar waren, er hatte einen Grund gehabt, Bonitzer zum Treffpunkt zu folgen und die Unterlagen, mit denen Suzanne an der Sauer unterwegs war, verschwinden zu lassen, ebenso wie die aus dem Büro des Journalisten. Aber sie konnten ihm nichts nachweisen.

Blieb als weiterer Protagonist Eric Dardenne. Aber an den kamen sie nicht ran. Er könnte der Mann auf dem Bild von Zoé gewesen sein. Sie hatten ihn gestern ebenfalls noch intensiv befragt, aber er war von seinen Darstellungen nicht abgewichen, hatte ihnen sogar diese Jazz-CD zeigen können und in Übereinstimmung mit Reno behauptet, in dem Umschlag wäre ein Fachartikel über die

Gefahren in Hochsicherheitslaboren gewesen. Dieser Artikel fand sich im Institutsbüro von Reno. Eine Hausdurchsuchung brauchten sie bei der mäßigen Indizienkette erst gar nicht zu beantragen.

Er musste unbedingt mit Hannah Sobothy reden. Sie hatte alle Rechercheunterlagen Altmüllers, da war er sich sicher. Sie hielt Informationen zurück. Gab es rechtliche Mittel, die Radioreporterin zur Herausgabe der CD zu bewegen? Er nahm sich vor, am Montag mit Staatsanwältin Haupt darüber zu reden.

Egal wie er es drehte und wendete, er kam zu dem Ergebnis, dass sie im Fall Suzanne John-Altmüller als Indiz, als ein mögliches Motiv nichts hatten als die verschwundenen Unterlagen. Vielleicht hatte Suzanne als Mitwisserin mundtot gemacht werden sollen. Vielleicht hatte man sie beobachtet und ihr Zusammentreffen mit Bonitzer als günstige Gelegenheit erachtet. Vielleicht, vielleicht, vielleicht.

Genauso hatten sie auch gestern bei ihrer Pressekonferenz ihre Ermittlungsergebnisse rübergebracht. Das Einzige, was sie wirklich als gesichert bekannt geben konnten, war der Grund für Annes Erkrankung, ohne dass sie die Herkunft der Viren hatten nennen dürfen. Ansonsten gab es nur den Hinweis auf die brisanten Recherchen des Journalisten als mögliches Motiv, zumindest ließen die verschwundenen Unterlagen das vermuten. Die damit verbundene Warnung an die Journalisten, die vielleicht ebenfalls an brisanten Themen in der Grenzregion arbeiteten, hatte teils Verwunderung, teils Unruhe bei den anwesenden Reportern ausgelöst. Die Bitte, dass diesbezügliche Informationen doch der Kriminalpolizei mitgeteilt werden sollten, blieb offensichtlich ungehört. Selbst die Mitteilung, dass es Zoé als letztem Mitglied der Familie Altmüller wieder besser gehe, sie in guten Händen sei und vielleicht schon bald in einer geeigneten Pflegefamilie dauerhaft wohnen könnte, hatte die Pressekonferenz nicht mehr gerettet. Entsprechend aufgeregt waren die Berichte in den Medien und der Druck, der nun von Polizeispitze und Staatsanwaltschaft auf die Soko zukam.

Es dauerte acht Stunden, bis Buhle alle Ermittlungsakten noch einmal durchgegangen war und an einigen Stellen ergänzt oder korrigiert hatte. Dann hatte er genug. Er musste raus, musste zumindest für einige Stunden an etwas anderes denken. Zu Hause zog er seine Laufsachen an und lief direkt los: über die zum Samstagabend ruhiger gewordene Saarstraße, unter den Eisenbahngleisen hindurch und dann entlang der Obstwiese und durch die Kleingartenkolonie zu den Mattheiser Weihern. Häufig begnügte er sich damit, die beiden Teiche zu umrunden und wieder zurückzulaufen. Diesmal lief er weiter, rannte am lange umgebauten Südbad entlang, drehte eine Runde um den kleinen, versteckt liegenden Aulbachweiher, lief weiter hinauf zwischen Seniorenheim und Südfriedhof zum Mattheiser Wald. Er war trotz des Anstiegs immer schneller geworden, als ob er den wechselnden Bildern, die ihn vor seinem inneren Auge verfolgten, so zu entkommen versuchte: Suzanne, Anne, Reno, Bonitzer, Altmüller, Marie, Dardenne, Hannah und immer wieder Zoé. Es schien ihm, als ob er keinen roten Faden fand: nicht in seinen Ermittlungen und nicht in seiner Gefühlswelt. Konnte er sich überhaupt Gefühle eingestehen, konnte er sich als Polizist überhaupt Gefühle leisten?

Wie besessen spurtete er durch ein kleines Wäldchen, bis er schließlich keuchend nach vorn gebeugt vor einem großen Schulkomplex stehen blieb. Er war bis zum Höhenstadtteil Mariahof hinaufgelaufen und spürte in seinen zitternden Knien die ungewohnt heftige Anstrengung. Als sein Atem wieder etwas ruhiger ging, schritt er mit hinter dem Kopf verschränkten Armen langsam den Montessoriweg hinab bis zu einer nahen Wiese. Das Gras war tagsüber abgetrocknet, aber die Erde war noch feucht von dem nächtlichen Regen. Buhle ließ sich dennoch lang ausgestreckt in die meterhohe Vegetation fallen und schloss seine Augen. Für einen unbestimmten Moment überkam ihn tatsächlich das Gefühl, sein Kopf sei leer, seine Gedanken hätten ihm nicht folgen können. Es war wie eine Erlösung, und er blieb auch weiter regungslos liegen, als sich sein vor Schweiß und Bodennässe klammes Trikot wie ein kalter Wickel um seinen nun ganz ruhigen Körper legte.

Erst ein nicht zu unterdrückendes Niesen ließ ihn wieder zu sich kommen. Er setzte sich mit angewinkelten Beinen aufrecht hin und schaute in das Moseltal hinab. Erst nach und nach drang in sein Bewusstsein, wie schön dieser Ausblick doch war. Ja, wirklich schön.

Langsam erhob er sich, schob seinen linken Arm unter das Trikot, damit es sich vom Körper löste, und trabte auf einem schmalen

Pfad vorbei an der Waldorfschule hinunter in die Stadt. Diesmal nahm er den Weg östlich am Südbad vorbei, gesellte sich für eine halbe Runde zu den anderen Joggern entlang des Weihers und kam schließlich erschöpft, aber durchaus zufrieden in seiner Wohnung an.

Nach einer ausgiebigen Dusche kochte er sich etwas, sah sich die Nachrichten im Fernsehen an und spürte, wie die Müdigkeit ihn nun regelrecht übermannte. Er schaffte es dennoch, bei Marie anzurufen. Sie telefonierten über eine Viertelstunde, in der er auch über seine kurze Auszeit berichtete. Marie hörte geduldig zu, schob nur hier und da ein paar ermunternde Worte ein. Als sie das Gespräch beendet hatten, überlegte er, ob er es lieber persönlich in Avelsbach geführt hätte. Es erstaunte ihn, dass er zu dem Entschluss kam, dass es so genauso gut gewesen war.

Einen Anruf bei Hannah Sobothy verschob er auf den Sonntagmorgen. Erst dann wollte er wieder an den Fall denken. Es war draußen trotz der geschlossenen Wolkendecke noch nicht richtig dunkel geworden, als Christian Buhle in tiefen Schlaf fiel.

41

Großregion; Sonntag, 19. Juni

Mario Reno hätte sich sehr gewünscht, heute zu einem Fußballspiel des Racing FC gehen zu können, um ein wenig Ablenkung zu bekommen. Aber die hatten Sommerpause. Würde die Polizei auch am Sonntag wieder bei ihm erscheinen, ihn wieder dasselbe fragen? Den Beobachtungsposten an der Straße hatten sie jedenfalls noch nicht abgezogen. Wie würde Dardenne auf seinen Erpressungsversuch reagieren? Würde er ihn weiter nicht ernst nehmen? Ihm selbst kam er jetzt fast lächerlich vor. Aber er war ausgesprochen, und so viel Stolz hatte er nun auch, da nicht gleich wieder den Schwanz einzuziehen.

Er stand am Fenster und horchte in sich hinein: Flüchten, am liebsten würde er einfach nur noch raus aus dieser beschissenen Situation. Er verfluchte den Tag, an dem er Dardenne zum ersten Mal einen Gefallen getan hatte.

***

Eric Dardenne war früh aufgestanden. Er hatte jetzt absolut keinen Nerv auf eine kuschelnde Kristin mit ihren vor Glück überlaufenden Augen, und er hatte in Ruhe telefonieren wollen. Zum Glück war die Bonitzer auch schon wach gewesen, und zum Glück schien sie immer noch ganz heiß darauf zu sein, eine Botschaft ihres Exliebhabers zu erhalten. Er hatte sich als Journalist ausgegeben, der wegen eines Auslandaufenthaltes erst jetzt die schlimme Nachricht vom Tod seines Freundes Alexander erhalten hatte. So hoffte er zu erfahren, was Bonitzer wusste, was Altmüller ihr erzählt haben könnte.

Er saß an seinem Schreibtisch und horchte in sich hinein: Beherrschtheit, er musste sich nur beherrschen, durfte auch gegenüber der Polizei keinen Fehler machen, musste Reno irgendwie auf Linie halten und durfte nicht wieder in Panik verfallen. Dann würde alles gut werden.

***

Nanette Bonitzer war noch völlig durcheinander. Was konnte der Kollege von Alexander ihr berichten? Er hatte sich am Telefon total nett angehört und Andeutungen gemacht, dass Alexander ihm anvertraut hätte, warum er sie tatsächlich verlassen musste. Sie war skeptisch gewesen, doch dann hatte er etwas gesagt, dass er nur von Alex selbst wissen konnte.

Hatte Alex sie doch geliebt? Sie schritt fortwährend durch ihr Wohnzimmer und horchte in sich hinein: Liebe, sie hatte ihn wirklich geliebt, wie noch nie einen Mann vorher, und sie spürte, wie wichtig es ihr war, zu wissen, dass auch Alex sie geliebt und nicht nur benutzt hatte.

Bald würde sie es wissen.

★★★

Hannah Sobothy hatte die halbe Nacht auf Samstag wach gelegen und nachgedacht. Was wollte sie? Wollte sie sich beweisen, dass sie einem Toten die Ehre erweisen konnte? Wollte sie sich beweisen, dass sie eine gute Journalistin war? Wollte sie nicht eigentlich nur ihr nettes, ausgeglichenes Leben führen? Sie wollte alles – und nichts von dem.

Die Angst, die sie beim Anblick von diesem Shiwen ereilt hatte, war am Morgen nur noch eine Erinnerung gewesen. Schwach genug geworden, um letztendlich den Termin mit Thill für den nächsten Morgen zu machen. Den restlichen Samstag hatte sie fast vollständig verschlafen.

Jetzt hockte sie auf ihrem Sessel und horchte in sich hinein: Duell, in ihr duellierten sich ihr Anspruch und ihre Angst. Egal, wer gewinnen würde, der Verlierer würde eine Narbe in ihr hinterlassen. Es sei denn, es würde gar nichts passieren. Die Hoffnung war für einen Augenblick zurückgekehrt. Jetzt gab es ohnehin kein Zurück mehr.

★★★

Fernand Thill war hellhörig geworden, als die Reporterin angerufen hatte. Nur von diesem Altmüller hatte er zuvor ähnliche Andeutungen gehört. Die Zusage zum Interview hatte er gegeben, weil er wissen wollte, was sie wusste. Vielleicht war es ein Fehler gewesen, Shiwen von diesem Treffen zu berichten, aber der Chinese schien das erste Mal seit Langem mit ihm zufrieden.

Er nahm einen Schluck von seinem Cappuccino und horchte in sich hinein: Zuversicht, ja, er war weiter zuversichtlich, dass der Deal klappen würde. Es war ja letztendlich auch nichts passiert. Wenn die Chinesen endlich ihr Geld durch die Banken geschleust hätten, könnte er voll einsteigen. Dann hätte er es geschafft.

★★★

Sun Shiwen hatte schon am Samstag das meiste organisiert. Er hatte den Fehler gemacht, Altmüller zu unterschätzen. Hätte sofort handeln sollen, als der bei Thill aufgetaucht war. Alles andere war dann Zufall gewesen, aber der Fehler hatte am Anfang gestanden. Die Dynamik, die nun entstanden war, konnte er nicht mehr beeinflussen.

Er ging das Flussufer entlang und horchte in sich hinein: Rückzug, das Projekt war gescheitert, er konnte nur noch die Spuren verwischen, damit er keine verbrannte Erde für seinen Auftraggeber hinterließ. Dann würde er dieses Land für immer verlassen. Vielleicht war jetzt die Zeit endlich reif für ein Leben zu Hause.

★★★

Markus Schilzenbach genoss diesen Sonntagmorgen. Er hatte in aller Früh seinem Sohn beim Bau eines mobilen Jagdansitzes geholfen und gespürt, wie ihm diese praktische Arbeit von Zeit zu Zeit guttat. Dann hatten sie gemeinsam ordentlich gefrühstückt, hatten sich Neuigkeiten erzählt, Termine für die nächsten Wochen ausgetauscht und sich gefreut, als seine Frau eine große Rehkeule zum Mittagessen angekündigt hatte.

Er saß nun in seinem Büro, streckte seine langen Beine unter den Schreibtisch und horchte kurz in sich hinein: Zufriedenheit, es machte sich wieder diese tiefe Zufriedenheit in ihm breit, die ihm die Stärke für seine politische Arbeit gab. Von ihm aus konnten alle über ihn herziehen, er hatte sich geschüttelt und war weitergegangen. Keiner hatte ihn aufhalten können. Und so würde es auch bleiben.

★★★

Paul Feilen war fast schon überrascht, dass bis zum Vormittag kein Fremder in der Merteskaul gewesen war. Hatten sie jetzt endlich genug, hatten alles gesehen, was zu sehen war, sich geholt, was zu holen war? Er mochte es nicht glauben. Doch eigentlich hatte er selbst auch seinen Anteil an der Unruhe. Vielleicht wäre alles viel früher vorbei gewesen, wenn er etwas gesagt hätte. Vielleicht wäre die junge Familie sogar noch am Leben.

Er stand am Rand des Weges mit Blick ins Bachtal und horchte in sich hinein: Fluch, der Fluch von Merteskaul war so eine schöne Ausrede für das todbringende Versagen der Menschen. Hatte er wieder entscheidende Fehler gemacht? Fehler, weil er seinen Kopf hatte. Fehler, weil er nicht aus seiner Haut konnte, die ihm so gegeben war.

42

Trier; Sonntag, 19. Juni

Als Buhle aufwachte, musste er sich erst einmal vergegenwärtigen, dass er fast zehn Stunden geschlafen hatte. Dennoch war es noch früh am Morgen, und von draußen drang kaum ein Geräusch durch das gekippte Fenster in sein Schlafzimmer. Er schaute auf sein Handy und war erleichtert, dass er keinen Anruf und keine SMS überhört hatte. Beim Aufstehen spürte er die ungewohnte Anstrengung vom Vorabend mit einem deutlichen Muskelkater in seinen Beinen. Nachdem er sich im Bad frisch gemacht und gefrühstückt hatte, war es nach neun Uhr und, wie er meinte, durchaus nicht unhöflich, bei Hannah Sobothy anzurufen. Nach vier Klingeltönen wurde der Anruf entgegengenommen.

»Hallo, Steff Brodersen.«

»Hallo, Christian Buhle, guten Morgen, Frau Brodersen.«

»Ach, der Herr Kommissar. Guten Morgen, so früh schon wieder im Dienst, oder hat es Ihnen bei uns so gut geschmeckt, dass Sie sich zum Essen einladen wollen?«

Buhle musste lachen. Die Mitbewohnerin von Hannah Sobothy schien auch sonntagmorgens schon gut gelaunt zu sein.

»Ja, es hat wirklich sehr gut bei Ihnen geschmeckt, vielen Dank, aber ...«

»... aber Sie trauen sich nicht, noch mal zu kommen. Heute Abend wäre sicher wieder eine gute Gelegenheit ...« Es schien Buhle, als ob Stefanie Brodersen kurz durch etwas abgelenkt schien. »... Aber ohne Hannah zu fragen, kann ich Sie natürlich nicht einfach so einladen. Obwohl die Gute sich bestimmt sehr freuen würde.«

»Nett von Ihnen. Ist denn ...«, er überlegte und fand »Frau Sobothy« jetzt irgendwie sehr unpassend, »Hannah« aber wieder zu vertraulich, »... ist denn Ihre Mitbewohnerin nicht da? Ich wollte sie etwas fragen.«

»Nein, tut mir leid. Sie ist vorhin raus an die Mosel. Wollte ein bisschen frische Luft schnappen. Da müssen Sie es etwas später wieder probieren.«

»Ja, schade. Dann wünsche ich Ihnen noch einen schönen Sonntag.«

»Na ja, ich muss nachher noch ins Theater. Aber danke, Ihnen auch.«

Buhle überlegte, was er jetzt Sinnvolles tun konnte. Sie mussten an Reno und Dardenne dranbleiben. Das war ihre einzige heiße Spur. Nanette Bonitzer hatte er zunächst als Täterin ausgeschlossen, weil er ihr glaubte. Auch Gerhardts und Ducard hatten ihm da zugestimmt, und auf Pauls Gefühl konnte er sich eigentlich immer verlassen. Aber vielleicht hatte sie doch etwas gesehen. Etwas bemerkt, was ihr jetzt nicht bewusst war, wohin sie aber durch Fragen geführt werden konnte. Sie war zweimal am Tatort gewesen. Dazwischen war nicht viel Zeit vergangen. Es war also durchaus wahrscheinlich, dass der Täter einer der beiden Frauen gefolgt war und sich schon während ihres Treffens in der Nähe aufgehalten hatte. Buhle suchte die Nummer der jungen Wissenschaftlerin und griff zum Hörer. Deutlich vernahm er das Besetztzeichen.

An Reno waren die luxemburgischen Kollegen dran. Aber selbst wenn er es Altmüller ermöglicht hatte, ins Labor einzudringen und die Viren zu stehlen, war das kein schweres Verbrechen und würde ihn wegen Beihilfe zum Hausfriedensbruch mit Diebstahl wahrscheinlich noch nicht einmal ins Gefängnis bringen. Wenn Reno selbst den Diebstahl begangen und die Virenprobe an Altmüller weitergegeben hatte, wäre es natürlich etwas anderes. Doch wie sollten sie ihm das beweisen können? Er versuchte es noch einmal bei Nanette Bonitzer, doch sie nahm nicht ab.

An Eric Dardenne kamen sie noch weniger ran. Auch er hätte nur ein Motiv gehabt, wenn Altmüller etwas gegen ihn in der Hand gehabt hätte. Aber in Bezug auf Dardenne hatte der Journalist nur diese fixe Idee mit den Biowaffen verfolgt. Wenn Reno und Dardenne etwas mit dem Tod von Anne zu tun gehabt hätten, hätte Altmüller ihnen sicher die Hölle heiß gemacht. Aber das hatte er nicht, hatte die ganze Recherche sogar komplett eingestellt. Hannah Sobothy hatte recht: Das war ein klares Indiz dafür, dass er es selbst gewesen war, der die Viren nach Merteskaul gebracht hatte.

Buhle hielt inne. Ihm kam noch ein anderer, furchtbarer Ge

danke: Hatte ein anderer Täter Altmüller womöglich damit gedroht, auch die anderen Familienmitglieder umzubringen? War Altmüller erpresst worden, seine Arbeit einzustellen, und war der Tod von Anne doch kein Unfall gewesen, sondern brutal geplanter oder zumindest einkalkulierter Mord, um Altmüller dazu zu bewegen, seine Recherchen einzustellen? Warum hatte noch keiner an diese Möglichkeit gedacht? War es zu abwegig, dass jemand auf diese Weise Druck ausübte? Buhle konnte sich diese Frage selbst beantworten: »Eindeutig nein!«

Ihn hatte jetzt eine starke innere Unruhe ergriffen. Sein Milchkaffee war über seinen Überlegungen kalt geworden und er schüttete den Rest in die Spüle. Er musste sich darüber dringend mit seinen Kollegen austauschen, am besten mit Paul. Noch in Gedanken, startete er einen letzten Versuch bei Nanette Bonitzer.

»Bonitzer, hallo.«

»Ah, guten Morgen, Frau Bonitzer, Buhle von der Kripo Trier. Entschuldigen Sie, wenn ich Sie am Sonntagmorgen belästige.«

»Kein Problem. Um was geht es denn?«

Buhle hatte den Eindruck, als ob die junge Frau viel lebendiger wirkte als bei ihren bisherigen Treffen. Offenbar hatte sie sich in den letzten Tagen etwas erholt.

»Frau Bonitzer. Wir gehen immer noch davon aus, dass der Mörder von Suzanne Altmüller sich bereits in der Nähe des Tatortes aufgehalten haben könnte, als Sie sich dort mit Frau Altmüller getroffen hatten. Haben Sie noch mal darüber nachgedacht? Ist Ihnen vielleicht doch noch etwas eingefallen: ein Spaziergänger, ein parkendes Auto, ein besonderes Geräusch womöglich?«

»Nein, nein, ich habe jetzt auch nicht mehr so viel darüber nachgedacht, verstehen Sie? Ich bin froh, dass ich wieder ein paar Stunden durchschlafen kann.«

»Ja, ich verstehe. Aber tun Sie mir dennoch den Gefallen, es würde uns wirklich sehr helfen. Ja, und dann überlegen wir immer noch, ob Alexander Altmüller Ihnen gegenüber eventuell doch, vielleicht auch nur beiläufig, etwas erwähnt hat. Hat er Ihnen gegenüber das Institut oder einen der dortigen Mitarbeiter erwähnt?«

»Nein, wir haben … wir …« Es schien Nanette Bonitzer immer noch schwerzufallen, über ihre Liebesbeziehung mit dem Journalisten zu reden. Doch dann überraschte sie Buhle mit einer plötzlich festen Stimme. »Wir haben uns geliebt, Herr Kommissar. Wir haben nicht über die Arbeit gesprochen. Zumindest nicht, nachdem klar war, dass ich Alex nicht helfen konnte, in eines der Labore zu gelangen.«

»Denken Sie nach. Sie sind unsere einzige Zeugin.«

»Das mag sein, aber es ist ... es ist wirklich sehr belastend für mich. Bitte entschuldigen Sie mich jetzt. Ich habe noch eine Verabredung zu einem Spaziergang, die ich nicht verpassen möchte.«

Kurz darauf rief Buhle Paul Gerhardts an. Der fand seine Überlegungen offenkundig so interessant, dass er sich sofort mit ihm darüber austauschen wollte. Zunächst war Buhle darüber verblüfft, doch dann musste er lachen. Sein Freund und Kollege sah das lediglich als Vorwand an, ihn nach langer Zeit wieder einmal zum Mittagsessen einzuladen. Seine Frau Sabine hatte bereits einen Wildbraten mit Kirschsoße im Ofen und war gerade dabei, Rotkraut frisch zuzubereiten. Gerhardts höchstpersönlich hatte sich dafür verantwortlich erklärt, die Semmelknödel aus der Packung zuzubereiten, wie er mit gespieltem Stolz kundtat. Er war die zweite Einladung zum Essen an diesem Tag, doch diesmal nahm er an.

43

Bridel; Sonntag, 19. Juni

Hannah Sobothy hatte sich während der Fahrt nach Luxemburg gefragt, warum sie nicht mit dem Kommissar gesprochen hatte. Sie war der Meinung gewesen, dass ihre Mission ihm gegenüber geheim bleiben sollte, weil sie ja auch die Daten von Alexander nicht der Polizei gegeben hatte. Doch dieser Rückschluss war eigentlich Blödsinn gewesen. Hätte sie Christian Buhle gesagt, mit wem sie sich treffen wollte, hätte er wenigstens Bescheid gewusst, wenn ... Sie wollte diesen Gedanken gar nicht zu Ende führen. Steff hatte sie nichts sagen können. Die Arme hätte sich viel zu viele Sorgen gemacht. Also hatte sie nur einen Zettel auf ihren Schreibtisch gelegt, wo sie den Termin aufgeschrieben hatte, und noch kurz vor dem Hinausgehen eine Eintragung in ihren WG-Wandkalender gemacht. Nur für den Fall, den sie nicht zu Ende denken wollte.

Das Navi führte sie wieder nördlich von Luxemburg-Stadt mit dem neuen Büroquartier Kirchberg hinunter in das Tal der Alzette, zwischen den Vororten Weimerskirch und Eich hindurch, an einer Fabrik für Badkeramik im Rollingergrund vorbei auf eine Straße, die durch geschlossenen Wald hinauf nach Bridel führte. Sie hatte an diesem Tag sicher zehn Minuten länger gebraucht als vorgestern bei ihrem ersten Besuch und war dennoch eine Viertelstunde zu früh.

Sie hielt am Rand der Rue de la Sapinière. Auch diese Straße schien einfach in den Wald hineingebaut worden zu sein. Einige Villen ließen vermuten, dass für die Baugenehmigung möglicherweise an entsprechender Stelle Einfluss genommen worden war. Dazwischen standen vereinzelt deutlich kleinere Einfamilienhäuser. Die Straße, in der Thill wohnte, war noch großzügiger bebaut. Hier standen auf den verbliebenen Freiflächen noch einzelne hohe Bäume als Relikte des gerodeten Waldes.

Sie hielt die Augen geschlossen und versuchte sich ein paar Minuten zu entspannen. So richtig gelang ihr das nicht. Schließlich startete sie ihren Polo und fuhr das letzte Stück bis zu Thills Anwesen. Sie atmete noch einmal tief durch, stieg aus dem Auto, zog ihr leichtes, unifarbenes Kleid gerade und ging über die Straße zu dem gusseisernen Eingangstor. Auf einem Schild daneben stand in verschnörkelter Schrift der Name des Unternehmers. Rechts über dem Eingangsbereich sah sie eine Kamera auf ihren Standort zielen. Entschlossen drückte sie die Klingel. Thills Haus hatte sie von der Straße aus nicht sehen können. Jetzt merkte sie, dass es noch ein ganzes Stück entfernt auf einer kleinen Anhöhe stand, die zur Straße hin durch hohe Bäume abgeschirmt war. Der Weg, der dorthin führte, war so breit, dass er auch von Autos befahren werden konnte. Offensichtlich war die Garage unten an der Straße für den Porsche reserviert, der die steile, nur mit Kies befestigte Zufahrt nicht schadlos meistern würde. Hannah war froh, dass sie relativ bequeme, flache Schuhe angezogen hatte.

Das Haus selbst war gar nicht so pompös, wie sie sich das nach dem Weg durch das parkähnliche Grundstück vorgestellt hatte. Es war sicher groß, zu groß für einen Junggesellen, aber von vergleichsweise einfacher Architektur als flacher Bungalow angelegt. Als sie gerade an der Haustür angelangt war, wurde sie schon von Fernand Thill geöffnet und freundlich lächelnd aufgehalten.

»*Moien*, Frau Sobothy. Sie hätten mit Ihrem Wagen durchaus auch nach oben fahren können.« Thill hatte die Tür hinter ihr geschlossen und forderte sie mit einer Geste auf, weiter in den Wohnbereich zu gehen. »Möchten Sie etwas trinken?«

»Schönen guten Tag, Herr Thill. Danke gern, ein Glas Mineralwasser wäre nett. Es ist wirklich ganz schön anstrengend, hier hinaufzulaufen. Müssen Sie das von Ihrer Garage da unten aus auch immer machen?«

»Ja, eigentlich schon. Es ist aber die einzige sportliche Aktivität, die ich mir gönne, wie sie unschwer sehen.« Er fuhr dabei lachend mit seiner linken Hand mehrmals über seinen ausgeprägten Bauch, der das hellblaue Hemd sichtbar ausfüllte. Nachdem er eine Flasche Mineralwasser und zwei Gläser geholt hatte, dirigierte er Hannah weiter durch ein riesiges Wohnzimmer zu einem angebauten Wintergarten. Von dort hatte sie einen Blick über den ebenfalls großzügigen Poolbereich inmitten einer gepflegten Rasenfläche, auf der sich einige moderne Skulpturen verteilten. Das Grundstück endete direkt am Waldrand an einer Mauer mit einem kunstvoll verzierten Eisentor. Als sie sich in zwei Korbsessel gesetzt hatten, begann Thill im Plauderton.

»Frau Sobothy, eigentlich empfange ich Journalisten ja nicht so spontan, und dann noch an einem Sonntag.«

»Ja, ich war auch sehr überrascht, dass es so schnell geklappt hat.«

»Fragen Sie sich nicht, warum?«

Hannah Sobothy war von dieser Frage überrascht und bemühte sich, es sich möglichst nicht anmerken zu lassen. »Nein, wenn ich ehrlich bin, nicht. Ich hatte gedacht, dass ich einfach Glück habe.«

»Nicht ganz, Frau Sobothy.« Thill nahm einen Schluck Wasser und fuhr fort: »Der wahre Grund ist, ich habe Sie schon öfter im Radio gehört und mich immer gefragt, wie die Frau wohl aussieht, die so nett klingt.«

»Danke für das Kompliment. Und, sind Sie enttäuscht?«

»Ganz im Gegenteil, ganz im Gegenteil. Ich werde die Stunde mit Ihnen wohl nicht als Arbeitszeit verbuchen können.«

Thill fing an zu lachen, und Sobothy setzte mit ein.

»Aber Herr Thill, ein bisschen arbeiten sollten wir dennoch. Ich hatte Ihnen ja bereits am Telefon gesagt, dass mittlerweile so viele Gerüchte um Ihr Projekt Bitburger Flughafen kursieren, dass ich mich nun unbedingt aus erster Hand informieren wollte.«

»Gerne, wo wollen wir anfangen?«

Hannah Sobothy hatte einige allgemeine Eingangsfragen vorbereitet. Tatsächlich zeigte sich Thill redegewandt, freundlich, fast schon charmant und erstaunlich offen. Selbst als sie zu ihrem Hauptthema, der Finanzierung der Anfangsinvestitionssumme, kamen, schien seine gute Stimmung nicht zu schwinden.

»Ja, ich hatte auch gedacht, dass ich die vereinbarten Millionen schneller und vielleicht sogar noch ein wenig mehr in die Entwicklungsgesellschaft einspeisen könnte. Aber es sind international schwierige Zeiten für Investitionen. Die Geldgeber sind vorsichtig geworden, fordern immer weitergehende Konzepte, Modelle, Absicherungen. Es ist nicht leicht. Aber, Frau Sobothy, ich bin nahe dran und ausgesprochen zuversichtlich, bald Vollzug melden zu können.«

»Das sagen Sie jetzt aber schon eine ganze Zeit lang. Herr Thill, könnten sich vielleicht doch andere Schwierigkeiten ergeben haben, die Ihre Geldgeber, wie soll ich sagen, behindern?«

»Wie meinen Sie das?« Thill hatte die Augenbrauen gehoben.

»Na ja, es gibt seit geraumer Zeit Gesetze, die Investitionen, gerade aus Ländern wie China, erschweren.« Sobothy spürte, wie Thill jetzt deutlich wachsamer wurde. Der freundliche Schimmer in seinen Augen, der sie zugegebenermaßen zunächst etwas beruhigt hatte, war verschwunden, auch wenn er immer noch lächelte.

»Frau Sobothy, Sie müssen schon deutlicher werden.«

»Nachdem Luxemburg sich bemüht, die FATF-Kriterien umzusetzen, scheuen sich offensichtlich immer mehr Investoren davor, Geld über Luxemburger Banken in den Euro-Raum einzuführen.«

»Ich glaube nicht, dass die Financial Action Task Force der OECD etwas an dem Geld meiner Investoren auszusetzen haben wird.«

»Aber Gelder aus China haben einen, na ja, manchmal einen nicht ganz einwandfreien Ruf.«

»Ach, und wer sagt Ihnen, dass meine Investorengruppe aus China kommt? Ich kann mich nicht entsinnen, das jemals behauptet zu haben.«

Sobothy überlegte. Hatte sie sich mit dem Landesnamen schon zu weit aus dem Fenster gelehnt? Alexander Altmüller hatte offenbar Informanten aufgetan, die sich in der Finanzwelt im Reich der Mitte bestens auskannten, und es waren bereits Namen von Firmen kursiert, die ihre unlauter erwirtschafteten Gewinne in Europa anlegen wollten. Die durfte sie natürlich keinesfalls nennen.

»Ich hatte das nur angenommen, da Sie auch mit anderen Ihrer Firmen dort tätig sind.« Sie hüstelte etwas und trank einen großen Schluck Wasser. »Sagen Sie, könnte ich bitte Ihre Toilette benutzen?«

»Natürlich, das Gäste-WC ist wie so oft direkt neben der Haustür. Wenn Sie gestatten, würde ich in der Zeit gerne ein kurzes Telefonat führen.«

»Natürlich, kein Problem.«

Auf dem Klo schloss Hannah Sobothy die Augen und fragte sich, was das hier eigentlich bringen sollte. Hatte sie wirklich gedacht, sie marschiert hier herein und Thill sagt ihr frei heraus: »Ja, das mit dem Schwarzgeld gestaltet sich ein wenig schwierig, aber ich bin guter Dinge, dass ich einen Weg finde, wie ich die paar Millionen doch noch an der Finanzaufsicht vorbeischleusen kann.« Sie hatte einen Eindruck von Thill gewonnen, sie sollte jetzt noch ein paar O-Töne von ihm aufnehmen und dann möglichst unauffällig die Flatter machen.

Als sie das WC verließ, blickte sie direkt auf die große, schwere Holztür, die nach draußen führte. Sie wusste nicht, warum, aber sie wurde von ihr unwiderstehlich angezogen. Ihre Hand drückte die Klinke runter, die Tür bewegte sich keinen Millimeter. Sie zog kräftiger, ohne Erfolg.

»Wollen Sie schon gehen, Frau Sobothy? Ich dachte nicht, dass wir schon fertig wären. Es fing gerade an, spannend zu werden. Kommen Sie doch wieder zurück in den Wintergarten, bitte.«

Sobothy war es, als ob alle Muskeln ihres Körpers sich verkrampften. Ihre Hand lag immer noch auf der herabgedrückten Türklinke. Wann hatte er die überhaupt abschließen können? Sie war die ganze Zeit mit Thill zusammen gewesen. Langsam bewegte sie sich an dem fülligen Leib des selbst ernannten Projektentwicklers vorbei, ohne ihn dabei aus den Augen zu lassen. Sein rundliches Gesicht zeigte immer noch ein Lächeln, doch es kam ihr jetzt wie eine Maske vor.

»Ich wollte nur grad zum Auto, die technische Ausrüstung für die Aufnahme eines Redebeitrages von Ihnen holen. Entschuldigen Sie, ich hätte Sie zuerst darum bitten müssen.« Sie hoffte, dass ihre Stimme nicht so angespannt klang, wie sie sich in diesem Moment fühlte. Dennoch spürte sie genau, dass Thill ihr die Ausrede nicht abnahm.

Auf dem kleinen Tisch zwischen den Korbsesseln stand eine neue Flasche Wasser. Nachdem sie sich wieder gesetzt hatte, goss Thill die Gläser erneut voll. Was wollte er von ihr?

»Frau Sobothy, ich muss zugeben, ich mag junge Journalistinnen, die gut recherchieren.« Thills Stimme klang immer noch freundlich, als ob er wie anfangs nur plaudern wollte. Doch inzwischen war klar, dass diese Freundlichkeit aufgesetzt war. Hannah hatte ihn unterschätzt, diesen älteren, korpulenten, nach außen fast väterlichen Mann einfach unterschätzt. »Sie, Frau Sobothy, Sie sind besonders gut informiert. Da frage ich mich natürlich, woher Sie Ihr Hintergrundwissen haben.«

Thill hatte sich in die Rückenlehne des Sessels gedrückt und schien Zeit zu haben, auf ihre Antwort zu warten. Sollte sie die

Unschuldige mimen und so tun, als ob sie nicht wüsste, was er meinte? Würde er ihr das abnehmen? Hannah betrachtete ihr Gegenüber. Er würde ihr nicht mehr glauben. Wahrscheinlich hatte er sie ohnehin nur zu sich eingeladen, um herauszufinden, was sie wusste und woher. Nein, ihre Strategie musste eine andere sein. Sie versuchte ein möglichst souveränes Lächeln und legte all ihr noch vorhandenes Selbstvertrauen in ihre Antwort.

»Herr Thill, schön, dass Sie meine journalistische Arbeit schätzen. Das hätten Sie übrigens auch äußern können, ohne die Türen verschlossen zu halten. Sie wissen ja, wie wir Journalisten es mit unseren Informationen und vor allem mit denen, die Sie uns geben, halten. Da sind wir schon irgendwie besonders, nicht wahr?«

»Ja, aber vielleicht sollten Sie da diesmal eine kleine Ausnahme machen. Sehen Sie, bei dem Geschäft, dass ich vorhabe, geht es um viel Geld, sehr viel Geld sogar. Sie werden verstehen, dass meine Investoren ähnlich diskret behandelt werden wollen wie Ihre Informanten. Das scheint aber gegenwärtig irgendwie ins Ungleichgewicht geraten zu sein. Und das ist gefährlich. Es geht hier um Hunderte Millionen Euro, Frau Sobothy, das ist zu viel Geld, als dass ich es riskieren könnte, unhaltbaren Verdächtigungen freien Lauf zu gewähren.«

»Welche unhaltbaren Verdächtigungen meinen Sie?«

»Es sind Details der Projektfinanzierung, die Sie haben durchblicken lassen, die Sie aber gar nicht kennen können.«

»Ich habe da vielleicht etwas zu forsch Vermutungen geäußert.« Thill schaute sie an und grinste. »Frau Sobothy, bitte. Sie wissen genau, was ich meine, und ich will es von Ihnen hören. Bitte verschonen Sie mich mit diesen Ablenkungsspielchen. Wie standen Sie zu Altmüller?«

Hannah Sobothy spürte, dass sie in dem Moment, als der Name fiel, ihre Gesichtszüge nicht im Griff gehabt hatte. Dies war auch Thill nicht entgangen. Sein Grinsen war noch breiter geworden. So viel wusste er also schon. Es ging ihm wohl nur noch darum, zu erfahren, wie viele Informationen sie hatte, und wahrscheinlich auch, wo die hinterlegt waren. Sie hatte bewusst darauf verzichtet, ihr Notebook mitzunehmen. War nur mit Block und dem kleinen Aufnahmegerät in ihrer Umhängetasche ausgestattet. Alles lag zu Hause. Sie hatte versucht, von Alexander zu lernen, und eine Kopie gemacht, die sie im kleinen Gartenhäuschen versteckt hatte. Nur: Davon wusste keiner, und sie hatte auch keine Spuren dorthin gelegt. Sie musste erst einmal Zeit gewinnen, Zeit, um einen Weg heraus aus diesem Dilemma zu finden. Sie hatte noch in der Nacht davon geträumt, dass sie während des Treffens mit Thill flüchten würde, hatte es aber als einen »Scheißtraum« abgetan. Doch ihr Fluchtweg war nun versperrt.

»Alexander Altmüller und ich waren Kollegen. Wieso fragen Sie nach ihm?«

Thill zog seinen Mund nun so weit zusammen, dass er fast einen Kussmund bildete. Er schien seinerseits darüber nachzudenken, wie er das Gespräch führen wollte. Seine Gesichtszüge hatten jegliche Freundlichkeit verloren. Er schaute sie nicht nur ernst, eher schonungslos direkt an. Als er sprach, hatte sich auch seine Stimme verändert, war nun dunkler, rauer geworden. Hannah Sobothy fuhr ein Schauer durch den Körper, der sich daraufhin noch mehr anspannte.

»Altmüller war an mir dran. Er hatte sich da etwas in den Kopf gesetzt. Leider hat er tatsächlich Dinge herausgefunden, die er lieber nicht …« Thill unterbrach sich, sicher, weil er ihr selbst die Gelegenheit geben wollte, seinen Satz zu Ende zu denken. »Nun, ich hatte gehofft, er hätte sein Wissen mit ins Grab genommen, aber nun kommen Sie, stellen mir nach und wissen mehr, als Sie dürften. Wo haben Sie die Unterlagen von Altmüller, sind die in Ihrem Haus? Wo …«

Sie wusste auch später nicht mehr, was für sie der Auslöser gewesen war. Ob es das Wort »Grab« gewesen war, der Gedanke an Steff, die nichtsahnend in ihrer Wohnung großer Gefahr ausgesetzt war, einfach nur ein Kurzschluss, ein Riss in ihrem Nervenkostüm oder die kurzzeitige Übermacht des Unterbewusstseins, das sich bereits im Traum angekündigt hatte. Sie wusste nur, dass sie in diesem Moment nicht wusste, was sie tat.

Mit einem Ruck und einer Kraft, die sie sich nie zugetraut hätte, sprang sie auf und schleuderte gleichzeitig den kleinen Glastisch mit Flasche und Gläsern auf Thill. Dann rannte sie los, hinaus durch eine geöffnete Tür im Wintergarten, nahm den längeren Weg um den Pool, rannte über den Rasen und musste sich mehrmals fangen, weil sie auf dem feuchten Gras drohte, die Balance zu verlieren.

Als sie zurückschaute, sah sie Thill gerade aus dem Haus stürmen. Sie hatte einen Vorsprung. Ihre einzige Rettung war das Tor in der Gartenmauer, es musste offen sein.

Als sie dort angelangt war, riss sie an der verzierten Metallklinke, aber das Tor bewegte sich nicht. Es durfte nicht abgeschlossen sein! Sie zog noch einmal mit einem Ruck und aller Kraft und fiel fast um, als sich das verklemmte Metalltor doch noch löste. Sie rannte durch die Maueröffnung. Während sie das Tor hinter sich zuwarf, blieb der Saum ihres Kleides an einem der gebogenen Metallstäbe hängen. Sie riss sich los und lief weiter. Sie ignorierte den schmalen Fußpfad entlang der Mauer und nahm den Weg quer durch den dahinterliegenden Laubwald. Das hallenartige Kronendach des Buchenwalds ließ nur wenig Unterwuchs zu.

Hannah Sobothy hastete durch das Laub, blieb an einem Stock hängen, im Aufstehen sah sie, dass sie den Abstand zu Thill halten konnte. Nach vielleicht hundert Metern kam sie an einen Waldweg. Sie rutschte die Böschung hinunter und jagte den Schotterweg weiter bergab. Ihr Atem ging schon jetzt sehr unregelmäßig, und sie spürte, wie die Kraft in ihren Beinen nachließ. Schlimmer war jedoch, dass sie merkte, wie Thill aufholte. Sein massiger Körper schien auf der freien Strecke mit dem Gefälle im Vorteil zu sein.

Der Weg trennte den Buchenwald von einer unterhalb liegenden Fichtenschonung, deren Äste bis weit nach unten reichten. Als sie schon den schweren Atem von Thill hinter sich hörte, sah sie eine kleine Lücke im Waldrand. Mit voller Wucht sprang sie über einen Graben in die Dickung. Mit den Armen versuchte sie, ihr Gesicht vor den trockenen Ästen zu schützen, die ihren Fluchtweg versperrten. Nur undeutlich hörte sie hinter sich einen Schmerzensschrei ihres Verfolgers, auf den eine Reihe lauter Flüche folgten. Sie blickte kurz zurück: Sie hatte den Abstand etwas vergrößern können. Sie rannte weiter, ignorierte die Schmerzen an ihren Armen und im Gesicht, stolperte, stürzte, rappelte sich wieder auf und rannte weiter. Wieder kam sie an einen Fuhrweg. Mit Mühe konnte sie sich beim Sprung auf den Weg auf den Beinen halten, schaffte es aber nicht zu bremsen und strauchelte mit voller Wucht in das Gebüsch auf der anderen Wegseite. Von hinten hörte sie das Ächzen und Schreien von Thill, der ihr immer noch auf den Fersen war. Der Sturz hatte ihr mehrere Schürfwunden zugefügt, aus denen Blut sickerte, doch die Wucht des Aufpralls hatte sie durch die Sträucher gedrückt. Sie raffte sich wieder hoch und stolperte gebückt vorwärts durch einen jetzt wieder lichteren Wald. Nach weiteren gut zweihundert Metern Sturzflug über den Waldboden sah sie vor sich eine Straße auftauchen. Sie hörte das Motorengeräusch eines Pkws. Thill hatte wieder etwas aufgeholt. Trotz seines Übergewichts schien er mehr Kraftreserven zu besitzen. Als es nur noch zehn Meter bis zur Straße waren, sah Sobothy, dass eine hohe Böschung sie von ihr trennte. Gleichzeitig schien das Auto immer näher zu kommen. Sie überlegte nur einen Moment, dann rutschte sie den felsigen, mit Zwergsträuchern bewachsenen Hang hinunter, sah einen silbergrauen Kombi nur noch fünfzig Meter von ihr entfernt heranfahren, sprang in aller Verzweiflung den letzten Meter auf das Straßenbankett hinunter, fiel, raffte sich auf und wedelte auf Knien wild dem Auto entgegen. Sie konnte es kaum glauben, als es tatsächlich anhielt.

Sie schaute nach oben und sah Thill an der Hangkante stehen und auf sie herabstarren. Sie riss die Beifahrertür auf, schmiss sich auf den Sitz und schrie: »Fahren Sie, schnell, fahren Sie los!« Mit Blick auf Thill spürte sie, wie sich das Auto rasch in Bewegung setzte und sich von ihrem Verfolger entfernte. Sie schloss die Augen und versuchte ihren Atem zu beruhigen. Sie hatte es geschafft, sie war ihm entkommen. Sie spürte, wie ihr ganzer Körper anfing zu brennen, wie ihr Kleid in Fetzen an ihr herunterhing. Es war ihr egal. Viel größer war die Erleichterung. Endlich konnte sie die Augen öffnen, und sie wandte sich ihrem Retter zu.

»Danke, Sie hat der Himmel geschickt, ich weiß gar nicht –« Der Dank fand nicht mehr den Weg über ihre aufgeplatzten Lippen, als sie zum Fahrer des Wagens hinsah: Sun Shiwen?

44

Dalheim; Sonntag, 19. Juni

Es war zunächst alles nach Plan gelaufen. Nanette Bonitzer war überpünktlich zu dem vereinbarten Treffpunkt in Remich gekommen. Wie er es richtig eingeschätzt hatte, wollte sie nicht essen, sondern lieber eine Runde spazieren gehen. Und er hatte auch richtig damit gelegen, dass sie lieber in den Wald wollte, als den öden Uferweg entlang der Mosel zu laufen. Er hatte dann angeboten, zu einem schönen Gebiet ganz in der Nähe zu fahren, das er von seiner Jugend her kannte. Sie hatten geplaudert, und er hatte sich zu Recht auf seinen Charme verlassen können.

Ihm war klar gewesen, dass es ein Risiko war, nach Dalheim zu fahren. Doch seine Tante wohnte noch immer in der Dorfmitte in dem alten Haus in der Kettengaas. Er hatte sein Auto am nördlichen Ortsrand am Ende des Heedscheierwee abgestellt. Hier würden sie in ihm sicher nicht den kleinen, schon damals stämmigen Jungen erkennen, der sich mit Stöcken bewaffnet auf den Weg zum »Verbrannte Bësch« gemacht hatte.

Nanette Bonitzer schien anfangs etwas nervös zu sein. Er spürte aber, dass dies mehr auf ihrer Erwartungshaltung beruhte und weniger auf der Befürchtung, mit einem fremden Mann in der Einöde durch den Wald zu gehen. Wichtig war für ihn, dass sie ihn nicht erkannt hatte. Das war eine seiner Befürchtungen gewesen. Er hatte die Situation vor zehn Tagen nicht aus seinem Gedächtnis verbannen können, auch wenn er es zumeist schaffte, sie zu verdrängen. Doch jetzt sollte sie sich nicht wiederholen. Diese erste Erkenntnis verschaffte ihm eine große Erleichterung, und er konnte seine Rolle umso besser spielen.

Er berichtete von seiner Arbeit als Journalist, von den zunächst gelegentlichen, zwischenzeitlich häufigeren Treffen mit Alexander, in denen sie sich angefreundet hätten. Wegen seiner vielen Auslandsreisen hatten sie sich zuletzt jedoch nur noch selten gesehen. Er gab vor, dass Alexander, der mit seiner Familie und der Berufstätigkeit seiner Frau örtlich gebunden gewesen war, ihn um seine Freiheit beneidet hatte. Dann betonte er, wie sehr er ihn dafür geschätzt hatte, dass er dennoch an ambitionierten Storys gearbeitet hatte und sicher auf dem Weg gewesen war, ein richtig guter Journalist zu werden. Von dem Unfall von Alexander habe er erst vor ein paar Tagen erfahren, nachdem er von einer längeren Recherche in Westafrika zurückgekommen sei. Er hatte gespürt, dass seine Erzählung und vor allem die Würdigung Altmüllers den Zugang zu dessen Exgeliebter ebneten. Sie hatten inzwischen die schmale Straße verlassen und waren einen Feldweg entlanggegangen, der sie am Hang durch vereinzelte Gebüsche und Obstwiesen führte. Doch die junge Frau hörte nur ihm zu und schien die landschaftliche Kulisse gar nicht wahrzunehmen.

Sie waren durch ein kleines Waldstück gegangen, weiter über Wiesen mit Blick auf den Nachbarort Waldbredimus und zurück in den zusammenhängenden Wald. Hier kannte er sich immer noch gut aus. Hätte eigentlich am Vortag gar nicht herkommen müssen. Dass er es aber doch getan hatte, hatte ihm noch mehr Sicherheit verliehen. So hatte er auch einen schönen Platz auf einem Stapel von Holzstämmen ausgemacht, auf dem er Bonitzer eingeladen hatte, sich zu setzen. Anschließend hatte er von Alexander berichtet, der bei ihrem letzten Treffen von einer tollen Frau geschwärmt hatte, in die er sich heftig verliebt habe. Von den dadurch verursachten Schwierigkeiten mit seiner Familie, von seinen Gewissensbissen, aber auch von seinen Träumen über eine Zukunft mit der neuen Liebe. Seine Worte hatten bei ihr die erhoffte Wirkung nicht verfehlt.

Er hatte gesehen, wie ihre Augen zuerst feucht wurden, dann die ersten Tränen an ihrer Wange herunterrollten und sie schließlich vollends in Tränen ausbrach. Er hatte den Tröster gemimt und sie in die Arme genommen, bis sie sich wieder beruhigt hatte. Nun hatte sie sich von ihrer seelischen Last befreit, von den Zweifeln der letzten Monate erzählt, von ihrer Wut und ihrer Trauer. Sie hatten sicherlich eine Stunde auf den Stämmen verbracht, als er vorschlug, weiterzugehen, und das Thema wechselte.

Er war wieder auf die gute Arbeit des Journalisten Altmüller zu sprechen gekommen, auf aussichtsreiche Recherchen zum Bitburger Flughafen, und fragte, ob Alexander ihr gegenüber etwas davon berichtet hätte. Sie verneinte, sagte, dass sie selten über seine Arbeit gesprochen hätten. Als er nachhakte und erwähnte, dass sie ja im luxemburgischen Staatslabor arbeitete, in dem Alexander eine spektakuläre Story vermutet hatte, wurde sie das erste Mal hellhörig. Doch da hatte er sie noch beruhigen können, indem er offen eingestand, dass er schon daran dachte, Alexanders Arbeit aufzunehmen und zu Ende zu führen, quasi als sein Erbe. Doch Bonitzer bestritt, dass Altmüller irgendwelche Unterlagen bei ihr gelassen hatte oder sie etwas von seinen Recherchen wusste.

Und dann war ihm der verhängnisvolle Fehler unterlaufen. Er hatte gefragt, ob Alexanders Frau vor ihrem Tod vielleicht etwas erzählt, ihr etwas über Recherchen in Luxemburg mitgeteilt hatte. Sie hatte ihn mit dem gleichen Blick angeschaut wie damals Suzanne Altmüller, mit der gleichen aufkommenden Erkenntnis hatte sie ihn mit offenem Mund angestarrt. Er hatte versucht abzuwiegeln, abzulenken, aber es war zu spät gewesen. Sie glaubte ihm nicht mehr, fragte, woher er überhaupt ihren Namen hatte, wartete gar nicht mehr seine Antwort ab und wollte flüchten. Er hatte es gespürt, die Panik gespürt, die wieder in ihm aufstieg, die Angst, alles zu verlieren, dieses Beben, das immer stärker wurde – genau wie die Angst in den Augen der Frau.

Später war er durch den Wald gegangen, ohne zu wissen, wohin, bis er plötzlich doch wieder vor seinem Auto gestanden hatte. Er brauchte noch Abstand, konnte nicht sofort nach Hause. Eigentlich hatte er Kristin versprochen, nachmittags mit ihr Kaffee trinken zu fahren. Er konnte ihr jetzt nicht gegenübertreten, war noch nicht wieder bereit für seine Rolle als Ehemann.

Er fuhr auf der Landstraße entlang der französischen Grenze bis nach Bettemburg, weiter über Pontpierre, Bettange-sur-Mess nach Steinfort. Hier stand er direkt vor der französischen Grenze und überlegte, ob er einfach immer weiterfahren sollte. Doch die einstündige Fahrt hatte ihn wieder ruhiger werden lassen, hatte seine Gedanken geordnet und ihm neue Zuversicht gegeben. Noch war nichts verloren, noch hatten sie nichts gegen ihn in der Hand.

Er hatte sich ein neues Problem, wieder ein unnötiges Problem geschaffen. Aber noch wusste keiner davon, und wenn es darauf ankam, wenn es sein musste, dann ... Er wollte diesen Gedanken nicht zu Ende führen. Stattdessen zwang er sich, sich zusammenzureißen, wendete seinen Wagen und fuhr auf direktem Weg nach Bertrange.

45

Merteskaul; Sonntag, 19. Juni

Buhle war nach dem langen Mittagsessen bei Paul und Sabine Gerhardts in dieser für ihn so ungewohnt familiären Atmosphäre nicht wieder nach Hause gefahren. Erst zum Schluss hatten sie sich über den Fall und Buhles neuen Ermittlungsansatz unterhalten, vielleicht hallten die Gedanken deshalb noch in ihm nach. Sie hatten vereinbart, dass er am besten noch nachmittags mit Ducard telefonieren würde und sie die Möglichkeit, dass Altmüller erpresst worden war, am Montagmorgen in der Soko durchspielen sollten. Am liebsten wäre er direkt zu Reno, Dardenne oder dem Institut gefahren. Doch so gut und unkompliziert die grenzübergreifende Zusammenarbeit mit der luxemburgischen Polizei, insbesondere der Kriminalpolizei, auch war, er konnte jetzt unmöglich allein im Großherzogtum ermitteln.

Als er gedankenverloren die Kaiser-Wihelm-Brücke über die Mosel nahm, spürte er, wohin es ihn trieb. Ohne weiter darüber nachzudenken, wie sinnvoll es war, fuhr er vom Moseltal hinauf in die Eifel nach Merteskaul. Diese kleine Ansammlung ehemals landwirtschaftlicher Gehöfte mutete fast einsam an. Die einzigen Lebewesen, die Buhle wahrnahm, waren die drei Pferde von Silvia Lenz, die langsam über die Weide neben der Zufahrtsstraße schritten.

Buhle fuhr vor die alte Scheune gegenüber dem Wohnhaus. Die Kollegen hatten die fenster- und torlosen Öffnungen mit Brettern verbarrikadiert und eine Behelfstür in den einen Eingangsbereich montiert. Buhle kontrollierte auch am Wohnhaus die Polizeisiegel. Sie waren alle unbeschädigt.

Es war nicht so heiß wie bei seinem letzten Besuch. Obwohl dichte Bewölkung am Himmel hing, empfand er jetzt viel stärker die ländliche Idylle, die von diesem Ort ausging. Leider eine trügerische Idylle. Er musste an den Fluch von Merteskaul denken. Gab es tatsächlich Orte, die das Unheil anzogen? Er ging langsam zwischen den Häusern hindurch, doch keiner der Bewohner zeigte sich. Wahrscheinlich hatten sie genug von den Ereignissen der letzten Wochen. Menschen, die hier wohnten, hatten sich erkennbar für ein zurückgezogenes Leben entschieden. Er setzte sich auf eine Bank mit Blick auf das fast vollständig bewaldete Tal. Es war absolut ruhig. Nur ganz leise drang ein mildes Rauschen durch die Baumkronen des umliegenden Waldes, wenn sich wieder ein leichter Windstoß in ihnen verfing. Er hing seinen Gedanken nach, überlegte, ob es in seiner Biografie andere Weichenstellungen hätte geben können, die ihn an einen solchen Ort geführt hätten.

Damals, als er sein Elternhaus verlassen musste, war er fast ein Jahr lang unterwegs gewesen, hatte sich zunächst an der niederländischen Küste, später in Südfrankreich und dem spanischen Galizien mit Gelegenheitsjobs über Wasser gehalten. In der Fremde war es kein Problem gewesen, abzutauchen, sich fernzuhalten von den Einheimischen, die ihn ohnehin nicht brauchten.

Bis er eines Tages auf dem Wochenmarkt von Marin bei Pontevedra Señiora Lucia Marquéz kennengelernt hatte. Es war Zufall, dass er bis zu dieser Kleinstadt mitgenommen worden war. Genauso, dass er gerade an ihr vorbeiging, als ihr der Henkel der Einkaufstasche riss. Er hatte schnell beim nächsten Standbesitzer zwei neue Tüten geholt, das Gemüse und die Wurst darin verstaut und war dann völlig verdattert gewesen, als sie die mit einem fast akzentfreiem »Danke« entgegennahm. Es folgte zunächst eine Einladung zum Abendessen, die er vor allem annahm, weil er wieder einmal Deutsch sprechen wollte. Dann blieb er über Nacht, weil er ohnehin keine Bleibe hatte und die Nächte an der Atlantikküste im Dezember kühl und windig waren. Nach zwei Tagen vereinbarten sie, dass er für Kost und Logis den Garten wieder auf Vordermann bringen und einzelne Reparaturen am Haus erledigen sollte. Es wurden letztlich drei Monate daraus. Drei Monate bei der ehemaligen Deutschlehrerin, die ihn zurück ins Leben brachten.

Ja, die kleine Finca mit dem großen Garten wäre vielleicht der Rückzugsort gewesen, an dem er sich damals hätte niederlassen können. Aber Lucia war vierundachtzig Jahre alt, und ihr Herz hörte am 12. März auf zu schlagen, als sie wie jeden Mittag in Decken gehüllt auf ihrer Veranda saß und auf das Meer hinaussah. Lucias Erben hatten wenig Verständnis für den jungen deutschen Gärtner, und so verließ er Galizien noch am Tag der Beerdigung.

Aber er nahm ein Erbe von Lucia mit zurück nach Deutschland. Sie hatte häufig von ihrem Enkel erzählt, der als Polizist in Vigo gearbeitet hatte. Das tat sie stets mit einer solchen Hingabe, einem so uneingeschränkten Stolz, dass ...

Als Buhle ein schlürfendes Geräusch hinter sich hörte, wurde er – zu seinem großen Bedauern – aus seinen Gedanken gerissen. Er drehte sich um und sah einen alten Mann nur wenige Meter hinter sich stehen. Es konnte sich nur um Paul Feilen handeln, der im Nachbarhaus der Altmüllers wohnte.

»Guten Tag, Herr Feilen. Sie haben mich beinahe erschreckt. Wir haben uns noch gar nicht persönlich kennengelernt. Ich bin Kriminalhauptkommissar Buhle von der Kripo Trier.« Buhle wollte aufstehen und den alten Mann begrüßen. Doch dieser winkte ab.

»Bleiben Sie ruhig sitzen, Herr Kommissar. Ich weiß schon, wer Sie sind. Wenn Sie gestatten, würde ich mich gerne dazusetzen. Ich sitze fast jeden Tag hier auf der Bank und schaue ins Tal. Es bleibt nicht viel, was ein alter Bauer tun kann, dem Hof, Frau und Sohn genommen wurden.«

Buhle verspürte keine Lust, mit dem betagten Mann ein Gespräch über die gute alte Zeit und die schlechte Gegenwart zu führen. Doch dann sagte er sich, dass es vielleicht auch etwas Besonderes war, wenn dieser mürrische letzte Landwirt des Gehöfts sich zu ihm setzen wollte. Also rückte er zur Seite. Zunächst herrschte Schweigen zwischen den beiden Männern, das Buhle aber überhaupt nicht als unangenehm empfand. Es schien zu dem Platz dazuzugehören, und es war fast so, als ob er sich in diesem Augenblick als einer aus der Merteskaul fühlen durfte.

»Haben Sie den Mörder schon?« Die Frage kam unvermittelt. Buhle hatte schon fast nicht mehr damit gerechnet.

»Nein, haben wir noch nicht. Haben Sie Zeitung gelesen oder Radio gehört?«

»Ja, hab ich. Die Kleine ist an einem Virus gestorben, hieß es.«

»Ja, wir wissen jetzt, was für ein Virus es war, und vermutlich auch, wo er herkam.«

»Und woher kam er? Aus China?«

Buhle hatte wie Paul Feilen seinen Blick geradeaus ins Freie gerichtet. Nun drehte er sich überrascht zu seinem Banknachbarn um.

»Wie kommen Sie auf China?«, fragte er und dachte gar nicht daran, sein Erstaunen zu unterdrücken.

»Na ja, da waren ab und zu mal Chinesen hier unterwegs.«

»Bitte? Das müssen Sie mir jetzt aber etwas ausführlicher erklären?«

Paul Feilen schien noch zu überlegen, ob er das wollte. Dann richtete er sich auf. Als er sich Buhle zuwandte, sah der Mann plötzlich zehn Jahre jünger aus. Seine Gesichtszüge hatten sich gestrafft, seine Augen hatten an Glanz gewonnen, und seine Stimme klang nicht mehr so rau und zögerlich, sondern klar und fast schon energisch.

»Vielleicht hätte ich schon früher etwas sagen sollen, vielleicht wäre es dann nicht so schlimm gekommen mit dieser jungen Familie.« Wie zur Einleitung des nächsten Satzes knatterte ein Motorrad über die nahe gelegene Landstraße, und Paul Feilen wartete, bis der Lärm langsam wieder abnahm. »Seit Anfang des Jahres war es mit der Ruhe in der Merteskaul vorbei. Es fing damit an, dass sich hier irgendwelche Asiaten herumtrieben. Ob das nun Chinesen, Japaner oder so waren, kann ich nicht sagen. Die sehen für mich alle gleich aus.« Er schien kurz zu überlegen. »Ich dachte zuerst, dass es um die neuen Windräder gehen würde, die da auf der Höhe aufgestellt werden sollen. Dass die uns jetzt auch noch den Wind abkaufen wollten. Aber dann schien es, als ob sie sich mehr für die Altmüllers interessierten.«

»Wie kommen Sie darauf?«

»Wenn man nichts von den Leuten aus der Merteskaul will, kommt man nur einmal hierher. Die waren aber ständig da. Zuletzt am Donnerstagmorgen.«

»Am Donnerstagmorgen? War da auch jemand im Haus der Altmüllers?«

»Ja, der, der mehrmals hier war. Immer frühmorgens, immer sehr unauffällig.«

»Sie haben ihn aber gesehen?«

»Ich hatte schon immer ein gutes Auge, habe immer mehr gesehen als andere.«

»Hat der Asiate etwas aus dem Haus mitgenommen?«

»Nein.«

»War er schon vorher einmal im Haus gewesen?«

»Nicht dass ich wüsste.«
Buhle überlegte, was das nun zu bedeuten hatte. Asiaten waren noch gar nicht in ihren Ermittlungen aufgetaucht. Aber was machte ein Asiat im Haus der Opfer?
»Können Sie genauer sagen, wann und wie häufig die Asiaten hier waren und was sie gemacht haben?«
»Ja, das kann ich wohl. Aber ...« Paul Feilen schien wieder überlegen zu wollen, was er jetzt zu sagen hatte.
»Aber was?«
»Ich glaube, der andere dürfte für sie wichtiger sein.« Der alte Mann formulierte zwar vorsichtig, aber sein Tonfall zeugte von einer großen Überzeugung. Buhle hörte fast schon fassungslos zu.
»Da war noch ein Mann aus Luxemburg hier, ziemlich oft sogar. Er hatte sein Auto immer ein Stück weiter im Wald stehen. Wollte wohl nicht gesehen werden. Ich bin da aber häufig entlanggegangen. Das war der Weg zu meinen Talweiden, die von früher, verstehen Sie?«
Buhle nickte nur stumm. Zu unglaublich fand er das, was er da hörte.
»Na ja, der Mann war dann nach dem Tod des Mädchens häufig hier, hatte sich wohl hinter dem Haus versteckt. Jedenfalls habe ich ihn einmal da aus dem Wald rausschleichen sehen. Da war es aber dunkel, ich konnte ihn nicht richtig erkennen.«
»Haben Sie ihn nur das eine Mal persönlich gesehen?« Buhle hatte sich aus seiner Starre gelöst, und sein Verstand nahm seine Arbeit wieder auf.
»Einmal noch habe ich ihn gesehen. Das war am Tag, als die Mutter verschwunden ist.«
»Was haben Sie da gesehen?«
»Er war im Haus, nicht sehr lang. Dann ist er wieder raus und schnell zu seinem Auto gerannt. War ziemlich hektisch.«
»Können Sie den Mann beschreiben?«
»Er war nicht sehr alt, hatte aber dafür schon eine ziemlich hohe Stirn, kurze dunkle Haare. War nicht sehr groß, kräftig.«
In Buhles Gehirn ging parallel ein Abgleich mit den Verdächtigen einher. Reno und Dardenne waren beiden nicht sehr groß.
»Was meinen Sie mit kräftig? Eher stark, muskulös oder untersetzt, dick?«

»Eher untersetzt, nicht dick.«

Buhle holte sein Mobiltelefon hervor, während er fragte: »Herr Feilen, warum haben Sie uns das nicht schon am Anfang erzählt?«

»Ich war der Meinung, das geht mich alles nichts mehr an. Aber ... aber eigentlich waren die jungen Leute ganz nett, vor allem die Mädchen.« Es hatte sich jetzt deutlich Trauer in die Stimme des Mannes gelegt, und er sah wieder so alt aus wie vorher.

Buhle hatte das digitale Foto gefunden und hielt es Feilen hin.

»War es dieser Mann, den Sie hier gesehen haben?«

Der alte Bauer betrachtete das Bild und nickte stumm. Er schien für heute genug gesagt zu haben.

Buhle musste erst wieder aus dem Tal auf die Höhe fahren, damit er Empfang hatte. Als Erstes rief er Ducard an und teilte ihm in kurzen Sätzen die Neuigkeiten mit. Sie verabredeten sich an seiner Dienststelle in Luxemburg und wollten von dort aus das weitere Vorgehen besprechen. Auf der Fahrt dachte er darüber nach, ob er nicht doch schon einmal etwas im Zusammenhang mit Asiaten gehört hatte. Es fiel ihm ein, als er von der B 51 auf die Autobahn wechseln wollte.

Er wählte zunächst die Festnetznummer von Hannah Sobothy, doch ging da nur der Anrufbeantworter an. Er bat um möglichst umgehenden Rückruf. Auch auf der Handynummer hatte er keinen Erfolg. Wo konnte er sie noch erreichen? Auch sein dritter Versuch im Radiosender blieb erfolglos. Gut, das ließe sich auch später noch klären. Schneller als mit der zulässigen Höchstgeschwindigkeit fuhr er weiter auf der A 64 nach Luxemburg-Stadt.

46

Bridel; Sonntag, 19. Juni

Nachdem Hannah Sobothy ihren ersten Schock überwunden hatte, war ihr nächster Gedanke gewesen, aus dem fahrenden Auto zu springen. Die Geschwindigkeit war aber schon zu hoch. Vielleicht hätte sie es dennoch gewagt, wenn der Chinese sie nicht mit einem einzigen Satz davon abgehalten hätte: »Tun Sie es nicht, Sie haben nichts mehr zu befürchten.«
Sie hatte ihn angestarrt und die Hand wieder vom Türgriff genommen. Ganz offensichtlich war sie in die Fänge des Mannes geraten, vor dem sie Alexander Altmüller so eindringlich gewarnt hatte. Es musste dieser Sun Shiwen sein, wer sonst? Mit dieser niederschmetternden Erkenntnis hatte sich der Schmerz ihres geschundenen Körpers in ihr Bewusstsein gedrängt. Ihre Arme waren mit Rissen und Abschürfungen übersät und mit einer rot-braunen Schicht aus Blut und Dreck verschmiert. Ihre Beine sahen nicht viel besser aus, doch waren es hier eher die aufgeschlagenen Knie und die flächigen Schürfwunden an den Oberschenkeln und, wie sie deutlich spürte, am Gesäß. Ihr Kleid war an mehreren Stellen zerrissen, und unter dem zerfetzten Ausschnitt offenbarte sich ein Großteil ihres BHs. Shiwen schien das nicht zu beachten.
»Wo bringen Sie mich hin?« Beim Sprechen verspürte sie einen stechenden Schmerz an ihrer Lippe. Sie tastete danach und erschrak beim Anblick von Blut auf ihrer Fingerkuppe.
»Zurück zum Haus von Herrn Thill. Aber keine Angst: Er wird Ihnen nichts tun.«
»Und Sie?«
»Nun, ich werde mich bemühen, es ihm gleichzutun. Das hängt aber auch ein wenig davon ab, ob Sie auf weitere unangemessene Aktionen wie Ihre Flucht verzichten wollen.«
Sobothy betrachtete Shiwen, während sie am ganzen Körper zitterte. Sein Gesicht wirkte völlig entspannt, mit den leicht nach oben gezogenen Mundwinkeln sogar regelrecht freundlich, und er schien sich ausschließlich auf die Straße zu konzentrieren. Sie spürte aber, dass er gleichzeitig jede ihrer Bewegungen registrierte,

und verwarf endgültig jeglichen Gedanke an ein mögliches Entkommen.

Sie fuhren auf direktem Weg zu Thill. Schon nach ein paar Minuten passierten sie das offene Tor und den Kiesweg zu seiner Villa. Am Eingang erwartete sie ein weiterer Asiat, der ihr die Tür öffnete und anbot, ihr beim Aussteigen zu helfen. Sie stand gerade vor dem Auto, als ein zweiter Wagen hinter ihnen hielt. Auf dem Rücksitz sah sie den wutentbrannten Thill, der an der offensichtlich verschlossenen Tür rüttelte. Sein dunkles Haar klebte schweißnass an seinem Kopf, und Sobothy merkte erst jetzt, wie licht es schon war.

»Kommen Sie bitte mit ins Haus. Ich glaube, Herr Thill benötigt noch ein wenig Zeit, um sich zu erholen. Währenddessen sollten wir Sie verarzten, meinen Sie nicht?« Shiwen hatte höflich gesprochen. Nichts deutete darauf hin, dass sie einen gefährlichen Mann vor sich haben könnte. Doch die ganze Szenerie, die plötzlich auftauchenden Leute, Asiaten und Europäer, zeigten ihr eindeutig, dass der Schein trog.

Shiwen hatte sie einer jungen Chinesin übergeben, die sie direkt in das Badezimmer führte. Sie ließ es geschehen, dass die Frau ihr vorsichtig das Kleid auszog und es vor die Tür legte. Sie wurde gefragt, ob sie duschen wollte. Als sie zur Antwort nur mit den Schultern zuckte, nahm die Chinesin eine bereitstehende Schüssel, einen weichen Schwamm und wusch ihr vorsichtig zuerst die Arme, dann die Beine und schließlich auch das Gesicht mit warmem Wasser ab. Mit jeder der fast zaghaften Berührungen ging ein stechender Schmerz durch Hannah Sobothys Körper, sodass sie schließlich ihre Tränen nicht mehr zurückhalten konnte. Als sie sauber war, brannte ihre Haut lichterloh.

Die Chinesin griff zu einer unbeschrifteten Flasche, aus der sie eine milchige Lotion drückte, die sie gleichmäßig auf Hannah Sobothys Wunden verteilte. Die ganze Prozedur dauerte sicherlich eine Viertelstunde oder länger. Schließlich saß Sobothy wieder in Unterwäsche auf einem Handtuch auf dem Klodeckel, ließ alles wortlos über sich ergehen und spürte, wie die Schmerzen tatsächlich langsam wichen. Als sie sich am Ende unwillkürlich bedankte, schenkte ihr die junge Frau ein Lächeln, als ob sie gerade einer Freundin einen Gefallen getan hätte. Dann öffnete sie die Tür, vor der eine Art Hausanzug lag, und half ihr beim Anziehen. Hannah Sobothy begriff das alles nicht mehr. Sie wurde zurück in den Wintergarten geführt, in dem Shiwen mit einer Tasse Tee in der Hand auf sie wartete.

»Geht es Ihnen etwas besser, Frau Sobothy? Das freut mich. Setzen Sie sich doch. Möchten Sie auch einen Tee?«

Sobothy sah die für sie bereitgestellte Tasse, schüttelte aber den Kopf. Shiwen betrachtete sie weiter mit einem freundlichen Lächeln, das er auch nicht ablegte, als er weitersprach: »Frau Sobothy, wir sind alle in eine unangenehme Situation hineingeraten, wie Sie ja selbst schmerzhaft feststellen mussten. Die Zeit drängt. Deshalb möchte ich nicht unnötige Worte verlieren. Ich unterbreite Ihnen jetzt ein Angebot und bitte Sie, es anzunehmen. Sie werden sehen, es wird uns beiden nützen.«

Sobothy antwortete nicht, hielt dem Blick von Shiwen aber stand. Dies verstand ihr Gegenüber wohl als vorläufige Zustimmung und fuhr fort: »Frau Sobothy, wir benötigen die Unterlagen, die sie von Herrn Altmüller erhalten haben oder in deren Besitz Sie nach seinem Tod gelangt sind. Sie werden sie nicht benötigen, weil Sie von mir das erhalten werden, was Sie ohnehin wollen: eine gute Reportage über den aktuellen Stand der Investitionen beim Bitburger Flughafenprojekt.«

Shiwen sprach fast akzentfrei Deutsch. Er sah so ganz und gar nicht wie der Kriminelle aus, den sie sich immer vorgestellt hatte. Aber sie war vorsichtig geworden.

»Woher wollen Sie wissen, dass ich derartige Unterlagen habe?«

»Zum Beispiel, weil Sie gerade dies mit Ihrer Gegenfrage bestätigt haben. Frau Sobothy, wir beide wissen, dass Herrn Altmüller sehr weitgehende Recherchen gelungen sind, in diesem Fall waren sie für uns allerdings etwas zu weitreichend, wenn Sie verstehen.«

»Und wenn ich Ihnen nicht sage, wo Sie die Unterlagen finden? Wenn sie gut versteckt sind und gewisse Personen Bescheid wissen, wie sie zu handeln haben?«

Er antwortete mit einem mitleidigen Blick, bevor er sagte: »Das wäre sicherlich für uns beide nicht von Vorteil. Und meinen Sie wirklich, dass ein Schweigen die bessere Alternative wäre?«

»Wieso sollte ich mich auf Sie verlassen können? Vielleicht haben Sie ja Alexander auf dem Gewissen.«

»Ich kann Ihre Vorsicht verstehen. Lassen Sie mich eines klarstellen: Wir haben nichts mit Herrn Altmüllers Unfall zu tun, auch nichts mit dem Tod seiner Frau oder seines Kindes. Wir glauben aber zu wissen, wer daran beteiligt sein könnte, und werden noch heute unseren Teil dazu beitragen, dass der Täter gefunden wird.«
Er beugte sich ein wenig nach vorn. »Sehen Sie, es ist eine Unruhe entstanden, die unseren Geschäften entgegensteht. Mein Auftraggeber hat deshalb beschlossen, sich zurückzuziehen. Allerdings möchte er nicht, dass hier weitere, wie soll ich es ausdrücken, weitere Mutmaßungen über die Hintergründe für sein Engagement kursieren.«

»Sie wollen verschwinden, ohne Spuren zu hinterlassen.«

»Ich bewundere die klare Sprache der Deutschen.«

»Was ist, wenn ich Ihnen vertraue?«

»Sobald ich Ihre Unterlagen habe, und damit meine ich auch mögliche Sicherheitskopien oder Notizen, bitte, werden wir Sie freilassen. Ich werde Ihnen in wenigen Tagen ausreichende Informationen zukommen lassen, mit denen Sie einen Bericht verfassen können, der, wie Sie sagen würden, wie eine Bombe einschlagen wird.«

»Und wenn Sie die Unterlagen nicht bekommen, komme ich nicht frei, und Sie werden sie suchen.«

Es war keine Frage, sondern eine Feststellung. Mit seinem Lächeln wollte Shiwen offenbar seiner Freude darüber Ausdruck verleihen, dass sie verstanden hatte.

Es ging alles recht schnell. Hannah Sobothy erklärte Shiwen, dass sie die Unterlagen von Alexander Altmüller nur in digitaler Form hätte, und zwar auf ihrem Computer, auf der Original-CD in ihrer Schreibtischschublade und einer Sicherheitskopie in einer grünen Blechdose im Geräteschuppen. Keiner sonst hätte die Daten über das Flughafenprojekt erhalten, auch nicht die Polizei. Offenbar hatte Shiwen bereits einen Gehilfen mit ihrem Haustürschlüssel zu ihrer Wohnung geschickt. Mit einem Anruf von ihrem Smartphone aus stellten sie sicher, dass Steff Brodersen noch nicht wieder zu Hause war. Es dauerte nur zehn Minuten, bis Shiwen einen Anruf bekam und Sobothy freundlich zunickte.

»Gut, wir werden Ihr Notebook mitnehmen müssen. Sie werden alle Ihre Daten zurückbekommen, allerdings werden wir Ihre Festplatte austauschen. Dafür finden sie anschließend einige Details über den Geschäftsmann Fernand Thill, die Sie sicher sehr interessieren werden.« Er schien kurz über etwas nachzudenken, das ihm einen Anflug von Heiterkeit bescherte. »Sie sind Radioreporterin. Da werden Sie sicherlich auch über ein Statement von Herrn Thill froh sein, nehme ich an. Ich bin sicher, dass wir das arrangieren können.«

Hannah Sobothy hatte lange nicht gesprochen. Die ganze Situation kam ihr völlig irreal vor. Doch jetzt fragte sie nach: »Was wird Herr Thill machen?«

Shiwen schien für seine Verhältnisse immer noch belustigt. »Ich nehme an, Herr Thill wird jetzt eine längere Geschäftsreise in den Fernen Osten unternehmen müssen. Ja, er ist schon auf dem Weg dorthin. Sie müssen mich nun aber entschuldigen. Ich habe noch einen wichtigen geschäftlichen Termin und werde mich dann auch gleich aus Europa verabschieden müssen. Die Unterhaltung mit Ihnen war mir ein großes Vergnügen. Jiao wird Ihnen noch ein wenig Gesellschaft leisten.«

Shiwen war aufgestanden und schickte sich an, sich förmlich zu verabschieden. Doch während er ihre Hand hielt, schien ihm noch etwas einzufallen. »Zwei Dinge noch: Es kann sein, dass wir Ihnen zum Abschied noch kleinere Unannehmlichkeiten bereiten müssen, aber es ist leider notwendig. Wir werden Sie in einem Waldstück aussetzen und ... nein, Sie brauchen keine Angst zu haben, Ihnen wird nichts geschehen. Wir benötigen nur noch ein wenig Zeit und möchten nicht, dass man Sie hier findet. Sie werden erst ein wenig laufen müssen, doch Sie werden sicher Ihre Tasche mit Ihrem Mobiltelefon finden. Dann werden Sie Hilfe herbeirufen können. Und zweitens: Sie können der Polizei natürlich auch von den kleinen Ereignissen hier berichten. Allerdings wird man keinerlei Spuren finden, die das Geschehene bestätigen werden, außer natürlich die Spuren, die Sie selber am Körper tragen. Aber die könnten auch anders gedeutet werden. Sie dürfen auch ruhig von Sun Shiwen berichten«, fügte er lächelnd hinzu.

»Aber den wird man auch nicht finden. Genauso wenig wie eine Jiao.« Hannah stellte verwundert fest, dass ihre Anspannung bereits abgefallen schien, als ob schon alles vorbei wäre.

»Da haben Sie vollkommen recht. Wobei sie die liebenswerte und bezaubernde Jiao sicherlich mehr vermissen werden als mich. Sie hat magische Finger.«

Erst jetzt ließ Shiwen ihre Hand wieder los. Sie spürte den Händedruck des Chinesen noch lange, nachdem er den Raum verlassen hatte. Doch eigentlich spürte sie vielmehr – sie konnte es sich nicht anders erklären – seine Energie.

47

Bertrange; Sonntag, 19. Juni

Nach seinem Entschluss benötigte Eric Dardenne nur eine Viertelstunde, bis er in die Rue Michel Rodange einbog und das Auto in seiner Garage abstellte. Er ging durch den Seiteneingang, der direkt ins Wohnhaus führte, und stellte seine Schuhe in der Garderobe ab. Kristin hatte die Vorhänge vor den Fenstertüren zur Terrasse hin zugezogen. Doch wo steckte sie bloß wieder? Wahrscheinlich war sie sauer, dass er zu spät nach Hause gekommen war. Ihr Auto stand in der Garage, und allein ging sie eigentlich nie spazieren. Er rief ihren Namen laut durch die offen gestaltete Wohnung, bekam aber keine Antwort. Ohne sich weitere Gedanken zu machen, ging er ins Bad und wusch sich gründlich. Dann holte er sich in der Küche ein kaltes Bier aus dem Kühlschrank und trank es fast in einem Zug aus. Wo steckte sie bloß? Hatte sie sich hingelegt, war ihr wieder schlecht geworden? Er stellte die Bierflasche auf den Küchentisch und ging zurück in den Flur.

Der Angriff kam viel zu plötzlich, als dass er irgendeine Chance gehabt hätte. Es schien, als ob ihn unzählige Arme und Hände zugleich ergriffen. Ehe er auch nur reagieren konnte, lag er gefesselt, geknebelt und mit verbundenen Augen auf dem Bauch, wurde dann hochgehoben und auf die Füße gestellt. Er versuchte zu reden, zu schreien, aber der Stoffball in seiner Mundhöhle schluckte fast jeden Ton. Sie brachten ihn die Treppe hoch. Er stolperte zweimal über die Stufen und wurde jedes Mal von diesen unsichtbaren Händen ergriffen und aufgefangen. In einem der Zimmer im Obergeschoss setzten sie ihn auf einen Stuhl und banden ihn daran fest. Er hörte, wie die Tür wieder geschlossen wurde, danach herrschte Stille. Er zerrte an seinen Fesseln, aber die schnitten sich nur noch mehr in seine Handgelenke. Es tat höllisch weh. Er hörte damit auf, und der Schmerz ließ langsam wieder nach. Was war geschehen, was verdammt noch mal war geschehen?

Er war völlig verstört. Noch vor wenigen Augenblicken war er der Meinung gewesen, wieder alles im Griff zu haben. Jetzt saß er bewegungsunfähig, blind und stumm in seinem eigenen Haus und hatte keine Ahnung, was ihm widerfahren war. Wieder versuchte er zu schreien, wieder versuchte er, irgendwelche Körperteile zu bewegen. Es brachte nichts, außer einem neuen Schub an Schmerzen. Er atmete schwer, versuchte zu denken, nicht panisch zu werden. Es gelang ihm nicht, denn es wurde ihm etwas bewusst, das blanke Todesangst in ihm auslöste. Egal wer es war, er war gekommen, um ihm ein Ende zu bereiten. Vielleicht hatten sie Kristin auch schon …?

Er spürte, wie ihm übel wurde, sein Mageninhalt drängte nach oben, fand aber keinen Ausgang, verschloss die Luftröhre. Er hustete, schluckte, alles verkrampfte. Er spürte, wie ihm die Luft immer weniger, ihm immer schwindeliger wurde. Dann riss jemand das Klebeband ab und den Knebel aus seinem Mund. Endlich konnte er sich erbrechen, so lange, bis nur noch ein Röcheln der Lunge und ein Brennen in der Speiseröhre zurückblieben. Nachdem sich sein Atem etwas stabilisiert hatte, wurde ihm der Mund wieder verstopft und verschlossen. Er wehrte sich nun nicht mehr.

★★★

Henry Ducard hatte Buhle direkt am Eingang des Dienstgebäudes abgefangen. »Lass dein Auto hier stehen und komm mit. Ich habe gerade einen Wagen mit meinen Leuten vor Dardennes Haus positioniert. Dort ist alles ruhig. Die Staatsanwaltschaft ist informiert und auf dem Weg. Ich denke, wir werden bald einen Durchsuchungsbefehl haben. Aber vielleicht kommen wir schon vorher rein. Reno haben wir übrigens auch im Visier, aber auch dort ist bislang nichts passiert.«

Buhle hatte noch kein Wort gesagt, als er ins Auto seines luxemburgischen Kollegen stieg. Ducard hatte alles im Griff, und beide waren im Einsatz ohnehin Freunde kurzer, klarer Worte. Erst auf der Fahrt nach Bertrange schilderte Buhle noch einmal ausführlicher sein Gespräch mit Paul Feilen und erinnerte daran, dass damit auch das Bild von Zoé an Beweiskraft gewonnen hatte. Ducard war sichtlich angefressen.

»Das heißt also, wir hatten von Anfang an zwei Zeugen. Der alte Mann hatte alles schon seit Langem beobachtet und nichts gesagt, weil es ihn nichts anging?«

»Zumindest äußerte er sich so. Ich kann es sogar ein Stück weit nachvollziehen. Der hat sein ganzes Leben in Merteskaul verbracht, wahrscheinlich immer hart gearbeitet, wenig mit anderen Menschen zu tun gehabt. Da wird man sicher eigenbrötlerisch.«
»Was wird man?«
»Eigenbrötlerisch, also befremdlich, kauzig, eigenartig, seltsam. Wie man halt wird, wenn man ein Leben lang auf sich gestellt war und auch zum Schluss weitgehend allein lebt. Ich glaube nicht, dass das in echten ländlichen Gebieten, egal ob Eifel oder Hunsrück, Niederbayern oder Ostfriesland, selten ist.«
Sie fuhren nach Bertrange hinein und hielten vor dem Auto der luxemburgischen Kollegen, die das Haus observierten. Ducard ging an die Fahrertür und fragte auf Luxemburgisch: »Ist noch alles ruhig?«
»Ja, niemanden gesehen, keine Bewegung hinter den Fenstern. Allerdings besteht Fluchtmöglichkeit über die Nachbargärten. Wir sind aber hiergeblieben, um sie nicht aufmerksam zu machen.«
»Klar. Komm jetzt bitte mit, damit jemand hinten ist, wenn wir klingeln.«
Der Polizist stieg aus und folgte den beiden Kommissaren. Ducard wartete bei der Klingel, bis sein Kollege sich hinter dem Gebäude in Stellung gebracht hatte. Dann drückte er kräftig und bestimmt auf den Knopf. Sie hörten den Klingelton bis vor die Haustür. Sonst hörten sie nichts. Ducard versuchte es noch einmal. Wieder verstrichen die Sekunden, ohne dass sich etwas tat.
»Christian, geh du hinters Haus und schau, ob du etwas entdecken kannst. Ich warte hier vorne.«
Buhle folgte dem Weg, den der luxemburgische Polizist zuvor gegangen war. Der Kies unter seinen Schuhen knirschte, doch er glaubte nicht, dass er vorsichtig sein musste. Am Rand des großflächigen Rasens sah er den aufmerksam wartenden Kollegen. Sie nickten sich kurz zu, und Buhle ging weiter auf die Terrasse. Die großen Fenster waren von innen mit Vorhängen zugezogen. Buhle schaute durch die Lücken zwischen den einzelnen Bahnen, konnte aber im Dämmerlicht im Innern nur die Einrichtung eines ansonsten augenscheinlich leeren Wohnzimmers wahrnehmen. Vor den Seitenfenstern waren Beete mit Ziersträuchern angelegt, die es nur schwer möglich machten, durch die höher gelegenen Fenster

zu schauen. Es gelang ihm nur mühsam, ohne dass er irgendeine Person oder etwas Auffälliges sehen konnte.

Er hörte Ducard seinen Namen rufen. Auch der andere Polizist lief bereits Richtung Straße.

»Schnell, Christian, Reno ist gerade wie von der Tarantel gestochen raus aus seiner Tiefgarage. Die Kollegen haben einen Funkspruch abgesetzt. Er rast Richtung Süden, vielleicht Richtung Autobahn. Offenbar will er uns abhängen. Los.« Ducard war schon an der Fahrertür, als er den beiden anderen noch zurief: »Ihr bleibt hier, falls Dardenne sich noch blicken lässt.«

Kaum saß Buhle auch im Auto, fuhr Ducard mit quietschenden Reifen los.

»Wo willst du jetzt hin?«, fragte Buhle, der wilde Verfolgungsjagden nicht ausstehen konnte.

»Erst mal raus hier zur Autobahnauffahrt. Dort können wir warten, bis wir Weiteres erfahren.«

Es dauerte nicht viel länger als zwei Minuten, als sie in der Nähe eines Baumarktes in Sichtweite der Autobahnauffahrt wieder hielten. Ducard hatte den Polizeifunk eingeschaltet und hörte mit, wie die Polizisten berichteten, dass sie Reno zweimal um einen Kreisel und dann in Richtung Hollerich gefolgt waren; dort hatte er sie durch die Wohnstraßen gescheucht, wo sie ihn verloren hatten.

Ducard stieß einen Fluch in seiner Heimatsprache aus, den Buhle lieber nicht übersetzt haben wollte.

»Und was jetzt?«

»Keine Ahnung. Reno kann von da aus überallhin fahren. Da ist direkt das doppelte Autobahnkreuz Gasperich in der Nähe, dass die südliche Autobahnumgehung mit der Autobahn nach Thionville verbindet. Wo kann er jetzt nur hinwollen?«, überlegte Ducard laut, bis der nächste Funkspruch ihn aus den Gedanken riss.

»Wir haben ihn wieder. Er ist tatsächlich zurück und auf die A 3, wie ich es mir gedacht habe.« Buhle hatte zwar nicht alles verstanden, aber an dem Tonfall deutlich gehört, dass der junge Polizist ausgesprochen zufrieden über seinen Instinkt war. »Jetzt fährt er ab auf die A 6 Richtung Strassen. Wir bleiben mit Abstand an ihm dran.«

Ducard wirkte deutlich angespannt, als er zum Funkgerät griff. »Hier Ducard. Wir stehen direkt an der Auffahrt Helfent. Wenn er am Kreuz Cessange vorbei ist, sagt Bescheid, dann übernehmen wir.« Ducard startete wieder und lenkte seinen Wagen vom Standstreifen auf die Fahrbahn zurück. Langsam unterquerte er die Autobahnbrücke und wartete wieder. Es dauerte nur noch wenige Minuten, bis die Meldung über Funk kam, dass Reno das zweite Autobahnkreuz passiert hatte und auch keine Anstalten machte, die Autobahn an der nächsten Abfahrt zu verlassen. Ducard steuerte sofort den Wagen auf die Autobahn. Reno überholte sie mit seinem schwarzen TT nur wenige hundert Meter danach. Sie folgten ihm in größerem Abstand, wobei Ducard ihre Position fortwährend über Funk durchgab.

Dann wurde er von einer neuen Durchsage unterbrochen. Offenbar war Dardenne von zu Hause losgefahren. Die Kollegen hatten erst drehen müssen und konnten ihm so nicht rechtzeitig folgen. Als sie auf der Hauptstraße angelangt waren, war er schon nicht mehr zu sehen gewesen.

Buhle schätzte, dass mittlerweile alle an einem Sonntag verfügbaren Einsatzkräfte der Hauptstadt des Großherzogtums in ihren Autos an der Verfolgung beziehungsweise Suche nach Reno und Dardenne beteiligt sein mussten. Sie selbst konnten jetzt nur Reno weiter folgen, auch wenn der Gedanke, dass ihnen Dardenne entwischen könnte, schwer zu ertragen war.

In einer weiten Linkskurve führte die A 6 nach Westen. Sie fuhren an der Ausfahrt Bridel vorbei, bis Reno vor Mamer den Blinker setzte. Sie folgten ihm die Ausfahrt hinunter Richtung Stadt und dann in einem Kreisel wieder unter die Autobahn durch Richtung Norden. Die Straße war hier lang gezogen, und Ducard vergrößerte den Abstand zu dem vor ihnen fahrenden Audi. Rechts neben der Straße begann ein Waldgebiet. In der Rechtskurve verloren sie für einen Moment den Sichtkontakt zu Reno. Ducard gab Gas. Als sie um die Kurve kamen, lag die Landstraße leer vor ihnen.

Wieder wild fluchend, beschleunigte Ducard und gab irgendwelche Anweisungen per Funk durch. Es war mehr ein Zufall, dass Buhle bei der hohen Geschwindigkeit den Parkplatz am Waldrand wahrnahm, auf dem das Auto von Reno stand.

»Stopp, Henri, er ist hier, auf dem Parkplatz.« Buhle war selbst so angespannt, dass er die Worte nur stakkatomäßig herausbrachte. Ducard reagierte sofort. Er konnte das Auto bis zum nächsten

Feldweg so weit abbremsen, dass er ohne zu halten wenden konnte. Deutlich langsamer rollte er Richtung Parkplatz, gab die neueste Entwicklung in den Polizeifunk und stellte das Gerät dann leise.

Das Bild, das sich ihnen auf dem Parkplatz bot, hatten sie nicht erwartet. Reno saß auf einer Bank und starrte auf ein Blatt Papier. Er schien das Auto mit den beiden Polizisten nicht zu registrieren. Ducard hielt in zehn Metern Entfernung und stieg langsam aus. Reno hob genauso langsam den Kopf, und es sah aus, als ob er etwas sagen wollte. Als Buhle und Ducard näher kamen, hielt er ihnen die bunt bedruckte Seite entgegen.

Es war Ducard, der sie entgegennahm. Er schaute nur einmal kurz darauf. Seine Augen weiteten sich. Er reichte Buhle das Blatt und rannte zurück zum Auto. Auch Buhle genügte ein Blick, um zu erfassen, was auf dem Foto abgebildet war. Es war deutlich erkennbar Eric Dardenne, der gefesselt und geknebelt auf einem Stuhl festgebunden dasaß. Sein Kopf hing schlaff zur Seite nach unten.

»Waren Sie das?«

Der entsetzte Gesichtsausdruck von Reno war eigentlich schon Antwort genug, das heftige Kopfschütteln diente nur noch der Bestätigung. Buhle hörte, wie Ducard gestikulierend nach ihm rief. Er griff Reno unter den Arm und zog ihn zum Auto. Dort setzte er ihn auf den Rücksitz und sich selbst daneben. Er hatte noch nicht die Tür zugemacht, als Ducard wieder Vollgas gab und Buhle hörte, wie die Steine des Schotterbelages hinter ihnen hell auf die Karosserie von Renos Sportwagen prasselten.

Als Buhle und Ducard wieder in der Wohnstraße von Dardenne angekommen waren, hatten dort mehrere Polizeiautos den Bereich schon weiträumig abgesperrt. Die Nachbarn waren aufgefordert worden, ihre Häuser zu verschließen und von den Fenstern wegzubleiben. Natürlich gab es den einen oder anderen, der dennoch vor Neugier seine Nase nicht vom Geschehen draußen lassen konnte.

Reno hatte während der ganzen Fahrt beteuert, dass Dardenne ihn zum Parkplatz gerufen und er selbst nichts mit seinem Tod zu tun hätte. Die Besatzung eines Streifenwagens übernahm den völlig aufgelösten Laboranten und brachte ihn in die Zentrale.

Fünf Minuten nach Buhle und Dardenne traf die *Unité Spéciale de Police* ein. Die luxemburgische Spezialeinheit sollte das Haus stürmen. Noch wusste keiner, was sie dort erwarten würde. Das Foto mit dem gefesselten Dardenne stand im krassen Widerspruch zu der Vermutung, dass er vor nicht einmal einer halben Stunde aus seinem Haus geflüchtet sein sollte.

Der Einsatz der Spezialeinheit dauerte keine zehn Minuten – Ducard bekam die Meldung, in die Wohnung folgen zu können. Eric und Kristin Dardenne waren gefunden worden: gefesselt, aber lebend. Ansonsten war das Haus leer.

48

Bertrange; Sonntag, 19. Juni

Christian Buhle saß im einsetzenden Abendlicht vor dem Haus der Dardennes. Die Kriminaltechniker hatten ihm in Aussicht gestellt, bald das Gebäude wieder betreten zu dürfen. Nachdem die Spezialeinheit abgezogen war, hatte Ducard sofort versucht, irgendetwas aus Eric Dardenne herauszubekommen. Doch der wollte oder konnte nichts sagen, nur dass er von Unbekannten zunächst überfallen und dann gezwungen worden war, Reno anzurufen. Sonst nichts.

Schließlich hatten sie das Ehepaar Dardenne ins Krankenhaus bringen lassen. Kristin war völlig verzweifelt gewesen, weil sie Angst hatte, ihr Baby wäre zu Schaden gekommen. Ihrem Mann ging es sicherlich auch nicht gut, dennoch hätte ihn Ducard am liebsten sofort mit in seine Dienststelle und dort ordentlich in die Mangel genommen. Die Ärzte hatten allerdings etwas dagegen. So war der luxemburgische Kommissar allein zur Vernehmung von Reno gefahren.

Zwischenzeitlich waren Gerhardts und Reuter zur Unterstützung aus Trier gekommen. Zusammen mit Ducard hatten sie sich auf Reno konzentriert, und das sehr erfolgreich. Buhle hatte vor wenigen Minuten mit seinen Kollegen telefoniert. Reno war geständig, Alexander Altmüller Zutritt zum Hochsicherheitslabor verschafft zu haben, weil dieser ihn mit dem Foto der CD-Übergabe erpresst hatte. Im Labor hatte der Journalist ihn abgelenkt und in diesem unbeobachteten Moment eine Virus-Probe gestohlen. Er hätte es erst gemerkt, als er am nächsten Morgen die Proben entsorgen wollte.

Reno hatte auch zugegeben, Datenmaterial von unveröffentlichten Forschungsarbeiten des luxemburgischen Staatslabors an Dardenne verkauft zu haben. Angefangen hatte die systematische Werksspionage mit einem Freundschaftsdienst unter Exkollegen. Vehement abgestritten hatte der Laborleiter allerdings, etwas mit dem Tod von Alexander und Suzanne Altmüller zu tun gehabt zu haben. Er schloss nicht aus, dass Eric Dardenne da mit drinhängen könnte, hatte aber keine Beweise.

Und das war genau der Punkt. Sie hatten bislang nichts als Indizien, die auf Dardenne als Mörder von Suzanne Altmüller hindeuteten: das Bild einer traumatisierten Achtjährigen, die Beobachtung eines dreiundsiebzigjährigen Eigenbrötlers, die Mutmaßung eines Werksspions. Das würde einen guten Strafverteidiger nur ein Lächeln kosten. Dagegen stand der Überfall auf Dardenne und seine Frau, der ihn leicht auch als Opfer ausweisen konnte. Wo konnten sie ansetzen? Zwei Hinweise hatten sie: die Spuren am Tatort; es fehlten immer noch die dazugehörigen Schuhe und deren Besitzer. Und die Unterlagen, die Suzanne Altmüller nach Aussage von Nanette Bonitzer bei ihrem Treffen dabeigehabt und dann am Ufer verstreut hatte. Buhle wollte gerade den luxemburgischen Kriminaltechniker Jacques Jeunesse suchen gehen, der das Haus mit seinen Leuten seit geraumer Zeit in Beschlag hielt, als sein Telefon klingelte. Auf dem Display erschien der Name von Hannah Sobothy.

»Hallo Frau Sobothy, schön, dass Sie sich melden. Es ist nur momentan ein etwas ungünstiger Zeitpunkt, kann ich Sie später zurückrufen?« Buhle war weitergegangen und wartete auf die Antwort. Als die nicht kam, blieb er stehen und fragte nach: »Frau Sobothy, sind Sie noch dran?«

»Hier ist Steff Brodersen. Hannah ist noch nicht wieder da. Ich habe echt ein ganz mulmiges Gefühl.«

Buhle war etwas irritiert. »Warum haben Sie ein mulmiges Gefühl?«

»Wir wollten heute Abend zusammen kochen. Schon um sechs.«

»Vielleicht hat sie zu tun?« Buhle war wieder losgegangen und hielt Ausschau nach Jeunesse.

»Sie hat nicht mal angerufen. Das ist so überhaupt nicht ihre Art. Und außerdem war sie heute Morgen ganz komisch, sehr nervös. Sie hatte ja auch abgelehnt, mit Ihnen zu telefonieren.«

»Ach, da war sie also gar nicht spazieren?«

»Nein, ich habe Sie angeschwindelt.«

»Haben Sie eine Ahnung, wo sie hinwollte, mit wem sie einen Termin hatte?«

»Sie wollte es nicht sagen, aber ... anscheinend hat sie nachträglich den Termin noch in unseren Wandkalender eingetragen. Das war heute Morgen noch nicht da. Da steht: dreizehn Uhr, Thill/Lux.«

»Ich nehme an, sie geht weder ans Handy noch ist sie im Sender zu erreichen?«

»Ihr Smartphone ist ausgeschaltet. Im Sender war sie heute noch gar nicht. Aber auch da hatte sie sich für den Nachmittag angekündigt, sich dann aber nicht mehr gemeldet.«

»Okay, ich kann hier gerade nicht weg. Aber Thill sagt mir etwas. Ich werde Kollegen beauftragen, dem nachzugehen. Machen Sie sich aber nicht allzu viele Sorgen, Hannah taucht sicher bald auf.«

Als er das Telefonat beendet hatte, wurde ihm bewusst, dass er die Reporterin jetzt doch beim Vornamen genannt hatte.

»Christian, du hast mich gesucht?«

»Ah, Jacques, ja richtig. Könnt ihr im Haus bitte nach zwei Dingen besonders Ausschau halten. Schuhe, die vielleicht zu den Spuren am Tatort im Fall Suzanne Altmüller passen. Ihr habt die Bilder von den Abdrücken bekommen?«

»Ja, natürlich. Ich war ja zwischenzeitlich mit Lutz auch am Tatort.«

»Gut. Und dann sucht bitte nach Aufzeichnungen vom Journalisten Altmüller, die dessen Frau zum Tatort mitgenommen haben könnte oder die in seinem Büro gestohlen wurden.«

»Okay, du meinst, sie müssten hier zu finden sein?«

»Hier oder in Dardennes Firma. Ich wüsste keinen anderen mehr, bei dem wir danach suchen könnten.«

»Na, dann wollen wir unser Bestes geben.«

»Klar, macht ihr ja sowieso. Sagt aber Bescheid, wenn ihr mich reinlassen könnt.«

Nachdem der altgediente Kriminaltechniker grinsend und kopfschüttelnd auf Buhles letzten Satz geantwortet hatte, war er wieder im Haus verschwunden. Buhle musste einen Moment überlegen, was er eben noch hatte tun wollen. Er rief Gerhardts an und berichtete vom Gespräch mit Stefanie Brodersen. Gerhardts versprach, sich darum zu kümmern.

Keine zehn Minuten später rief ihn Jeunesse ins Haus hinein. Er hielt ihm Überzieher für die Schuhe und Einmal-Handschuhe hin und forderte ihn auf, mitzukommen. Sie gingen an den Leuten der Spurensicherung vorbei in das Büro von Eric Dardenne.

»Schau mal, was wir hier gefunden haben.« Jeunesse zeigte auf einen Karton, der auf dem Schreibtisch stand. Der Deckel war bereits abgenommen worden. Es befanden sich eine ganze Reihe von beschriebenen und bedruckten Seiten darin.

»Ihr habt sie schon durchgeschaut?«

»Ja, alles Notizen über unser Staatslabor, über Viren, über Biowaffen und so weiter. Interessant ist auch, dass ein paar Seiten verschmutzt sind. Auf einer dieser Seiten hatte jemand notiert, wie man am besten in Hochsicherheitslabore hineinkommen könnte. Zu einer der Möglichkeiten war ein Name notiert: Nanette.«

»Die könnte also Suzanne Altmüller bei sich gehabt haben.«

»Möglich.«

»Und die Handschrift?«

»Ist nicht von Dardenne. Wir haben hier etwas von ihm vorgefunden und verglichen. Kennst du die Schrift von Altmüller?«

»Na ja, die Unterlagen von ihm hat Michael Reuter durchforstet. Er ist zurzeit bei euch in der Stadt. Ich werde ihn anrufen, dass er herkommt und sich die Sachen anschaut.«

»Okay. Aber ich finde zwei Dinge komisch. Erstens: Das Büro ist unglaublich ordentlich und sauber. Die Betonung liegt auf unglaublich. Und zweitens: Ich vermute, dass der Karton längere Zeit woanders stand, wo er zunächst etwas verstaubte, und jetzt wieder entstaubt wurde. Außerdem ist er eigentlich viel zu groß für die Anzahl an Seiten.«

»Du sagtest, es seien nur Unterlagen über Viren da. Ihr habt keine über das Bitburger Flughafenprojekt gefunden?«

»Eben nicht.«

In diesem Moment überfiel auch Buhle ein mulmiges Gefühl.

Als Buhle Reuter anrief, war dieser schon auf dem Weg nach Bertrange. Sie hatten vergeblich versucht, Thill zu erreichen, und jetzt war gerade ein Streifenwagen dorthin unterwegs. Buhle teilte seinem Kollegen in wenigen Worten mit, was sie in Dardennes Büro gefunden hatten. Reuter stellte auf seine Art sofort die richtige Schlussfolgerung auf: »Dardenne ist überfallen worden. Ihr habt dort keine Unterlagen zum Bitburger Projekt gefunden. Sobothy hatte einen Termin mit Thill und ist davon nicht zurückgekehrt. Das hört sich echt scheiße an.«

»Ja, vor allem weil Paul Feilen mir heute Mittag offenbart hat, dass Asiaten häufiger in Merteskaul waren und auch das Haus der Altmüllers durchsucht haben. Und Alexander Altmüller hatte Hannah Sobothy ausdrücklich vor einem Chinesen namens Sun Shiwen gewarnt, das war mir erst vorhin wieder eingefallen. Wenn du dir die Unterlagen hier angeschaut hast, fahren wir rüber zu Thill. Bist du allein unterwegs?«
»Nein, ich habe einen netten Fahrer.«
»Gut, sorge dafür, dass er den Weg zu Thill kennt. Bis gleich.«
Er rief Ducard an. Der hatte noch keine weiteren Informationen zu dem luxemburgischen Investor erhalten, war aber ebenso beunruhigt und befürwortete Buhles Fahrt nach Bridel. Er selbst wollte noch Reuters Urteil zu den Unterlagen abwarten und dann Dardenne verhören, egal was die Ärzte dagegen einzuwenden hatten. Buhle wusste, dass Letzteres eher Wunschdenken war.

Nachdem Reuter die Handschrift zu neunzig Prozent als Altmüllers identifiziert hatte, machten sie sich auf den direkten Weg zu Thills Wohnort. Von den Schutzpolizisten hatten sie bereits die Rückmeldung bekommen, dass auch auf mehrmaliges Klingeln hin keiner aufmachte. Sie würden aber vor Ort auf ihn warten. Dann versuchte er, Stefanie Brodersen zu erreichen. Sie ging beim ersten Klingeln ran und hörte sich noch besorgter an als zuvor. Eine Nachricht von Hannah Sobothy hatte sie immer noch nicht erhalten. Es war nun schon nach einundzwanzig Uhr.
Natürlich öffnete auch keiner, als Buhle auf Thills Klingel drückte. Das Tor zur Zufahrt war verschlossen und das ganze Grundstück mit einer hohen Mauer eingefriedet. Buhle klingelte schließlich bei einem der Nachbarhäuser. Eine sichtlich betuchte Frau öffnete ihm. Entweder war sie keine Luxemburgerin, oder sie gehörte zu der Minderheit, die kein Deutsch sprach. Doch mit Hilfe des jungen Schutzpolizisten konnten sie ihr auf Französisch das Zugeständnis abringen, über ihr Grundstück zur Rückseite des Anwesens von Thill zu gelangen. Etwas Besonderes über ihren Nachbarn vermochte sie nicht zu berichten.
Buhle schaffte es erst beim zweiten Versuch, das Metalltor in der hohen Mauer zu öffnen. Vorsichtig ging er, gefolgt von Reuter und dem jungen Luxemburger, über die Rasenfläche bis zum Haus.

Die Jalousien waren bis fast auf den Boden heruntergelassen. Buhle musste sich mit dem Bauch flach auf die Steinplatten der Terrasse legen, um darunter hindurch in den Wintergarten zu schauen. Mit beiden Händen schirmte er das schwächer werdende Tageslicht ab und konnte doch nur schemenhaft erkennen, dass sich offensichtlich keine Menschen darin aufhielten. Er hatte nichts anderes erwartet.

Sie schauten sich auf dem Grundstück um, sahen, dass auch bei allen anderen Fenstern die Jalousien geschlossen waren, und konnten nichts Besonderes feststellen. Als sie zurückgingen, bat Buhle den luxemburgischen Kollegen, festzustellen zu lassen, ob Thill verreist sei. Die Antwort bekamen sie bereits, als sie gerade den Ortsausgang Bridel verlassen hatten. Ein luxemburgischer Staatsbürger mit dem Namen Fernand Thill sei bereits am Samstagabend mit der Air France von Paris aus nach Hongkong geflogen.

49

Luxemburg; Sonntag, 19. Juni

Buhle wollte sich zu Ducard und Gerhardts bringen lassen. Er wollte wissen, ob Dardenne endlich ausgesagt hatte. Reuter sollte anschließend weiter nach Bertrange und die Spurensicherung in Dardennes Haus begleiten. Dieses Vorhaben hielt keine zehn Minuten. Sie betraten gerade das Krankenhaus, als ein Anruf der Funkeinsatzzentrale in Trier Buhle erreichte: Bei den saarländischen Kollegen war Nanette Bonitzer von ihren Eltern als vermisst gemeldet worden. Noch während er telefonierte, hörte er das Tonzeichen, dass ein weiterer Anrufer anklopfte. Doch Buhle war von der Nachricht über Bonitzer so vereinnahmt, dass er gar nicht darauf reagierte.

Ducard und Gerhardts waren gerade von den behandelnden Ärzten aus dem Zimmer von Eric Dardenne auf den Flur verwiesen worden, als Buhle mit den beiden Kollegen dazukam.

»Wir haben gerade die Meldung reinbekommen, dass Nanette Bonitzer verschwunden ist.«

Das »Waas?« klang Buhle zweisprachig entgegen, und das ungläubige Erstaunen stand den beiden erfahrenen Beamten ins Gesicht geschrieben.

»Bonitzers Eltern sind nachmittags von einem Opernwochenende nach Hause gekommen, da war ihre Tochter schon nicht mehr da. Als sie jetzt zum Einbruch der Dunkelheit immer noch nicht erschienen und wohl auch telefonisch nicht erreichbar ist, haben sie sich Sorgen gemacht. Wenn ich ehrlich bin, kann ich das unter den Umständen auch verstehen.«

Der sonst so ruhige und besonnene Gerhardts schüttelte nur noch den Kopf. »So was habe ich noch nicht erlebt. Kommt heute alles zusammen? Was ist mit der Sobothy?«

»Keine Ahnung. Auch verschwunden«, antwortete Buhle, und die Sorgenfalten auf seiner Stirn schienen noch etwas tiefer zu werden. »Angeblich hatte sie einen Termin mit Thill, doch der ist gestern nach China geflogen. Hat Dardenne etwas gesagt?«

»Nein, der schweigt sich aus. Aber mit den Unterlagen in seinem Haus haben wir etwas in der Hand.« Ducard versuchte offensichtlich, der niedergeschlagenen Stimmung etwas entgegenzusetzen. Doch dabei hatte er Reuter nicht auf der Rechnung.

»Zumindest so lange, bis er auf die Idee kommt, dass die Einbrecher ihm das untergeschoben haben.«

In der nun einsetzenden Stille klingelte Buhles Telefon erneut, als ob es den Polizisten auch nicht einen Moment gestatten wollte, ihre Gedanken zu sammeln.

***

Nachdem Shiwen gegangen war, hatte seine junge Landsfrau Jiao Hannah Sobothy in einen kleineren Raum geführt, den sie als ein Gästezimmer identifizierte. Dort waren ihre Wunden ein weiteres Mal behandelt worden. Sie hatte nachdenken wollen, doch war sie sich wie betäubt vorgekommen. Alles war ihr völlig unwirklich erschienen. Sie hatte in einer luxemburgischen Villa gesessen, die das organisierte Wirtschaftsverbrechen beherbergte, und sich die Schrammen pflegen lassen, die sie kurz zuvor bei einer Flucht in Todesangst erlitten hatte. Sie wusste noch, dass sie sich wie in einem schlechten Film vorgekommen und wieder eine furchtbare Angst vor dem Ende in ihr aufgekommen war. Nachdem ihr Jiao ein Glas Wasser zu trinken gegeben hatte, war sie kurz darauf in tiefen Schlaf gesunken.

So weit reichten ihre Gedanken noch zurück, als sie wieder aufwachte. Sie lag am Rand eines Waldweges. Wahrscheinlich hatte sie mehrere Stunden geschlafen, jedenfalls war es schon Abend, und sie wusste, dass es jetzt schnell dunkel werden würde. Noch schlaftrunken konnte sie nicht so recht erfassen, was mit ihr geschehen war. Dann erinnerte sie sich, dass Shiwen davon gesprochen hatte, dass man sie in einen entlegenen Wald bringen würde. Da lag sie jetzt offensichtlich. Sie richtete sich auf, betrachtete ihren zerschrammten Körper und fühlte an ihrer Stirn eine Beule, an die sie sich nicht erinnern konnte. Sie trug auch wieder ihr zerrissenes Kleid und war am ganzen Körper verdreckt, als ob eine Jiao sie niemals berührt hätte. Wahrscheinlich würde man bei Thill keinerlei Spuren finden, weder von ihr noch von den Chinesen. Shiwen hatte es so angekündigt.

Sie rappelte sich auf und schaute den Waldweg in beide Richtungen entlang. Wohin sollte sie gehen? Dann sah sie in ein paar Metern Entfernung einen Streifen Stoff an einem Ast hängen, der zu ihrem Kleid zu gehören schien. Sie schaute auf ihren Saum und stellte fest, dass dort ein größeres Stück fehlte. Sie ließ den Fetzen hängen und ging einfach weiter in die vorgegebene Richtung.

Anfangs hatte sie noch genug Licht, um auch in den Laubwald, der sie zu beiden Seiten begleitete, hineinschauen zu können. Doch es wurde schnell dunkler, und sie war froh, dass sie in der zunehmenden Dämmerung noch den Waldweg erkennen konnte. Einmal hörte sie vor sich ein Motorengeräusch, das zunächst lauter, dann wieder leiser wurde. Wahrscheinlich ein vorbeifahrendes Auto. Nach ihrer letzten Erfahrung vermochte sie daraus keine rechte Hoffnung zu schöpfen. Dennoch war sie erleichtert, als vor ihr eine Schranke auftauchte und dahinter die flache Silhouette einer Landstraße. Und als sie beim Näherkommen ihre Tasche flach vor einem rostigen Pfosten entdeckte, war sie sich erstmals sicher, dass Shiwen sie nicht belogen hatte. Sie konnte sich nicht dagegen wehren, dass sie ihm dafür regelrecht dankbar war.

Sie öffnete die Tasche und fand darin sofort ihr Smartphone. Als das Display aufleuchtete, sah sie die Meldung von vierzehn entgangenen Anrufen. Drei waren von Kommissar Buhle, elf von Steff. Ihr schossen die Tränen in die Augen, als sie ihren Namen sah. Sie wählte aber zunächst die Nummer des Kommissars. Es war besetzt. Zuerst wollte ein Anflug von Ärger und Verzweiflung sie überkommen, bis ihr klar wurde, dass sie gar nicht wusste, wo sie sich überhaupt befand. Sie ging zur Straße und eine kurze Strecke an ihr entlang, bis sie an einem Seitenpfosten eine Nummer fand: CR 110. Sie drückte noch einmal auf die Nummer des Kommissars und hörte erleichtert das Freizeichen.

★★★

Die vier Polizisten und eine Krankenschwester verfolgten gebannt das Telefonat, das Buhle mit Hannah Sobothy führte. Es war nicht allzu lang, aber aufgrund seiner Äußerungen wussten alle schon, dass es der Reporterin leidlich gut ging, bevor er das Gespräch beendete. Es war die erste wirklich gute Nachricht in den letzten Stunden gewesen, und doch stand er fassungslos da.

Es war Gerhardts, der als Erster das Wort ergriff: »Also, wenn keiner etwas Besseres weiß, fahre ich zurück nach Deutschland und kümmere mich um Nanette Bonitzer. Christian holt Hannah Sobothy, Mich fährt zurück zum Haus der Dardennes, und ich denke, Henri verspürt noch keine Lust, Eric Dardenne einen ruhigen Schlaf zu gönnen.«
Die Ansprache löste die kurze Starre, die die Kollegen befallen hatte. Buhle war Paul Gerhardts dafür mehr als dankbar. Die von der plötzlichen Eile der Polizisten überraschte Krankenschwester drückte sich an die Wand des Flures, als bis auf Ducard alle zum Ausgang eilten.
Schon während des Telefonats hatte der junge luxemburgische Polizist signalisiert, dass er die CR 110 kenne. Er und Buhle fuhren bereits mit eingeschaltetem Blaulicht zur nahe gelegenen Autobahn. Der junge Luxemburger fuhr schnell und souverän. Die CR 110 zog sich sicher über etliche Kilometer durch das Großherzogtum. Buhle vertraute seinem Kollegen, dass er wusste, wohin sie jetzt am besten fahren mussten. Dennoch fragte er nach dem Ziel.
»Es gibt einen größeren Waldbereich ganz in der Nähe zur belgischen Grenze und direkt an der Autobahn. Ansonsten gibt es da im Westen nur wenig Wald. Das blöde ist nur, am besten ... Moment mal bitte.« Sie waren bereits auf der Autobahn. Der Polizist hatte über Funk zunächst auf Luxemburgisch, anschließend auf Französisch gesprochen. Buhle hatte nur so viel verstanden, dass es um eine Grenze ging.
»Was ist?«
»Der schnellste Weg dorthin führt über die Abfahrt Sterpenich an IKEA vorbei nach Grass. Wir sparen uns da einige Ortsdurchfahrten. Allerdings fahren wir ein Stück durch Belgien. Ich habe das grad abgeklärt. Geht in Ordnung.«
Buhle war beeindruckt. »Gut, ich bin übrigens Christian.«
»Bastian«, gab der Polizist zurück, und seine Freude über die vertrauliche Geste zeichnete sich um seine Mundwinkel ab.
Es durften nicht viel mehr als zehn Minuten vergangen sein, als sie die wenigen Häuser von Grass hinter sich ließen und mit verminderter Geschwindigkeit in das Waldgebiet hineinfuhren. Nach einer Rechtskurve führte die schmale Straße schnurgerade in die Dunkelheit. Der junge Bastian schaltete das Fernlicht ein,

das die Schneise zwischen dem dichten Baumbestand weit ausleuchtete.

Buhle erkannte Hannah Sobothy als Erster. Sie hatte sich an den Waldrand gesetzt und versuchte, mit der einen Hand das gleißende Licht der Scheinwerfer abzuschirmen. Als das Polizeiauto schon auf wenige Meter an sie herangerollt war, erhob sie sich, blieb aber einfach auf der Stelle stehen. Der Polizist hatte das Fernlicht wieder ausgeschaltet und hielt kurz vor Hannah Sobothy an, die bewegungslos mit ihrer Tasche in der rechten Hand dastand. Als Buhle wahrnahm, wie lädiert die Frau vor ihnen aussah, sprang er aus dem Auto und lief die letzten Schritte auf sie zu.

»Frau Sobothy? ... Hannah?«

Es schien ihm, als ob sie noch nicht richtig erfasst hatte, wer da nun vor ihr stand. Doch dann sah er die ersten Tränen in ihre Augen treten. Sie ließ ihre Tasche einfach zu Boden fallen, schlang ihre Arme um seinen Hals und fing hemmungslos an zu weinen.

50

Großregion; Montag, 20. Juni

Die komplette Sonderkommission Sauer hatte sich am Montagmorgen in der Zentrale der luxemburgischen Kriminalpolizei getroffen. Sie hatten die Einsatzleitungen der Einsätze vom Vortag, die Diensthabenden in der Gemeinsamen Stelle und zwei Vertreter der saarländischen Kripo hinzugezogen. Die Bilanz einer der umfangreichsten Polizeiaktionen des Großherzogtums überhaupt war allerdings durchwachsen.

Mario Reno hatte gestanden, aber der Mordfall war damit noch nicht aufgeklärt. Die Indizien gegen Dardenne hatten sich noch einmal verdichtet, seit Schuhe im Keller seines Hauses gefunden worden waren, die exakt zu den Spuren am Tatort passten. Dardenne selbst schwieg immer noch. Seine Frau Kristin hatte den Überfall leidlich überstanden. Die Ärzte hatten ihr Ruhe verordnet, sahen aber ihr ungeborenes Kind nicht in Gefahr. Sie schien an der ganzen Sache nicht beteiligt zu sein, jedenfalls fehlten entsprechende Anzeichen. Völlig unklar war immer noch, wer den Überfall auf die Dardennes verübt hatte.

Genauso suspekt erschien die Geschichte mit Hannah Sobothy. Buhle hatte sie nach einem kurzen Check im Krankenhaus, bei dem nur unerhebliche äußerliche Verletzungen festgestellt werden konnten, auf eigenes Drängen nach Hause gebracht. Er konnte anschließend nur weitergeben, dass sie noch nichts darüber ausgesagt hatte, was mit ihr geschehen war. Sie bestätigte weder einen Termin bei Thill noch einen Kontakt zu einem Shiwen oder anderen Asiaten. Auch erklärte sie nicht, was sie an der belgischen Grenze zu suchen gehabt hatte. Buhle hatte spekuliert, ob möglicherweise ein Strohmann unter Thills Namen geflogen sein könnte, oder Hannah Sobothy vielleicht doch vom mysteriösen Chinesen statt von Thill in dessen Haus empfangen worden sein könnte. Aber die anderen Soko-Mitglieder fanden diesen Gedanken zu weit hergeholt und mahnten an, sie sollten sich nun auf die Suche nach Nanette Bonitzer und Dardenne konzentrieren; zu Recht, wie es ihm selbst schien.

Was Buhle den Kollegen aber verschwieg, war die Tatsache, dass er Hannah die ganze Rückfahrt über in den Armen gehalten hatte. Und dass ihre Mitbewohnerin Steff ihn aus Dankbarkeit nicht nur fast erdrückt, sondern ihm im Überschwang ihrer Gefühle noch einen dicken Kuss mitten auf den Mund gedrückt hatte. Es war deutlich nach Mitternacht gewesen, als Hannah diesmal in den Armen ihrer Mitbewohnerin eingeschlafen war und er diese besondere Frauen-WG wieder verlassen hatte.

Nanette Bonitzer blieb auch an diesem Montagmorgen verschwunden. Gerhardts hatte zusammen mit den rheinland-pfälzischen und saarländischen Polizeiinspektionen und den luxemburgischen Kollegen der Region Grevenmacher eine groß angelegte Suchaktion entlang der Obermosel gestartet. Den ersten Erfolg hatten sie bereits kurz nach Mitternacht verbuchen können, als das Auto von Nanette Bonitzer in Remich auf einem Parkplatz direkt neben der Moselbrücke gefunden wurde. Dieser Standort ließ Eltern und Polizei Schlimmstes vermuten.

Die Suchaktion war nach Sonnenaufgang auf die Mosel konzentriert worden. Ein Einsatz der Hundesuchstaffeln hatte keinen Erfolg gebracht, die Spur verlor sich bereits auf dem Parkplatzgelände. Weil Buhle berichten konnte, dass die Vermisste ihm gegenüber eine Verabredung zu einem Spaziergang erwähnt hatte, wurden gleichzeitig mehrere deutsch-luxemburgische Trupps von Polizisten zusammengestellt, die Anwohner und Passanten in Remich nach der Vermissten und einer möglichen Begleitung befragen sollten.

Da sich der Ermittlungsschwerpunkt weiter ins Großherzogtum verlagert hatte, wurde die Soko um weitere luxemburgische Kriminalpolizisten ergänzt. Das war auch deshalb sinnvoll, weil bei der Gemengelage nicht eindeutig war, welche Gerichtsbarkeit letztlich zum Zuge kommen würde, und juristische Fehler so besser vermieden werden konnten. Für die Soko Sauer ging es an diesem Montag darum, den ereignisreichen Sonntag aufzuarbeiten. Die Spuren, Fakten und Aussagen waren zu sammeln, zu ordnen und auszuwerten. Als sich die abkömmlichen Kommissare mittags wieder trafen, gab es eine Neuigkeit, die zumindest bei den neu hinzugekommenen luxemburgischen Kollegen Heiterkeit hervorrief.

Sven Tard hatte einen Anruf vom Jagdpächter Karl-Otto Möbius bekommen, der ihm mitteilen wollte, dass er am Sonntagabend eine Wildsau erlegt hatte, die wegen eines relativ frisch gebrochenen Beines abseits ihrer Rotte allein unterwegs war. Als Lutz Grehler, den Jacques Jeunesse ausdrücklich zur Mitarbeit eingeladen hatte, dann auch noch ein »Dann hat die Sau Altmüller auf dem Gewissen!« anfügte, waren viele zumindest verwundert über die deutschen Kommissare.

Da Tards Hilfe suchender Blick auf Buhle unbeachtet blieb, musste der junge Deutsche die Sachlage aufklären: »Jo, Möbius hat die Jagd auch für den Bereich um Merteskaul gepachtet. Nachdem Lutz Spuren eines Wildwechsels nahe der Unfallstelle von Alexander Altmüller gefunden hatte, habe ich bei ihm angefragt, ob er etwas Auffälliges bemerkt hätte. Jo, und das war seine Antwort. Seiner Ansicht nach kann die Verletzung sehr gut von einem Verkehrsunfall herrühren. Vielleicht war es also tatsächlich ein Wildschwein, das gegen Altmüllers Auto geknallt ist, er noch ausweichen wollte und dann von der Fahrbahn abkam. Zu schnell war er ja allemal.«

»Das heißt also: ein stinknormaler Wildunfall«, bekräftigte Grehler die Ausführungen seines jungen Kollegen.

»Damit bliebe nur der Mord an Suzanne Altmüller als tatsächliches Tötungsdelikt?«, fragte Ducard.

»Ja, wenn wir da überhaupt einen Mord nachweisen können. Wir haben die Aussage von Nanette Bonitzer, dass sie nach einer Attacke Suzanne Altmüller weggestoßen hatte. Das Opfer fiel und blieb liegen. Richtig?« Reuter stellte die Frage in den Raum, und Ducard stimmte schließlich zu.

»Okay, was ist, wenn Suzanne Altmüller tatsächlich bewusstlos war, Dardenne sie so vorgefunden hat und er sie im Glauben, sie sei schon tot gewesen, nur noch ins Wasser geschoben hat? Also, wenn ich als Mörder so eine schöne Ausrede hätte, oder? Und wir haben nichts, das dies entkräften könnte, gar nichts.«

»Die Verletzung des Opfers im Gesicht?«, fragte Steffen vorsichtig.

Ducard schüttelte den Kopf. »Wird als Beweis nicht ausreichen. Ich weiß, worauf du hinauswillst, Michael. Wir brauchen das Geständnis.«

»So ist es.« Reuter wirkte grimmig zufrieden, wie immer, wenn seine kritischen Gedanken auf fruchtbaren Boden fielen.

Buhle hatte aufmerksam zugehört. Ja, sie befanden sich wirklich in einer verzwickten Situation. Die drei Todesfälle in der Familie Altmüller waren jeder für sich völlig unterschiedlich; keiner wie der andere, und doch hingen sie alle miteinander zusammen. Wahrscheinlich hatte ein Zufall ausgereicht, um mit einem Dominoeffekt alles zum Einstürzen zu bringen. Das war, als Alexander Altmüller zufällig Reno und Dardenne bei der Übergabe der Daten-CD beobachtet hatte. Deshalb hatte Altmüller seine fixe Idee von Biowaffengeschäften im luxemburgischen Staatslabor weiterverfolgt und wahrscheinlich nur aus der sich bietenden Gelegenheit heraus die Virusprobe mitgenommen, die dann die kleine Anne auf der Suche nach der Schatzkiste ihrer Schwester gefunden und geöffnet hatte. Vielleicht hatte ihr Vater im Auto gerade daran gedacht und die Wildschweine hinter der Hecke zu spät gesehen. Ohne seinen Tod wäre seine Frau nicht hinter seine Liebschaft gekommen, die da schon beendet gewesen war. Und ohne den Tod des Mädchens hätte Dardenne vielleicht nicht die Altmüllers beobachtet und von dem Treffen gewusst.

»Christian? Christian?«

Buhle war völlig in seine Gedanken abgetaucht und hatte gar nicht mitbekommen, dass Ducard eine Frage an ihn gerichtet hatte.

»Ja, entschuldige, was war?«

»Ich hatte dich gefragt, ob wir irgendetwas haben, womit wir Dardenne unter Druck setzen können?«

»Schwierig, es sind in dieser Tragödie zu viele Zufälle im Spiel und noch zu vieles nicht geklärt. Er hat sogar mehrere Möglichkeiten für Ausflüchte, da hat Mich recht. Ich …« Er spürte eine Ahnung in sich aufsteigen, musste sie aber selbst noch verstehen. »Es deutet vieles darauf hin, dass Dardenne Suzanne Altmüller getötet hat: die Spuren am Tatort, die Unterlagen Altmüllers in seinem Büro. Aus einer Sache kommt er allerdings nicht raus: Das gerichtsmedizinische Gutachten hatte ja ausgeschlossen, das Suzanne Altmüller bewusstlos war, als sie starb. Das kann Dardenne nicht so ohne Weiteres abtun. Aber ich glaube nicht, dass er den Mord geplant hatte. Es muss am Ufer der Sauer etwas passiert sein, das ihn dazu getrieben hat, zu töten. Er hatte offenbar versucht, alles zu kontrollieren. Er ist Wissenschaftler und ist das so gewohnt, und dann ist er aus dem Gleichgewicht geraten, vielleicht in Panik geraten, weil ...«

»... weil er nicht damit gerechnet hatte, von Suzanne Altmüller erkannt zu werden?« Gerhardts hatte den Satz zu Ende geführt.

»Ja, zum Beispiel. Aber das kann nur er uns sagen.« Buhle musste jetzt nur noch einen Moment warten, dann würde er es vielleicht greifen können. Dardenne, Kontrolle, Treffen ...»Nanette Bonitzer«, führte er laut seine gedankliche Reihe fort.»Nanette Bonitzer hätte ihm auch noch gefährlich werden können, wenn Altmüller ihr etwas von seinen Recherchen erzählt hatte. Wir haben bislang keinen Hinweis darauf, dass Dardenne schon Kontakt mit ihr hatte. Aber wenn er alles unter Kontrolle haben wollte, musste er wissen, was sie wusste. Er musste mit ihr reden.«

»Und zwar gestern Mittag.« Ducard hatte mit der flachen Hand auf den Tisch gehauen. »Wenn er sie getroffen hat, muss er sich vorher verabredet haben. Lutz, Jacques, findet heraus, ob er mit ihr telefoniert hat, ihr geschrieben hat, bei ihr war oder sonst was.«

»Die Kollegen sind da natürlich schon dran, Ich höre nach, ob sie schon was haben«, antwortete Grehler sofort.

Die große Ernüchterung folgte am späten Nachmittag. Zunächst hatten Ducard und Buhle versucht, Dardenne in einem Verhör unter Druck zu setzen. Vergebens. Dann kam die Meldung vom Provider von Dardennes Handy, dass dieser tatsächlich am Sonntagmorgen mit dem Anschluss von Nanette Bonitzer telefoniert hatte. Doch auch dazu äußerte er sich nicht. Selbst die ohne Leiche haltlose Androhung, dass zum Mord an Suzanne Altmüller nun auch noch der an Bonitzer kam, zeigte keine Wirkung. Dardenne starrte nur vor sich hin und sagte kein Wort.

Den Schlusspunkt des Tages setzte Bastian Betz, der junge Polizist, der Buhle zu Hannah Sobothy gefahren hatte. Offenbar hatte ihm die Sache keine Ruhe gelassen, und er war abends nach seinem Dienst auf eigene Faust in die Gegend gefahren, wo sie die Reporterin gefunden hatten. Durch die Fahndung nach Bonitzer waren tagsüber alle verfügbaren Kräfte an der Mosel gebunden gewesen.

Er fand den blauen Polo am Rand eines kleinen Grenzweges,

nicht weit von der CR 110 entfernt. Offensichtlich war der Wagen in einer Kurve mit nicht unerheblicher Geschwindigkeit von der schmalen Fahrbahn abgekommen und in den Waldrand gefahren. An der Innenseite der Windschutzscheibe stellte man noch am Abend Blut fest; mit großer Wahrscheinlichkeit von Hannah Sobothy.

★★★

Die Nacht hatte sich gerade über Trier gelegt, als Buhle am rosafarbenen Haus von Hannah Sobothy klingelte. Er war nicht überrascht, dass die Tür von Stefanie Brodersen geöffnet wurde. Die junge Frau schaute ihn zunächst nur an, ließ ihn dann aber herein, ohne dass beide ein Wort gesprochen hatten. Erst als sie ihn in das Wohnzimmer geführt hatte, fragte sie leise: »Du willst ... ich meine, Sie wollen Hannah sprechen?«

»Ja, wie geht es ihr heute? War sie noch mal beim Arzt?«

»Es geht ihr besser. Die ganzen Wunden heilen schon. Nein, sie war nicht mehr beim Arzt.«

Die blauen Augen der nordfriesischen Frau lagen ruhig auf Buhle, und dennoch erkannte er in ihnen die großen Sorgen, die sie sich machte.

»Hat Hannah Ihnen erzählt, was am Sonntag passiert ist?«

Stefanie Brodersen hatte ihre Lippen fest zusammengekniffen und schüttelte ganz langsam den Kopf. Ihre roten verwuschelten Haare und die vielen Sommersprossen in ihrem schmalen Gesicht hatten ihr fröhliches Wesen bei den früheren Treffen besonders untermalt. Jetzt schienen sie genauso ihren Kummer zu betonen.

»Nein, Hannah spricht mit mir nicht darüber.«

»Aber ich hatte den Eindruck, Sie seien sehr eng befreundet.«

»Sind wir auch, und eigentlich haben wir auch keine Geheimnisse.« Stefanie Brodersen machte eine Pause, bevor sie weiterredete. »Ich glaube, sie sagt mir nichts, weil ich nicht in das mit hineingezogen werden soll, was da passiert ist.«

»Und sie hat keine Andeutungen gemacht, auch nicht, wo sie eigentlich hinwollte?«

»Nein. Haben Sie denn etwas herausgefunden?« Wieder unterbrach sie sich. Doch diesmal schaute sie an Buhle vorbei. »Was machst du denn hier unten? Ich hatte gehofft, du schläfst schon längst.«

Buhle drehte sich um und erblickte Hannah, die in einem kurzen Nachthemd am Türrahmen lehnte. Sie sah nicht mehr ganz so schlimm aus wie am Vortag. Dennoch war klar ersichtlich, dass sie sich noch lange nicht erholt hatte. Mit einem müden Lächeln antwortete sie ihrer Mitbewohnerin:»Ich hatte ja auch schon geschlafen, aber dann hat mich die Türklingel geweckt.« Als sie dabei ihren Blick zu Buhle hinwendete, konnte er erkennen, dass sie ihm deshalb nicht böse war.»Also, mein lieber Kommissar und Lebensretter, was haben Sie herausgefunden?«

Er fuhr sich mehrmals mit der Zungenspitze über die Lippen. Aber der erhoffte Flüssigkeitsnachschub aus der plötzlich ausgetrockneten Mundhöhle blieb aus. Es reichte gerade zu einer Gegenfrage:»Sollten Sie mir nicht viel besser sagen, was Ihnen gestern widerfahren ist?« Als sie nicht antwortete, hakte er nach.»Sie wollten doch zu Fernand Thill, oder?«

»Ja. Sie waren doch sicher auch schon bei ihm?«

»Natürlich, aber ...«

»Aber was?«

»Er war nicht zu Hause.«

»Sehen Sie.«

Das Gespräch mit der Reporterin irritierte ihn. Er versuchte sich zu konzentrieren.»Nein, ich sehe nicht. Waren sie mit ihm verabredet? Haben Sie ihn angetroffen?«

»Ich hatte es gehofft.«

»Was hatten Sie gehofft?«

»Ihn anzutreffen. Wissen Sie, wo er sich aufhält?«

»Offensichtlich ist er nach Hongkong geflogen.«

Ein ganz leichtes Lächeln spielte um ihren Mund.»Und wie sollte ich ihn dann antreffen können?«

»Sie sind also hingefahren und haben ihn nicht angetroffen?« Als keine Antwort folgte, fragte er weiter:»Wo sind Sie dann hingefahren?«

»Ich weiß nicht so genau. Ich nehme an, zu dem Wald, wo sie mich gefunden haben.«

»Sie wissen es nicht mehr?«

Hannah Sobothy zuckte mit den Schultern, und Buhle war

sich völlig unsicher, ob er ihr glauben sollte. »Was ist in dem Wald passiert, was Sie mir nicht sagen wollen? Sind Sie dort vor jemandem geflohen? Sie haben ausgesehen, als ob sie durchs Unterholz gelaufen wären.«

»Vor wem sollte ich fliehen müssen?«

»Das müssen Sie mir doch besser sagen können. Vielleicht vor diesem Chinesen, diesem Sun Shiwen?«

Hannah Sobothy betrachtete ihn einige Augenblicke lang. Dann löste sie sich vom Türrahmen und ging langsam auf Buhle zu. Ganz dicht vor ihm blieb sie stehen. »Wissen Sie, es ist manchmal viel besser, sich nicht erinnern zu können, glauben Sie mir. Seien Sie mir deshalb nicht böse. Ich denke, ich sollte jetzt wieder ins Bett gehen.« Sie hatte ganz leise gesprochen, ihn noch einen Moment angeschaut und sich dann umgedreht.

Christian Buhle spürte noch immer ihre Körperwärme, als sie schon längst wieder hoch in ihr Zimmer gegangen war. So nah hatte sie vor ihm gestanden. Und er sah immer noch ihre Augen, so tief hatte sie in seine geblickt. Er wusste nicht, wie lange er still dagestanden hatte. Erst als Stefanie Brodersen ihn ansprach, kam wieder Bewegung in seinen Körper.

»Herr Kommissar? Alles in Ordnung?«

Er drehte sich um. Sie hatte das Gespräch natürlich mitgehört und ihn offensichtlich die ganze Zeit beobachtet. Buhle versuchte, aus ihrem Gesicht herauszulesen, was sie von der Situation eben hielt. Doch er glaubte, die gleiche Frage auch bei ihr zu erkennen.

51

Großregion; Mittwoch, 22. Juni

Die Suche nach Nanette Bonitzer war am vorangegangenen Tag nochmals verstärkt, alle verfügbaren technischen Hilfsmittel ausgenutzt worden. Da niemand sagen konnte, ob die junge Frau tot war oder vielleicht noch lebte, war alles zu tun, sie sobald wie möglich zu finden. Dazu kam die Unruhe in den Führungsetagen der Polizeidienststellen, die immer entstand, wenn die Medien ausführlich und zunehmend kritisch berichteten.

Der Kern der Soko Sauer hatte sich indessen auf verschiedene Bereiche aufgeteilt. Buhle und Ducard hatten Dardenne den ganzen Dienstag über verhört und machten am heutigen Vormittag dort weiter. Offenbar hatte sein Anwalt die Strategie des Schweigens weiter zementiert. Dardenne hatte nicht ein Wort mehr gesagt.

Gerhardts und Tard koordinierten die Fahndung nach Nanette Bonitzer. Während Gerhardts im ständigen Kontakt mit der Gemeinsamen Stelle und den Polizisten vor Ort stand, sollte Tard in der Trierer Kriminalinspektion die Stellung halten und sich nebenbei um Hannah Sobothy kümmern. Doch die erbat sich nur Ruhe aus; sie äußerte sich auch nicht, als ihr der Fund ihres Autos mitgeteilt wurde.

Reuter, Steffen und Huth-Balzer durften gegen Mittag zusammen mit luxemburgischen Kollegen der Kriminalpolizei endlich in das Haus der Dardennes. Die Tage vorher hatten sie die Anwohner befragt und den Kreis in der Nachbarschaft immer weiter ausgedehnt.

Das Wohngebiet war verkehrsberuhigt angelegt worden. Die Wohnstraßen stellten Sackgassen dar, die jeweils in Wendekreisen endeten. Dazwischen verlief ein Wirtschaftsweg, der ins freie Feld hinausführte. Hier hatte ein Dienstmädchen von einem der Gaubenfenster eines unglaublich verschachtelten grünen Daches einer nicht minder verwinkelten, großzügigen Villa eine kleine Gruppe von Läufern gesehen, die gemütlich vor sich hin joggten. Das war ihr aufgefallen, weil sie selber regelmäßig lief, wegen eines umgeknickten Knöchels aber pausieren musste und entsprechend neidisch war.

Das Haus der Dardennes lag am Ende der Rue Michel Rodange an einem dieser Wendekreise. Reuter hatte sich ziemlich darüber aufgeregt, dass die Polizisten, die am Sonntagnachmittag das Haus beschatten sollten, sich tatsächlich in falscher Richtung in die Sackgasse gestellt und somit die wertvolle Zeit verloren hatten, um den Einbrechern zu folgen. Denn es war inzwischen klar, dass die inszenierte Flucht Dardennes nur zum Ziel gehabt hatte, die observierenden Beamten vom Haus wegzulocken, vermutlich, damit der Rest der Einbrecher unbemerkt aus dem Haus verschwinden konnte. Es war nur völlig erstaunlich, dass niemand etwas gesehen haben wollte und die Einbrecher keine, wirklich überhaupt keine Spuren hinterlassen hatten. Erschüttert zeigten sich Buhle und Ducard angesichts der wachsenden Erkenntnis, dass die Einbrecher vermutlich noch im Haus gewesen waren, als sie beide dort geklingelt hatten.

Grehlers Laune hatte sich im Laufe der Vormittagsstunden weiter verschlechtert. Daran änderte auch die Tatsache nichts, dass die Unterlagen, die im Büro von Dardenne gefunden wurden, zwischenzeitlich aufgrund der Handschrift, des Druckbildes und des verwendeten Papiers eindeutig Alexander Altmüller zugeordnet werden konnten.

Der vermeintliche Durchbruch kam am späten Mittwochnachmittag. Nikolas Steffen hatte sich mit einem jungen luxemburgischen Kriminalbeamten darangesetzt, alle Daten auf Dardennes Computer und den vorhandenen CDs zu durchforsten. Nach mehreren Stunden fand der Luxemburger auf einem unscheinbaren USB-Stick mehrfach gesicherte Ordner und Dateien. Sie waren in einer undurchsichtigen Ordnerstruktur inmitten zahlloser Dateien zu Dardennes wissenschaftlicher Arbeit versteckt. Offenkundig war der Kollege von der *Police Judiciaire* ein Fachmann auf diesem Gebiet. Es dauerte nicht lange, bis er die Dateien eine nach der anderen öffnen konnte. Sie hatten den Beweis gefunden, dass Dardenne systematisch die Familie Altmüller beobachtet hatte. Er hatte zum Teil detailliert dokumentiert, wann er was gesehen hatte. Auch die Geschehnisse um den Tod der kleinen Anne waren chronologisch aufgelistet. Er war es also tatsächlich gewesen, der häufiger hinter dem Haus der Altmüllers Alexander in dessen Büro beobachtet hatte.

Dardenne war auch hinter die Beziehung von Alexander Altmüller und Nanette Bonitzer gekommen und hatte die Doktorandin ebenfalls beobachtet. Seine missmutigen Ausführungen zum Ende dieser Beziehung ließen darauf schließen, dass er gehofft hatte, damit etwas gegen Altmüller in der Hand zu haben. Anhand von Speicherdaten und Datumsangaben in den Texten war nachzuvollziehen, dass Dardenne mit der Observierung begonnen hatte, kurz nachdem Altmüller angefangen hatte, Reno zu erpressen.

Mit diesen Beweisen schloss sich eine wichtige Lücke in der Indizienkette gegen Dardenne. Doch das hielt ihn nicht davon ab, weiter zu allen Vorwürfen zu schweigen. Ducard rastete einmal vollständig aus, und Buhle hatte Mühe, seinen Kollegen wieder zu besänftigen.

In einer Vernehmungspause saßen sie zusammen in einem Aufenthaltsraum der Dienststelle. Nach einer Weile der Besinnung sagte Ducard: »Wir kommen so an Dardenne nicht heran. Er spielt immer noch darauf, dass wir keine ausreichenden Beweise finden und er so davonkommt.«

»Seine Notizen zu den Beobachtungen der Altmüllers werden ihn vor Gericht sicher weiter in Bedrängnis bringen.«

»Aber auch die beweisen nicht, dass er Suzanne Altmüller umgebracht hat. Wie kommen wir an ihn ran?«

»Mein Problem ist momentan eher Nanette Bonitzer. Sie ist nun schon drei Tage verschwunden.«

»Hoffst du noch, sie lebend zu finden?«

Buhle starrte vor sich auf die halb leere Teetasse. Hoffte er wirklich noch? Ihm hatte die junge Frau von Anfang an leidgetan. Altmüller war vielleicht ihre erste große Liebe gewesen, zu einer Zeit, wo sie eigentlich schon längst diese Lebenserfahrung hätte haben sollen. Er rief sich das Bild der Doktorandin mit dem traurigen, melancholischen Blick zurück ins Gedächtnis. Wahrscheinlich hatte sie sich die Liebe zuvor nicht erlaubt. Hatte versucht, die Ansprüche ihrer ambitionierten Eltern in Schule und Studium zu erfüllen. Hatte sich selbst versagt, enge Beziehungen einzugehen und am gesellschaftlichen Leben aktiv teilzunehmen. Sie war ihm in dieser Beziehung sehr ähnlich. Er dachte an Marie, an ihr letztes

Treffen, an seine Empfindungen. Dann kam ihm unwillkürlich die Rückfahrt mit Hannah in den Sinn und wie er sie nach Hause gebracht hatte.

»Glaubst du, sie lebt noch?«, fragte Ducard erneut und schaute ihn mit krausgezogener Stirn an.

Unwillkürlich schüttelte Buhle den Kopf, so als ob er damit auch seine persönlichen Gedanken abschütteln wollte. »Ja. Ich weiß, es spricht nicht viel dafür, aber ich habe das Gefühl, dass wir nicht aufgeben dürfen. Vielleicht hat er sie nur irgendwo hingebracht, versteckt.«

»Glaubst du das oder hoffst du das?«

»Es wäre einfach zu bitter, wenn Nanette Bonitzer Opfer ihrer großen Liebe wurde, weil Altmüller blind vor Ehrgeiz sie nur benutzt hat.«

»Stell dir mal vor, Nanette Bonitzer liegt irgendwo noch lebendig versteckt und wir finden sie nicht rechtzeitig. Und dieses … dieses …« In Ducards Augen spiegelten sich seine Hilflosigkeit und grenzenlose Wut. Buhle spürte, wie schwer es dem Kollegen fiel, sich zu beherrschen. »Hast du eine Idee, wie wir Dardenne knacken können?«, presste er schließlich hervor.

»Wir wissen zu wenig über ihn, zu wenig über seine Biografie, seine Art, können ihn gar nicht einschätzen, wissen gar nicht, wie er denkt. Und wir haben keine Zeit.« Buhle machte eine Pause. »Zumindest denkt er sehr systematisch, handelt für gewöhnlich sehr stringent, sonst hätte er diesen Aufwand mit der Observierung nicht durchziehen können.« Ihm kam ein neuer Gedanke. »Was ist mit seiner Frau? Vielleicht kann sie uns auf einen entscheidenden Gedanken bringen. Wir sollten noch einmal mit ihr reden. Von Dardenne können wir uns auch morgen wieder anschweigen lassen.«

Nachdem sich Ducard telefonisch die Zusage der behandelnden Ärzte eingeholt hatte, zumindest für eine Viertelstunde mit Kristin Dardenne reden zu können, fuhren sie in das Krankenhaus im Westen der Stadt. Als die beiden Polizisten das immer noch bewachte Krankenzimmer betraten, sahen sie eine Frau, die blass und mit ausdruckslosem Gesicht an die Decke starrte.

»Frau Dardenne, dürfen wir ein paar Minuten mit Ihnen reden?« Sie schaute aus den Augenwinkeln auf Ducard, der die Frage gestellt hatte. Als sie nicht antwortete, fuhr er fort.

»Wir müssen Ihnen leider sagen, dass wir immer noch nicht wissen, wer diesen Überfall auf Sie verübt hat. Die Einbrecher haben anscheinend nichts Wertvolles gestohlen. Es ist uns immer noch ein Rätsel, warum die überhaupt bei Ihnen eingedrungen sind. Haben Sie irgendeine Vermutung, irgendetwas, was in der letzten Zeit passiert ist, das einen Hinweis darauf geben kann?«

Kristin Dardenne schüttelte kaum merklich den Kopf.

»Wir nehmen an, dass vielleicht ein Zusammenhang mit den beruflichen Aktivitäten Ihres Mannes bestehen könnte. Hat er Ihnen etwas erzählt, etwas, das möglicherweise in letzter Zeit nicht gut gelaufen ist?«

Sie sah Ducard an. Buhle spürte, dass sie über etwas nachzudenken schien, aber sie sagte nichts. Deshalb hakte er jetzt nach. »Frau Dardenne, Ihr Mann war in letzter Zeit häufig unterwegs, nicht wahr? Hat er Ihnen gesagt, wo er in der Zeit war?«

»Er war arbeiten, er hatte viel mit seinen Forschungen zu tun.« Ihre Stimme klang dünn, und es war augenscheinlich, dass die Frau von den Ereignissen sehr mitgenommen war.

»Sonst hat er Ihnen nichts gesagt, etwa, dass er da Probleme hatte oder bedrängt wurde?«

»Nein, er hat selten darüber gesprochen. Ich bin auch viel unterwegs, da versuchen wir, in unserer gemeinsamen Zeit nicht über die Arbeit zu reden.«

»Ich verstehe. Ist Ihnen denn sonst etwas an Ihrem Mann aufgefallen? War er besonders angespannt, nervös oder erregbar?«

»Er schien häufig in Gedanken zu sein. Ich habe es auf die Arbeit geschoben. Er hat sich …«

»Ja, bitte?«

Sie hatte ihre Unterlippe unter ihre Zähne geschoben und schien noch weiter weg zu sein.

»Frau Dardenne, was hat Ihr Mann?«

»Er hat sich nicht einmal richtig über unser Baby gefreut.«

»Hat er das gesagt?«

»Nein, aber jetzt, wo ich darüber nachgedacht habe, ist mir das klar geworden. Ich war so glücklich darüber, dass ich es vorher gar nicht wahrgenommen habe.«

»Können Sie sich vorstellen, warum das so gewesen ist?«

»Nein, wir haben zwar damit noch warten wollen, bis er in

seiner Firma den richtigen Durchbruch geschafft hatte. Er sagte, er hätte sonst zu wenig Zeit für das Kind. Wir haben ja extra auch das große Haus gebaut und ... Aber im Nachhinein denke ich, dass es vielleicht nur mein Wunsch war, er sich dem nur angepasst hatte. Vielleicht wollte er keine Kinder, weil er es selbst so schwer gehabt hat.« Sie klang kraftlos und resigniert.

»Hatte er eine schwierige Kindheit?«

»Seine Eltern hatten ihn wohl eher aus Versehen bekommen. Beide waren beruflich sehr erfolgreich und viel unterwegs. In ihrer Lebensplanung war offenbar kein Platz für ein Kind. Vor allem unter dem Vater hat er sehr gelitten, der war sehr jähzornig, und ihm ist wohl auch öfter die Hand ausgerutscht. Eric wollte nicht viel darüber reden.«

»Ist Ihr Mann auch ein aufbrausender Typ?«

»Nein, eigentlich nicht, er ist sehr freundlich, überall beliebt. Am Anfang habe ich mir sogar darüber Gedanken gemacht, weil er auch zu anderen Frauen immer sehr ... charmant ist. Aber es ist halt seine Art. Es muss schon sehr viel zusammenkommen, damit er wütend wird.«

»Aber das ist er dann doch ab und zu.«

»Ja, aber das ist nur selten passiert, eigentlich nur, wenn etwas bei seiner Arbeit nicht geklappt hat, wenn er sich über irgendjemanden fürchterlich aufregen musste.«

Buhle und Ducard schauten sich an. Hatten sie vielleicht doch recht? Neigte Dardenne zu Wutausbrüchen und hatte Suzanne Altmüller und vielleicht auch Nanette Bonitzer im Affekt getötet?

»Wenn Ihr Mann in Rage war, ist er dann auch gewalttätig geworden?«, fragte Ducard.

»Nein!« Kristin war sichtlich erschrocken und hatte sich etwas im Bett hochgeschoben. »Nein, er hat mich also nie geschlagen, wenn Sie das meinen. Auch nicht, wenn wir mal heftig Streit hatten, was sowieso nur ganz selten vorkommt. Er ...« Sie schien jetzt doch zu überlegen. »Ich habe nur ein einziges Mal miterlebt, dass er tatsächlich ausgerastet ist, aber das ist schon lange her.«

»Wann war das?«

»Er war da noch Doktorand, und auf einer Party ist er auf einen wissenschaftlichen Mitarbeiter losgegangen, weil der über seine

Forschungsarbeit hergezogen ist. Er ist ganz plötzlich regelrecht explodiert, alle waren ganz schockiert gewesen.«

»Sie hatten seine Eltern erwähnt. Wo finden wir die?« Offenbar hatte Ducard genug gehört, um sich vorzustellen, dass Dardenne durchaus unter dem bestehenden Druck am Ufer der Sauer durchgedreht sein konnte.

»Seine Mutter ist tot, vor drei Jahren an Krebs gestorben. Sein Vater hat danach seinen Wohnsitz ganz in die USA verlegt. Da war er ohnehin schon häufig gewesen, geschäftlich.«

»Und seine Mutter war früher auch oft weggewesen?«

Kristin Dardenne nickte.

»Wer hat sich dann um Ihren Mann gekümmert, als er klein war? Hatte er andere Verwandte?«

»Ja, er war viel bei einer älteren Schwester seines Vaters, die das totale Gegenteil von ihm sein muss. Die ganzen Ferien hat er dort verbracht, auch viele Wochenenden. Er fährt jetzt immer noch ab und zu hin, obwohl seine Cousins nicht mehr dort leben.«

»Wo wohnt die Tante?«

»Dalheim, ein kleiner Ort nahe der französischen Grenze.«

Ducard schien nachzudenken, wo er den Ort hintun konnte. Dann hatte er ihn räumlich zugeordnet. »Das liegt doch aber auch in der Nähe der deutschen Grenze, oder? Gar nicht so weit von Remich entfernt?« Beim letzten Satz hatte er seinen Kopf in Richtung Buhle gedreht.

»Ja, ich denke schon.«

★★★

Charlotte Kruger war durchaus überrascht, als sie zu später Stunde von zwei Kriminalbeamten zu ihrem Neffen befragt wurde. Sie bestätigte, was Dardennes Frau bereits erzählt hatte, und berichtete über die glücklichen Momente einer unglücklichen Kindheit, die er in der Freiheit dieser ländlichen Idylle verlebt hatte. Ihre eigenen Jungs hatten damals mit Eric viel Zeit in der Umgebung, vor allem im nahe gelegenen Wald, verbracht. Gesehen hatte sie ihren Neffen jetzt aber schon seit vielen Monaten nicht mehr. Früher war er häufiger gekommen. Dennoch schöpften die beiden Kommissare Hoffnung und beorderten einen Teil der müden Polizisten nach

Dalheim, um herauszufinden, ob jemand Dardenne am Sonntag in der Gegend gesehen hatte.

Sie hatten Glück. Eine Anwohnerin des Heedscheierwees hatte zufällig gesehen, wie ein junges Paar in den Wiesen oberhalb des Ortes spazieren ging.

Es dauerte bis kurz vor Mitternacht, dann hatten die Polizisten mit Hilfe eines greisen Jägers die alte Hütte im »Verbrannten Bësch« ausfindig gemacht. Sie fanden Nanette Bonitzer gefesselt und geknebelt auf dem Boden der Hütte.

★★★

Stunden später hatten sie Dardenne endlich das Geständnis abgerungen. Das Gesamtbild erwies sich als genau so, wie es sich aus den einzelnen Puzzleteilchen der Ermittlungsergebnisse bereits abgezeichnet hatte. Eric Dardenne hatte um seine berufliche Karriere und seinen wissenschaftlichen Ruf gefürchtet, falls Altmüller seine Wissenschaftsspionage im Staatlichen Institut für Virologie bekannt machen würde. Deshalb hatte er den Journalisten regelrecht observiert, in der Hoffnung, dies irgendwie verhindern zu können oder ihn später zumindest unglaubwürdig erscheinen zu lassen. Das sei ihm nicht schwergefallen, weil er früher öfter jungen Frauen, die er interessant fand, auf diese Art nachgestellt hatte. Als er dann recht schnell hinter die Liebesaffäre mit der Doktorandin Nanette Bonitzer gekommen war, hatte er sich schon auf einem guten Weg gewähnt.

Noch günstiger verlief die spätere Entwicklung, als Altmüller nach dem Tod seiner Tochter kein weiteres Interesse an einer Story über die Virenforschung in Luxemburg hatte. Reno hatte Dardenne über den Diebstahl der Virusprobe informiert. Nach Altmüllers Unfalltod hatte er kurz geglaubt, dass nun jegliche Gefahr vorbei wäre, bis ihm bewusst wurde, dass das Recherchematerial des Journalisten wie eine unkontrollierte Bombe im Büro lag. Deshalb hatte er seine Beobachtungen in Merteskaul noch verstärkt und gesehen, wie Suzanne Altmüller alle Unterlagen studierte.

Anhand ihrer Reaktionen hatte er geahnt, dass die Medizinerin hinter die Verbindung zwischen der Arbeit ihres Mannes und dem Tod ihrer Tochter gekommen war. Als sie dann an jenem Donnerstagnachmittag überraschend und ohne das Kind in sichtbarer Erregung weggefahren war, war er ihr gefolgt. Er hatte gerade noch gesehen, wie sie ihr Auto versteckt abstellte, und danach beobachtet, wie sie sich mit Nanette Bonitzer traf. Da er einige Zeit benötigt hatte, um ihr zu folgen, war er erst in Hörweite gekommen, als der Streit zwischen den Frauen schon entbrannt war. Es war offensichtlich gewesen, dass Suzanne Altmüller ihrer Rivalin nicht nur eine Szene machte, sondern ihr auch die Schuld am Tod ihrer Tochter gab.

Dardenne hatte weder bei der Erwähnung der tödlichen Erkrankung von Anne noch beim tödlichen Unfall von Altmüller eine Spur Mitleid gezeigt. Das änderte sich, als er von seinem Zusammentreffen mit Altmüllers Frau berichtete. Nachdem Nanette Bonitzer aufgelöst davongerannt war und auch Suzanne John-Altmüller sich eine Weile ausgeheult hatte, hatte er die Chance gesehen, mit Hilfe seines Charmes und vorgetäuschter Hilfsbereitschaft an die junge Witwe heranzukommen. Doch schon im ersten Augenblick hatte sie ihn entlarvt; erkannt als jemanden, der an der Viren-Geschichte beteiligt war. Er hatte es sofort gespürt. Er hatte die verstreut umherliegenden Blätter aufgehoben und neben Bonitzer und Reno auch seinen Namen darauf gefunden.

Dardenne hatte, nachdem er endlich angefangen hatte zu reden, ruhig, sachlich und ohne große Pausen gesprochen. An diesem Punkt jedoch schien er seinen Gedanken nachzugehen. Erst das wiederholte Nachfragen der Kommissare konnte ihn wieder in das Verhör zurückholen. Doch nun ließen die folgenden Aussagen jegliche Klarheit vermissen. Dardenne wollte oder konnte sich nicht mehr daran erinnern, warum er Suzanne Altmüller getötet hatte. Hatte sie ihn für den Tod ihrer Tochter verantwortlich gemacht, vielleicht auch für den Tod des Mannes? Hatte sie den Diebstahl der wissenschaftlichen Daten erwähnt, Dardennes Kompetenzen angezweifelt? Hatte sie ruhig gesprochen, sich in Rage geredet oder war gar aggressiv geworden wie bei Bonitzer? Dardenne gab vor, es nicht mehr zu wissen. Nur noch, dass er sich irgendwann im Wasser über dem Körper von Suzanne Altmüller wiedergefunden hatte, der sich nicht mehr rührte.

Dardenne bestätigte im weiteren Verlauf des Verhörs, dass er diese Ausraster häufiger bekam, vor allem wenn jemand ihn in seiner

Ehre als Wissenschaftler persönlich angriff. Er schob es auf die väterlichen Gene, die ihn regelrecht dazu zwingen würden. Warum das aber auch bei Suzanne Altmüller eingetreten war, konnte er nicht erklären. Er widersprach aber auch nicht, als Ducard ihn fragte, ob die Angst über sein Karriereende als Wissenschaftler der Grund gewesen war.

Als die Kommissare ihn dazu befragten, ob er auch bei Nanette Bonitzer in Panik geraten sei und warum er sie nicht wieder befreit hatte, als er zu sich gekommen war, schwieg Dardenne zunächst. Erst als die Polizisten die Todesängste der jungen Frau und die Qualen während der einsetzenden Dehydrierung schilderten, brach er schließlich doch noch ein.

Er beteuerte, Suzanne Altmüller im Affekt ertränkt, ihren Tod nicht geplant zu haben. Auch einen Mord an Nanette Bonitzer habe er nicht geplant. Er habe nur sichergehen wollen, dass sie ihm nicht gefährlich werden konnte. Auf die Anschuldigung, er hätte die junge Frau ganz bewusst sterben lassen, lediglich aus der Hoffnung heraus, dass ihm mit ihrem Tod nichts nachgewiesen werden könnte, reagierte er nicht mehr. Es schien, als ob er den Gedanken, am Ende doch zum kaltblütigen Mörder mutiert zu sein, selbst nicht fassen konnte.

Diesen zweiten Mord hatte die Soko Sauer mit all den zusätzlich eingesetzten Polizeikräften in letzter Minute verhindern können. Der Täter hatte gestanden, und die Beweislage würde nun ausreichen, ihn zu verurteilen. Trotzdem lag Buhle noch bis in die frühen Morgenstunden flach ausgestreckt in seinem Bett, ohne einschlafen zu können. Immer wenn er seine Augen schloss, verfolgte ihn der vor Angst erstarrte Blick der gepeinigten Nanette Bonitzer.

52

Trier; Samstag, 25. Juni

Für die meisten an der Suche nach Nanette Bonitzer beteiligten Polizisten aus dem Großherzogtum war es eine Erlösung gewesen, dass diese in der Nacht vor dem luxemburgischen Nationalfeiertag erfolgreich abgeschlossen wurde. Sie hatten nun zu Hause bleiben, ausschlafen können, um anschließend mit der Familie oder Freunden ein wenig feiern zu gehen und die traditionelle Militärparade auf der Avenue de la Liberté zu besuchen. Ein Blick auf die dort anwesende großherzogliche Familie war unter den Luxemburgern immer noch begehrt.

Für Ducard und seine Mitarbeiter hingegen war dieser Donnerstag ein ganz normaler Arbeitstag gewesen. Die deutschen Kollegen in der Soko hatte er dann zum Schluss des Tages überrascht, als er sie zum großen Feuerwerk auf der Pont Adolphe eingeladen hatte. Paul Gerhardts hatte Ducard sofort in einer für ihn völlig untypischen, fast überschwänglichen Art zugesagt, sodass Buhle, Reuter, Steffen und Huth-Balzer gar nicht mehr hatten ablehnen können. Erst später hatte Buhle begriffen, dass sie so einen Affront vermieden und die Gunst des luxemburgischen Kommissars dauerhaft erworben hatten. Die Farbenpracht des gut fünfzehnminütigen Schauspiels hatte sie darüber hinaus wirklich begeistert.

Der Freitag hatte für die Soko Sauer ganz im Zeichen der Bearbeitung der Ermittlungsakten gestanden, während die jeweiligen Polizeiführungen und Staatsanwaltschaften auf einer großen Pressekonferenz den Erfolg der gemeinsamen Polizeiarbeit als ein Zeichen des stetigen Zusammenwachsens der Großregion gefeiert hatten. Dass immer noch nicht bekannt gewesen war, wer mit welchem Motiv die Dardennes in ihrem Haus überfallen und damit nicht unerheblich die kriminalistischen Untersuchungen beschleunigt hatte, war an dieser Stelle nicht weiter thematisiert worden.

Das war in der Soko allerdings anders gewesen. Doch war ihre Ratlosigkeit im Laufe der Aufarbeitung des Falls nicht kleiner geworden, zumal auch die Gründe für das zwischenzeitliche Verschwinden und die nicht unerheblichen Verletzungen von Hannah

Sobothy weiterhin im Dunkel geblieben waren. Die Reporterin hatte nun vorgegeben, sich an nichts mehr erinnern zu können. Nur dass sie Thill aufsuchen wollte, ihn aber nicht angetroffen habe, gab sie noch zu wissen vor. Keiner der Polizisten hatte ihr das wirklich abgenommen, auch Buhle nicht. Doch die Möglichkeit eines partiellen Gedächtnisschwunds nach einem Unfall, ihr Zustand, als man sie fand, und das Fehlen irgendwelcher Spuren, die auf etwas anderes hingewiesen hätten, hatten schließlich dazu geführt, dass die Ermittlungen in dieser Richtung zunächst ins Leere liefen.

Als der Zwischenbericht am Freitagabend fertig war, zog Paul Gerhardts sein eigenes Resümee: »Es ist dieser falsche Ehrgeiz der Leute, der in unserer Gesellschaft immer schlimmer wird. Es zählt nur noch der Erfolg. Du musst schon in der Schule erfolgreich sein, damit was aus dir wird. Dann geht's mit Scheuklappen in die Ausbildung, und nur schnell da durch, damit du möglichst bald voll in den Beruf einsteigen kannst. Du brauchst ein großes Haus, ein großes Auto, weite Reisen, mit denen du vor deinen Freunden prahlen kannst, am besten noch irgendwo einen Posten in einem Verein, wenn der auch was darstellt und das Gewissen beruhigt. Kinder sind hemmend oder zumindest lästig. Alte Eltern kann man dagegen leicht abschieben. Schwache werden zu Schmarotzern degradiert, Denker sind Phantasten, Träumer sind Spinner, und wer nicht Schritt halten kann oder will, gilt als Versager.«

Gerhardts war sonst die Ruhe in Person, doch Buhle wusste, dass er ein äußerst kritischer Zeitgeist war und sich jetzt in Rage geredet hatte.

»Es zählt nur noch, wer auf der Karriereleiter oder der Gehaltsliste ganz oben ist. Worin liegt denn die Tragödie der Familie Altmüller begründet? In diesem ungebremsten Ehrgeiz des Vaters, ein großer Journalist werden zu müssen. Und genauso bei Dardenne, der unbedingt ein großer Wissenschaftler sein wollte. Und wenn der Erfolg sich nicht von allein einstellt, dann wird er erzwungen. Altmüller wollte sicher nie seine Tochter gefährden, er hat sie geliebt. Und Dardenne sicher auch nie einen Menschen töten. Dennoch ist beides geschehen.«

★★★

Christian Buhle hatte sich gefreut, als Marie Steyn ihn und Nicole Samstagmorgen zum Frühstück eingeladen hatte. Die Soko hatte zuvor beschlossen, den Tag freizumachen und sich erst am Sonntag nach dem Mittag wieder zu treffen. Die Kinder waren an diesem schönen Vormittag mit dem Essen rasch fertig und zum Spielen in den Garten gegangen. Als die drei Erwachsenen allein am Tisch auf der Terrasse saßen, fragte Marie: »Wie geht es jetzt der Exgeliebten von Zoés Vater?«

»Nanette Bonitzer? Ich habe gestern Abend im Krankenhaus angerufen: besser, aber lange noch nicht gut. Sie hat dreieinhalb Tage gefesselt auf dem Boden gelegen, nichts getrunken, ihr Körper war völlig dehydriert. Als wir sie gefunden haben, konnte sie sich kaum bewegen, nicht reden, hatte sehr starke Schmerzen. Die Ärzte haben gemeint, dass es nur noch eine Frage von Stunden gewesen war, bevor sie qualvoll gestorben wäre. Die sofortigen Infusionen haben dann zumindest die wichtigsten Körperfunktionen relativ rasch wieder stabilisiert. Sie scheint keine Spätfolgen befürchten zu müssen. Dennoch wird sie eine Weile stationär behandelt werden.«

»Hast du mit ihr gesprochen?«

»Ja, gestern. Aber nur ein paar Minuten, in denen sie kurz bestätigt hat, was geschehen ist. Sie tut mir wirklich leid. Ich hoffe, dass sie irgendwann einmal darüber hinwegkommt.«

»Ich fürchte nein. Du musst dir mal vorstellen: Spätestens nach ein, zwei Tagen rechnest du damit, dass dein Entführer nicht wiederkommt. Durst und Schmerzen werden immer schlimmer. Es ist ... es ist, wie lebendig begraben zu sein. Schrecklich. Das verarbeitest du dein ganzes Leben nicht mehr.«

Auf dem Rasen wurde es gerade etwas lauter, weil die beiden Mädchen bei einem Wurfspiel gegen Mattis gesiegt hatten. Sie blickten von der höher gelegenen Terrasse hinunter, der Junge schaute hinauf, und sein Grinsen zeigte, dass er auch seinen Spaß daran hatte, Nora und Zoé einmal gewinnen zu lassen.

Buhle wandte sich Nicole Huth-Balzer zu: »Wir hatten noch gar nicht Zeit, über Zoé zu sprechen.«

Die junge Polizistin nickte, und Marie lehnte sich zufrieden lächelnd in ihrem Stuhl zurück.

»Es war sehr ergreifend, ich kann das nicht anders sagen. Am Dienstagmorgen kam der Leichnam ihrer Mutter aus Mainz zurück.

Sie hat lange bei ihr gesessen, auch geweint. Aber ich glaube, ich habe viel mehr geheult, heimlich natürlich. Und auch vor der Beerdigung hat sie sie unbedingt noch einmal sehen wollen und hat ihr ein ... ach, Scheiße.« Die Tränen liefen ihr über die Wangen, und als ob Marie das schon geahnt hatte, hielt sie ihr ein Taschentuch hin. Nicole schniefte noch einmal und erzählte mit etwas wackeliger Stimme weiter.

»Sie hat ihr noch ein Bild von ihrer ganzen Familie mit in den Sarg gelegt. Tja, wir hatten eigentlich gedacht, die Beerdigung im engsten Kreis abzuhalten, aber dann hat sie gesagt, dass ihre Mutter doch sehen sollte, wie viele Menschen sie lieb hatten. Ich habe mit Silvia Lenz, der Krankenschwester Martina Kootz und Claudia Hermann aus Edingen telefoniert, und die haben dann allen Bescheid gesagt.« Marie reichte ihr ein neues Taschentuch. »Es sind wirklich viele gekommen. Da, wo ihre Urne beigesetzt wurde, ist ein so schöner Platz, mitten im Wald und total ruhig. Ich glaub, ich will später ... na ja, egal. Natürlich hat Zoé auch viel geweint, aber ich glaube, es war trotz ... es war trotzdem gut für sie.«

Marie beugte sich vor. »Ich hatte Zoé ja schon auf der Beerdigung ihres Vaters erlebt. Sie war diesmal anders, obwohl sie jetzt eigentlich niemanden aus ihrer Familie mehr hat. Sie war sehr traurig, aber sie hat ihre Gefühle zeigen können, das war bei ihrem Vater nicht so. Die Zeit mit Nicole hat ihr wirklich sehr gutgetan.«

»Und was wird jetzt mit Zoé geschehen?«, fragte Buhle.

»Wir haben sehr kompetente Pflegeeltern für sie gefunden. Barbara und Thomas Neisius aus Edingen. Sie haben schon eine neunzehnjährige Adoptivtochter und hatten auch bereits zweimal für ein paar Jahre ältere Pflegekinder. Sie ist Kunstpädagogin und als Pflegemutter gut fortgebildet. Ein absolut glücklicher Zufall ist, dass sie in dem gleichen Ortsteil leben wie Maja Hermann, Zoés beste Freundin. Sie hat so wenigstens etwas Konstanz in ihrem sozialen Umfeld, kann zum Beispiel weiter in ihre alte Schule gehen. Die Hermanns haben sogar auf ihren Sommerurlaub verzichtet, damit Maja für ihre Freundin da sein kann. Das hat sich alles insgesamt sehr gut ergeben. Wir werden sie Montagmorgen hinbringen. Morgen feiert Nora noch ihren Geburtstag, und sie wollte Zoé unbedingt dabeihaben.« Marie machte eine kleine Pause. »Aber dennoch wird sie natürlich noch viel, viel Zeit und Geduld brauchen. Bei dem, was sie durchgemacht hat.«

»Wirst du sie weiter betreuen?«

»Nein, ich werde sie an eine Kollegin abgeben. Aber ich denke, über Nora ...«, sie schaute zu der jungen Kommissarin, »... und über Nicole werde ich mit ihr noch Kontakt halten.«

Buhle blickte wieder zu Zoé hinunter und sah, wie die beiden Mädchen darüber zu verzagen schienen, dass sie es einfach nicht mehr schafften, gegen den drei Jahre älteren Mattis zu gewinnen.

Als sich Christian Buhle und Nicole Huth-Balzer nach einer weiteren Stunde verabschiedeten und gehen wollten, hielt Marie den Kommissar am Ärmel zurück, während seine Kollegin zügig die Treppe hinunter und vor das Haus ging.

»Christian?«

»Ja?«

Er schaute ihr in die dunklen Augen und spürte, wie eine starke Beklommenheit schlagartig von ihm Besitz ergriff.

»Christian, meinst du nicht, dass wir uns endlich unterhalten sollten, zu zweit?« Sie betrachtete ihn in ihrer so ruhigen Art, die er immer bewunderte. »Möchtest du heute Abend auf ein Glas Wein zu mir kommen?«

Er fühlte eine Hitzewelle nach der anderen durch seinen Körper rollen, und alle Poren schienen sich zu öffnen. Er hatte schon so häufig daran gedacht, wie wichtig es sei, mit Marie zu reden. Hatte es so häufig vor sich hergeschoben, weil er gar nicht sicher war, wie er zu ihr stand, wie er seine Gefühle ihr gegenüber einordnen sollte. Die letzten Tage hatten in dieser Hinsicht für weitere Unsicherheiten gesorgt. Und ausgerechnet heute fragte ihn Marie.

»Ich ... es geht heute nicht. Ich ... ich habe schon eine Einladung.« Er wusste, dass er nicht sehr souverän klang. Vor allem hatte er in diesem Augenblick Angst, Marie zu enttäuschen.

»Aha, gut, von wem?«

Er musste sich räuspern, sonst hätte er die Antwort nicht herausgebracht. »Hannah ... Sobothy. Sie wollte mich zum Dank einladen.«

Maries Blick lag lange auf ihm, und mit zunehmender Sorge versuchte er herauszufinden, was sich dahinter verbarg. Dann bemerkte er ein kleines Aufleuchten in ihren Augen. Gleichzeitig huschte ein Lächeln über ihre Lippen. Sie nahm ihn in die Arme und drückte ihn einmal ganz fest. Als sie ihn wieder losließ, sagte sie fast zärtlich: »Dann geht jetzt zu ihr«, und schob ihn sanft zur Treppe.

Epilog

Markus Schilzenbach hatte sich bewusst früh auf den Weg nach Bitburg gemacht. Die Sitzung der Entwicklungsgesellschaft für den Bitburger Flughafen war kurzfristig anberaumt worden. Allerdings mussten sie an diesem Tag ohne ihren Gesellschafter Fernand Thill auskommen. Aus seinem Projektentwicklungsbüro hieß es wie schon seit Tagen, dass er geschäftlich in Ostasien unterwegs sei und man noch nicht absehen könne, wann er wieder zurückkomme. Selbst unter den zwei Handynummern, die er von Thill bekommen hatte, kriegte er ihn nicht persönlich. Er war gerade auf die B 51 gefahren, als in RPR eine Reportage über sein Flughafenprojekt angekündigt wurde. Er stellte das Radio lauter und hörte widerwillig zu, was die Reporterin Hannah Sobothy wohl Neues zu berichten hatte.

Sollte es tatsächlich ein Zufall sein, dass die Gesellschafter der Entwicklungsgesellschaft des Bitburger Flughafens sich gerade heute in der Eifelstadt treffen? Das Flughafenprojekt ist seit Monaten in der Diskussion, kritische Stimmen gab es schon viele. Bislang hat der Aufsichtsratsvorsitzende Markus Schilzenbach alle Bedenken als projektschädigend abgetan. Auch als die immer wieder angekündigte millionenschwere Kapitaleinlage durch einen nie näher benannten Investor aus Fernost auf sich warten ließ, hatte es von seiner Seite lediglich Durchhalteparolen gegeben.
Doch seit fast zwei Wochen ist nun der Hauptgesellschafter und Geschäftsführer der luxemburgischen Projektentwicklungsfirma, Fernand Thill, abgetaucht. In seinem Büro erfährt man nur von einer länger geplanten Geschäftsreise.
RPR hat nachgeforscht und über Kontaktleute in China herausgefunden, dass der Investor sich zwischenzeitlich anders orientiert hat. Das bestreitet auch Thill nicht mehr, wie er uns in einem Telefoninterview sagte:»Ja, es stimmt, dass die bislang gemachten Finanzierungszusagen nicht mehr aufrechterhalten wurden. Aber wir sind bereits wieder in intensiven Gesprächen mit einer neuen Investorengruppe, die von dem Potenzial des Flughafens absolut überzeugt ist. Die Aussichten sind sehr gut, dass die Verhandlungen in Kürze zum Abschluss kommen.«
Um wen es sich bei der von Thill genannten Investorengruppe handelt, wollte er uns allerdings nicht sagen. In Bitburg wird die Nachricht über ein

vorläufiges Scheitern des Finanzierungsmodells wie eine Bombe einschlagen. Denn damit wird auch die geplante Übernahme der kommunalen Anteile am Flughafen in Frage gestellt. Die Ankündigung neuer Investoren wird deshalb eher auf Skepsis stoßen, auch wenn sich Schilzenbach auf Anfrage von RPR dazu nicht näher äußern wollte. Bereits in der Vergangenheit wurden Stimmen laut, die eine Abkehr von den Flughafenplänen hin zu einer alternativen Nutzung im Bereich regenerativer Energien forderten. Doch noch besitzt Thill die meisten Anteile, und ohne sein Votum ist keine Änderung der Marschrichtung am ehemaligen Militärflughafen möglich. Wir können dennoch gespannt sein, wie sich nach den neuesten Entwicklungen die verbliebenen Gesellschafter heute über die Zukunft des für die Region so wichtigen Infrastrukturprojektes verständigen werden. Vom Flugplatz Bitburg für RPR 1, Hannah Sobothy.

Schilzenbach hatte während der Reportage die Ausfahrt zum Flughafenareal verpasst. Er nahm die nächste Abfahrt und kurvte durch das alte Gewerbegebiet über die Diesel- und Graf-Zeppelin-Straße zur Flugplatzstraße. Die Zeit benötigte er auch, um das Gehörte zu verarbeiten. Thill hatte keinen Ton darüber gesagt, dass die Finanzierung auf der Kippe stand. Gut, wenn er andere Investoren an der Angel hatte, sollte es so sein. Doch davon hätte er unterrichtet werden müssen, unbedingt. Er dachte auch darüber nach, wie der Luxemburger ihm gegenüber aufgetreten war, bevor er jetzt verschwand. Vielleicht war Thill tatsächlich nicht der richtige Partner für das Projekt. Aber er hatte keine Alternative. Und doch wollte er eines nicht: seinen persönlichen Traum vom Fliegen in der Eifel aufgeben.

Nachwort und Danksagung

Das Wesen des Regionalkrimis ist, wie sollte es anders sein, sein Bezug zu der Region, in der er spielt. Doch sollte sich dies nicht darin erschöpfen, dass vermeintlich typische Charaktere der heimischen Bevölkerung dargestellt, Sehenswürdigkeiten beschrieben, Fahrtrouten durch Straßenzüge oder Landschaften skizziert und heimische Speisen den Protagonisten kredenzt werden. Zwangsläufig gehören auch gesellschaftliche, politische, wirtschaftliche oder auch kriminalistische Gegebenheiten dazu, die den regionalen Bezug vertiefen, genauso wie Institutionen, die das öffentliche Leben prägen.

Wenn sich die fiktive kriminelle Handlung des Romans um reale Institutionen entwickelt, scheinen Grenzen zwischen Realität und Dichtung zu verschwimmen. Dem ist jedoch nicht so. Die Realität stellt immer nur den Rahmen für eine rein fiktive Handlung mit erfundenen Protagonisten dar.

Nach einer Lesung zu meinem ersten Roman »Tod im Moseltal« kam ein Polizeibeamter zu mir und rühmte die Beschreibung »meiner« Trierer Kommissare: Man könne sich richtig vorstellen, wer da gemeint sei. Ich musste ihm gegenüber eingestehen, dass ich zu diesem Zeitpunkt noch keinen seiner Kollegen aus Trier tatsächlich kannte. Selbst wenn es so gewesen wäre, läge es mir fern, solche Persönlichkeiten in einen meiner Romane zu übernehmen.

Gleiches gilt auch für andere öffentliche Institutionen wie beispielsweise die Universität Trier, Bitburger oder Trierer Krankenhäuser oder die luxemburgischen Staatslabore der *Laboratoire National de Santé*. Aufgrund begrenzter zeitlicher Möglichkeiten kann ich leider nicht immer einen direkten Kontakt aufnehmen, manchmal gelingt er auch trotz entsprechender Bemühungen nicht. Dennoch ist es ein wesentliches Anliegen meiner Hintergrundrecherchen, die Arbeit in diesen Institutionen möglichst realitätsnah wiederzugeben. Im gleichen Kontext sind Projekte wie beispielsweise die Konversion der ehemaligen US-Airbase Bitburg, die Teil des öffentlichen Lebens sind, zu sehen. Auch hier sind alle damit im Zusammenhang stehenden Romanfiguren und ihre Handlungen selbstverständlich frei erfunden.

Die Polizeiarbeit in einem Kriminalroman wirklichkeitsgetreu zu beschreiben wäre dem Leser sicher nicht dienlich: zu langwierig sind Ermittlungsarbeiten, zu zeitraubend die Erstellung der Ermittlungsakten, zu ernüchternd in die Leere laufende Spuren. Das gehört zum schwierigen Alltag der Kriminalbeamten im wahren Leben. Dennoch sollten auch die Romankommissare ordentliche Polizeiarbeit abliefern. Wenn das hier gelungen ist, ist das allen voran Eckhard Otto, Edmund Schmitt, Gerd Schneider und Günter Lambio zu verdanken, die mir nach Dienstende einen Einblick in ihre Arbeit bei der Kriminalpolizei in Trier und Wittlich gaben und mir so manches Mal die Illusion einer schnelleren Lösung meines Falls nahmen.

Am Anfang der Romanidee stand das erste grenzüberschreitende Graduiertenkolleg Deutschlands, das von der Universität Trier und dem Institut für Immunologie in Luxemburg ins Leben gerufen wurde. Ein Zufallstreffer bei der Recherche nach Besonderheiten der hiesigen Großregion. Als sich dann schnell ergab, dass auch ein Institut für Virologie unter dem Dach der *Laboratoire National de Santé* angesiedelt ist, wurde es noch interessanter. Doch welchen Virus wählt der unbedarfte Laie, der die gewünschten Eigenschaften hat: tödlich, aber nicht immer; erforscht, aber nicht zu sehr; verfügbar, aber eigentlich auch nicht; nicht nachweisbar, aber letztendlich doch. Der sehr nützliche Hinweis dazu kam von Dr. Klaus Mahler, der mir nicht nur dankenswerterweise Fragen zur Arbeit in einem Krankenhaus beantwortete, sondern mir auch offenbarte, dass die vier Buchstaben WEEV ganz spannend sein könnten.

Damit ich in der mir fremden Welt der Virusforschung den Boden der Realität nicht zu sehr unter den Füßen verlieren sollte, war spezifisches Fachwissen notwendig. Ganz herzlich bedanke ich mich deshalb bei Dr. Markus Keller vom nationalen Referenzlabor für virale Pferdeenzephalomyelitiden auf der Insel Riems für seine wirklich außerordentlich ausführlichen, gehaltvollen und vor allem mir verständlichen Antworten auf meine nicht wenigen Fragen.

Weitere Hinweise zur Arbeit in wissenschaftlichen Laboren gab mir Dr. Anja Rüger, und es wäre schön, wir würden uns öfter als alle paar Jahre sehen.

Dass ein achtjähriges Mädchen nach und nach seine gesamte Familie verliert, ist kaum zu fassen; schon gar nicht, was in dem Kind dann vorgeht. Viele wertvolle Informationen dazu gab mir Diplom-Psychologe Hans-Peter Brettle.
Für mich ist die »Merteskaul« ein Stück ursprünglicher Eifel. Klaus Ritter gelang es, das Leben dort für mich lebendig zu machen. Die eine oder andere juristische Spekulation rückten Oliver Emmer und Dr. Jan Keppel wieder zurecht.
Peter, Klaus, Oli und Jan: Vielen Dank!

In der Zeit des Schreibens bedarf es weitreichender Unterstützung. Ich wüsste nicht, wie es sonst so nebenher gehen könnte. Ganz lieben Dank meinen Freunden Cordula, Klaus und Stefan, dass sie sich auch diesmal und trotz der wieder fürchterlichen Zeitnot um das Manuskript bemüht haben. Frau Hilla Czinczoll danke ich für die unkomplizierte, kompetente und freundliche Zusammenarbeit während des Lektorats. Auch wenn es diesmal nur kurz war: Die Tage bei meiner Schwester Carmen und ihrem Lebensgefährten Henner sind nicht nur schön, sondern bringen immer besondere Textpassagen hervor. Danke schön!

Das, oder besser die Beste kommt zum Schluss: meine liebe Frau Gerlinde. Ganz lieben Dank, dass du es auch diesmal wieder mit mir ausgehalten hast. In den dunklen Wintermonaten, in denen ich mit dem stetigen Vorwand des Schreibens viele Freuden und Pflichten des Familienlebens vernachlässigt habe. Es bleibt die Erkenntnis: Es geht nicht ohne – dich.

Carsten Neß
TOD IM MOSELTAL
Broschur; 352 Seiten
ISBN 978-3-89705-881-1

»Ein in seiner Perfidität packender Plot, interessante Charaktere, bekannte Schauplätze: eine ziemlich fesselnde Mischung.«
Inga Scholz, Trierischer Volksfreund

»Ein Rache-Thriller mit originellem Plot, raffiniert komponiert, dynamisch erzählt. Die Charaktere sind klar gezeichnet, die Orte stimmig. Der Autor versucht zu ergründen, wie das Böse in die Welt kommt und warum Menschen Hass entwickeln; die Protagonisten machen eine innere Entwicklung durch. Dramatik und Hochspannung bis zur letzten Seite, überraschende Wendungen, stark.«
Peter Reinhart, Trierischer Volksfreund

»Neben dem Lokalkolorit bewegt sich der Thriller auf psychologischem Terrain. Die Hochspannung hält bis zur letzten Seite an, die Dialoge und Handlungsmotive der Protagonisten machen jeweils auch sehr nachdenklich. Kompliment, Herr Neß!«
Maria Panzer, Lesart, Unabhängiges Journal für Literatur

www.emons-verlag.de